35

PAY

FINANCIAL ASSETS MANAGEMENT

40

100세 시대의 자산관리를 위한

개인 재무설계의 이해

송지영 · 구자삼

INHERITANCE

PLANNING

TAX

INVESTMENT IN REAL ESTATE

60

三 英 社

머리말

오늘날 우리는 100세까지 수명이 연장되는 100세 시대에 살고 있다. 통계청조사에 의하면 우리나라는 2026년에 65세 이상의 인구가 총인구에서 차지하는 비중이 20%를 넘는 '초고령화 사회'에 진입하게 된다. 본인이 원하든 원하지 않든 '장수 리스크'를 대비하지 않으면 안되게 되었다. 50대 후반 퇴직 후 40년이란 세월을 어떻게 보낼 것인가를 고민하지 않으면 안되게 되었다는 것이다. 퇴직을 하고도 은퇴를 하지 못하고 수십 년 구직시장을 기웃거려야 하는 반퇴시대에 직면하게 되었다. 이와 같은 관점에서 볼 때, 자산관리를 위한 개인 재무설계의 이해는 100세 시대를 지혜롭게 살아가는 현대인이 갖추어야 할 필수요건이라고 할 수 있다.

본서는 재무설계나 자산관리를 공부하거나 관심이 있는 대학생들과 관련분야 종사자, AFPK, FP 등의 자격증취득을 준비하는 수험생 그리고 일반인을 대상으로, 합리적인 자산관리를 위한 개인 재무설계에 대한 전반적인 이해를 돕기 위해서 쓰여 졌다. 이러한 취지에 입각하여 본서는 PART 3 Chapter 15로 구성하여 다음과 같은 면에 중점을 두고 이를 추구하고자 하였다.

첫째, 기본적으로 각 Chapter마다 학습목표제시–들어가기–내용전개–관련 이슈 및 사례–중요개념 및 용어정리–연습문제 등의 일련의 구성을 체계화함으로써, 독자 스스로 흥미를 갖고 학습하고 이해하여 활용하는데 도움을 주고자 하였다.

둘째, 자산관리를 위한 개인 재무설계에 대한 현실적인 이해와 활용을 돕기 위하여 기본적인 이론은 전개하되, 현실문제에 중점을 두고 다양한 이슈와 사례를 제시하는 등 실무적 접근에 중점을 두고 내용을 전개하고자 하였다,

셋째, 각 Chapter마다 중요개념과 용어, 연습문제를 제시함으로써 중요개념과 용어를 스스로 점검함과 더불어, 제시한 문제풀이를 통해 주요 학습내용을 재정리할 수 있도록 하였다.

머리말

본서는 저자들이 다년간 대학과 금융업계에서 재무설계, 자산관리관련 과목을 강의하면서 마련한 강의안과 각종 서적 및 자료들을 참고하여 집필하였다. 집필을 끝내고 보니 책을 완성했다는 안도감보다는 많은 아쉬움이 남는 것이 숨길 수 없는 사실이다. 무엇보다도 앞에서 언급한 것처럼 과연 자산관리를 위한 개인 재무설계의 현실적인 문제에의 접근에 있어서 독자들이 흥미를 갖고 쉽게 이해할 수 있도록 서술하였는가에 대해 자문자답해 보면 두려운 마음이 앞선다. 이외에도 부족한 점이 많지만 본서가 독자들이 합리적인 자산관리를 위한 개인 재무설계에 대한 이해를 하는데 조그마한 도움이 되기를 바라며, 아울러 독자 여러분의 아낌없는 조언과 질책을 기대한다. 향후 미진하고 부족한 점은 계속 수정·보완해 나가고자 한다.

본서가 출판되기까지 도움을 준 모든 분들에게 감사를 드린다. 특히 본서가 출간되도록 애써 주신 삼영사의 고성익 사장님과 출판관계자 여러분께 감사드린다.

2017년 8월

저자들 씀

Contents

PART 1 개인 재무설계와 개인 자산관리

차 례

Contents

PART 2 금융자산 투자설계

차 례

Contents

차 례

Contents

차 례

Contents

차 례

PART 3 부동산설계 · 노후설계 · 상속설계

Chapter 11 부동산설계(1) / 353

Contents

차 례

Contents

차 례

Chapter 15 상속설계 / 505

1

개인 재무설계와 개인 자산관리

1 개인재무설계

제1절 • 개인 재무설계의 기본적인 이해
제2절 • 개인 재무설계의 필요성
제3절 • 생애주기에 따른 재무설계 목표
제4절 • 개인 재무설계의 6단계 과정

학습목표

1. 재무설계의 의의, 범위 등 재무설계의 기본적인 사항에 대하여 이해할 수 있다.
2. 재무설계가 왜 필요한 지를 이해할 수 있다.
3. 생애주기에 따라 재무목표를 어떻게 설정해야 하는지를 이해할 수 있다.
4. 개인 재무설계의 6단계 과정을 이해하고 활용할 수 있다.

들. 어. 가. 기

앞으로 100세 시대의 한국 사회는 어떠한 모습으로 변화할 것인가? 아마도 변화된 환경 속에서도 우리는 지금과는 또 다른 어떤 모습으로 적응하며, 변화되어 있을 것이다. 미래학자인 최윤식은 특히 2030년경에는 전 세계 국내총생산(GDP)의 80~85%를 생산하는 20여 개국의 대다수가 고령사회에 진입한다고 내다보고 있다.[1] 이어서 그는 이즈음에는 정보기술(IT), 바이오 생명공학, 나노기술 등의 기술 발달로 이미 대중화된 클라우드 컴퓨팅, 위치 추적 기술 외에도 마음대로 접을 수 있는 그래핀 디스플레이와 사물네트워크 기술, 100배 빠른 인터넷, 촉감까지 전달하는 홀로그램 모니터와 인공지능이 더해지면서 놀라운 세상이 전개될 것이라고 전망하고 있다. 이 모든 기술이 합쳐지면 지구 자체가 컴퓨터처럼 될 가능성이 높다. 언제, 어디에 있든지 필요한 정보가 스스로 알아서 찾아오고, 모니터를 경계로 구분됐던 현실과 가상의 경계도 허물어진다는 것이다. 이와 같이 사물인터넷과 로봇산업발전으로 새로운 세상이 열릴 것이라고 예상되고 있다.

100세 시대의 다가올 환경변화에 대비하여 이제라도 재무설계를 전략적으로 준비한다면 100세 시대의 행복한 삶(happy life)의 기대치는 현실로 만들 수 있게 될 것이다. 우리가 예견하고 있는 100세 시대의 우리의 삶은 준비만 잘 할 수 있다면 누구에게나 여유로운 삶으로 이어질 수 있을 것이다. 100세 시대의 happy life의 미래는 저절로 주어지는 것이 아니다. 이제부터라도 꼼꼼히 바람직한 재무설계를 준비하여, 부동산, 주식 등의 자산을 재구성하고, 소비생활을 합리적으로 영위한다면 100세 시대는 우리들의 꿈이 현실이 될 것이다.

"영감이 끊기고, 비탄의 얼음에 갇힐 때 20대라도 인간은 늙지만, 머리를 높이 치켜 들고 희망의 물결을 잡는 한, 80세라도 인간은 청춘으로 남는다(사무엘만의 '청춘이란 시'에서)"

---

1) 최윤식, 『2030 대담한 미래』, 지식노마트, 2013년.

CHAPTER

1 개인 재무설계

제 1 절 개인 재무설계의 기본적인 이해

1 개인 재무설계의 의의

1) 개인 재무설계의 개념

개인 재무설계는 개인이나 가계의 현재의 재정상태를 검토하고, 개인이나 가계가 설정한 미래의 꿈과 목표를 달성하기 위해서, 개인이나 가계의 재무적·비재무적 자원을 적절하게 사전에 준비하는 일련의 과정을 의미한다. 이와 같은 개인 재무설계의 개념은 다음과 같이 보다 구체적으로 설명할 수 있다.

먼저, 개인 재무관리 설계는 미래에 사용하게 될 자금을 사전에 검토하여 자기 자신의 목표에 맞게 설정하고 이를 미리 준비하는 과정이라고 할 수 있다. 개인 재무관리 설계는 재무목표에 맞추어 알뜰하게 자금을 사용하는 것을 목표로 한다. 따라서 개인 재무설계는 개별적으로 사용할 자금의 용도와 금액이 자기 자신의 처지와 맞게 효율적으로 쓰여 질 것인지를 사전에 점검하는 것으로부터 시작된다.

송 투자씨는 대학을 졸업하고 유학하려고 하는 딸이 있다. 송 투자씨는 이 딸이 유학을 성공적으로 마치려면 연간 얼마의 자금이 필요한지, 얼마 동안 자금이 소요되는지 알아야 한다. 구 소비씨는 노후 은퇴에 대해 불안하게 생각하고 있다. 은퇴 후에 생활비가 얼마가 들 것이고, 은퇴 후 노후생활을 위한 자금 마련 방법에 대해 매우 궁금해 하고 있다. 대부분의 사람들은 송 투자씨나 구 소비씨 처럼 자신의 목표를 달성하기 위해 금전적인 목표를 설정하는데, 이를 달성하는 일련의 과정이 개인 재무설계이다. 따라서 개인 재무설계는 인생의 궁극적인 목표를 파악하고 이를 달성하는 과정에서 필요한 자금과 관련된 설계로서,

재무에 초점을 맞춘 인생 설계라고 말할 수 있다.

개인의 목표를 달성하기 위해서는 개인이 가지고 있는 금전적 재원을 활용하는 것 뿐 아니라 향후 현금화가 가능한 재원을 활용하여 준비하여야 한다. 미래에 필요할 자금원의 원천을 파악하기 위해서는 개인이 가지고 있는 재무적인 자원(financial resources)뿐 아니라 비재무적인 요소도 망라하여야 한다. 재무적인 자원이란 개인이 가지고 있는 자산, 부채, 현금, 소득형태 등을 말하고, 비재무적인 요소는 개인이 가지고 있는 삶에 대한 가치, 삶을 지향하는 태도, 삶에서 이루고자 하는 목표, 사회적 경륜, 과거 경력 등을 포함한다. 개인 재무설계는 이러한 자원을 분석하고, 평가하여, 이를 활용하여 효율적으로 개인의 재무목표를 달성하는데 있다.

2) 기업 재무관리와의 비교

기업 재무관리가 기업의 재무상황을 다루는 경영학의 한 부분으로 주로 기업에 초점을 두고 있다면, 개인 재무설계 또는 개인 재무관리는 개인에 초점을 두고 있다는 점이 다르다. 즉, 기업 재무관리는 기업성장을 위해 기업운영에 초점을 두고 있는데 반해, 개인 재무설계는 개인이 초점이 되어 개개인이 태어나서 성공적인 삶을 이루고 사망에 이르기까지 설계하는 것으로, 인생의 목표와 유기적으로 연관되어있다는 것이다.

그러나 기업 재무관리나 개인 재무관리 모두 화폐가치의 개념을 이해하고, 자금을 조달하고, 운용한다는 점에서는 크게 다를 바가 없다. 따라서 자금 조달・운용의 원칙을 이해하기 위한 '화폐가치의 개념'을 이해하는 것이 매우 중요하다.

3) 재테크, 투자방안, 금융상품판매와의 비교

앞에서 설명한 것처럼 개인 재무설계란 미래의 꿈과 목적을 달성하기 위해 필요한 자금을 예견하여, 이를 준비하고, 또는 이를 운용하여 수익을 창출하여 개인이 추구로 하는 삶을 실현시켜주는 일련의 과정이라고 볼 수 있다. 따라서 단순히 돈을 벌어 부자가 되는 것이 아니고 인생목표 달성을 위해 재무적, 비재무적 요소를 활용하여 준비하는 것으로, 재무목적을 달성하기 위하여 계획안을 만들고 이를 이루어 나가는 과정이다. 따라서 개인 재무설계는 재테크 등 일반적으로 생각하고 있는 것과 차이점이 많다.

첫째, 인생의 목표 달성과 밀접한 관계가 있기 때문에 단순히 돈을 벌어 부자가 되기 위한 재태크와 다르다.

〈표 1-1〉 재태크와 개인 재무설계와의 비교

구분	재테크	개인 재무설계
목적	부자가 되는 기술	삶의 목표와 가치 추구
선택동기	투자기회 중심	인생의 목표달성을 위한 수단
기간	투자 건별/단기적	전생애주기/장기적
자산증식	고수익 추구	안정적 + 수익률 관리
심리상태	불안감	안정감 지속
위험관리	위험관리 없이 재산 증식 초점	인생 주기 목표에 따라 체계적 위험관리 과정
결과	가정경제 몰락 가능성	건전한 가정경제 증진

둘째, 개인 목표에 맞게 자산을 운용하거나 보호하는 데 초점을 맞춘 것이므로, 투자수익률을 극대화만 추구하는 투자 방안과도 또한 다르다. 개개인의 위험성향을 고려하여 자산을 배분하여 투자수익을 향상시킬 뿐만 아니라, 위험을 이전시켜 자산을 보호하는 것이다.

셋째, 개인 재무설계는 금융상품 판매를 목적으로 하고 있지 않다. 대부분의 사람들은 보험과 같은 금융상품 판매와 관련되어 있다고 생각하는 경향이 있으나 이와는 거리가 멀다. 개인 재무설계는 개인의 라이프 사이클 관점에서 위험태도에 따라 자금을 조달하고, 자산을 운용하여 개인의 목표를 달성하는 것이며, 보험 상품이나 금융상품을 팔기 위한 방안과는 차이가 있다.

2 개인 재무설계의 범위

개인 재무설계는 인생의 라이프 사이클 전반에 걸쳐 개인의 자금 유출입과 관련된 다양한 부문을 다루는 영역이다. 즉, 20대에 사회에 진출해서 노후생활기인 60대를 지나 100세의 인생여명기까지 인생의 라이프 사이클에서 발생할 개인의 재무상황과 관련된 현금흐름, 소득관리, 세금관리, 위험관리, 투자설계, 상속설계 등을 망라한 부분이다.

1) 현금흐름 및 부채 관리영역

인생의 주기에 있어서 다양한 경제활동을 통하여 소득활동을 하게 된다. 이때 현금흐름은 소득의 원천이기도 하지만, 라이프 사이클에 따른 현금수입곡선과 지출곡선은 현금흐름과 괴리현상을 보이는 것이 일반적인 현상이다. 또한 현금흐름에는 신용과 부채와 밀접한 관계를 차지하는데 이에 관한 관리도 포함한다.

2) 세금설계 영역

소득과 관련하여 소득세, 금융과 부동산 거래와 관련된 세금, 상속 및 증여와 관련된 세금 등 세금부문은 중요한 영역을 차지하고 있다.

3) 위험관리영역

개인은 다양한 위험으로부터 노출되어 있다. 외부의 위험으로부터 개인과 개인에 속해 있는 가족을 보호할 수 있도록 관리해주는 영역이다. 이는 주로 자금조달과 투자의 위험 또는 상해, 보상 등에 관한 영역에 해당된다.

4) 투자설계

자산증식을 위한 투자는 투자위험을 수반한다. 노출되어 있는 투자위험에 대비하기 위해서는 수익률 상승이 중요하다. 위험과 수익은 상충관계에 있다. 투자설계는 금융상품, 부동산 투자 등 위험에 노출되어 있는 자산에 대해 투자 방안을 설계한 것이다.

5) 노후설계

노후는 인생을 마무리하는 단계에서 은퇴 후에 액티브 시니어로서 행복한 삶을 누리기 위해 설계되는 부분이다. 100세 시대를 맞아 행복한 삶으로 인생을 마무리하려는 설계 영역이다. 이는 단순히 은퇴자금 마련 방법에 관련된 것뿐 아니라, 은퇴 후 아름다운 삶을 영위하기 위한 마음 자세도 포함된다.

6) 상속설계

효과적으로 남겨진 자산이나 부의 이전을 위해 상속 및 증여설계는 개인의 재무 목표의 마지막 완성 단계이다. 상속과 증여는 늘 세금 부과와 밀접하게 연관되어 있으므로 이를 감안하여 설계되어야 한다.

3 단일 재무설계와 종합 재무설계

개인 재무설계는 취급하는 개인 재무영역의 범위에 따라 한 분야만을 다루는 단일 재무설계(segmented financial plan, modular financial plan)와 종합적이고 통합적으로 다루는 종합 재무설계(comprehensive financial plan)로 구분할 수 있다.

단일 재무설계는 개인 재무설계에 있어서 개인이 필요하다고 생각되는 일부분만을 취급한다. 즉 단일 재무설계는 보험, 투자, 세무 또는 은퇴 등 한 분야의 재무목표를 갖고 이를 계획하고 실행하는 것으로, 종합설계의 일부분만 다루는 것이다. 다양한 종합 설계 영역 중에서 내집 마련을 위한 방안만을 목적으로 하는 내집 마련 부동산설계, 은퇴 후 자금 축적이나 투자과정에 초점을 둔 노후관리 설계, 상속설계 등 일생의 주기에서 한 부분만 다루는 것이 단일 재무설계이다.

종합 재무설계는 개인의 일생주기 (life cycle)에서 발생하는 모든 부분을 망라하는 것으로 개인에게 영향을 미치는 모든 영역을 커버하는 것이다. 즉 태어나서 사망에 이르기까지 개인에게 발생할 수 있는 모든 부분에 관해 재무관심사에 초점을 맞추어 다루는 것이다. 재무목표, 재무상태 및 재무분석, 현금관리와 부채관리, 위험관리, 투자관리, 노후관리, 상속관리 등 개인의 주요 관심사를 종합적으로 다루는 것이 종합 재무설계이다.

광범위하고 포괄적인 종합 재무설계보다는 단일 재무설계를 선택할 수도 있으나, 궁극적인 목적은 개인이 설정한 목표를 달성하는 것이므로 스스로 판단하여 선택해야 한다. 인생주기에 있어, 단일 목표를 달성하기 위한 단일 재무설계의 경우에도 다른 부분의 현금의 흐름, 부채의 흐름, 투자의 흐름 등이 상호 밀접하게 영향을 미치고 있다. 그러나 종합 재무설계가 인생주기의 변화를 포괄적으로 다루고 있는 재무설계이므로, 단일 재무설계보다 인생주기의 연관되어 있는 자금의 흐름을 유기적이고 총체적으로 다루고 있다고 볼 수 있다.

〈그림 1-1〉 단일 재무설계와 종합 재무설계의 비교

생애주기의 목표

- 100세 시대 행복한 삶
- 생애주기별 목표달성
- 재무적 · 비재무적 목표 달성
- 긍정적인 삶과 가치 추구

생애주기 종합 자산 관리

현금관리, 부채관리	투자관리	노후 설계	상속 설계
신용관리	위험관리	사망, 질병, 요양, 보호	세금 설계

〈그림 1-1〉에서 보는 바와 같이 종합 재무설계는 평생 동안 현금이 안정되게 흐를 수 있도록 시스템을 만들고 이를 꾸준히 유지하는 것이다. 또한 종합 재무설계는 자산을 축적하여 생애의 주기 이벤트에 대비하여 현금의 흐름을 지속적으로 유지하는 것이다. 결혼, 주택구입 등 생애주기 과정에서 필요자금을 어떻게 조달하고, 잉여자산을 증식하는가의 일련의 과정이 종합 재무설계인 것이다.

제2절 개인 재무설계의 필요성

1 인구 사회적 배경

100세 시대로 접어들면서 재무설계의 필요성이 점증되고 있다. 생각보다 오래 사는 삶에 대해서는 이전에 경험해 본적도 없거니와, 생각해 본적도 없고 또한 준비한 적도 없다. 예전에는 노후의 부모님을 자식들이 봉양하는 것이 당연했지만, 이제는 저출산, 고령화로 인한 인구 구조의 변화로 이를 기대할 수 없게 되었다.

1) 저출산·고령화 시대의 도래

미래가 현재보다 더 행복할 것이라는 확신이 없다면 저출산·고령화의 출구는 없다. 2016년 우리나라의 출산율은 1.17명으로 OECD국 최저 수준이다. 저출산·고령화는 여성들의 경제활동 증가와 의학발달 및 소득증대에 따른 평균수명 증가에 기인하나, 이는 우리 경제의 미래를 어둡게 하고 있다.

〈그림 1-2〉 고령화 진전에 따른 저 성장

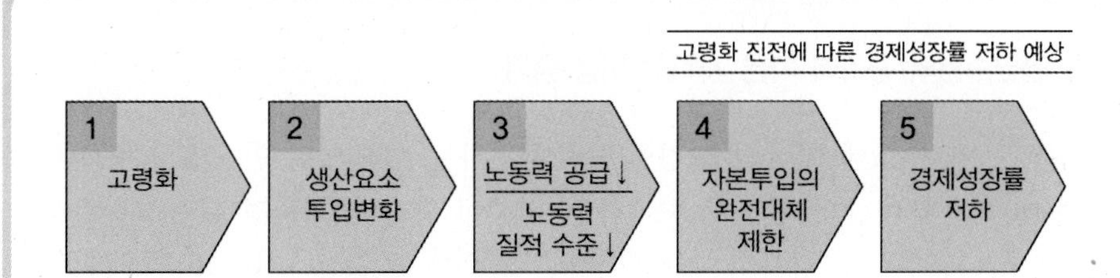

이러한 추세가 지속된다면, 노동력은 빠르게 감소하고 복지지출은 더욱 빠르게 증가함으로써 저성장, 저금리 시대를 벗어나지 못하는 부작용이 커진다. 또

한 성장률은 하락하는데 재정지출은 눈덩이처럼 불어나 경제가 침체의 늪에 빠지게 될 것이다.

〈표 1-2〉 고령화로 인한 노인 부양비 증가

연도	1970	1980	1990	2000	2005	2010	2020	2030	2040	2050
부양비	5.7	6.1	7.4	10.1	12.6	15.0	21.7	37.7	56.7	72.0

주 : 노년인구 65세 이상, 경제활동인구 : 15-64세 인구
출처 : 통계청

이러한 저출산과 인구고령화로 인한 경제성장률 둔화 및 사회적 비용문제는 국가적인 차원뿐만 아니라 개인 스스로도 사전에 준비를 해야 하는 개인 재무설계의 중요한 과제로 부각되고 있다.

2) 고령화에 따른 인구정책의 변화

고령화에 따라 다양한 인구정책변화가 예고되고 있다. 생산가능인구를 증가시키기 위해서는 여성노동참가율을 증대시키거나 해외 노동인력의 흡수를 위한 제도적 장치가 마련될 것으로 보인다. 기업 내부적으로도 생산가능인구 감소에 따른 저성장 문제에 대응하기 위해 퇴직연령 연장 등의 다양한 방안이 마련될 것이다.

(1) 평균수명의 증가에 따른 사회적 비용 증가

전체인구에서 65세 이상의 고령인구가 차지하는 비중으로 인구의 고령화를 측정하는데, 65세 이상의 인구가 차지하는 비중이 7% 이상인 경우를 고령화사회, 14% 이상인 경우를 고령사회, 20% 이상인 경우를 초고령사회라고 부른다.

우리나라의 경우 과학기술과 의학 및 의료 기술 발전으로 평균수명은 꾸준히 증가하고 있다. 우리나라는 2013년 현재 고령화 사회에 해당하고, 2026년에는 65세 이상 인구 비율이 20%를 넘어 초고령 사회가 될 것으로 예상된다.

〈표 1-3〉 고령화 속도

	도달연도			증가소요연수	
	7%(고령화)	14%(고령)	20%(초고령)	7% → 14%	14% → 20%
일 본	1970	1994	2006	24	12
프랑스	1864	1979	2018	115	39
영 국	1929	1976	2026	47	50
미 국	1942	2015	2036	73	21
한 국	2000	2018	2026	18	8

자료 : 통계청

(2) 고령화사회의 진입

〈그림 1-3〉 국가간 고령화 속도 비교

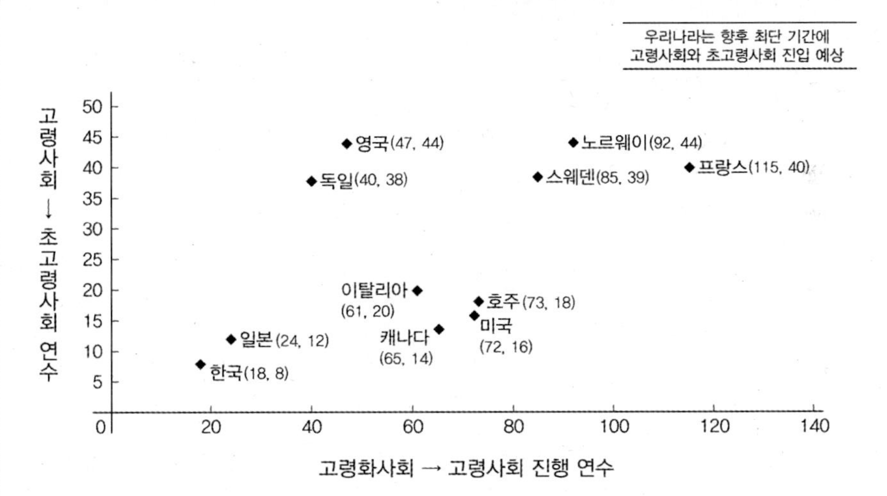

더 나아가 고령화의 속도가 더 문제이다. 우리나라의 평균수명 증가가 빠른 속도로 상승하고 있어 한국은 고령화사회에서 고령사회로 진입하는데 18년이 걸리고, 초고령사회로 진입하는데 8년이 걸린다고 한다. 고령사회에 진입한 일본이 24년 걸리고, 12년 걸린 것에 비해 매우 빠른 속도이다. 이는 미국이 73년,

212년 걸린 것에 비하면 매우 빠른 속도로 초고령 사회를 재촉하고 있다. 이렇게 평균수명의 증가가 빠르게 진행되고 있는 것과 더불어 세계 최저수준의 출산율은 고령화를 가속화시키는 요인으로 작용하고 있다.

이러한 현상은 우리나라 농가에서 벌써 나타나 고령사회인 일본과 유사점을 보여주고 있다. 65세 이상 인구의 농가 비중이 37.3%로 일본의 36.1%를 뛰어넘었다.

〈그림 1-4〉 우리나라의 고령화사회의 전개과정

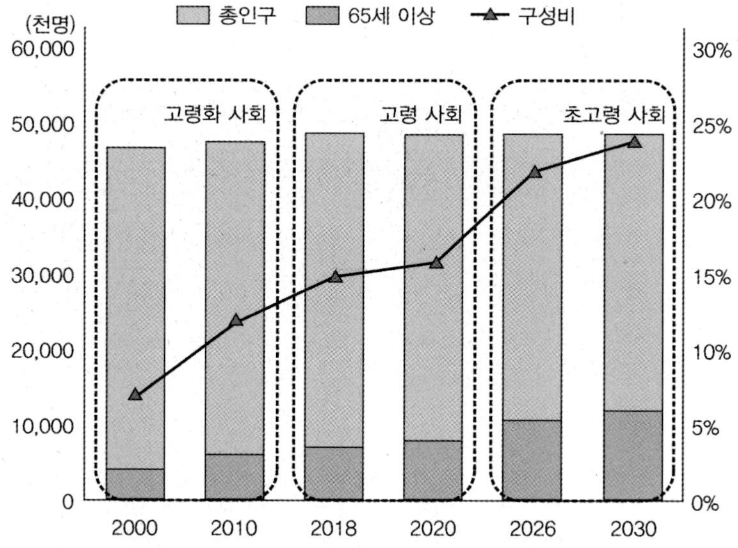

주: 1) 총 인구에서 65세 이상인 고령인구가 차지하는 비중이 7% 이상
2) 14% 이상
3) 20% 이상

(3) 고령화로 인한 노인부양비 부담 증가

고령화로 인하여 경제활동인구가 감소하기 시작하면 노인부양에 대한 부담이 증가하게 된다. 이는 개인적으로는 빈곤, 질병, 고독문제 발생뿐 아니라, 가족차원에서도 수발비용을 둘러싼 의료, 요양비용 증가가 부담요인으로 등장할 것이다.

통계청이 발표한 '장래 인구추계 2013~2040' 자료에 의거해 생산가능연령층 인구에 대한 노년인구의 백분비인 노년부양비를 살펴보면, 2030년에 54.7%, 2050년 80%대로 육박할 것으로 예측되어 생산인구 1.4명당 노인 1명을 부양할 것으로 전망되고 있다. 사회적으로는 공적 연금보험료와 공적부조 증가, 의료비용 증가에 따른 보험료 인상 등으로 사회적으로도 노인부양비가 부담요인으로 작용할 것이다.

2 경제 · 금융환경의 변화

100세 시대의 인구 사회학적 변화는 경제 및 금융환경의 변화를 예고하고 있다.

첫째, 저축률이 둔화될 것이다.

청장년기의 저축성향이 노년기의 저축성향보다 높으므로 고령화에 따라 총저축이 감소되면서 저축률이 둔화될 것이다.

둘째, 생산성이 둔화될 것이다.

가용자금 감소와 투자위축 등으로 1인당 생산성이 둔화됨에 따라 국가 경제성장도 둔화될 것으로 예상된다.

셋째, 금융상품이 다양화될 것이다.

연령에 따른 자산보유성향 차이로 고령화사회에서는 금융시장도 변화할 것이다. 고위험 금융상품보다는 중위험, 중수익률의 장기 금융상품 선호 현상이 일어날 것이다. 따라서 노후 생활을 위한 장기 금융상품의 수요 증가로 금융상품이 증가될 뿐 아니라, 고령사회에 걸맞는 금융상품이 다양화될 것이다.

넷째, 저성장 · 저금리시대가 지속될 것이다.

〈그림 1-5〉에서 보는 것처럼 총저축의 감소로 인한 투자위축으로 혁신적인 생산성 향상이 없는 한, 경제성장이 둔화될 것이며 저성장 시대에 돌입할 것으로 보인다. 우리나라는 소비 감소와 저축률 감소가 예상되어 저성장 기저는 당분간 지속될 것으로 보인다. 저성장에 따른 저금리 시대도 지속될 것이다.

〈그림 1-5〉 저성장 추이의 지속

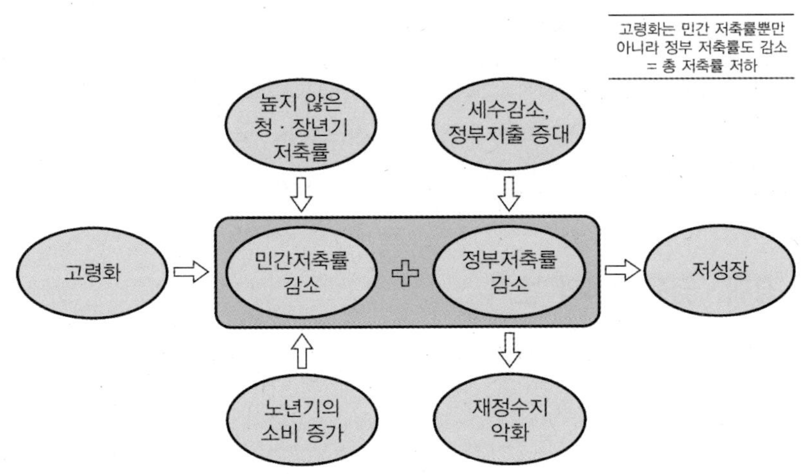

다섯째, 소득의 양극화가 심화될 것이다.

산업과 경제의 변화에 대응이 늦은 개인들은 경제적으로 어려움이 지속될 것이며, 개인들 간에 소득 격차가 더 벌어져 소득의 양극화가 이어질 것이다. 개인들은 강제적 조기 은퇴, 직업 상실의 고통, 노사갈등으로 상대적 박탈감이 유발될 가능성이 크다. 사회는 근로의욕이 감퇴되고 사회불안이 야기되어 개인들에게는 고통이 가중될 수도 있다. 만일 이러한 양극화 상태가 장기간 지속된다면 가난은 대물림되고 중산층의 타격은 커지고 근로빈곤층이 증가하며, 내수시장의 약화가 촉진되면 가진 자와 그렇지 못한 자의 양극화는 지속되고 사회적 갈등도 증폭될 가능성이 높다.[2)]

여섯째, 실업률이 증가할 것이다.

은퇴에 따라 미래 소비시장의 규모와 형태가 완전히 바뀔 것이며, 실업률은 더 증가되어 이들이 겪을 경제적 고통이 커질 가능성이 있다. 2차 베이비붐 세대가 2028년경 은퇴가 막바지에 이르게 된다고 한다. 그 은퇴자 숫자는 1240만 명에 이르게 되고, 초고령사회를 넘어가게 된다.

---

2) 니어재단 엮음, 『양극화 고령화 속의 한국–제2의 일본되나–』, 매일경제신문사, 2011년.

문화일보 조사에 의하면 (2014년 12월 10일), 2014년 우리나라 전체 실업자 가운데 취업시장에 처음으로 진입하는 주 취업층(25~29세)이 차지하는 비중은 9.26%인데 비해, 25~29세의 주 취업층의 실업률 비중은 이보다 2배 이상으로 높은 21.80%에 달하고 있다. 이는 경제협력개발기구(OECD) 회원국 중에서 가장 높은 것으로, 젊은 세대의 취업난으로 직업을 갖지 못하는 상실감이 상당히 큼을 알 수 있다.

일곱 번째, 세수증가 및 세율인상이 예상된다.

〈그림 1-6〉에서 보는 것처럼 저출산·고령화로 연금 지출 수요가 급증하고, 이에 따른 해결 방안으로 연금수령액과 연금수령 시작 시기를 낮추려는 연금 개혁정책이 지속될 것이다. 또한 노년층을 부양하기 위해 기존 직접세율을 올릴 수밖에 없을 것이며, 노동생산인구 한 사람이 노년층을 부양하는 상황이 증가됨에 따라 취업자 층의 담세율 인상도 이루어질 것이다.

〈그림 1-6〉 국민연금의 지출증가

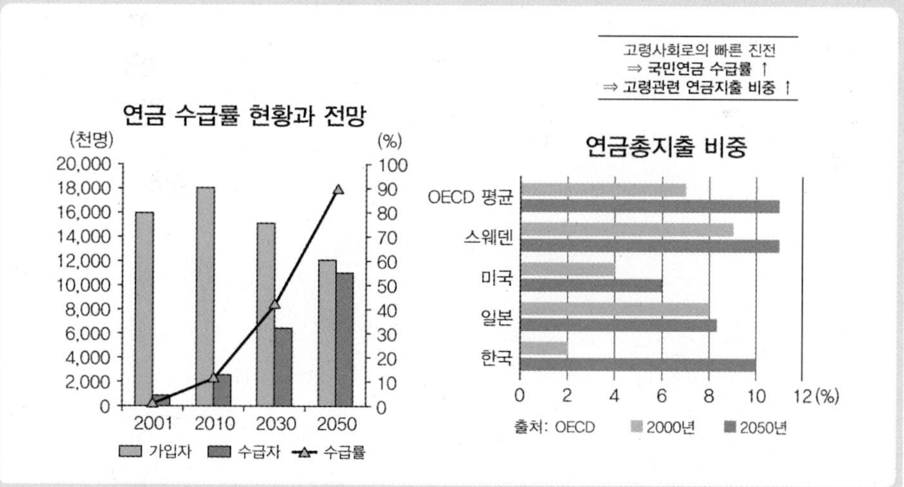

여덟째, 개인부채가 증가추세에 있어 개인지출의 장애 요인이 될 것이다. 한국은행이 발표한 '2017년 1분기 중 가계신용'에 따르면 2017년 3월말 기준으로 가계신용 잔액은 1359조로, 국민 1인당 2,600만원 정도의 빚을 진 셈이라고 한

다. 국제결제은행(BIS)에 따르면, 우리나라는 2016년 말 기준 GDP 대비 가계부채 비율이 98%로, 주택담보대출 이자 증가로 소비 여력은 둔화되어 개인 채무불이행 가능성이 증가한다면 부동산 스태그플레이션 가능성이 점증될 것이다. 만약 총자산의 70%를 차지하고 있는 부동산 자산이 하락한다면, 부동산이 전부인 베이붐 세대의 은퇴 후 삶은 고단하게 된다. 일본의 부동산 하락 전철을 밟지 않는다는 보장도 없어지게 된다.

3 과학기술의 변화

100세 시대의 또 다른 큰 변화는 과학기술의 변화이다. 과학기술의 변화는 사회, 경제의 다양한 변화를 가져다 줄 것이다. 〈그림 1-7〉에서 보는 바와 같이 과학기술이 경제사회에 커다란 영향을 주고 있는 것처럼 100세 시대의 미래 생활에 큰 변화를 이끌어 낼 것이다. 미래사회 메가트랜드(mega trend)에 의하면 미래는 인간과 하나 되는 기술, 산업을 고부가 가치로 변화시키는 기술, 세상을 연결시키는 기술개발로 미래사회는 변화될 것이다.[3] 이러한 기술은 인간의 직업, 가정, 감성, 능력을 생활에 적극적으로 활용하게 되어 의학, 환경, 에너지

〈그림 1-7〉 과학 기술 변화와 사회 파급효과

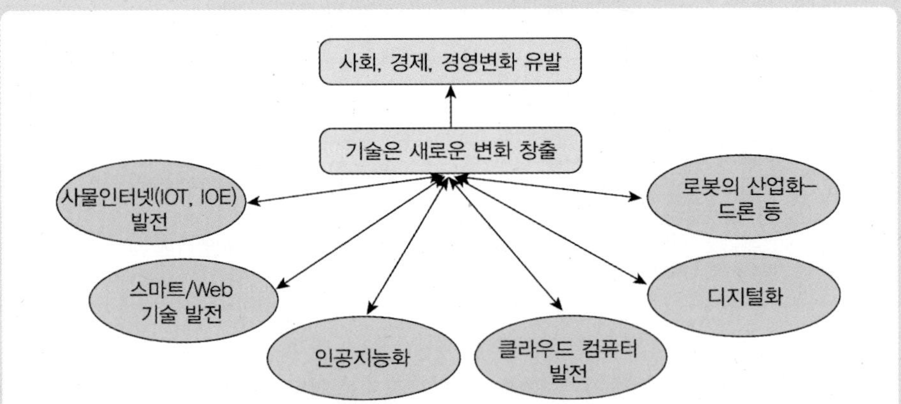

3) 한국정보화 진흥원, 『10대 기술전망』 제5호, 한국정보화 진흥원, 2011.6.30

등 다양한 산업을 변화시키는 요소로 발전할 것이다. 또한 과학 기술의 발달은 의료부분에도 영향을 미쳐 효과적인 건강관리로 100세 시대 후반에는 이전과 다른 모습의 삶이 우리에게 다가와 있을 것이다.

4 100세 시대의 인식 변화

1) 독립적인 사고와 개인주의적 사고의 변화

사회, 경제, 과학기술의 변화와 더불어, 100새 시대의 개인의 사고체계도 변할 것이다. 개인가치를 중시하는 독립적인 사고를 갖고 보다 더 활동적이며, 개성을 추구하고자 하는 욕구가 더욱 커져가고 있다.

최근 우리나라 가구 중 1인 가구의 비중이 급격하게 상승하고 있다. 2014년의 경우 전체가구 중 1인 가구는 488만 가구로 전체가구의 26.5%를 차지하였는데, 2030년에는 1인 가구의 비중이 32.7%로 확대될 전망이다. 이러한 1인 가구의 증가로 개인주의 성향은 높아지고, 자기표현 욕구도 매우 강해져서 외모관리 등 나를 위한 투자활동에 강한 욕구를 표현할 것으로 예상된다.

100세 고령시대에 사는 시니어의 생활도 예외는 아니다. 자기 자신만을 표현하고자 하는 욕구가 정보기술의 발달로 컴퓨터를 이용하여 독립된 인프라로서 자신의 영역을 갖게 됨으로서, 자기만의 창의성을 발휘하는 개성시대로 접어들어 갈 것이다.

2) 장수 리스크에 따른 의료 비용 증가와 의료 보험료 상승

인구의 고령화는 개인들이 노후에 대한 시각을 변화시키고 있다. 평균 여명 수명이 증가함에 따라서 은퇴 이후의 기간이 점차로 길어지게 됨에 따라, 의료 비용 증가 및 생활비 등 비용증가로 장수 리스크를 걱정하게 되었다. 인구 고령화에 따라 의료 수혜 인구가 증가 되고 또한 노인 만성 질환 확률이 높아짐에 따라 의료비의 상승과 의료 서비스이 수요가 증대될 것이다.

3) 재능기부에 참여하는 가치관 변화

일에 대한 가치관변화에 따라 일을 노동이라고 생각하기 보다는 사회적 경륜을 활용한 재능기부를 통한 사회참여가 활성화 될 것이다. 경험과 능력을 살리는 일을 하면서 건강하고 보람있는 노후생활 영위에 더욱 큰 가치를 둘 것이다.

4) 재무컨설팅의 중요성 인식

100세 시대는 장수(Long)시대, 감성(Love)시대, 저금리(Low) 시대라고 한다. 이러한 시대변화에 맞추어 인생의 라이프 사이클에도 커다란 변화가 예상되고 있다. 개인 금융지식이 미래의 부를 결정 짓는 요소로 등장하게 되었다는 것이다.

'2016년 가계 금융조사'의 자료에 의하면 50대 이상의 전 가구의 자산 보유액은 전체 연령대 별 가구의 54.9%를 차지하고 있다. 금융자산이 정점에 이르는

〈그림 1-8〉 재무설계의 필요성

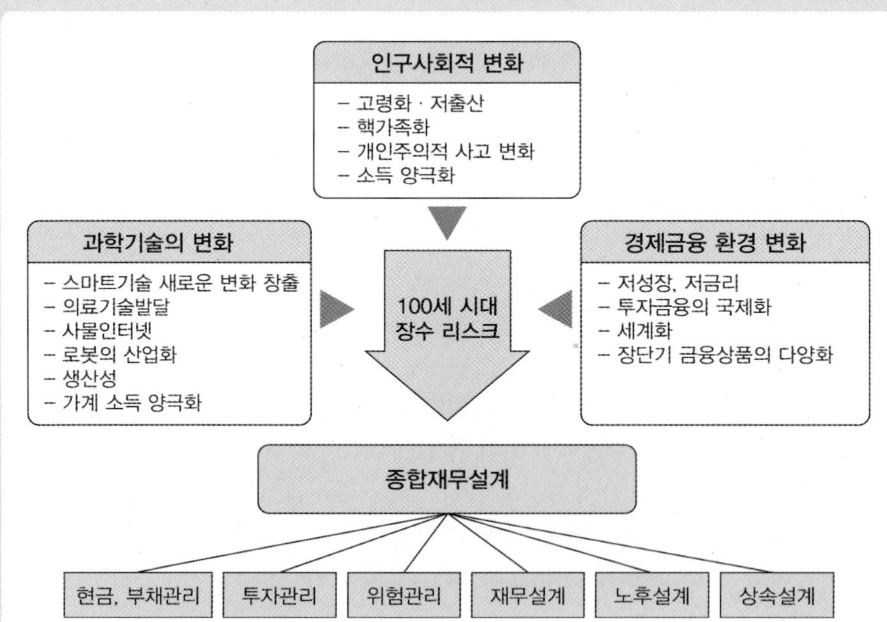

시기는 55~59세로 이후에는 감소하지만, 65~69세에 달하더라도 전체 평균과 유사한 수준의 경제력을 보유하고 있어, 시니어 가계소비는 2030년에 432조원에 달할 것으로 예상된다. 이는 시니어들의 경제에 대한 영향력이 증대되고 있음을 의미한다.

또한 소득 및 부의 증가로 가처분소득이 증가하여 가치있는 노후의 삶을 위한 바램은 증대되고, 재무컨설팅(financial advice)의 필요성을 점증 시킬 것이다. 소득과 부의 증대는 라이프 스타일에 영향을 미쳐 개인 욕구 가치실현에 초점을 맞추어 변화되고 있는 추세이다. 100세 시대의 긴 노후의 삶의 중요성을 인식하고 있다는 것은 노후를 위한 개인 재무설계의 필요성을 인식하고 있다는 의미이다.

제3절 생애주기에 따른 재무설계 목표

재무설계의 목표는 고객마다 다르며 목표의 우선순위도 고객마다 다르다. 따라서 고객이 추구하는 가치에 따라, 달성하기를 원하는 우선 순서대로 재무목표의 우선순위를 설정하여야 한다. 이때 재무목표는 추상적인 생각이 아니므로 구체적인 수치로 설정하여야 한다. 일반적으로 구체적인 금액, 비율 등으로 구체적인 수치가 예시된다. 이 목표금액의 의미가 고객의 가치를 함축적으로 담은 내용이며 이 금액 목표를 달성하지 못하면 다른 기회비용 발생 가능성도 있음으로서 지켜져야 할 목표금액임을 이해시켜야 한다. 재무목표는 고객의 가치에 의해 설정된 목표이므로 고객이 추구하는 삶의 가치관과 같은 비재무적인 요인도 병행하여 감안하여야 한다.

재무설계사는 현재 이 고객에게는 어떤 목표를 가지고 있으며 어떤 재무목표가 가장 중요한가를 인식하는 '고객의 가치 발견'이 재무설계의 시작이다. 나아가서 현재의 목표를 구체화하고 그 목표에 맞추어 실천(action plan)할 수 있도록 설계되어야 한다. 이하에서는 이에 대한 실례로서 생애주기에 따라 각기 다른 재무설계 목표를 갖고 있음을 알아보고자 한다.

1 생애주기

일반적으로 생애주기(life cycle)는 아동기-성년기-노년기로 크게 구분된다. 한편, 인생을 가정중심으로 3등분하여 구분하면 다음과 같이 구분된다. 즉 30세까지는 결혼준비와 자녀를 갖기 시작하는 가정형성기, 60세까지는 적극적인 사회활동과 자산을 축적하며 자녀를 교육을 시키고 결혼을 준비시키는 가정성숙기, 60세 이후는 자녀는 독립하고 현역에서 은퇴하여 새로운 삶을 이어가는 시기라고 하여 가정축소기 또는 은퇴기로 구분된다. 또한 에릭슨은 인간 발달단계 측면에서 8단계로 나누어 각 단계별로 위기와 발달과정을 제시하기도 하였다.

10년 주기로 나이별로 생애주기를 나누어 보면 다음과 같다. 20대의 사회초년기와 신혼기를 거쳐 30대에 가족형성기를 맞이하게 되고, 이어서 40대에 자녀들이 성장하는 자녀성장기, 50대에는 가족들이 어른이 되어 가족성숙기를 맞이하면서 인생에서 소득이 가장 많은 소득절정기에 다다르게 된다. 이후에 50대 후반이 접어들면 현직에서 퇴직하는 정년 퇴직기를 맞이하고, 60대에는 은퇴생활에 접어드는 노년기에 접어들게 된다는 것이다.

본서에서는 생애주기(life cycle)를 10년을 주기로 분류하여 크게 사회초년기, 가족형성기, 가족성장기, 가족성숙기, 가족이별기로 구분하기로 한다.

2 생애주기와 재무생애주기

1) 자산 축적기

자산 축적이 요구되는 시기로 20~30대 중반의 연령대이며, 신혼기와 가족형성기, 가족성장기가 이에 해당된다. 이 시기는 가족을 보호해야 하는 시기로 자녀 출산, 자녀교육, 주택마련, 비상자금마련 등의 자산축적이 가장 요구되는 시기이다. 이 시기의 자산 포트폴리오는 안전선호 투자로 주로 유동성 자산, 안전자산, 저 위험 자산 등으로 구성하여 자산을 축적하는 기회를 만드는 시기이다.

2) 절정기

가속기라고도 하는데, 이 시기는 가족구성원의 기초적 욕구가 충족되고 비상상황에 대한 비상자금뿐만 아니라 소득 증가로 자산 축적이 상당한 정도 이루어지는 소득절정기이다. 30대 후반에서 50대 초반에 해당하는 시기로 투자와 소득 증가로 재정적으로 안정감을 느끼는 단계이다. 자금의 여유가 있으므로 위험 부담이 높은 자산에 투자하여 더 높은 수익을 기대하고 자산증식에 초점을 두는 시기이기도 하다. 위험선호성향으로 위험 허용도가 높은 공격적인 투자를 하여 자산을 축적하므로 자산 포트폴리오에서 위험자산의 비중이 증가하는 시기이다.

3) 유지기

보유기라고도 하는데, 은퇴를 생각하여 노후생활을 준비하는 시기로 50대 후반 이후의 시기이다. 은퇴를 준비하는 시기로서 은퇴로 인해 소득이 중단되거나 감소하더라도 현재의 소비를 충당할 정도의 소득이 지속적으로 발생할 수 있도록 자산을 유지하고 보전하는 시기이다. 자산 증대를 위한 공격적인 투자보다는 위험자산의 규모를 줄이고, 안전자산, 유동성자산의 규모를 점차 늘려가며 이전에 축적자산을 효과적으로 유지하여 일정수준의 수익을 지속적으로 창출하는 자산 보전형 투자를 시행하는 시기이다.

〈그림 1-9〉 생애주기와 재무생애주기

축적기 (20~30대)	• 독신기, 가족형성기 • 자산축적기 • 자녀양육, 전세 자금 마련, 주택마련, 비상자금 • 안전자산, 현금성자산, 저위험자산
절정기 (40~50대)	• 가족성숙기 • 자녀결혼자금, 자녀교육비, 노후생활준비 • 소득절정기, 재산증식기 • 고위험 또는 중위험
유지기 (60~70대)	• 가족 축소기 • 은퇴시기 • 생활비 유지 • 현금 흐름 중심의 안전자산 증가 • 저위험– 의료 • 건강
100세 시대 (80대 이후)	• 가족 이별기 • 상속, 유언 • 의료, 건강, 간병인 • 연금소득 중심

3 생애주기에 따른 상이한 재무목표

재무설계사는 고객의 생애주기별 가계의 특성을 고려하여 재무요구를 파악하고 재무목표를 설정하는 것이 필요하다. 인생주기에 따라 각기 다른 재무목표를 설정하였기 때문에, 생애주기에 따른 재무목표의 우선수위도 다르게 나타난다. 생애전체에 걸쳐 기대되는 생활양식을 달성하기 위해서는 생애주기별 목표를 고려하여 장기적인 재무계획을 세워야 한다. 중년기에는 소득에 여유가 있으나 장년기에는 경제적으로 지출이 많은 시기이다. 이와 같이 생애주기별로 소득과 지출에 차이가 있으므로 재무설계를 통해 인생주기에 수입과 지출의 불균형을 해결해야 한다.

〈그림 1-10〉 수입지출

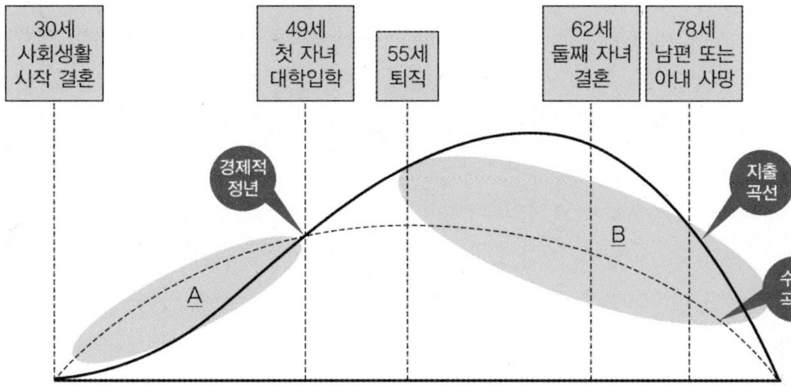

라이프사이클과 수입 · 지출 그래프

* 출처 : 백동석 외, 「고령화 쇼크」, 2003

독신기나 신혼기인 20대에는 자신의 교육, 건강을 위해 사용할 자금 축적이 중요하므로 주거래 은행을 정하고 저축플랜을 세우고, 더 나아가 결혼자금, 전세자금, 레저비용 등에 재무적인 목표를 두게 된다. 가족형성기인 30대에는 출산 및 육아비용, 주택 마련이나 주택 교체 비용 등에 관심을 가지게 되어 주택 청약가입, 장기 저축, 신용카드 부채상환에 초점을 두게 된다.

가족성장기인 40대에는 자녀교육, 주택확장, 자녀 결혼자금 마련, 은퇴자금 마련에 초점을 두어 재산증식, 자산배분, 절세방안, 은퇴방안 등에 관심을 갖게 되는 경향이 있다.

가족성숙기, 소득절정기인 50대에는 자녀교육, 결혼자금, 은퇴 후 재무적 독립, 노후준비, 상속자산 점검 등에 관심을 갖게 되고 퇴직금 활용전략, 노후자금 확보, 노후의 합리적 소비생활에 초점을 맞추게 된다.

이후 정년퇴직기, 가족이별기인 장년기에 접어드는 60대, 70대 시기에는 현금흐름 점검, 안정적 자산관리, 의료건강보험 재확인, 상속자산분배, 유언서류 작성, 장기 간병 의료서비스 점검과 더불어 자금의 합리적 사용 방법이나 자금의 효율적인 운용 방법에 초점을 두게 된다. 이와 더불어 취미생활을 즐기기 위한 비용, 유동성 자산 확보에 주의 깊게 관심을 갖게 된다.

4 재무목표의 설정 및 우선순위

고객마다, 인생의 주기마다 재무목표의 우선순위가 다르다. 가계의 재무생활의 5대 필수자금은 ① 주택자금, ② 자녀교육자금, ③ 자녀결혼 자금, ④ 은퇴생활을 위한 노후자금, ⑤ 예비자금이다. 이러한 자금의 우선순위는 생애주기에 따라 다르게 나타난다.

재무목표의 우선순위는 고객의 가치체계에 맞추어 고객의 입장에서 달성 가능한 목표 순서대로 정해야 한다. 이때 재무목표달성을 위한 대체안도 감안하여 정해야 한다. 또한 기간과 금액을 구체적으로 명시하고 세분화하여 달성 가능한 실천적인 수치로 제시해야 한다.

〈표 1-4〉 연령대에 따른 재무목표

	독신기/신혼기 (20대)	가족형성기 (30대)	가족성장기 (40대)	가족성숙기 (50대)	정년퇴직기 (60대)	노년기 (70대 이후)
재무목표	• 자신축적 • 결혼자금 • 주택자금 • 저축계획	• 출산 및 육아비 • 비상예비자금 • 주택마련 • 자동차 마련	• 자녀유학 및 자녀활동비 • 주택확장비 • 노후자금마련	• 자녀결혼자금 • 노후생활자금 • 노후위험방안 • 주택규모 등 비수익성자산 축소	• 은퇴 노후를 위한 준비완료 • 재무적 안정감 • 비재무적 요소 (정신적, 심리적)	• 노후평화 • 가족관계유지 • 취미활동 • 건강
재무설계	• 재무설계 이해 • 장기자금축적계획 • 부채관리 중요성 • 취업 후 홀로서기	• 합리적 소비 • 연금가입 • 목돈마련계획 • 장기저축계획 • 주택청약설계	• 자산 증가 • 재산증식 자산배분 설계 • 세금절세 • 연금, 은퇴설계 • 보험	• 안정성, 유동성 • 중위험 투자 • 부채상환 • 자산배분점검 • 상속설계 • 노후자금설계	• 퇴직금활용 전략 • 노후자금 확보 및 합리적 인출 전략 • 상속준비 • 현금 유동성 확대	• 장기간병 • 유언 • 상속 및 절세 • 행복한 죽음

제4절 개인 재무설계의 6단계과정

1 개인 재무설계의 6단계과정

1) 개인 재무설계과정의 의미

개인 재무설계과정은 개인이나 가계와 관련된 모든 자료를 수집하여 검토하고, 재무적인 상황이나 비재무적인 상황 모두를 감안하여 자료를 정리 분석함으로써 재무목표를 설정하고 이를 실천하는 일련의 재무설계의 과정을 의미한다.

재무설계사의 입장에서는 고객의 가치체계를 바탕으로 고객을 위한, 고객의 목표달성을 위한 체계적인 단계설정이 개인 재무설계의 과정이다. 즉, 이러한 과정을 거치면서 개인이나 가계 등의 고객의 재무목표를 효과적으로 달성할 수 있도록 일관성 있게 자문을 제공하는 것이다. 따라서 개인 재무설계는 고객을 부자로 만드는 것이 아니라, 재무설계의 과정를 통하여 고객이 추구하는 미래를 위한 재무계획을 수립하고 그 계획이 성공적으로 이루어 질 수 있도록 상담하고 조언하는 일이라고 말할 수 있다.

이와 같이 개인 재무설계 과정은 개인 재무설계를 체계적으로 추진하는 과정으로, 개인이나 가계의 재무목표를 효율적으로 달성할 수 있도록 각각의 과정 체계를 평가하고 점검할 수 있는 효율적인 목표달성의 절차이다.

2) 개인 재무설계의 6단계 과정

개인 재무설계는 총 6단계의 과정을 거치게 된다.

고객과의 관계정립 → 자료수집 및 재무목표 설정→ 재무상태분석 및 평가 → 재무설계 제안 → 재무설계 실행 → 수정보완을 점검하기 위한 모니터링의 일련의 과정을 거치면서 한 과정이 완료된다.

〈그림 1-11〉 개인 재무설계의 6단계

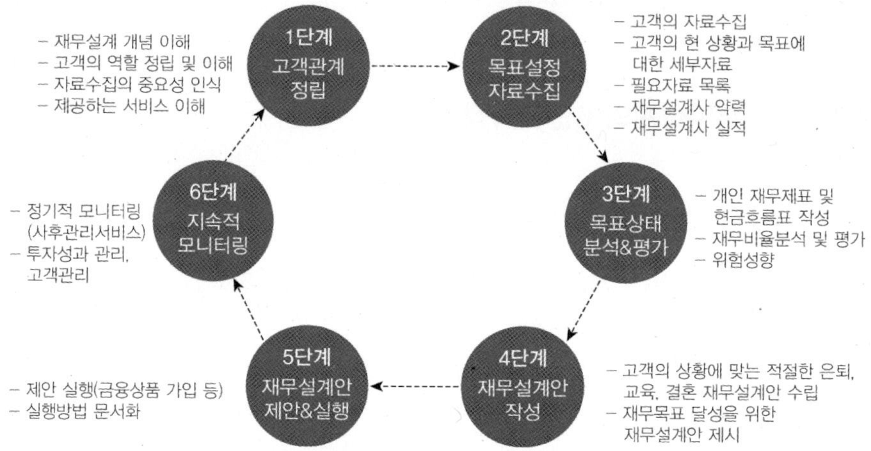

2 고객관계 정립과 재무목표설정 및 자료 수집

1) 제1단계 : 고객과의 관계정립

(1) 고객과의 관계 정립

개인 재무설계는 개인의 일생에 걸쳐서 이루어지는 과정이므로 재무설계사는 고객에게 수많은 정보를 요청하게 된다. 이러한 필요 정보에는 재무적인 것뿐 아니라 비 재무적인 자료가 포함된다. 이러한 자료는 사생활에 관한 내용으로 개인적인 요소가 많으므로 남에게 공개되기를 꺼려한다. 그럼에도 불구하고 고객의 정보를 충분히 알지 못하는 경우에는 미흡한 정보로 인해 고객의 필요와 욕구에 맞는 제안을 해 줄 수 없다. 고객이 가지고 있는 다양한 자원을 이해하고, 이를 바탕으로 설계해야하기 때문에 고객의 가능한 자원을 총체적으로 이해해야 한다. 고객과 충분히 신뢰를 쌓아야 고객은 편한 마음으로 관련 정보를 알려주고 이에 관해 재무설계사와 의견을 나누며 소통할 수 있다.

고객과의 신뢰관계 수립은 재무설계단계 초기상담의 가장 중요한 필수조건이다. 상담을 성공적으로 이끌기 위해서는 고객의 필요와 욕구를 분명하게 알고 있어야 함은 물론, 다양한 정보를 부담없이 나눌 수 있어야 하므로 절대적인 요소이다. 믿음과 신뢰를 통해 고객에 관한 다양한 자료를 공유할 수 있으므로 성공적인 재무설계사가 되기 위해서는 친화력과 소통 능력(human skill)을 갖추어야 한다.

(2) 초기 상담단계에서 준비해야 할 주요 사항

처음 만나서 좋은 관계를 형성하기 위해서는 단정한 모습으로 처음 좋은 인상과 신뢰감을 주도록 준비하는 것이 첫 단추를 잘 푸는 것이다. 따라서 먼저 첫 단계로 "초기상담준비" 단계에서는 고객과의 관계를 정립하기 위해 4가지에 관해 설명하는 것으로부터 상담을 준비해야 한다.

① 우선 고객에게 재무설계사의 필요성을 알려주고 재무설계사가 무슨 일을 조언해주는지에 관해 고객의 궁금증을 해결해 주어야 한다. 이때 고객과 재무설계 상담을 진행하는 동안 고객이 부담스러워 하지 않도록 편안하게 분위기를 조성해주는 것이 재무설계사의 첫번째 과제이다. 좋은 분위기는 좋은 소통의 시작이다. 고객 대부분이 재무설계에 대한 이해부족으로 어떤 과정을 거쳐서 어떻게 진행되는지를 모르는 경우가 대부분이다. 따라서 개략적으로 자기소개로 시작하여 재무설계사가 어떤 역할을 수행하는지에 대해 소개하고 설명하는 것에서부터 상담을 시작하도록 한다.

② 장기적으로 고객의 인생 목적에 맞는 방안을 찾아, 자문해주는 것이 재무설계사의 역할임을 알려준다. 이를 위해 자료수집이 필요하고 어떻게 자료를 수집하는지, 고객이 제출할 서류가 무엇이며, 자료수집이 충분히 이루어 지지 않았을 경우 발생할 문제점에 대해서도 설명해야 한다.

③ 고객과의 관계 정립을 위해 재무설계사의 역할과 책임한계, 보수내역, 고객에게 제공할 서비스 범위 등을 정하게 되는데, 이를 명확히 하기 위해서는 문서로 작성하여 계약하는 것이 필요하다. 고객과 사후에 논쟁의 발생을 미연에 방지하기 위해 작성·상호 교환한다.

④ 고객에게 확신을 주기 위해 재무설계사의 경력, 보유자격증, 그 동안 해왔던 실적사례에 대한 설명으로 본인이 이 부분에 적임자임을 알린다.

〈표 1-5〉 초기 상담단계에서 준비해야 할 주요 내용

첫인상이 상담 성공을 좌우한다는 점을 이해하고 철저하게 준비한다.
1. 재무설계 과정에 대한 설명과 상담자인 재무설계사의 역할
2. 자료수집의 중요성
3. 업무수행 계약서를 작성-재무설계사가 제공할 서비스 범위, 제공된 서비스에 대한 보수방식 등
4. 재무설계사의 경력, 보유자격증, 서비스분야 경력 제시

2) 제2단계 : 재무목표의 설정 및 자료수집

(1) 재무목표의 설정

제2단계에서는 개인의 재무목표를 설정하고 다양한 자료를 수집한다.

① 기간별 분명한 재무목표 설정

고객들이 재무목표를 설정되어 있다고 하더라도 대개 목표가 추상적이며 구체화되거나 명화하지가 않는 경우가 허다하다. 따라서 자산관리사는 고객이 추상적으로 생각만 하고 있는 재무목표를 구체적으로 표현하도록 격려한다. 재무목표를 고객 스스로 인식하여 나열하게 하고, 기간이나 수치로 스스로 재무목표를 정하도록 도와준다. 고객의 생각을 끄집어내어 구체적으로 나타낼 수 있도록 하게 한다. 생각 만 하고 있던 추상적인 생각을 구체적이고 분명한 목표로 형상화하게 해야하며, 이 목표가 달성가능한 재무목표가 되도록 조언하고 도와주어야 한다.

② 비재무적 목표설정

재무목표는 재무적인 부분뿐 만아니라 비재무적인 부분도 함께 감안하여 설정될 때 설득력이 있다. 재무목표는 기간별로 분류하여 단기적인 목표, 중기적인 목표, 장기적인 목표로 나누어 목표를 세우면 보다 더 설득력있는 목표가 된다. 목표설정은 현실적으로 실천 가능한 것이어야 하며 목표의 우선순위 설정을 정해놓으면 달성하기 쉽다. 또한 고객의 비재무적인 요인도 재무적 목표와 연결하여 생각하게 되면 고객의 삶에 대한 가치관이나 태도 및 위험허용 수준 등도 알아낼 수 있으므로 재무 목표설정을 계기로 비재무적인 목표도 분명히 인식할 수 있다.

〈표 1-6〉 재무목표 설정

개인적인 목표	재무목표 달성을 위한 가정
• 재무적 목표–기대 필요 수입, 은퇴 기대 연령, 은퇴후 필요 수입, 질병 요양비. 배우자 사망후 기대여명 비용. • 비재무적 목표–가치관, 건강상태, 취미활동, 삶에 대한 목표, 위험성향, 위험허용도	• 은퇴 후 경제활동 여부, 은퇴 후 생활방안, 기초생활비 추정, 배우자 기대수명, 은퇴 후 남은 시기, 인플레이션, 투자수익률, 세율 등

(2) 자료수집

고객과 관련된 자료수집과정은 재무설계를 효과적이고 성공적으로 수립하기 위한 중요한 기초작업이므로 중요하다.

고객의 개인정보에 관한 사항이므로 재무적 자료와 비재무적 자료를 구분하는 것이 보다 편리하다. 충분하게 필요한 자료수집을 확보하지 못할 경우 정보 미흡으로 전체 재무설계에 영향을 미치게 되고, 재무설계 제안이 실패할 수도 있기 때문이다. 자료수집의 방법은 면담을 통해서 하거나, 설문지 또는 전화, 이메일등 여러 가지 방법 중 하나를 선택하거나, 또는 상기 방법을 중복 사용하여 다면적으로 고객의 자료를 수집하여 총체적으로 수집할 수도 있다.

(3) 자료분류

재무목표가 명확하지 않은 경우에는 명확한 목표를 설정하기 위해 재무적·비재무적 자료로 구분하여 수집해야 한다. 재무적인 자료에는 자산, 부채, 수입, 지출을 비롯하여 각종 보험에 대한 정보, 세금 보고자료 등 등 가능한 모든 계량적인 자료를 수집하여야 한다. 이때 꼭 포함되어야 할 부분은 소요될 자금 및 운용 자금 등을 구체적으로 수치화 되어야 한다. 이외에 비재무적 자료에는 가치관, 꿈, 희망을 비롯하여 취미생활, 예상수명 등을 포함하여 가족정보, 자녀정보, 건강정보, 위험에 대한 태도 등을 수집하여야 한다.

재무목표는 가능한 수치로 설정하여 목표를 명확히 하는 것이 필요하다.

① 정량적 자료

정량적 자료란 수치화할 수 있는 자료를 말하며, 개인의 재무상태에 대한 다양한 자료가 포함된다. 정량적 자료는 다음과 같다.

〈표 1-7〉 정량적 자료

항 목	내 용
소득에 관한 자료	근로소득, 사업소득, 재산소득, 이전소득–연말정산이나 종합소득세신고 등의 자료
지출에 관한 자료	지출기록이 없을 경우, 3개월 또는 1년 동안 지출기록을 고정지출과 변동지출로 구분 작성–일정기간 가계부작성 권유
자산 및 부채에 관한 자료	① 금융자산 • 예금, 적금, 직접투자, 간접투자 등 • 예치되어 있는 금융기관, 명의, 취득일, 만기일, 현재 잔고 혹은 평가액 ② 부동산 자산 부동산위치, 소유자의 이름, 소유자와 임차인과의 관계, 부동산의 담보관계 ③ 부채 부채의 유형에 따라 분류. 부채의 규모, 이자율, 잔여기간, 현재 잔액, 원리금 상환금액, 이자금액 등
보험관련 자료	생명보험, 상해보험, 의료보험 등의 보험–보험계약자, 피보험자, 보험수익자, 보험료, 보장내역, 보험계약일, 대출약관
세금자료	최근 3년간의 소득세 신고 자료와 기타 세금신고의 자료
상속과 증여자료	피상속인 혹은 증여인인 경우와 상속인 혹은 수증인인 경우 모두 상속 및 증여와 관련된 금액, 거래일, 세금관련 정보
은퇴자료	연금이나 퇴직금
기타 자료	개인사업자의 경우는 개인 재무설계에 영향을 미치는 자료

② 정성적 자료

정성적 자료는 수치화할 수 없는 자료로, 대표적인 예는 다음과 같다.

〈표 1-8〉 정성적 자료

항 목	내 용
가족사항	본인, 배우자, 자녀, 부양가족의 이름, 생년월일, 가족사항의 특이점
가치관, 희망사항	인생의 목표, 라이프 스타일, 취미생활 등 비재무적인 요소 포함
위험허용도	투자와 관련하여 수용할 만한 위험의 정도

3 재무상태의 분석 및 평가

1) 제3단계 : 재무상태의 분석 및 평가

재무상태를 파악하기 위해 수집된 자산을 총 정리하여 개인 재무제표를 작성하고, 현재의 재무상태에 대해 분석하고 평가한다.

자산의 구성내역을 분석하여 강점과 약점, 기회, 위험요소 등을 파악하고 부채의 종류에 따라 소비자부채, 주거관련 부채, 총부채로 나누어서 관련 비율을 계산함으로써 종합적인 관점에서 개인의 특성을 평가한다.

또한 현재의 자원과 투자 방식대로 진행한다면 고객의 재무목표 달성이 가능한지 여부를 분석하여 결론을 도출한다. 이때 과거의 다양한 재무설계 방법과 관련한 자료와 이미 추진해왔던 투자행태도 함께 수집하여, 과거 재무행동의 문제점에 대해서도 분석한다. 이를 통해 향후 발생 가능한 잠재적인 문제점을 파악뿐만 아니라, 향후 기회요인과 위험요인을 발견하고 이에 대해 조언할 수 있다.

이때 재무설계사는 고객의 재무상태를 정확히 파악하기 위하여 개인 재무제표, 현금흐름표 등을 작성하여야하며, 이후 이를 분석하여 고객의 현재의 가용재원과 투자방식을 따를 경우 고객의 재무목표 달성이 가능한지 여부를 평가하여 의견을 제시해야 한다. 평가할 때에는 현재 재무상태와 기존 투자행태에 대한 문제점과 현재 방법대로 진행할 경우 고객 재무목표를 달성할 수 있는지 여부를 설명하여야 하며, 고객이 원하는 목표의 우선순위가 달성될지 여부에 대한 평가와 조언이 동시에 이루어져야 한다.

2) 주요 기본 서류의 작성

개인의 재무상태를 파악하고 개인에게 적합한 재무설계안을 도출하기 위하여 작성해야 하는 3가지 기본 자료에는 자산부채상태표, 현금흐름표, 예산집행계획서가 있다.

(1) 자산부채상태표

자산부채상태표는 특정 시점을 기준으로 하여 개인 혹은 가계의 자산, 부채, 순자산의 상황을 파악할 수 있도록 만든 표로, 작성 시에는 다음과 같이 분류하여 기록한다.

〈표 1-9〉 자산부채상태표 작성 시의 분류

자산의 분류 (자산의 평가 : 기준일의 잔액, 종가, 공정시장 가격)	현금성 자산, 금융투자자산 부동산자산, 개인사용자산
부채의 분류	단기부채와 장기부채 소비자부채, 주거관련 부채, 기타부채
순자산	자산과 부채의 차액

이와 같이 자산부채상태표를 통해 개인자산이 건전하게 구성되어 있는지를 여부를 파악할 수 있다. 특히 부채항목 중에 소비자부채, 주거관련 부채가 총부채 대비 어떻게 구성되어 있는가를 중점적으로 파악할 수 있다. 즉 신용카드사용, 할부구매, 현금대출 등 소비자부채가 과다한지 판단하기 위한 자료로, 또한 주택담보대출의 원리금 상환액 및 주거관련 비용 등 주거관련 부채가 총부채이나 자산에 대비하여 과다한지 여부를 판단하는 기초자료로 각각 이용된다.

또한 소비자부채와 주거관련 부채의 합계인 총부채 상환액이 자산에서 차지하는 비중이 얼마인지, 또한 이자 비용이 총소득에서 차지하는 비중이 얼마인지를 파악할 수 있다. 일반적으로 총부채는 총소득의 40% 이내가 안정적이다. 또한 총부채상환액은 40% 이내가 바람직하며 총소득의 15~20% 이내가 바람직하다.

(2) 현금흐름표

현금흐름표는 일정기간을 기준으로 개인 또는 가계의 현금 유입과 유출을 파악할 수 있도록 적성한 표로, 작성 시에는 다음과 같이 분류하여 기록한다.

〈표 1-10〉 현금흐름표 작성시 분류

현금의 유입	기준기간 동안 가계로 들어오는 모든 금전적 유입을 포함 (소득, 원금 상환, 부채 등을 모두 포함)
현금의 유출	기준기간 동안 가계에서 유출된 모든 금전을 포함

현금흐름표는 현금흐름을 분석하고 평가하기 위해서 작성된다. 또한 이를 통해 유동성분석, 투자성향을 분석할 수 있으며, 고객이 원하는 재무목표를 달성할지 여부를 판단하는 기초자료로 이용된다. 특히 현금흐름표의 분석 및 평가를 통해 고객의 소득원이 다양성이 있는지 여부를 분석할 수 있고, 소비성향 및 저축성향에 대한 분석을 통해 고객의 현금흐름의 건전성을 판단할 수 있다.

(3) 예산집행계획서

예산집행계획서는 예산집행계획을 수립하고 그 내용을 기재한 문서로서, 계획대로 진행하는 실천계획서를 말한다. 예산집행계획서에서는 사업명을 비롯하여 분기별 예산 집행 금액을 기재하고, 합계를 산출할 수 있다.

3) 자산 및 부채 상태의 분석 및 평가

자산 및 부채상태 분석을 통하여 자산구성이 적절한지 여부를 판단하고, 가계 재무구조의 추가 변동성을 파악할 수 있다. 이외에도 향후 수익향상 가능성뿐 아니라 소비성향을 파악하여 재무목표를 달성할 수 있는지 여부를 판단한다.

(1) 자산상태의 분석

자산상태의 분석에서는 자산구성의 건전성을 분석하는 것으로, 가계자산의 구성을 유동자산과 비유동 자산으로 구분하여 구성 비중을 살펴보는 것이다. 특히 자산 중 부동산자산의 비중이 지나치게 많은지, 투자자산비중은 얼마나 되며, 어느 위험 자산에 투자되어있는지 등의 자산구성을 살펴보는 것이다.

(2) 부채상태의 분석

부채상태의 분석은 부채의 구성 비중, 자산대비 규모, 용도, 이자부담 등을 살펴보는 것이다. 단기부채비중이 장기부채에 비해 지나치게 많아 상환부담이 되는지 여부도 살펴본다.

신용카드의 사용, 할부구매, 현금대출 등과 같은 소비자부채 상환액이 총소득의 20% 를 넘지 않도록 단기부채를 관리하여야 한다. 또한 주택담보대출의 원리금상환금액 및 주거와 관련한 주거관련부채가 총 소득에 대비하여 총소득의 35%를 넘지 않도록 하거나, 주택을 소유하지 않은 경우에도 총소득의 30%를 넘지 않도록 하여야 한다. 주택으로 인한 이자비용이나 원리금상환으로 가계경제의 현금흐름을 저해할 수 있는 가능성을 사전에 차단하기 위해서다. 소비자부채와 주거관련부채 모두를 포함하는 총부채는 자산 대비 40% 이하이면 적당하다. 은행대출의 심사기준인 DTI 기준[4]에서도 총소득의 40% 이내가 원칙이다.

4) 현금흐름의 분석 및 평가

현금흐름에 대한 분석과 평가는 개인의 소득원천에 대한 다양성, 소비성향에 대한 분석 등으로 이루어진다. 일반적으로 현금유동성이 좋으면 위험상황에 처했을 때 대처능력이 높다고 말할 수 있다.

또한 소비 및 저축성향에 대한 분석을 통해 가계의 지출구조와 소비습관 등을 점검한다. 지출은 고정지출과 변동지출로 구분하여 살펴봄으로써, 변동지출이 과다하게 증가하는지의 여부를 파악할 수 있다.

5) 기타

가계유동성분석은 소비할 가용자금이 충분히 준비되어 있는지 여부를 분석하는 것으로, 소득세를 제외한 월 평균 고정지출과 월평균 변동지출의 합계액의 3

4) DTI(debt to income)은 총부채상환비율로, 즉 총소득에서 부채의 연간 원리금상환액이 차지하는 비율을 말한다. DTI기준은 대출상환액이 소득의 일정비율을 넘지 않도록 제한하기 위해 적용되고 있다.

배 내지 6배를 준비하는 것이 버람직하다. 실직하여도 3개월 내지 6개월 수준의 생활비를 비상예비자금으로 확보해야 가계경제가 안정감을 유지할 수 있다.

투자성향분석은 투자로 손실을 보아도 가계경제에 영향을 줄 수 있는지 여부를 판단하기 위한 것으로, 가계 자산규모에 맞게 투자를 하고 있는지 여부를 파악할 수 있다. 투자자산이 차지하는 비중을 순자산의 50% 정도가 적절하다.

6) 분석 요약

재무목표에 따른 분석은 재무설계목표에 맞게 가계의 자산과 부채, 현금흐름이 부합되어 있는지를 판단하는 것으로 표준치는 다음과 같다.

〈표 1-11〉 재무비율 및 적정성 표준 비율

재무비율 종류	적정성 판단 기준	목표치
유동성 비상예비자금	(변동지출+고정지출 - 소득세)/ 12개월×3개월 또는 6개월	소득원에 따라 3개월 또는 6개월치
소비자부채비율	소비자부채 상환금액이 순소득의 20% 이내	순소득의 20% 이내
주거관련 부채비율	주거관련비용이 총소득의 28% 이내	총소득의 28% 이내
총 부채비율	총부채비용이 총소득의 36% 이내	총소득의 36% 이내
총 자산대비 총 부채비율	총 자산대비 총 부채비율이 40% 이내	총부채가 총자산의 40% 이내
순자산	순자산이 매년 증가 또는 감소하는지 여부	매년 순자산 증가
저축의 적정성 저축비율	총소득의 20%~30% 이내	총소득의 20% 이상

4 재무설계안의 작성 및 제시

제4단계 : 재무설계안의 작성 및 제시

(1) 재무설계안의 작성 방향

재무상태의 분석과 평가가 완료되면 개인 재무설계안의 작성이 시작되는데,

개인 재무설계안의 작성은 개인의 재무목표에 따라 다양하게 이루어지게 된다. 재무설계안을 작성 시에는 다음과 같은 사항을 고려해야 한다.

첫째, 재무설계안을 작성 시에는 고객의 의사결정이나 재무목표가 수시로 바뀔 수 있으므로 개인을 둘러싼 환경변화에 유연하게 대처할 수 있도록 여지를 남겨 두어야 한다.

둘째, 재무설계안은 고객의 목표와 이익을 최우선으로 고려하여 작성되어야 한다. 즉, 고객의 가치나 라이프 스타일에 맞는 맞춤형 설계안이 작성되어야 개인의 재무목표 달성에 기여할 수 있다.

셋째, 재무설계안은 실행가능하도록 종합적인 요소를 감안하여 작성되어야 한다. 개인 재무설계안은 고객이 미래에도 지속적으로 실행 가능하여야 하며, 세금문제와 위험관리, 투자관리 등 세부적인 면도 고려하여야 하고, 전문가의 의견도 감안하여 대안이 작성되어야 신뢰를 받을 수 있다. 또한 고객에게 재무설계안의 가치를 높히기 위해서는 전문가와 필요 부분을 협의한 후 대안 작성을 시행하는 것이 필요하다.

설계 아이디어 구상이 완료되면 개인 재무설계안의 작성이 시작되는데, 개인 재무설계안의 작성은 개인목표에 대한 다양한 제안으로 이루어지게 된다. 개인의 재무목표를 설정할 때 관련 자료는 구체적으로 수치화되어야 하며, 필요 자금도 명확히 도출되어야 한다.

(2) 재무설계안의 내용

개인 재무설계안은 일반적으로 다음과 같은 내용을 포함하여야 하며, 고객의 재무설계안을 작성할 때는 전문적인 용어도 가능한 한 쉬운 말로 표현하여 고객의 이해를 돕도록 하는 것이 효과적이다.

그리고 다음과 같은 사항을 점검한다.

① 현금흐름표와 자산부채상태표의 점검과 평가는 먼저 객관적인 기준에 의해 작성되었는지 살펴보고, 다음과 같은 제언이 포함되어 있는지 살펴본다. 첫째 비상예비자금의 확보를 위한 제언, 현금유출를 최소화하기 위한 제언, 부채의 감소와 부채상환에 대한 제언, 저축성향과 저축에 대한 제언 등이 이루어졌는지 살펴본다.

〈표 1-12〉 재무설계안의 내용

기본내용	설계안 내용
• 개인에 관한 정보, 이력 및 업력 • 상호 합의된 업무수행 범위와 내용 • 재무목표와 달성에 관한 우선순위 • 고객이 제공한 관련 정보 • 인프레이션 등 일반경제에 대한 가정 • 자산부채상태표에 대한 분석 및 평가 • 현 자산부채상태표와 목표달성 후의 변화 • 현 현금흐름표와 목표달성 후의 변화 • 현 예산표와 목표달성 후의 변화 • 현 재무적 장단점 분석 및 문제점	• 현금흐름에 관한 방향제시 • 부동산 비중 등 자산구성 방향제시 • 위험 회피 또는 이전 방안 제시 • 은퇴필요 자금계산 및 투자방안제시 • 현 세금 현황과 절세방안 제시 • 현 상속세와 상속세 절세방안 • 투자지침서, 자산배분 권고안 및 위험요소 제시

② 세금에 관하여서는 다음과 같은 제언이 포함되었는지 살펴본다. 소득세 절세를 위한 제언, 금융관련 세금과 부동산 관련 세금에 대한 제언, 상속 및 증여와 관련된 세금에 대한 제언, 기타 개인적인 세금 절세 방안에 관한 제언 등이 이루어졌는지 살펴본다. 기타 개인에게 필요한 세금이슈가 절세전략과 함께 고려되었는지 살펴본다

③ 투자설계에 관하여서는 투자목표가 달성될 수 있는 투자설계가 이루어졌는지 살펴본다. 개인의 투자성향, 투자기간, 투자목적에 맞는 자산배분에 대한 제언 및 이에 대한 대체안도 함께 제언이 이루어졌는지 살펴본다. 또한 부동산설계가 부동산관련 부채의 적정성 및 세금에 대한 제언이 되었는지 살펴본다.

④ 상속과 증여에 대해서는 상속과 증여에 관련한 서류가 명확하게 작성되었는지 살펴보고, 이와 관련하여 비용최소화를 위한 제언과 절세를 위한 제언이 이루어졌는지, 실천계획 제언이 되었는지 등을 살펴본다.

⑤ 구체안 실행에 관하여는 상품에 대한 비용, 수수료, 법적 제약 등을 고려하여 제언이 되었는지 살펴보고, 법적인 부분, 세무적인 부문, 금융거래에 관한 부문 등 가계의 다른 전문가와 협조 방안에 대하여 제언되었는지도 살펴본다. 또한 세부적으로 실시시기, 실시 방법, 중개기관 선정방법 등에 관해 제언이 되었는지 살펴본다.

5 재무설계안의 실행

제5단계 : 재무설계안의 실행

아무리 잘 작성된 재무계획이라도 실행하지 않으면 아무런 의미가 없다. 재무설계사가 제시한 설계안이 전부 수용되지 않을 수도 있으므로 재무설계안의 실행은 매우 중요한 단계이다. 설계안의 실행은 재무설계안을 수립한 재무설계사에 의해 실행될 수도 있고, 특화된 다른 전문가에 의해 실행될 수도 있다. 여기에서 말하는 다른 전문가라고 하면 그 분야에 오랜 경력을 갖고 있는 금융기관 종사자, 금융투자회사(증권회사)직원, 보험회사직원, 변호사, 세무사 등을 말한다.

만일 재무설계사가 재무설계안을 실행할 경우 고객의 동의가 반드시 필요하다.

〈표 1-12〉 재무설계안의 실행

	고객과 협의 요망 내용	실행을 위한 재무설계사의 점검 내용
항목	개인 재무설계안을 실행 시 실행을 위한 세부방안, 실행의 주체, 시기, 방법 등 세부내역 상호합의 결정하여 문서화	설계안의 실행에서는 다양한 대안을 사전에 비교분석한 내용 및 최적 타이밍 선정과 더불어 전문가와 상호 협의하여 2차 대체 방안도 함께 제시
구체적인 내용	• 재무설계안 실행방법, 실행내역, 세부방안 • 주요 역할과 책임, 서비스 내용 • 변호사, 세무사 등 외부 전문가와의 협력사항 및 해당 수수료 명시 및 정보공유 범위 • 금융상품 선정의 주체와 실시예정 내역	• 펀드, 주식, 채권 등 금융상품 매매와 관련된 외부전문가와 자문 • 금융상품의 선택 결정권과 관련 비용, 수수료, 시행 주체 명시 • 기타 실행관련된 의사결정 주체 • 예상비용 추산 및 서비스 내역

6 재무설계안 서비스의 정기점검

1) 제6단계 : 정기점검

고객이 재무설계사가 제안한대로 실행했다고 하더라도 정기적으로 사후점검이 필요하다. 제6단계는 주기적으로 점검하여 예정된 방안대로 재무설계안이 실시되었는지를 최종 점검하는 단계이다. 대부분의 재무설계는 장기적으로 지속되기 때문에 정기적으로 실행안을 점검하지 않으면 재무목표를 달성하는데 차질이 발생한다. 따라서 점검과 관련하여 재무설계사는 고객과 협의하여 상호 역할과 책임을 사전에 결정하여 점검 추진 방안을 문서화하여 정기적으로 체크한다.

2) 정기점검의 프로세스

개인의 신상에 변화가 발생하였다거나 금융환경을 둘러싼 법규의 변경이나 새로운 상품의 출현은 재무설계안의 점검을 필요로 하는 상황이다. 이와 같은 정기점검의 프로세스도 6가지의 부분으로 점검포인트가 구성되어 있다. 점검포인트는 우선 1단계로 고객의 신상 및 재무목표점검, 2단계 경제환경 및 금융시장점검, 3단계 현 투자상황 및 투자전략점검, 4단계 투자회사 및 펀드매니저점검, 5단계 자산군에 따른 벤치마크결정, 마지막으로 6단계에서는 벤치마크와 현재 투자자산를 비교하여 점검한다.

3) 특별점검이 필요한 상황

경우에 따라서는 1년, 6개월 혹은 분기가 아니라도 고객신상의 변화가 발생하거나, 금융환경 등 외부환경이 변화할 때에는 특별점검이 필요하다. 점검 후에는 재무설계안에 대한 평가보고서를 수정, 보완하여 반년 또는 연간 단위로 평가보고서를 작성하여 고객에게 보낸다.

7 재무설계전문가의 주요 업무

1) 재무설계전문가가 수행하는 주요 업무내용

재무설계업무는 다음과 같이 3가지로 요약할 수 있다. 첫번째는 고객상담을 통해 자료를 수집하고 기본 재산목록을 서류로서 일목요연하게 작성하는 것이며, 두 번째는 재무설계안을 작성하고, 고객과 상의하여 구체적인 금융상품을 선정하고 투자안을 결정하여 실행하는 것으로 제일 중요한 부분이다. 마지막으로 사후점검하는 단계이다.

〈그림 1-12〉 재무설계의 주요 구성요소

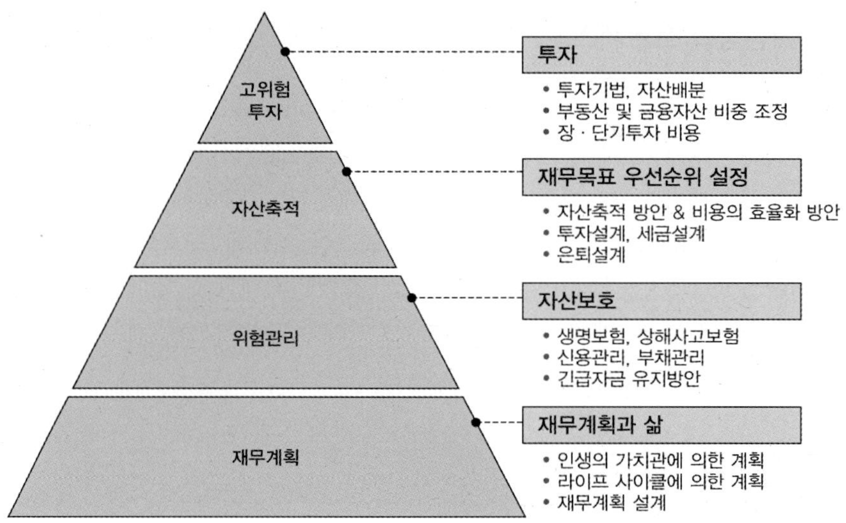

재무설계전문가 입장에서 보면,

① 고객상담은 재무설계 6단계 중 1번째 단계에 해당하는 고객상담과 2번째 단계에 해당하는 자료수집으로 구성되어 있는데, 고객에게 재무설계내용과 역할을 설명하고, 고객의 현재 재무상태, 가치관, 꿈, 목표 등 자료를 수집하여 정리하는 단계이다.

② 재무설계안 작성은 수집된 자료를 통해 고객의 재무상태 및 현금흐름을 분석하고, 준비자금 및 위험 성향을 분석하는 3번째 단계와, 이러한 분석결과에 따라 은퇴설계, 투자설계 또는 개별 제안을 위한 설계안을 작성하고 목표달성을 위한 자산배분과 상품을 제안하는 4번째 단계, 그리고 이를 구체적으로 실행하는 5번째 단계로 구성되어 있다고 할 수 있다. 재무설계안 작성이 고객이 추구하고자하는 가치를 고객에게 전달하는 제일 핵심내용이라고 볼 수 있다.

③ 사후관리 서비스는 6단계에 해당하는 것으로 점검 단계이다.

재무설계전문가가 수행하는 핵심 업무를 재무설계 6단계 관점에 다시 구성해 보면 다음과 같다.

〈표 1-12〉 재무설계전문가가 수행하는 핵심업무

자산관리사의 수행업무단계	내 용
1. 고객상담	• 재무설계 2가지 단계로 구성-고객상담과 수집단계로 구성 • 재무설계 내용과 역할을 설명하고, 고객의 상태 자료를 수집하여 자산상태표, 현금흐름표를 작성하여 고객의 현 상황과 목표를 정리하는 단계
2. 재무설계안 작성 및 실행	• 재무설계 3가지 단계로 구성되어 있으며 핵심적인 내용 • 작성된 재무상태 및 현금흐름을 분석하고, 재무비율을 분석하거나 준비자금 및 위험 성향을 분석하는 3단계와, 이러한 분석 결과에 따라 재무목표에 따라 구체적인 은퇴설계, 투자설계, 또는 개별설계 제안을 위한 설계안 작성하고 목표달성을 위한 자산배분과 상품제안을 하는 4단계, 이를 구체적으로 실행하는 5단계로 구성
3. 사후관리 서비스	재무설계 6번째 단계로서 점검단계로 구성

2) 재무설계전문가의 필요 자질

재무설계전문가의 직무는 고객의 가치를 실현하는 것이다.

재무설계전문가는 3가지 핵심적인 기술이 필요하다.

첫번째로는 전문적(technical)인 지식이 필요하다. 경제환경변화에 대한 분석뿐만 아니라 부동산, 증권투자 등 전문적인 지식과 경험이 필요하다.

두번째로는 대인관계 기술(human skill)이다. 고객뿐 아니라 개인적으로 전문변호사, 금융인들과 더불어 일할 수 있는 좋은 대인관계 기술을 갖고 있어야 그들로부터 최선의 아이디어를 얻을 수 있다. 또한 고객이 마음을 열고 편하게 의논상대로서 대할 수 있도록 할 뿐만 아니라, 고객에게 내용을 쉽게 전달하는 쌍방의 소통능력이 필요하다. 고객과 어떻게 의사소통하고 고객에게 어떻게 동기부여하며, 고객과 신뢰를 쌓는 것은 재무설계에 있어서 매우 중요한 일이기 때문이다. 나아가서 재무설계전문가는 증권, 은행, 부동산, 법무법인, 세무법인 등

각 부분의 전문가와 협의하는 경우가 많기 때문에 대인관계 기술은 3가지 기술 중에 제일 중요한 기술이다. 각 부분의 전문가와 좋은 신뢰관계를 쌓지 못하면 고객가치를 증진시킬 수 있는 제안을 할 수 없기 때문이다.

마지막으로 개념적 기술(conceptional skill)이 필요한데, 고객이 원하는 추상적이고 복잡한 상황을 쉽게 정리하여 개념화할 수 있는 능력이다. 이는 고객의 상황을 큰 그림에서 읽고 해결방안을 핵심적으로 제시하는 기술이다. 문제영역을 인지하고 해결방안을 제시하는 기술로서, 재무설계안을 제시할 때 각각의 다른 여건의 문제점을 쉽게 정리하여 고객의 목적에 부합되도록 간단 명료하게 초점을 두어 전략적으로 제안하는 기술이다.

재무설계전문가는 역동적으로 변화하는 금융환경과 사회경제환경에 3가지 기술을 복합적으로 잘 이용하여 고객의 가치에 맞추어 전문적인 방안을 제시할 때 고객은 만족을 느끼게 된다.

〈그림 1-13〉 재무설계의 전문성 증대

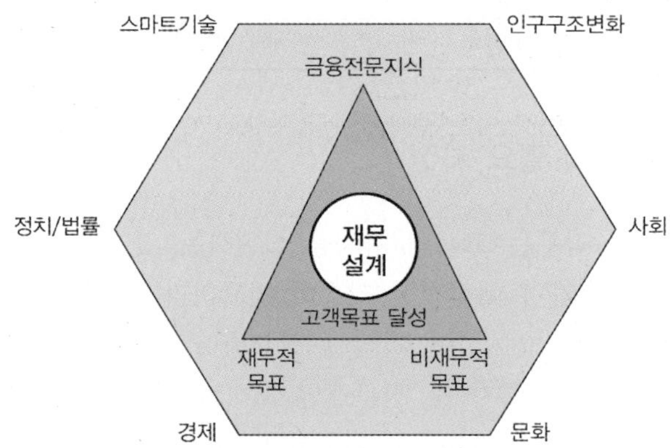

재무설계전문가 관련 주요 자격증과 재무설계 전문가의 활동분야

1) Certified Financial Planner(CFP)

CFP는 고객에게 단일 재무설계뿐 아니라, 종합재무설계 서비스를 제공해 줄 수 있는 전문가이다. 재무설계와 관련된 종합적인 모든 과정을 수행할 수 있으며, 국내 자격인 AFPK

를 교육, 훈련시키고 동시에 관리, 감독할 수 있는 자격을 가지고 있다.

2) Associate Financial Planner Korea(AFPK)

AFPK는 국제공인재무설계사(CFP)를 취득하기 위해 사전에 취득하여야 하는 자격증으로, 한국 FP협회에서 인정하는 자격증이다. AFPK 자격증은 재무설계 업무에 관한 전문 서비스를 제공할 수 있는 국내 전문자격증에 해당한다.

3) 자산관리사(Financial Planner : FP)

한국금융연수원에서 시행하는 시험으로, 자산관리사는 고객의 종합적인 자산설계에 대한 상담과 실행을 지원하는 업무를 수행할 수 있는 금융전문가 자격증이다.

4) 개인 재무설계 전문가의 활동 분야

재무설계사 및 자산설계사 자격증을 가지고 있는 개인 재무설계 전문가는 금융기관 영업부서 또는 PB(Private Banking)팀에서 주로 근무하거나 전문재무설계회사에서 활동하고 있다. 개인 재무설계전문가는 보험, 금융, 부동산, 세무, 법률분야의 기본적인 지식과 네크워크를 갖고 있는 사람으로서, 보험, 증권, 은행, 회계 세무법인에서 고객이 미래의 풍요로운 삶을 살아갈 수 있도록 자문 역할을 수행 한다. 특화된 금융기관에서는 특정 고객층인 부자고객을 중심으로 거액자산관리(wealth management)업무를 운영하기도 한다. 이들의 역할은 수익을 극대화하고 위험을 최소화할 수 있도록 자산 운용에 초점을 맞추는 것은 물론, 세금, 상속, 유언 업무 등 가족과 연관된(family office) 중장기적 자산관리 서비스를 담당하고 있다.

개인 재무설계전문가의 주요 역할은 고객의 라이프 스타일, 재무목표, 재무상황 등을 파악하고, 이에 맞추어 고객 맞춤형으로 재무수익 목표를 달성하도록 조언하는 일이다. 개인 재무설계 전문가의 능력에 따라 수익률에 영향을 주므로, 향후 가장 유망직종의 하나로 손꼽힌다. 활동분야는 대부분 금융권에서는 재무에 관련하여 거액 금융자산을 보유한 고소득층 개인고객(retail high net worth individual)을 상대로 활동하고 있다. 특히 미국, 유럽 등에서는 고소득층 개인 고객(retail high net worth individual)을 상대하는 개인 금융(private bank) 업무가 증가되어 이들의 역할이 매우 활발하다.

중요 개념 및 용어

개인 재무설계	기업 재무관리	재무설계의 범위
단일재무설계	종합재무설계	고령화사회
초고령화사회	생애주기	재무생애주기
재무목표	정량적 자료	정성적 자료
자산부채상태표	현금흐름표	예산집행계획서
DTI기준	재무설계안	재무설계전문가

연습 문제

1 개인 재무설계의 의의에 대하여 설명하라.

2 개인 재무설계의 범위에 대하여 서술하라.

3 개인 재무설계와 종합 재무설계의 구성요소는 무엇이며, 어떠한 점에서 차이가 있는지를 설명하라.

4 개인 재무설계의 필요성을 인구 사회적 배경에서 서술하라.

5 재무생애주기에 대하여 설명하라.

6 재무설계의 6단계는 어떻게 구성되어 있는지 개괄적으로 설명하라

7 개인 재무설계작성에 있어서 본인이 처해있는 상황에서 자산부채상태표와 현금흐름표의 구성항목이 무엇인지 설명하고, 예상표를 작성해보라.

8 부채상태의 분석은 어떻게 하는 것이며, 부채의 관리는 어떻게 하는 것이 바람직한지를 설명하라.

9 재무설계안을 작성 시 고려해야 할 사항에 대하여 서술하라.

10 자신이 처해있는 생애주기에서 재무목표를 설정하고 이를 바탕으로 재무설계안을 적성해보라.

2 개인 자산관리

학습목표

1. 예산편성과 관련한 제반사항과 예산편성과정에 대하여 이해하고 활용할 수 있다
2. 신용관리와 부채관리와 관련된 제반사항에 대한 이해를 바탕으로, 신용관리방법과 부채관리방법을 이해하고 활용할 수 있다.
3. 100세 시대의 위험의 종류와 위험관리방법에 대한 이해를 바탕으로, 위험관리과정을 이해하고 활용할 수 있다.

들. 어. 가. 기

100세 시대에 접어들면서 이전에는 경험하지 못하였던 삶을 살아가고 있고, 또한 살아가게 될 것이다. 이에 따라 뜻하지 않게 생각해야할 부분이 많아졌다. 세상은 변하였다. 모바일 기술의 발달로 우리가 사는 방법도 쉽게 바꾸어 주는 스마트 앱 시대가 되었다. 그리고 100세까지 살아가야만 하는 장수 리스크를 생각해야 하는 시대가 되었다. 늘어난 수명은 삶의 많은 것을 바꾸어 놓을 것이다. 세상이 달라진 것이다.

신용사회가 뿌리를 내리게 되어 신용관리가 생명처럼 중히 쓰이는 시대가 되었다. 자녀의 교육비 등으로 부쩍 늘어난 지출에, 내 집 마련 부담, 노후 준비, 자녀 결혼 비용 등과 같은 비용발생을 미리 미리 준비해야 하는 재무적인 리스크 속에는 신용관리, 현금관리, 부채관리가 그 근간을 이루고 있다.

일상생활에서도 리스크가 항상 있어, 우리는 리스크와 함께 살아가고 있다. 은퇴 후에는 다양한 질병으로 건강위험에 노출되거나, 은퇴파산 리스크에 노출될 수도 있다. 위험 관리 시대에 와 있다는 것이다. 100세까지 살아야하는 장수 위험이 나의 생활 속에도 어떤 방식으로든 위험으로 다가올 것이다. 위험으로 부터 준비를 요하는 시대이다. '장수는 재앙인가 축복인가'로 고민하게 하는 시대로 접어들었다. 준비되지 않은 어떤 것도 재앙일 수 있기 때문이다. 위험관리는 사전 대비책이며 인생의 삶의 질을 결정짓는 변수이다. 리스크로부터 자산을 보호하고 행복한 삶을 지켜주는 위험으로부터 자신을 보호하는 관리이다.

CHAPTER

2 개인 자산관리

제 1 절 예산편성

1 예산편성의 기본적인 이해

1) 예산편성의 의의

재무설계가 짜임새있게 실행되려면 수입과 지출이 예정대로 진행되어 현금흐름이 원만히 잘 관리되어야한다. 재무설계와 예산편성의 관계는 실과 바늘의 관계로, 재무목표를 성공적으로 달성하기 위해 매우 밀접한 상관관계가 있다. 예산을 계획한 그대로 집행, 실행될 때 설정된 재무목표를 달성할 수 있기 때문이다.

예산(budget)은 수입에 기초하여 앞으로 지출할 자금사용에 대한 세부계획을 설계하는 것이다. 앞으로의 기대소득에 기초하여 지출에 대한 세부계획을 세움으로서 소득과 지출의 균형을 맞추는 계획을 의미한다. 즉, 대부분 일정한 현금소득이 있다고 가정하고, 재무목표에 따라 지출계획(spending plan)을 세우는 것에 초점을 두는 것이 예산이다.

개인 예산편성은 개인의 재정적인 문제에 초점을 맞추어 재무계획을 세우고 이를 실행하는 과정을 말한다. 즉 개인의 가치관과 목표가 반영된 재무계획을 근간으로 예산이 계획되는데, 이와 같이 재무계획을 세우고 난 이후 이를 달성하기 위한 세부 실행계획이 작성되는 과정이 예산편성이다. 따라서 개인 예산편성은 재무 계획에 입각하여 앞으로의 예상기대소득에 근거하여 설정한 미래의 지출계획의 실행과정이라고 할 수 있다. 이는 개인재무 설계안의 실행을 위한 세부적인 행동 지침이기도 하다.

2) 재무설계와 예산편성의 관계

개인 재무설계는 재무목표의 달성을 위해 재무적인 계획과 방법을 총체적으로 정리하고 이를 실행하는 과정이라고 할 수 있다. 이를 성공적으로 수행하기 위해서 예산편성이 필요한데, 〈그림 2-1〉에서 보는 바와 같이 재무설계와 예산 편성은 매우 밀접한 상관관계가 있다.

〈그림 2-1〉 재무설계와 예산편성과의 관계

가치관
가치관은 재무목표와 재무계획의 기초

↓

재무목표
가치관에 의해 재무목표 설정

↓

재무계획
목표를 반영한 재무계획

↓

예산편성
재무계획에 의한 예상소득과 지출의 추정

↓

예산집행
예산편성에 의한 예산집행 실시

↓

예산집행결과
향후 재무계획을 위한 분석, 평가를 위한 자료로 이용

재무설계는 재무목표를 실현하기 위해 구체적인 방안을 설정한 것이라고 한다면, 예산편성은 재무설계의 계획을 실행하기 위한 후속 실행 조치라고 할 수 있다. 다시 말하면, 예산편성은 구체적으로 예상소득과 지출을 추정하여 재무계획의 범위 내에서 실천하기 위한 통제방안이므로, 재무목표의 달성을 위한 매우 세부적이고 구체적인 행동방안에 해당한다. 따라서 예산편성은 개인 재무설계안의 실행을 위한 현금과 신용을 실질적으로 관리하여 집행하는 계획을 담고 있다.

예산편성은 향후 대략적인 지출의 정도를 가늠하게 해주는 방향(guide line)의 기능을 갖고 있으므로 개인 소비생활이 매우 짜임새 있게 되도록 구조화한 행동지침이라고도 할 수 있다. 예산편성은 향후 생활하는 데에 소요될 현금흐름을 사전에 추정하여, 이에 맞추어 소비하도록 도와준다. 따라서 예산편성은 미래 개인생활의 현금흐름을 예측하여 미래 생활비 잔고를 추정하는데 기여한다. 또한 잔고가 부족하여 외부로 부터 자금을 차입하는 사태를 사전에 방지할 수 있도록 통제하는 기능을 발휘할 수 있어 불필요한 소비를 사전에 막아준다. 그리고 특정 항목에 대한 지출이 과다하게 갑자기 발생이 되었거나, 이를 집행해야 할 필요성이 발생한 경우, 예산범위 내에서 집행해야 할지 여부에 관한 타당성을 총체적인 재무계획의 관점에서 다시 검토할 수 있도록 하는 자동제어의 역할도 수행한다.

2 예산편성과정의 6단계

예산편성은 6단계의 과정을 거치면서 재무목표를 달성하게 된다.

예산편성의 재무목표수립 → 조직화 → 의사결정 → 실행 → 통제 → 평가의 일련의 과정을 통해 진행된다. 만약 목표달성이 미흡할 경우에는 다시 재무목표를 검토하여 조정·수정단계를 거쳐, 다시 1단계인 수정된 재무목표를 설정하여 첫 단계로 시작하여 반복적으로 예산을 편성하고 실행하고 평가하는 일련의 과정을 거치게 된다.

1) 제1단계 : 예산편성의 재무목표수립 단계

예산편성은 일정기간의 소득과 지출을 추정하여 조정하고, 통제하는 일련의 과정이다. 따라서 예산편성의 목적은 단기 재무목표와 장기 재무목표를 조화롭게 달성할 수 있도록 소득과 지출을 조정하는 데에 있다. 즉 제반환경의 변화로 인하여 발생된 금전적, 시간적 재무목표와의 차이를 조정하여 일관성있게 재무계획을 실천하도록 하는 것이 예산편성이다. 이와 같이 예산편성은 재무설계의 하부실천 계획이므로, 미래의 소득과 지출을 추정하고 이를 조정하는데 초점을 두고 실행함으로써 총체적으로 재무목표를 달성하는 수단으로 사용된다.

예산편성은 재무목표의 수립단계에서 미래의 사항을 나열하는 것이 아니라, 미래의 소득흐름과 재무목표의 달성을 위해 미래지출 흐름의 갭(gap)을 줄이고 균형이 될 수 있도록 구체적으로 집행하는 계획이다. 즉 향후 얼마의 자금이 유입되고 유출될 것인지에 대해 세부적으로 구체화한 실천적 목표를 담고 있는 집행의지의 결과치이다. 따라서 예산편성은 재무목표의 달성을 위해 현실적이고 세부적인 관점에서 장·단기에 걸친 구체적인 필요자금의 산출이 필수적이므로, 일반적으로 1년 단위로 예산을 수립하고 1개월 단위로 하부 세부예산을 설정한다.

예산편성은 개인이 원하는 삶의 질을 향상시키기 위해 반드시 집행해야 하는 필요자금과 단순한 바람으로 필요한 자금으로 구분하여 집행해야 하며, 집행 실천내역도 우선순위를 설정하여 편성하여야 하다. 즉 고정적 지출을 우선적으로 배정하여 예산을 편성한 후에, 선택적인 사항들과 변동지출의 변동비와 관련된 예산은 이후에 결정하는 것이 바람직하다.

예산편성은 미래의 지출이므로 미래의 불확실성에 대비하여 유연성있게 계획되어야 한다. 또한 예산편성은 단순하고 이해하기 쉽게 작성되어야 하며 그 형식과 내용에 일관성이 있어야 한다. 이후에 수정하여야 할 필요성이 있을 때 용이하게 소통하여 결정할 수 있도록 하기 위해서이다.

2) 제2단계 : 예산편성의 조직화 단계

예산편성을 위한 회계기준으로는 현금주의(cash basis budgeting)과 발생주의(accrual basis budgeting)가 있다. 현금주의는 현금이 들어오고 나가는 시점을 근거로 소득과 지출을 인식하는 방법이고, 발생주의는 금전이 들어오고 나가는 것과 관계없이 실제로 소득이나 지출이 발생하는 시점을 근거로 소득과 지출을 인식하는 방법이다. 현금주의가 비교적 관리하기가 쉬운 장점이 있으나, 발생주의는 신용거래가 보편화되어있는 현대의 신용사회에서 보다 합리적이고 유용하다. 현금 수수가 되지 않았어도 이미 거래가 발생되었으면 수익지출로 인식하여 설정되기 때문이다. 발생주의의 회계원칙은 현대회계에서 일상적으로 통용되고 있는 회계 원칙이므로, 이를 참고 하여 사용하면 일관성이 있다.

예산편성의 관점에서 소득과 지출의 세부 분류로 편성되어 작성된 예산안은 재무설계안의 실행에 있어서 중요한 지출의 지침서로서 활용된다. 예산편성은 예상소득 항목추정과 세부 비목별 지출을 추정하여 합산한 일련의 과정으로, 이러한 추정 비목이 집계되어 향후 가계의 수지상태표 작성으로 완료된다. 따라서 예산편성은 이러한 가계의 수지상태표의 작성근거를 바탕으로 집행의 우선순위가 합리적으로 결정되었는지 점검하고 지출이 소득을 넘어서지 않도록 조정하거나 지출목표액을 넘지 않도록 하는 집행의사결정의 근거를 제공한다. 또한 중요한 부문에 우선순위를 두고 미미한 부문의 예산집행을 희생함으로서 예산편성의 우선순위 조정작업이 이루어지게 됨으로서 궁극적으로 재무목표를 달성하게 된다. 따라서 예산편성은 개인 재무설계의 구체적인 재무목표가 바탕이 되어 작성된 결과물로서 예산집행을 통하여 재무목표가 실현된다.

작성하는 방법을 단계별로 살펴보면 다음과 순서에 의해 작성된다.

(가) 기대소득의 추정

소득의 원천인 기대소득의 추정을 시작으로 예산편성이 시작되는데, 일반적으로 소득은 근로소득, 사업소득, 재산소득, 이전소득, 기타소득으로 추정되어 구분 된다. 이 경우 현금흐름 상의 유입이 예상되는 모든 불규칙한 1회성 소득도 포함되어야 한다.

(나) 지출항목별 지출비용의 추정

다음 단계는 지출현황을 추정해야 하는데, 현금흐름표의 자료를 이용하거나 이전의 예산을 참고하여도 좋다. 이외의 지출현황의 파악을 위해 일정기간 동안 가계 기록부의 지출내역 기록을 참고하면 지출항목의 지출비용을 쉽게 추산할 수 있다. 만약 가계기록부의 기록이 없다면 비슷한 수준의 가계의 도움을 받아 시험적으로 참고하는 것도 방법이다.

3) 제3단계 : 예산편성의 의사결정 단계

소득의 추정과 지출비용의 추정이 이루어지면 소득과 지출을 비교하여 실행여부를 결정하는 의사결정단계에 이르게 된다. 실행여부의 의사결정에서 참고해야 하는 주요 항목으로 ① 소득과 지출의 균형적 구성 여부, ② 재무목표와 연계한 예산작성의 일관성 여부, ③ 지출과 관련된 항목이 재무목표의 실현을 위해 불요불급하게 쓰여질 항목인지 등 주요 요소를 점검하고 확인한 후에 의사결정을 한다. 의사결정 단계에서는 예산편성이 목표달성을 위해 적합하게 계획 되었는지 또는 부적합 문제요인이 있다면 무엇인지 등을 세밀하게 검토 분석하여 예산편성의 항목 및 예산 범위를 결정해야 한다.

만일 추정 소득과 지출에 차이가 발생한다면 우선순위에 맞추어 지출비용을 절감하고 관련 항목을 조정하여 차이를 조정한다. 최종적으로 예산의 항목을 수정한 이후에 예산을 확정한다.

4) 제4단계 : 예산편성의 실행단계

예산편성의 실행단계는 예산편성의 원칙에 근거하여 실제 소득과 지출을 집행하고 기록하여 해당 예산기간 동안의 총예산과 총지출을 집계하는 과정이다. 예산편성에 입각한 실행 예정기간은 1년이다. 결산기를 12월로 할 경우 예산집행기간은 1월부터 12월까지로, 이 기간 동안에 예산을 집행한다. 이 기간 동안 집행한 내역을 월별 총소득과 총지출로 기록하여 정리하면 예산편성의 실행이 완료된다.

이러한 기록은 예산편성 결과에 대한 흑자 또는 적자 요인을 분석하는 기초자료로서 이용될 뿐만 아니라, 매달 실행내역을 확인하여 예산이 적절하게 실행되었는지를 판단하는 자료로도 사용된다. 이후에 적자나 흑자가 발생하였다면 그 요인을 분석하여 다음해에 월별로 지출 또는 소득 흐름 목표를 조정하여 통제하는 자료로 이용된다.

5) 제5단계 : 예산편성의 통제 단계

예산편성의 통제는 주어진 예산범위 내에서 소득이나 지출이 정확하게 실행되고 있는지를 점검하는 단계이다. 예산편성의 통제 방법으로는 ① 현금사용을 줄이고 신용카드를 사용하여 현금흐름을 관리하여 예산 총계를 맞추는 방법, ② 수입과 지출을 빠짐없이 기록하여 기록내용을 보고 집행내용이 목표에 맞게 사용하였는지 점검하거나, 항목 간 전용내용을 찾아 조정하는 방법, ③ 예상하지 못한 지출이 과다 발생했을 경우 이를 분석하여 사후 조정하는 방법 등이 있다.

이러한 통제과정의 목표는 예산이 합목적적으로 실행되도록 통제하는 것이다. 따라서 사후에 발견하여 통제하는 것보다는 예산편성의 집행기간 중에 실행과 동시에 통제하는 것이 보다 효율적이므로 실행단계에서 통제하는 것이 바람직하다.

6) 제6단계 : 예산편성의 평가단계

예산편성 상에 추정내역과 실제 내역을 비교하여 보면 실제 지출액이 추정지출액보다 적거나 많다. 이와 같이 차이 발생요인을 분석하고 평가하는 것이 예산편성의 마지막 단계인 평가단계이다. 평가단계에서는 먼저 차이점을 분석하고 다음에 차이가 발생한 금액을 처리한다.

흑자가 날 경우는 부채상환을 집행하던지 또는 투자의 재원으로 사용할 수 있는지, 적자가 발생하였다면 적자요인이 재무목표달성과 어떤 영향을 주고 있는지를 재검토하는 자료로 사용된다.

제 2 절 신용관리와 부채관리

생애주기를 살아가면서 3가지의 돈 주머니를 가지고 있어야 안전하게 생활을 할 수 있다고 한다. 생계형 주머니, 또 하나는 단기자금 활용주머니 그리고 자산형성 주머니이다.

그러나 때로는 생계형 주머니에 자금이 부족할 때 이를 해소하기 위해서 부채와 신용의 사용은 필수적이다. 이를 효율적으로 이용할 경우 효과적으로 수익을 창출하는 데에 기여하지만, 잘못 이용할 경우에는 위험요인이 되므로 신용관리가 필수적이다.

〈그림 2-2〉 인생에 필요한 3가지 주머니

생계형 주머니 (비상자금용)	단기자금활용 주머니 (단기용)	자산형성 주머니 (장기용)
• 비상시 꼭 있어야 하는 비상용 주머니 • 6개월 분의 생활비, 학자금 ⇒ 자유저축상품으로 보유	• 단기 자금운용 • 보유금융자산 20% 범위 이내	• 인생의 꿈&희망 실현시켜주는 자금 ⇒ 자녀교육자금, 주택마련자금, 노후생활자금 • 철저한 위험(Risk)관리

신용사회에서는 개인의 신용점수에 따라 신용등급이 결정되고, 신용등급에 따라 대출금리도, 대출금액도 변동된다. 개인 신용상태를 점수로 산출하여 신용등급을 정하고 신용등급에 따라 대출금액과 대출금리가 각각 차등으로 적용받게 되므로, 좋은 조건으로 차등으로 적용받기 위해서는 좋은 평점 점수를 받도록 스스로 관리할 필요성이 있는데 이러한 관리가 바로 신용관리이다.

신용은 이제 '돈이 되는 시대가 되었다. 돈이 필요하면 신용으로 돈을 빌릴 수 있고, 채무지급불능상태에 빠졌다고 하여도 다양한 구제 방안이 있다.

1 고객신용의 의미

1) 고객신용의 의미

신용(credit)이란 일정기간 후 담보 제공 없이 스스로 지불할 수 있는 능력을 나타내는 척도이다. 신용이 좋은 사람에게 돈을 더 빌려주거나, 지불시기를 연기하거나, 낮은 이자를 부과한다. 개인의 입장에서는 믿고 신용해준 대가로 상대방에게 차입한 금액에 대해 이자라는 형태로 지급하여 신용에 대해 보상한다. 이러한 일련의 행위가 신용사회에서 나타나는 현상이라고 볼 수 있다. 따라서 고객신용이란 미래 어느 시점에 대가를 지불할 것을 약속하고 현시점에서 상품이나 현금 또는 서비스를 제공받기로 하는 일종의 개개인의 능력을 나타내는 지표라고 볼 수 있다.

2) 신용과 관련된 대출의 유형

대출은 담보제공 여부에 따라, 또는 거래 방식에 따라, 대출금 상환에 따라 다양한 대출 방식이 있다.

① 신용도 여부에 따라 분류

신용대출이란 개인의 신용도나 신용평점에 의해 이루어지는 담보를 제공하지 않는 대출을 말한다. 금융기관에서는 신용도에 따라 이자율과 신용대출금액의 한도를 결정된다. 신용도는 개인의 직업이나 소득, 재산상태, 금융기관에의 기여도 등을 종합한 신용평점으로 등급을 설정하는 것이 일반적이다.

이에 반해 담보대출이란 대출의 상환을 보증할 만한 가치물에 저당권을 설정한 이후에 이루어지는 대출이다. 일반적으로 흔히 쓰이는 것은 토지나, 주택, 공장, 기계와 같은 부동산을 담보하고 대출하는 경우에 해당한다.

② 신용한도에 따른 대출의 종류

신용거래의 거래방식에 따라 건별거래대출과 한도거래대출로 구분된다. 건별거래 대출은 대출금 전액을 대출과 함께 받는 형태의 거래 방식이고, 한도거래는 한도 내에서 수시로 대출금을 인출할 수 있는 거래를 말한다. 신용거래 형식은 대출 총액을 사전에 정해 놓고, 정해진 한도 내에서 수시로 입출금이 가능한 마이너스 통장은 한도거래대출에 속한다. 그러나 아파트 매입이나 전세금 대출은 매번 건별로 신용거래하는 대출에 해당한다.

2 신용관리

1) 신용관리의 의미

현대는 각 금융기관이 거래 고객의 신용도에 따라 각종 혜택을 제공하고 있는 신용사회이다. 신용은 개개인 자산이며 일상생활에서 다양하게 사용된다. 신용은 개인이 특별히 자금이 필요할 때 금융기관을 통해 요긴하게 자금 조달을 가능하게 하는 것으로, 개인 재무설계 차원에서 신용의 관리는 매우 중요하다.

(1) 신용관리의 필요성

각 개인은 신용점수에 따라 신용등급이 결정되고 신용도에 따라 금융거래 및 일반 상거래의 다양한 혜택 및 제한이 주어진다. 금융기관에서는 신용도에 따라서 다양하게 차별적인 대우를 하고 있다. 개인 신용관리가 중요한 이유는 〈그림 2-3〉에서 보는 바와 같이 신용을 통하여 구매자금, 투자자금, 교육자금 등을 요긴하게 조달할 수 있기 때문이다.

〈그림 2-3〉 신용관리의 필요성

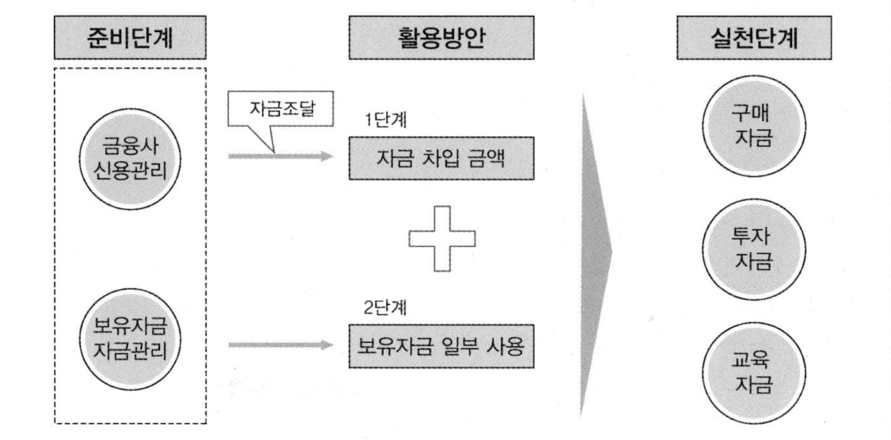

자금 조달을 위해서는 신용관리가 필요하며 전 생애에 걸쳐 신용이 통용되므로 재무설계에서 중요한 요소로 작용하고 있다. 개인의 신용도는 금융거래에 있어서 대출여부, 대출한도, 금리수준을 결정하는 기초자료로서 금융회사들이 이용하고 있다.

(2) 신용관리의 방법

개인의 신용정보를 포함한 신용등급 관리는 신용관리의 핵심이다. 신용도는 일상생활의 다양한 분야에서 활용되기 때문에 신용사회에서는 신용에 대한 관심과 신용등급에 대한 관리가 중요하다.

(3) 신용등급 향상 방법

금융감독원이 제시한 신용등급 향상을 위한 방법은 다음과 같다.

① 주거래은행을 정하여 급여이체, 카드결제, 공과금 납입 등을 집중하여 결제를 하면, 거래실적이 신용평가에 반영되므로 신용평가에 긍정적인 영향을 미친다.

② 연체 상환금이 있다면 오래전에 연체한 것부터 상환하는 것이 좋다.

③ 신용카드는 소수의 카드만을 갖고 자주 이용하는 것이 좋다. 거래 실적이 좋아야 해당 카드사로 부터 우량고객이 되어 저금리 대출 등 여러 가지 혜택을 받을 수 있다.

④ 제3금융권인 대부업체로 부터의 대출은 신중히 할 필요가 있다. 대부업체로 부터의 신용정보 조회기록이나 거래사실은 신용 평가에 부정적인 영향을 미칠 수 도 있다.

2) 신용회복지원제도

신용회복을 위한 방법에 관하여 제도적으로 지원하는 제도를 총칭하여 신용회복지원제도(credit recovery support procedure)라고 말한다. 그리고 이러한 제도를 통해 개인의 채무조정 등 신용회복이 가능하도록 지원하는 제도를 총체적으로 신용지원제도라고 지칭한다. 이 제도는 채무로 인해 경제적 어려움에 직면한 개인에 대해 채무 재조정을 통해 신용회복을 지원하는 제도로서, 신용회복위원회와 금융회사 등이 운영하는 '민간 지원제도'와 '채무자 회생 및 파산에 관한 법률'에 따라 법원이 운영하는 '공적 지원제도'가 있다.

민간 지원제도로는 총 채무액 5억원 이하인 금융 채무불이행자를 대상으로 신용회복위원회가 운영하는 '개인 워크아웃제도'와 '개인워크아웃 예정자' 중 일정한 요건을 갖춘 자에 대해 무담보로 자금을 지원하는 '소액 금융지원사업', 금융회사가 개별적으로 운영하는 '자체 신용회복지원 프로그램', 여러 금융회사의 채무를 단일기관에 집중한 후 채무재조정을 통해 신용회복을 지원하는 '공동채권추심프로그램'이 있다.

공적 지원제도로는 회생가능성이 있는 자에 대한 신용회복위원회가 운영하는 '개인회생제도', 상환능력상실자에 대한 '개인파산제도'가 있다.

(1) 개인워크아웃제도

개인워크아웃제도는 일부 변제능력이 있으나 일시적으로 빚을 갚지 못하는 처지에 속한 개인을 대상으로 금융기관 공동협약에 의거 신용회복위원회가 상시 운영하는 사적 채무조정 제도이다. 실직이나 사고 등 여러 금융기관에 금융채무 불이행 기간이 3개월 이상, 5억원 이하의 연체중인 빚이 있을 때 최저 생계비 수입이 있거나 가족 등 타인의 도움으로 빚을 갚을 수 있는 경우에 해당한다.

신용회복위원회에 채무조정을 신청하면 신용위원회는 최저생계비 이상의 수입이 있는 사람 또는 채무상환이 가능하다고 인정되는 사람에 대하여 채권금융기관의 동의하에서 신용회복을 지원해준다. 지원내용에는 상환기간 연장, 분할상환, 이자율조정, 상환유예, 원리금 감면 등이 있다. 이 제도에는 개인워크아웃과 사전채무조정 개인워크아웃이 있다.

개인워크아웃제도는 채무자 입장에서는 자신의 소득 범위 내에서 빚을 갚을 수 있게 되어 금융채무 불이행에서 벗어날 수 있는 장점이 있다. 한편 금융회사의 입장에서는 부실채권을 안전하게 회수할 수 있어 자산 건전성이 제고되므로 채무자와 금융기관 모두 이익이 되는 제도이다.

개인워크아웃제도는 채무불이행이전에도 채무조정을 실시할 수 있다. 사전 채무조정은 실직이나 휴업 또는 폐업, 재난, 소득감소 등으로 인하여 일시적으로 연체가 발생한 사람들에게 해당되는데, 이들이 장기적으로 금융채무불이행자로 전락하는 것을 방지하기 위한 제도가 사전 채무조정 개인워크 아웃이다.

사전채무조정의 지원내용은 크게 상환기간의 연장, 이자율 조정, 그리고 채무감면 및 변제기 유예의 세 가지로 이루어진다. 먼저 상환기간은 무담보채권의 경우 최대 10년, 담보채권의 경우 최대 20년까지 본인의 소득에서 가족생계비를 제외한 변제 가능액을 기준으로 책정하게 된다. 이자율은 최대 약정 이자율의 70%까지로 조정하게 되며, 채무감면은 신청 이전에 발생한 연체이자에 대한 감면만 가능하다.

(2) 소액금융지원제도

소액금융지원제도는 신용회복위원회로 부터 신용회복지원을 받아 1년 이상 변제 계획을 성실하게 이행하는 있는 자에게, 생활안정자금, 학자금, 고금리 차

환자금 등을 필요한 경우에 최대 1000만원 이내에서 무담보로 대출해주는 제도이다.

(3) 개인회생제도

개인회생제도란 5억원 이하의 무담보채무(또는 10억원 이하의 담보부채무)빚을 진 채무자가 소득(계속적 또는 반복적 수입의 가능성이 있어야 함)에서 최소 생계비를 제외한 나머지 금액으로 최장 5년간 성실하게 변제하면 나머지 채무를 면제 받을 수 있는 제도이다. 연체 사실 여부와 관계없이 신청이 가능하며 채무는 금융회사 채무뿐만 아니라 사채까지 포함한다.

지급불능의 상태에 빠져 있거나 지급불능이 생길 염려가 있는 개인채무자만이 신청가능하다. 개인회생절차는 신용회복위원회의 개인워크아웃 등 다른 지원을 받고 있는 채무자도 신청 가능하며 파산절차가 진행 중인 사람도 신청이 가능하다.

(4) 소비자파산제도

개인소비자가 소비활동의 일환으로 신용카드 등을 이용하여 상품을 구입하거나 금전을 차용한 결과로 발생한 채무가 변제능력으로 감당할 수 없게 되어, 자신의 모든 재산을 충당하여도 모든 채무를 변제할 수 없는 지급불능상태에 빠진 경우를 소비자파산이라고 한다. 이 경우, 채무자가 주소지 관할 지방 법원에 파산을 신청하면 재산을 강제적으로 금전으로 환산하여 채권자 전원에게 공평하게 갚아주는 재판상의 제도가 소비자파산제도이다.

파산 신청을 하게 되면 법원이 이를 심리하여, 파산으로 인정이 되면 선임된 파산관재인이 채무자의 모든 재산을 조사하여, 이를 금전으로 환산하여 채권자 전원에게 배당해주고, 변제되지 않은 잔여 채무에 대해서는 변제 책임을 면제해주는 '면책'이 있는데, 변제할 책임을 면제 받기 위해서는 별도로 법원에 면책 신청을 해야 한다.

이와 같이 소비자파산제도에서는 채무자에게 파산절차 종료 후 면책절차를 통하여 남아 있는 채무에 대한 변제책임을 면제 받아 경제적으로 재기할 수 있는 기회를 부여하고 있다.

(5) 신용회복지원제도의 비교

앞에서 살펴본 신용회복 관련 지원제도인 개인워크아웃, 개인회생, 개인파산 제도의 차이점은 다음과 같이 정리할 수 있다(〈표 2-1〉 참조).

〈표 2-1〉 신용회복지원제도의 비교

구분	사전채무조정	개인워크아웃	개인회생	개인파산
운영주최	신용회복위원회	신용회복위원회	법원	법원
시행시기	2009.04.13	2002.10.1	2004.9.23	1962.1.20
대상채권	협약가입 금융기관 (3,600여개) 보유채권	협약가입 금융기관 (3,600여개) 보유채권	제한없음 (사채 포함)	제한없음 (사채 포함)
채무범위	5억원 이하	5억원 이하	담보채무(10억) 무담보채무(5억)	제한없음
대상 채무자	30일 초과 90일 미만	연체기간이 3개월 이상인 자	과다채무자인 봉급생활자, 영업소득자	파산원인 제공자
보증인에 대한 효력	보증인에 대한 채권추심 불가	보증인에 대한 채권추심 불가	보증인에 대한 채권추심 가능	보증인에 대한 채권추심 가능
채무조정수준	무담보채권 최장 10년, 담보채권 최장 20년, 신청일 기준 연체이자 감면	변제기간 10년 이내, 이자채권 전액감면, 원금은 상각채권에 한해 최대 1/2까지 감면	변제기간 5년 이내, 변제액이 청산가치보다 클 것	청산 후 면책
법적효력	사적 조정에 의해 변제 완료 시 면책	사적 조정에 의해 변제 완료 시 면책	변제 완료 시 법적 면책	청산 후 법적 면책
은행연합회 (연체 등)정보 해제여부	미등록	신용회복지원 확정시 모든(연체 등) 정보 해제	변제계획 인가 시 해제	면책결정 시 해제
은행연합회 공공정보 내용	미등록	신용회복지원 중 (1101)	개인회생절차 진행 중(1301)	파산으로 인한 면책결정(1201)
은행연합회 공공정보 삭제시기	미등록	채무변제를 완료하거나 신용회복 지원 확정 이후 2년 이상 변제한 때 삭제	채무변제를 완료하거나 개인회생 인가 이후 최장 5년 이상 변제한 때 삭제	면책결정 후 5년 경과 시 삭제

출처 : 신용회복위원회

① 채무규모의 차이

사전채무조정과 개인워크아웃은 5억원 이하의 채무에 한하는 데 반해, 개인회생은 무담보채무의 경우 5억원, 담보채무의 경우 10억원 이하의 채무에만 적용되고, 개인파산의 경우에는 제한이 없다.

② 채무자의 범위의 차이

대상이 되는 채무자의 범위에도 차이가 있다. 연체가 30일을 초과하고 90일 미만인 경우에는 사전채무조정을 신청할 수 있고, 연체기간이 3개월 이상인 경우에는 개인워크아웃을 실시할 수 있으며, 개인 파산신청은 과다채무로 인하여 채무변제가 어려운 경우 개인 누구나 신청할 수 있다.

③ 채무조정기간

사전채무조정 개인워크아웃의 경우 무담보채권은 최장 10년, 담보채권은 최장 20년이다. 개인워크아웃은 8년 이내로 책정되어있는 반면, 개인회생의 경우 변제기간이 5년이며, 개인파산의 경우 파산선고를 받으면 면책된다.

3 소비자부채

한국은행에 따르면 순수 일반가계 부채인 가계신용 잔액은 2016년 말 기준으로 1,343조원으로 국민1인당 2,590만원의 빚을 진 셈이다. 이는 2015년과 비교해 11.7%로 증가한 것으로, 개인부채의 증가추세는 한국경제의 뇌관으로 자리를 잡고 있다고 할 정도로 위험수준에 와 있다.

소비자부채는 주택 매입을 위한 대출을 제외한 신용카드 대출, 자동차대출, 개인신용대출, 마이너스 대출 등 실생활 소비에 사용되는 부채로서, 부채사용에는 신중을 기할 필요가 있다.

1) 대출의 부채효과

소비자 대출상품에 대한 다양한 정보를 입수하여 내용을 충분히 이해하여 적재 적소에 신중히 부채를 활용한다면 긍정적으로 부채효과(레버리지 효과)를 누릴 수 있다. 효율적인 부채 활용을 위해 각종 다양한 대출상품을 활용하면 저율의 대출상품으로 전환이 가능하다.

2) DTI와 LTV 기준에 의한 담보대출

일반적으로 사용하는 부동산 대출지표로는 총부채상환비율(Debt to Income Ratio : DTI)과 주택담보대출비율(Loan to Value Ratio : LTV)이 있다.

총부채상환비율(DTI)은 금융부채 원리금상환액이 소득에서 차지하는 비율을 의미하는데, 금융회사는 DTI가 특정비율 이하인 경우까지 대출을 허용하고 있다. 주택담보대출비율(LTV)은 담보인정비율을 의미하는데, 담보물의 가치와 대출가능 금액과의 비율을 나타내는 것으로 금융기관에서는 LTV를 활용하여 대출심사를 시행하고 있다.

3) 부채관리 방법

우리나라의 경우 최근 통계에 의하면 부채를 보유한 가구의 26.8%가 원리금상환에 매우 큰 부담을 느끼고 있다고 한다. 부채를 잘 활용하면 레버리지 효과로 재무목표의 실현을 앞당길 수 있는 장점이 있다. 그러나 이를 잘못 이용하게 되면 이자 증가로 가계경제가 혼란에 빠지게 되어 재무목표 실현에 빨간등이 켜지므로 부채관리는 매우 중요하다.

(1) 부채관리의 기본 방향

① 대출규모의 적정성

먼저 대출규모가 가계자산과 대비하여 가계 재무구조의 안정성을 해치는지 여부를 검토해야 한다. 자산 대비 부채의 안정적 자산구성이 장기적으로 가계 운영의 안정성에 기여하고, 안정적인 재무목표 달성의 핵심이 되기 때문이다. 일반적으로 총자산 대비 부채 규모로 기준을 삼는데, 이 비율이 40% 미만이 되어야 적정하다고 판단한다. 이 비율이 50% 이상이 되면 가계부채의 안정성에 문제가 생길 가능성이 높아 가계의 재무상태가 위험하게 될 수 있다. 지나치게 많은 부채로 이자가 증가하게 되면, 가계 재무구조의 안정성이 악화되어 재무목표 달성이 불가능하게 된다.

② 대출용도의 적정성

가계가 적정한 대출규모를 유지하기 위해서는 합리적이고 효율적인 부채관리가 선결되어야 한다. 이를 위해서는 대출용도의 적정성을 고려하여 대출여부가 결정 되어야 한다. 다시 말하면 대출용도가 가계의 재무목표 향상을 위해 꼭 필요한 것인지, 투자 수익 증진과 직접적으로 관련이 된 것인지를 판단하여 결정해야 한다는 것이다. 수익 창출과 관련이 없는 무수익 자산을 매입하기 위한 대출이라면 대출 용도로서는 적절하지 않다.

③ 대출상환계획

대출상환계획의 골자는 대출상환기간과 수익 현금흐름의 적절한 균형에 있다. 대출기간에 발생할 지출흐름과 수입흐름을 고려하여 대출상환 계획을 설정하여야 한다는 것이다. 주택매입을 위해 단기자금을 차입한다거나 상환계획이 장단기로 부조화(mis-match)되면 적절한 방법이 아니다.

(2) 부채규모의 적정성

과다한 부채는 가계경제를 송두리째 흔들 수 있다. 부채규모가 자산과 대비하여 안정적인지 여부를 가늠하는 것이 부채의 적정성인데, 이를 가늠하는 비율은 부채를 소비자부채와 주거관련 부채, 총 부채로 구분하여 자산과 비교함으로써 적정한 수준인지를 파악할 수 있다.

소비자부채와 주거관련 부채를 나누어서 살펴보면

① 소비자부채에 관하여는 소비자부채상환액이 순소득의 15% 이하, 총 소득의 20% 이하가 적절하다.

② 주거관련 부채비율의 경우는 대출의 원금과 이자상환액뿐만 아니라 관리비, 유지비, 세금, 보험료 등 기타 고정 비용의 합이 총 소득의 35% 이하가 적절하다.

③ 소비자부채와 주거관련 부채를 합한 총 부채의 관점에서 적정성을 살펴보면 총 부채가 총자산의 40% 이하가 적절하다.

이와 같이 부채로 조달을 할 경우에는 부채의 적정성을 가늠하는 표준비율을 감안하여 조달규모를 결정하는 것이 부채관리의 기본이다.

(3) 부채비용의 최소화

부채비용을 최소화하는 것은 대출 시에 고려해야할 중요사항 중의 하나이다. 저율의 대출을 통해 자금을 조달하는 방안은 부채비용 절감의 핵심이기 때문이다. 저율의 대출을 받기위하여 기존에 소유하고 있는 주택을 활용하여 담보대출을 하거나 또는 기존예금이나 적금을 활용하여 이를 담보로 차입하면, 부채비용을 최소화하는 방안이 될 것이다.

제3절 위험관리

1 위험의 개념

1) 위험

① 위험의 의의

우리는 위험과 더불어 살아가고 있다고 해도 과언이 아니다. 다가올 삶의 과정에서 다가올 위험이 무엇인지 이해하고 이에 대한 대비책을 마련한다면, 더 이상 큰 위험은 아니며 삶에 있어서 더 이상 큰 부담요인이 되지 않는다. 만일 위험에 대한 준비가 불충분하거나 간과한다면 〈그림 2-4〉에서 보는 바와 같이 불안정적인 삶의 구조 속에 살아가고 있다고 할 수 있다.

미래에 발생할 위험관리의 요소는 불확실성(Uncerntainty)과 위험(risk)이라고 할 수 있다. 불확실성은 미래에 발생할지 않을지에 대한 가능성도 예측하지 못하는 것이다. 한편 위험은 다가올 미래에 발생가능성을 확률적으로 추측 가능한

〈그림 2-4〉 위험관리의 필요성

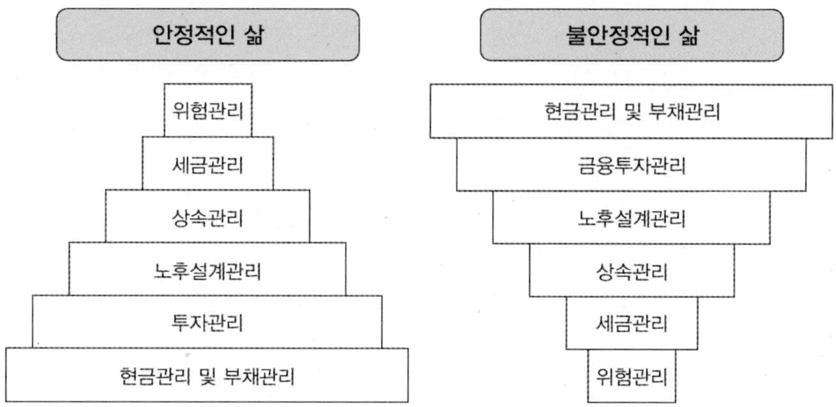

것이다.

② 투자의 관점과 보험의 관점의 차이

투자론에서는 위험은 수익률과 상충관계에 있다고 보고, 투자위험이 높으면 투자의 기대수익률도 높아야 한다는 의미로 사용된다.

보험에서는 위험은 미래 발생할 수 있는 가능성을 장기 시계열의 통계학적 관점에서 보면 사전에 예상하여 추정할 수 있는 것으로 간주하고 있다. 따라서 위험은 예측·추정관리가 가능한 것이라고 보고, 사건이나 손실의 실제발생에 대비하여 집합적으로 자금을 적립해 손실을 보상함으로써 위험에 대처하는데 초점을 두고 있다.

투자론 측면에서의 위험은 투자수익률의 미래 변동성의 관점에서 사용되고 있는데 반해, 보험에서는 위험에 대한 보장수단을 제공한다는 관점에서 사용되고 있다. 즉 위험은 늘 기대와 달리 나타난다는 관점에서 사용되고 있다.

2) 위험의 개념

위험이란 용도에 따라 달리 사용하고 있다. 위험이란 뜻의 영어 단어에는

Risk, Danger, Hazard 등이 있다. 이 중 가장 많이 쓰이는 게 Risk와 Danger이다. 우리는 일반적으로 둘 다 위험의 뜻으로 사용되고 있으나 의미는 다르다. Risk는 'no risk no return'의 개념으로 무슨 일을 성취하거나 이익을 얻기 위해서는 반드시 반대급부로 시간, 돈과 같은 비용발생의 위험이 발생한다는 것이다. 도전하여 성취하기 위해서는 이에 대한 반대급부인 희생이 수반한다는 전략적 선택의 개념이 내포되어 있다.

반면에 Danger는 이와 전혀 다르다. 사망 · 부상 · 손상 등의 위험 또는 안 좋은 일이 일어날 위험을 가리키는 말이다. '교통질서를 지키지 않으면 위험해'라는 말은 교통사고의 위험(danger)을 말하는 것으로, 허리케인이나 지진의 발생은 Risk가 아니라 danger에 해당한다.

본서에서 사용하는 위험의 개념은 'danger의 위험'의 개념이 아니라, 'risk의 위험' 의 개념이다.

① 투자의 관점에서 위험의 개념

투자에서 사용하는 risk의 위험은 이익을 얻기 위한 비용발생의 위험을 말하는데, 사용용도에 따라 그 의미는 달리 사용되고 있다. risk는 신용위험, 시장위험, 투자위험, 채무불이행 위험, 거래위험 등 다양하게 분류된다.

② 보험의 관점에서 위험의 개념

보험에서 사용하는 위험의 개념은 안정적인 미래의 재무목표를 달성하기 위해서는 미래에 발생할 수 있는 위험을 이전시키거나 또는 위험을 축소하는 것에 초점을 두고 있다. 즉 기대하거나 바라는 바람직한 방향과는 달리 현실에서 결과가 달리 나왔을 때 보상을 통하여 이전의 삶으로 회복할 수 있도록 하는 것이다.

③ 본서에서 사용되는 위험의 개념

본서에서는 2가지 의미를 다 사용하기로 한다. 투자에서 사용되고 있는 위험의 의미와 보험에서 사용하는 위험의 개념을 사용하고자 한다.

3) 유사개념

risk와 유사개념으로 우리가 위험으로 흔히 쓰는 개념으로는 손인(peril)과 위태(hazard)가 있다.

① 손인(peril)

손인이란 손해를 야기 시킨 원인을 말한다. 손인의 직접적인 원인으로는 태풍, 화재, 홍수와 같은 천재지변과 같이 자연의 특수한 상황에서 비롯된 것과 사망, 질병, 상해와 같은 인적요인에서 발생되거나 이외에도 경제적인 요인이 있다. 보험자가 그 위험으로 인한 사고를 보상한다고 약정한 경우 그 위험은 담보손인(peril covered)이 된다.

㉠ 자연적 손인 : 태풍, 화산폭발, 지진, 낙뢰 등과 같은 손실의 원인에 대해서는 인간의 통제력이 거의 미치지 못하는데, 손실의 원인이 자연의 천재지변으로 발생한 것이 이에 해당한다.

㉡ 인적 손인 : 손실의 원인이 개인의 의도적인 의사에 의해 발생되는 것으로, 개인의 통제 하에 있는 경우의 자살, 사기, 절도 등을 들 수 있다.

㉢ 경제적 손인 : 불경기, 파업, 기술의 발달, 정부나 여러 단체의 행동과 같은 사회적 환경의 변화로 인하여 영향을 받아서 손실이 나타나는 경우이다.

한편, 손인은 다음과 같이 두 가지로 구분하기도 한다. 보험사에서 보험금을 지급하는 부보가능한 손인과, 보험사에서 보험금을 지급하지 않는 지진, 전쟁과 같은 부보 불가능한 손인으로 구분하기도 한다.

② 위태(hazard)

위태라는 것은 사고 발생가능성을 증가시키거나 감소시키는 요소 또는 상황을 의미한다. 일반적으로 보험에 가입되어 있는 상황에서 계약자 부주의로 인하여 위험이나 손실발생의 가능성을 증가 시키는 행위, 상황, 조건을 말한다. 생명보험에 가입한 상태에서 폐렴에 걸린 환자가 치료에 부주의하여 사망에 이른다면, 폐렴은 사망의 손인임과 동시에 사망발생의 기회를 증가시키는 위태이기도 하다.

위태의 증가는 손실발생가능성을 증가시키는 여건이 조성된 것으로, 손실이 진행되고 있다고 볼 수 있다. 따라서 위태가 증대되면 손실가능성이 커지므로 보험료 또한 증대된다. 위태는 다음과 같이 물리적 위태(physical hazard), 도덕적 위태(moral hazard), 정신적 위태(morale hazard) 등으로 구분된다.

㉠ 물리적 위태(physical hazard)

손실의 기회를 증대시키는 실체적인 물리적 조건을 말한다. 여러 가지의 손인에서 손실을 증대시키는 요인으로, 건물연수가 오래되거나, 건물구조가 잘못 건축되었는데도 불구하고, 보수공사 등 적절한 조치 없이 방치되었다면 건물붕괴나 파손의 위태를 제공한 셈이 된다.

㉡ 도덕적 위태(moral hazard)

인간의 부정직성뿐만 아니라 적극적으로 사기, 범죄행위를 통하여 고의적으로 자기편익을 위하여 손실의 기회를 증대시킴으로써 손실가능성이 증대하는 것을 말한다. 보험금을 받아내기 위해 의도적으로 사고를 내거나, 받을 수 있는 금액보다 더 받기위해 불필요하게 추가적으로 의도적으로 행위를 하는 것이 이에 해당된다.

㉢ 정신적 위태(morale hazard)

부주의, 무관심, 방관으로 손실을 증대시키는 것을 말한다. 보험에 가입한 상황에서 일반적으로 계약자는 '보험으로 해결하면 될 것'이라고 생각하면서 부주의 한 태도를 보이는 것이 이에 해당된다. 손실이 보험에 의해 보장될 때 손실방지에 대해 적극적으로 의사표시나 적극적인 행동을 하지 않는 경우가 많아 손실 규모가 증대하는데, 이를 심리적 위태, 정신적 위태라고 일컫는다. 정신적 위태는 무관심이나 부주위로 인하여 손실금액이 증대할 뿐만 아니라, 원천적으로 계약자의 생활습관이나 생활에 대한 태도에 의한 손실증대도 포함된다. 따라서 정신적 위태는 학자에 따라 무관심이나 방관, 부주의와 같이 일시적으로 발생하는 손실 증대요인과 별개로, 생활습관이나 생활태도에 의해 장기적으로 손실 증대요인이 있다고 판단하고 있다. 이외에도 나라에 따라, 문화 및 경제의 환경변화에 따라 다양한 정신적 위태로 인한 손실발생이 증대하는 경우가 있는데 이를 사회적 위태(social hazard)라고도 한다.

2 위험의 분류

1) 재무적 위험과 비재무적 위험

재무적 위험은 금전적으로 환산할 수 있는 위험을 말한다. 재무적 위험은 금융상품이나 부동산투자와 같이 투자 시 발생되는 손실위험뿐 아니라, 기대치와 달리 야기된 재무적인 손실이 발생되는 위험이다.

반면에 비재무적인 위험은 금전적으로 손실이 없으므로 금전적으로 계산할 수는 없으나, 정신적, 심리적 손실을 입거나, 이로 인해 가족이나 친지 등 주변 사람들이 겪는 고통이나 상심의 위험을 말한다. 만약 교통사고로 치료하다가 사망하였다면 사고로 인해 장기간 입원에 따른 병원비, 간병비 등의 금전적 손실이 발생하게 되는데 이를 재무적 위험이라고 하고, 환자를 치료하고 사망에 이르게까지 주변 가족이 겪는 고통이나 실망감, 상실감 등 정신적이고 심리적인 갈등을 비재무적 위험이라고 할 수 있다.

일반적으로 재무설계 시에는 효율적인 재무목표를 위해 금전적이고 계량적인 측면에 초점을 두어 재무적인 위험만 중요시하는 경향이 있다. 그러나 성공적으로 재무목표를 달성하기 위해서는 심리적 갈등, 정신적 갈등과 같은 비재무적 위험이 삶의 질을 높이는데 결정적인 역할을 한다는 것을 간과해서는 안 될 것이다.

2) 정태적 위험과 동태적 위험

동태적 위험과 정태적 위험은 경제의 주변 환경이 변화가 있느냐 없느냐로 구분하는 위험이다.

동태적 위험(dynamic risk)은 사회 및 경제 환경의 변화로 인하여 발생하는 위험으로, 예측하기 어려워 계량화하기 어려운 위험이다. 국제경제의 변화, 경영환경의 변화, 기술의 변화 등 경제 및 사회 환경의 변화는 새로운 또 다른 변화를 역동적으로 유도한다. 경제질서의 변화는 이자율을 변화시키고, 금융환경을 변화시키고, 투자여건도 또한 변화시킨다. 동태적 위험은 환경변화의 동태적 발생에 따른 위험으로, 위험을 예측하기도 어려울 뿐만 아니라 역동적으로 변화하여 계량화하기 어려운 위험이다. 기업경영에서 동태적 위험을 해결하는 다양한 전략이 구사되기도 하지만 위험관리에 한계가 있으므로 위험관리의 통제범위를 넘는 위험이다.

정태적 위험(static risk)은 사회, 경제, 정치 등 주변 환경의 변화와 관계없이 발생하는 위험을 말한다. 이 위험은 화재, 도난, 지진, 홍수 등과 같이 주변 환경의 역동적인 변화와 관계없이 발생되는 위험이나 주기적으로 변화한다. 이러한 위험은 예기치 못하게 발생된다는 측면에서는 동태적 위험과 유사하지만, 통계적으로, 확률적으로 가늠할 수 있는 위험이다. 정태적 위험은 장기 시계열의 통계적인 관점에서 보면 일정한 확률로 계산할 수 있다. 따라서 이러한 정태적인 위험은 예측이 가능하여 일정기간 동안 어느 정도의 객관성과 규칙성을 가지고 나타나는 경향이 있으므로 예측될 수 있으며, 보험에서 주로 다루는 위험의 범주이다.

3) 투기적 위험과 순수위험

(1) 개념의 차이

투기적 위험은 금융상품이나 부동산 투자와 같이 투자수익창출을 위한 반대급부로 발생하는 위험을 말하며, 투자수익을 얻기 위해서는 이에 상응하는 위험을 감수해야 한다. 이에 반해 순수위험(pure risk)은 기대이익은 없고 손실에 대한 가능성만 있는 경우의 위험을 말하며, 이러한 순수위험을 줄이기 위해서 보험에 가입한다.

투기적 위험과는 달리, 순수위험은 위험에 노출되더라도 손실을 입게 되거나, 최선의 경우에 기껏해야 손실을 입지 않는 위험을 말한다. 신규로 구입한 자동차를 외부에 주차해놓았을 때, 순수위험은 차체가 손상되어 수리할 필요성이 발생되어 금전적으로 손실을 보게 될 가능성이 있거나, 최선책으로 차체가 손상되지 않아 손실을 입지 않고 현상유지를 잘하는, 둘 중의 하나이다. 순수위험은 반대급부가 없다. 이 경우 위험에 노출되거나 수리할 필요성이 발생되어 손실을 보게 되는 위험이든지 손상되지 않고 현상유지 하는 것일 뿐이다. 순수위험과 투기적 위험의 차이는 일반적으로 순수위험은 보험의 부보대상이기 때문에 보험분야에서 주로 다루고, 투기적 위험은 금융투자, 부동산투자에서 수익률과 연계하여 다루고 있다.

순수위험과 투기적 위험은 미래의 위험 발생에 대해 예측이 불확실한 점이 공통적이나 차이점은 다음과 같다.

(2) 적용 범위의 차이

① 통계적 확률

순수위험은 손실을 입을 수도 있고 안 입을 수도 있는 경우의 수이므로 발생빈도는 확률적으로는 0과 1 사이의 확률로 나타난다. 반면에 투기적 위험은 이익을 창출하기 위해 위험을 감수하고 투자한 것이므로 투자결과는 손실을 보든지 이득을 보든지 둘 중에 하나로 나타난다. 따라서 순수위험은 장기 시계열측면에서 살펴보면 통계적 규칙성을 가지고 있으므로 대수의 법칙이 적용될 수도 있다.

② 사용용도의 차이

투기적 위험은 부동산투자설계나 금융투자설계에서 유용하게 사용되는 개념이고, 순수위험은 보험처리가 가능하므로 보험설계에 유용하게 사용되는 개념이다. 이외에도 위험의 분류 중에서 보험으로 처리 가능한 위험은 정태적 위험이나 특정위험이 해당된다.

③ 위험통제 가능성.

투기적 위험은 개별적으로 투자수익을 얻기 위해 적극적이고 능동적인 결정으로 인하여 발생된 위험이므로 이에 참여한 일부 사람에게만 영향을 미치며, 그 위험은 항시 통제가 가능하다. 반면에 순수위험은 재난사고 등 우발적으로 발생하는 위험으로 사회전반에 영향을 미치며, 위험통제가 불가능하다.

(3) 순수위험의 종류

순수위험은 최선의 경우라도 손실이 발생하지 않은 정도에 불과할 뿐, 항상 손실위험에 노출되어 있는 위험이다. 또한 순수위험은 투기적 위험처럼 위험을 감당한 반대급부로 이득을 얻을 수 있는 기회가 전혀 없는 위험이다. 홍수, 화재, 절도 등으로 인해 재산손실이나 부상, 사망 등의 인적 손실을 볼 수 있다. 따라서 순수위험은 보험의 대상이 되는 위험이라고 할 수 있다.

순수위험은 ① 인적위험 ② 재산위험 ③ 배상책임위험으로 구분할 수 있다.

① 인적위험

인적위험은 개인의 신체와 관련된 위험으로 사망, 장수위험, 질병, 실업 등의 발생으로 소득창출능력이 상실되거나 추가비용이 발생될 위험이다.

㉠ 조기사망위험

조기사망위험은 가장의 사망에 따라 가족의 부양, 자녀의 교육, 대출이자, 원금상환 등 가장의 지원(support) 단절로 유가족에 대한 재무적 지원이 충족되지 않은 위험을 의미한다.

가장의 조기사망으로 인해 가장의 지원이 소멸되어 유가족의 생활수준저하 및 재정상태가 악화되는 위험을 말한다. 가장의 사망으로 자녀의 교육이나 결혼비용과 같은 미래의 재무적 비용의 지원 기대 가능성이 희박해질 뿐만 아니라, 상속세, 장례비 등 추가비용이 발생할 위험도 있다.

㉡ 장수위험

100세 시대를 맞아 장기생존으로 인해 발생하는 위험을 말한다. 이를 은퇴 후 발생한다고 하여 이를 은퇴위험(retirement risk)이라고도 하는데, 은퇴 후에 소득은 없고 남겨진 재산에 비해 오래 살 위험을 말한다. 현재 우리가 봉착한 가장 큰 위험이라고 할 수 있다.

장수위험은 사망시점이 100세까지 점점 길어짐에 따라 발생한다. 장기생존의 추세뿐만 아니라 일찍 은퇴하는 경향이 늘고 있어 장수위험은 은퇴 후 커다란 위험으로 자리 잡고 있다.

㉢ 질병위험

질병이나 상해는 개인이나 부양가족에게 치명적인 위험이다. 질병이나 상해로 인한 퇴직으로 소득상실이 발생할 뿐만 아니라, 질병에 따른 의료비용이 추가적으로 발생하는 위험을 말한다. 생활비이외에 의료비용까지 추가 발생하여 더 큰 비용이 소요된다. 가장이 질병으로 인하여 퇴직하게 된 경우에는 가족의 재정적 위험은 더욱 더 증가된다.

이와 같이 질병 및 상해에 의한 소득상실은 개인과 부양가족에게 재무적 부담요인이 된다. 더욱이 100세 시대의 초 고령사회에서는 대부분의 고령층에서 질병뿐만 아니라, 요양기간이 점점 늘어나는 추세여서 질병과 관련된 위험이 점증되고 있다.

㉣ 실업위험

저금리·저성장 시대에는 고용없는 성장시대로 접어 들어가면서 일자리 없는 사회구조로 변화되어 고용불안의 위험이 증대된다. 실업은 재무적 안전성을 위협하는 치명적인 요소일 뿐만 아니라, 가족의 안정을 훼손하는 요인이다.

실업위험은 소득의 감소뿐만 아니라 새로운 직장을 구할 때까지 충분한 비상예비자금이 별도로 마련되지 않았을 경우, 실업자뿐만 아니라 가족에까지 영향을 준다. 실업기간이 장기화 될 경우에는 삶의 질은 저하되고 평균적인 생활수준을 유지하는데도 위험이 뒤따른다.

② 재산위험

재산위험은 재산을 소유한 사람이 화재나 도난, 홍수 등으로 재산이 손상되어 소유재산의 가치가 하락할 수 있는 위험을 말한다. 여기서 말하는 재산은 소유하고 있는 사람의 경제적 가치의 총체로서 금전적 가치가 있는 물건 및 권리, 의무의 총체를 말한다.

㉠ 직접손해

재산위험은 직접손해와 간접손해로 구분되는데, 직접손해는 사고발생 전의 상태로 복구하기 위한 원상복구비용을 의미한다. 집이 홍수로 인하여 완파되었을 경우 직접손해는 사고발생 전의 상태로 돌리기 위한 원상복구비용을 의미한다.

㉡ 간접손해

간접손해는 직접손해에 따라 추가되는 손해를 의미한다. 예를 들어 집을 수리하는 동안 잠시나마 다른 곳에서 머물러야함에 따라 추가되는 비용을 간접손해라고 한다.

③ 배상책임위험

배상책임위험(liablility risk)은 고의 또는 과실로 인하여 타인에게 손상을 야기시키는 경우의 위험을 말한다. 이는 결과적으로 타인의 재산에 손해를 입혀 손해배상을 해야 하는 위험을 의미한다. 배상책임위험은 순수위험 중 가장 추상적이어서 고의성이 없이 발생되는 경우도 해당된다. 운전 중 잠깐 딴 생각을 하다가 앞차를 추돌한 경우, 앞차 수리배상책임뿐만 아니라 앞 차에 타고 있는 사람을 완치하도록 하는 배상책임이 있다.

배상책임위험의 손해는 재산적 손해, 비재산적 손해, 기타비용으로 구분할 수 있다.

3 위험관리

위험에 슬기롭게 대처하기 위해서는 다양한 위험관리(risk management)방안을 마련해야 하는데, 대표적인 위험관리방안으로는 위험통제와 위험재무를 들 수 있다.

첫 번째 방법은 위험발생가능성 자체를 낮추는 것이다. 위험한 일 자체를 하지 않거나, 위험한 일과 관련된 장소에 가지 않음으로써 위험 발생가능성을 낮게 할 수 있다. 두 번째 방법은 위험이 발생하더라도 손실을 최소화하는 방안을 마련하는 것이다. 화재에 대비하여 소방시설을 갖추거나 자동차사고에 대비하여 안전벨트를 함으로써 사고가 발생하더라도 손실을 줄이도록 노력하는 것이다.

이와 같이 위험관리는 위험발생가능성을 낮게 하거나 재무적 손실가능성을 최소화하기 위한 최선의 방법을 모색하는 일련의 위험관리방법을 말한다. 위험관리는 손실의 원천을 확인하고, 손실발생의 영향을 평가하는 데에서 시작된다. 그 다음단계는 실제손실과 그 재무적 영향을 통제하고 관리함으로써 위험관리가 이루어진다. 이와 같이 미래에 발생 가능한 위험에 대해 통제하고 관리하는 것이 위험통제(risk control)와 위험재무(risk financing)이다.

위험통제는 위험에 대한 손실을 최소화하기 위해 발생가능성을 낮추거나 위험으로 발생할 수 있는 손실의 범위를 최소화하는 방안을 말한다. 한편 위험재무는 위험으로부터 발생할 손실에 대비하여 자금을 미리 준비하거나 위험발생에 대비하여 사전에 해지(hedge)하여 대처하는 방안이다.

위험에 슬기롭게 대비할 수 있는 위험통제의 구체적인 방안에는 위험회피와 위험축소 방안이 있으며, 위험재무에는 위험이전과 위험보유의 방법을 통하여 달성할 수 있다.

〈그림 2-5〉 100세 시대의 위험관리

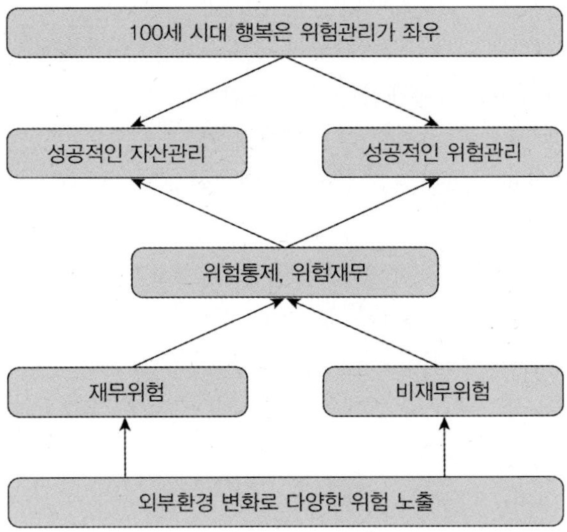

1) 위험관리 방법

(1) 위험통제(risk control)

위험통제는 위험 또는 손실발생의 빈도를 줄이거나 강도를 줄이는 방법이다. 위험통제의 방법으로는 위험회피와 손실통제가 있다.

① 위험회피

위험회피는 위험을 통제하는 방법 중의 하나로 위험발생 가능성을 사전에 차단하여 위험이 발생하지 않도록 하는 방법이다. 위험이 초래될 수 있는 상황을 사전에 없앰으로써 위험이 발생할 수 있는 경우의 수조차 만들지 않는 것이다. 예를 들어 자동차사고 등 교통사고로 금전적으로 육체적으로 고생하는 사람들이 많다. 사고를 경험해본 사람은 다시는 본인주변에서 일체의 사고가 일어나지 않도록 하려고 한다. 이의 일환으로써 자동차사고로 인한 위험을 회피하려고 근본적으로 승용차 구입자체를 하지 않음으로써 자동차사고의 근원을 해결하려는 방법이다. 자동차를 소유하지 않음으로써 자동차사고의 근원을 제거하여 잠재적으로 발생할 수 있는 가능성을 사전에 차단하는 가장 강력한 위험 대응방법이다.

② 손실통제

손실통제(loss control)는 발생할 수 있는 위험을 축소하거나 또는 위험 발생으로 야기된 손해나 손실의 범위를 축소하고자 하는 위험관리 방법이다. 손실통제를 통해 위험을 줄이는 방법에는 손실방지와 손실축소가 있다.

㉠ 손실방지

손실방지는 손실이 발생하지 않도록 하거나 손실발생빈도를 줄이는 위험관리 방법이다. 졸음운전은 대형사고를 불러일으키는 경우가 많다. 이 경우 손실을 방지하는 방법은 옆에 동석해 있는 사람으로 하여금 운전하도록 하거나 갓길에서 잠시라도 잠을 잔 후에 운전하는 방법으로, 졸음운전의 손실을 미연에 방지하는 것이다.

㉡ 손실축소

손실축소는 손실발생의 심각성을 줄이거나, 발생하더라도 그 강도를 줄여서 발생할 수 있는 손실의 규모나 비용을 줄여서 위험을 축소하려는 위험관리 방법이다. 이 방법은 손실이 발생하기 전에 사전 대비책을 마련하여 설령 발생하더라도 발생으로 인한 손실규모를 줄이기 위한 방법이다. 대형 교통사고에 대비하여 교통질서를 잘 지키도록 하거나 안전띠를 하게 하는 방법은 설령 대형 자동차 사고가 일어나더라도 생명의 위험을 줄이거나 신체적 상해를 줄이는 방법으로 손실을 통제하는 방법 중의 하나이다.

손실축소는 위험회피와는 달리, 위험을 근본적으로 차단하는 것이 아니라, 위험을 관리하면서 위험노출을 통하여 사고가능성을 줄이는 위험 친화적인 방법이다.

위험관리를 효율적으로 행하기 위해서는 위험통제 방법인 위험회피와 위험축소가 통합적으로 운영되어야 한다.

(2) 위험재무(risk financing)

위험관리방법 중 위험재무(risk financing)를 통한 위험관리방법은 위험을 긍정적이고 적극적으로 관리하는 방법이다. 즉 현실적으로 위험은 늘 발생하는 것이며 막을 수 없으므로 발생하는 위험을 어떻게 관리하는 것인가에 초점을 두는 방법이다. 현대인은 항상 위험을 수반하는 환경 속에서 살고 있는데, 상존하는 위험을 어떻게 관리하는가에 따라 우리 미래가 달려 있다. 개인 재무설계에 있어서도 개인의 위험을 어떻게 관리하는가에 따라 개인의 미래운명이 달려 있다.

위험재무에 있어서 위험을 관리하는 방법에는 위험이전과 위험보유가 있다.

① 위험이전

위험재무에 있어서 위험에 대한 태도는 발생위험을 다른 곳으로 이전하여 상대방이 위험책임을 맡도록 하는 방법이다. 이러한 위험관리 방법에는 보험이나 포트폴리오 구성을 통하여 위험을 해지(hedge)하는 방법 등이 있다.

첫 번째 방법은 개인이나 기관에서 발생하는 위험을 계약을 통해 보험회사가 떠맡도록 하고, 문제가 발생하면 이에 대한 대가로 재무적 손실을 보험회사가 지불하는 방법이다.

두 번째 방법은 자산 포트폴리오에서 흔히 쓰는 방법으로, 가격변동위험을 해지(hedge)하는 방법이다. 이는 자산가격의 변동위험을 회피하기 위해 보유자산과 반대방향으로 가격이 움직이는 금융자산을 사거나 팔아서 자산 포트폴리오의 위험을 중립화시키는 방법이다.

세 번째 방법은 원하지 않는 위험을 떠맡게 되거나 위험관리가 능숙하지 못하여 위험관리가 어려운 경우에는, 이 부분의 위험관리에 능한 전문가와 계약을 통해 다른 곳에서 이를 관리하도록 하는 방법이다. 전자제품 회사에서 생산만을 주로 하는 경영방식을 채택하고 있는 경우, 고장수리 등 필요한 애프터서비스 부분에 대해 수리전문점과 계약을 통해 고장수리 부분은 타사가 떠맡도록 하여 판매 후 고장수리에 관한 위험을 다른 회사로 이전시키는 방법이 이에 해당된다. 현대사회는 다양한 위험이 노출되어 있는데, 다양한 방법으로 위험을 이전시킬 수 있다.

② 위험보유

위험보유는 위험을 회피하거나 이전하지 않고 스스로 위험을 관리하는 것으로, 다음과 같이 두 가지 방법으로 이용된다.

첫 번째 방법은 투자설계에 있어서 주로 이용된다. 투자 포트폴리오를 설정할 경우는 위험을 감수하더라도 위험자산을 보유하여야만 초과수익이 발생한다. 따라서 위험을 보유하여 초과수익을 창출하려는 방법이 이에 해당된다. 이에 관해서는 투자설계에서 보다 더 구체적으로 설명하기로 한다.

두 번째 방법은 보험설계측면에서 활용된다. 사안에 따라 손해발생빈도가 높고 심각성이 낮은 위험의 경우, 적극적인 위험을 보유하여 관리하고자 할 때 위험보유를 선택한다. 즉 자체적으로 발생할 수 있는 위험을 스스로 관리하는 방법이다. 이에는 두 가지의 실천방법이 있는데, 독자적으로 자금을 모아 위험에 대비하여 위험발생 시에 이를 충당하는 방법과 다른 기관과 공동으로 유사한 위험을 갖고 있는 기관과 협의하여 집단적 위험을 인수하는 방법이 이에 해당된다.

위험보유는 투자설계의 측면에서는 초과수익을 내기 위해 불가피한 것이라고 할 수 있으나, 보험적인 측면에서는 선택이다. 본인이 발생할 수 있는 위험규모가 미미하거나 위험회피가 어려워 다른 대안이 존재하지 않는다고 판단할 때, 위험이전을 하지 않고, 스스로 위험보유를 하여 해결하는 경우가 이에 해당된다. 위험보유는 위험보유로 인하여 다양한 편의성이 있거나 위험의 영향이 미미하거나 통제가 가능할 때 활용된다. 또한 위험에 따른 비용이 과대하지 않는 경우 위험보유하는 경향이 있다.

2) 손실별 위험관리 방법

위험관리는 처해있는 경우의 수에 따라 방법은 다양하다.

경우에 따라서 위험을 보유하는 방법이 적절할 수 도 있고 어떤 경우는 위험이전보다는 위험회피나 위험축소가 적합할 수 있다. 이러한 적절성은 두 가지의 변수에 의해 결정된다. 손실규모의 정도와 손실발생빈도에 따라 위험관리는 달라질 수 있다.

우선 손실이 심각하고 발생빈도가 높은 경우에는 위험회피 또는 위험축소의 방법을 사용하는 것이 적절하다. 이러한 경우는 보험비용이 증가하므로 원천적인 관리에 문제점이 있을 수 있다. 따라서 위험을 축소하기 위한 근본적인 대책을 마련하거나, 이를 행하지 못할 경우에는 보험비용을 계상하고, 수익성이나 생산성이 없다면 위험을 회피하는 방법도 고려해보아야 한다.

또한 손실이 심각하고 발생빈도가 낮을 경우에는 위험이전, 특히 보험을 통해 위험을 처리할 수 있다. 발생했다고 하면 큰 손해가 날 경우에는 설령 발생빈도가 낮다고 하더라도 안심할 수 있는 구조적 체계를 확보할 필요가 있다. 이 경우 발생빈도가 낮다는 뜻은 보험부과비용이 적다는 의미이므로 보험을 통한 위험이전 방법이 적절하다.

이외에 손실이 미미하고 발생빈도가 높을 경우에는 위험보유나 위험축소가 바람직하다. 그리고 손실이 미미해서 비용이 적게 든다면 스스로 자체적으로 위험을 해결하여 처리하거나 위험을 축소하는 것이 적절하다. 또한 손실이 미미하고 발생빈도가 낮을 경우에는 위험보유가 적절하다.

〈그림 2-6〉 위험관리 방법

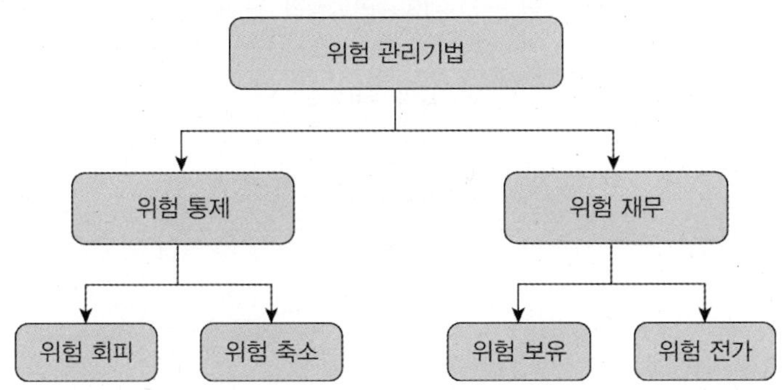

3) 위험관리과정

(1) 위험관리과정의 6단계

위험관리는 화재, 사고 등의 위험발생 가능성에 따른 잠재적인 손실을 분석함으로써 시작된다. 이 분석 결과에 따라 위험을 평가하고 이에 맞추어 위험을 관리하는 방법을 선택하고 이를 실행하는 일련의 과정을 위험관리과정이라고 할 수 있다.

일반적으로 위험관리과정은 〈그림 2-7〉과 같은 단계를 거치게 된다. 1단계에서는 위험관리의 목표와 전략을 수립하고, 2단계에서는 위험을 구성하는 요소들을 분석하고, 3단계에서는 이러한 분석에 기초하여 위험을 평가한다. 4단계에서는 위험을 처리하는 방법을 선택하고, 5단계에서는 위험계획을 실행하며, 마지막 6단계에서는 이와 같은 일련의 위험관리과정이 적절히 수행되었는지 정기적으로 모니터링하여 위험관리가 예정대로 잘 진행되었는지 평가하고, 필요에 따라 계획을 수정하기도 한다.

이와 같이 체계적인 위험관리과정을 거치지 않고 위험관리방법이 선정되어 실행된다면 개인이 지니고 있는 취약점과 문제점이 간과되거나, 문제의 우선순위가 잘못 설정될 수 있다. 이렇게 되면 미래의 위험발생에 충분히 대처하지 못하게 되어, 결국 위험관리 효과는 감소되거나 실패로 끝날 수도 있다.

〈그림 2-7〉 위험관리과정의 6단계

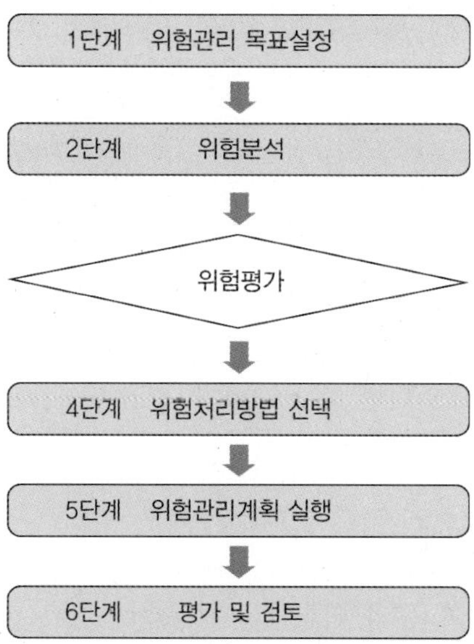

위험관리과정은 노출된 위험을 우선순위에 따라 위험관리 목표에 맞추어 효율적으로 진행하는 일련의 과정이다. 따라서 위험관리는 재무설계를 수행할 때 야기될 수 있는 치명적 위험을 체계적으로 분석하고 관리함으로써 효과적으로 재무목표를 달성할 수 있도록 하는데 기여한다.

(2) 제1단계 : 위험관리의 목표설정

위험관리의 가장 큰 목표는 인생주기의 다양한 사건(event) 발생에도 불구하고, 사건 발생 이후에도 커다란 근심 걱정 없이 일상에서 큰 굴곡없는 삶의 질을 유지하도록 하는 것이다. 개인에게 사건(event) 발생으로 손실이나 위험에 노출된다고 하여도 개인 또는 가족의 생활이 이전과 같이 유지될 수 있도록 하는 것이다.

사건 전 목표는 최소의 보험료로 최대의 보장을 받음으로써 위험관리방안을 모색하여, 경제적으로나 심리적으로 근심 걱정도 없애고 안정적인 삶을 이어 나갈 수 있도록 하는 것이다.

사건발생 이후에는 손실이 발생되더라도 가족의 최저생활을 유지할 수 있도록, 안정적인 소득을 확보하고, 손실 전에 계획했던 목표가 경제적으로 지속적으로 달성하도록 하는 것이 주요 목표라고 할 수 있다. 이를 통해 심리적으로나 사회적으로 안정감있게 삶을 이어나가게 될 수 있도록 하는데 있다.

〈표 2-2〉 사건발생 전 목표와 사건발생 후 목표

사건발생 전 목표	사건발생 후 목표
• 경제적–적절한 비용으로 위험관리 • 심리적–잠재적 손실에 대한 심리적 불안감 축소 • 법적–법적 배상의무 해결(책임보험)	• 생활유지비용–관련자 배상비용 및 관련 비용 배상에 대한 대비 • 소득안정–사건 발생 전과 동일하게 생활수준 유지 • 목표유지–계획했던 재무목표를 달성할 수 있도록 지속적 유지

(3) 제2단계 : 위험요소 분석

개인과 관련된 위험이 무엇인지 확인하기 위해서는 개별적인 위험요소를 일일이 확인해야 한다. 위험요소를 구체적으로 개별적으로 확인하는 가장 큰 목적은 대부분이 위험요소를 현재 보유하고 있는 상태에도 불구하고 본인이 그것이 위험이라고 인식하지 못하는 경우가 많기 때문이다. 따라서 무의식적으로 위험이라고 생각하지 않는 요소가 있다면, 이러한 위험요소를 찾아내어 위험을 분석하여야 하는데, 각각 보유하고 있는 위험이 어떤 것이 있는가를 분석하는 것을 요소분석이라고 한다. 보유위험 중에는 본인도 모르게 법률적으로나, 재산측면에서 치명적 위험이 포함될 수 있기 때문이다. 치명적인 위험임에도 불구하고 본인은 위험이라고 생각하지 않아, 위험을 그대로 방치한 경우가 허다하다. 이러한 사항이 발견되면 각 위험요소를 분석하여 위험을 최소화하거나 위험을 이전시켜 위험을 중립 시키는 방안을 찾아야 한다.

위험을 찾아내기 위한 질문이나 점검하는 방법은 다양한데, 주로 체계적인 위험인식을 위해서 위험분류질문표, 노출체크리스트, 보험증권체크리스트 방법이 활용된다. 이와 같은 방법을 활용해서 위험을 발견하여 구체적으로 위험요소를 확인하였다면, 그 다음 단계에는 개별자산에 따라 위험의 종류와 위험에 따른 잠재손실비용, 손실위험을 분류해야한다. 이때는 주로 실무적으로 많이 쓰이는 인적위험, 재산위험, 배상책임위험으로 나누어 분류하면, 잠재적 손실을 쉽게 분석할 수 있는 장점이 있다.

분석방법은 다음과 같은 방법이 많이 사용된다. 각기 장단점이 있는 방식이기 때문에 다양한 방법을 함께 사용해야 한다.

〈표 2-3〉 위험요소 분석방법

위험요소 분석방법	내 용
위험분류질문표	질문표에 위험을 분류하여 대상자에게 질문하는 형식
노출체크리스트	노출될수 있는 잠재적 위험을 나열하고 체크해 나가는 방식
보험증권체크리스트	특정기업에 필요한 보험의 리스트를 작성하여 자신의 상황에 맞도록 하는 방법
플로우차트	전체공정을 세부적으로 나타내어 공정과 제반과정의 잠재위험을 확인하는 방법.
재무제표분석	대차대조표의 자산목록 및 손익계산서상의 수지분석 및 현금흐름표 분석을 통해 위험의 수준을 인식하는 방법.
기타 방법	내부자료, 현장검사, 인터뷰 등

(4) 제3단계 : 위험의 평가

위험요소에 대한 분석이 완료되면 잠재적 손실의 범위를 설정해야하는데, 손실의 크기 및 발생가능성에 따라 집단으로 분류한다. 분류방법은 손실정도가 비슷한 정도에 따라 동일한 집단으로 분류하여 관리한다. 위험의 정도에 따라 치명적 위험, 중요한 위험, 일반적 위험으로 구분한다.

〈표 2-4〉 위험의 정도에 따른 위험의 분류

치명적 위험	파산시킬 수 있는 잠재적 손실 위험(조기사망 등)
중요한 위험	자체적으로 해결이 어려운 상태로 외부자금을 차입해야 하는 위험(실업 등)
일반적 위험	현재의 소득이나 자산으로 보전 가능한 손실 위험(간접손해)

(5) 제4단계 : 위험처리방법의 선택

위험을 확인한 이후 이러한 위험을 어떻게 처리해야하는가에 대한 여러 가지의 대안 중에서 하나를 선택해야한다. 위험처리방법은 위험통제와 위험재무의 방법이 있는데, 어떤 방법이 위험처리방법으로서 최선의 선택인지 결정을 해야 한다. 위험노출에 따른 손실복구방법으로 위험보유와 위험이전 중 한 가지를 선택하는 경우가 많은데, 장기적으로는 위험통제와 위험재무를 상호보완적으로 사용하여 총체적으로 위험관리를 행하는 것이 전략적인 위험처리방법이다.

(6) 제5단계 : 위험관리계획의 실행

위험처리방법이 선택되면 다음 단계로 구체적으로 선택된 방법을 실행하는 것이 위험관리계획의 실행이다. 위험관리계획을 실행하는 단계에서는 위험이전 방법으로 보험을 활용할 수도 있다.

위험관리계획의 실행은 위험을 중립화하거나 위험을 이전하기 위한 것이므로 위험에 맞는 보험상품을 선택을 해야 한다. 재무적 영향에 따라 치명적 위험, 중요한 위험, 일반적 위험으로 위험을 분류할 수 있는데, 각 단계의 위험의 속성에 알맞은 보험상품을 설계해야 한다. 이때 보험상품을 필수, 중요, 선택으로 구분하여 점검하고, 각각의 카테고리에 맞는 보험상품이 위험이전과 잘 매치(match) 되는지 점검한 후에 실행해야 한다.

이때 이미 기존 보험을 통해 위험을 이전하였다면 측정된 위험금액과 기존 보험금액과의 차액만큼만 보험을 구입하여 위험을 관리한다. 만약 보험으로 위험이 충분히 이전되지 못하고 위험이 아직 일부 남아 있을 경우에는 보험이외의 다른 위험처리방법을 선택하여, 추가적으로 위험 관리를 실행해야 한다.

(7) 제6단계 : 평가 및 검토

위험관리과정의 마지막 단계로 위험이전이 제대로 되었는지 주기적으로 점검하고 평가하는 단계이다. 위험관리의 목표대로 위험관리가 잘 진행되고 있는지를 점검하고 평가하는 단계로서, 예상목표대로 위험을 이전하거나 중립시키는 위험관리기능이 발휘되지 않았거나 위험관리계획단계에서 간과했거나 놓친 부분이 있다면 수정할 수 있는 단계이다.

위험관리과정은 최소한 1년에 한번 정도는 점검·평가하여 위험이 제대로 이전되고 보장되고 있는지를 살펴보아야 한다. 또한 시간이 지나면서 재무환경도 변화하는데, 이러한 환경변화에 따라 새로운 위험이 노출될 경우, 위험관리계획을 재점검하여 새로운 위험 관리 목표를 설정하고, 위험관리 계획을 재수립하여 수행해야 한다.

결론적으로 위험관리는 선제적인 관리방안으로서 삶의 질을 유지하기 위한 대응전략이다. 위험통제(risk control)와 위험재무(risk financing)는 위험을 관리하는 방법 중의 하나이다. 구체적인 실행방법으로는 각 개인에게 주어진 상황에 따라 위험회피와 위험축소의 방법이 있고, 위험이전과 위험보유의 방법이 있다. 치명적 위험, 중요한 위험, 일반적 위험을 이 중 어떠한 방법을 선택하여 이전할지에 관해서는 각 개인에게 주어진 상황에 따라 선택·결정해야 한다. 만일 보험을 통한 위험이전의 방법을 선택하려고 한다면 위험의 속성과 이에 알맞은 보험상품을 선택해야 하며, 선택방법으로는 필수, 중요, 선택 보험 등 세 가지가 있다.

'셀프 부양'시대, '자산관리는 5층탑을 쌓아라'

100세 시대가 눈앞으로 다가왔다. 기대수명이 빠르게 늘면서 지난해 기준 한국의 65세 이상 인구는 전체 인구의 13%를 웃돌았다. 고령사회가 머지않았다는 얘기다.
요즘에는 오래 사는 게 꼭 축복이 아니라는 말도 나온다. 은퇴 후 경제적·비(非)경제적으로 자립할 수 있는 기반을 마련한 직장인이 그리 많지 않아서다. 일정한 소득이 창출되는 30~50대에 미리 노후를 준비하는 것은 쉽지 않다. 주택 마련과 자녀 교육비, 생활비만으로도 빠듯한 게 현실이다.

국민연금공단이 지난해 국민연금행복노후설계센터를 방문해 노후 준비 종합진단을 받은 1만2429명의 데이터를 분석한 결과 노후에 필요하다고 생각하는 생활비(부부 기준)는 월평균 217만8000원이었다. 하지만 전체 조사 대상자의 노후 준비 점수는 400점 만점에 평균 248.8점에 불과했다. 기대수명은 높아지고 있는데 이에 따른 준비는 제대로 이뤄지지 않고 있다는 의미다.

생명보험협회와 서울대 노년은퇴설계지원센터가 내놓은 행복수명 보고서에도 이런 문제가 고스란히 담겨 있다. 한국인의 행복수명은 74.9세로 기대수명보다 8세가량 적었다. 행복수명은 생물학적 수명이 아니라 건강, 경제 여건, 사회활동 등을 종합적으로 분석한 지표다. 행복수명과 기대수명의 차이만큼 병들고 빈곤하게 생활해야 한다는 말이다.

예전처럼 은퇴 후 삶을 자녀에게만 의존하기도 어려워졌다. 한국보건사회연구원이 15세 이상 인구를 대상으로 조사한 결과에 따르면 1998년에는 응답자의 89.9%가 가족이 부모를 부양해야 한다고 답했다. 2014년에는 이 비율이 31.7%로 급격하게 낮아졌다. 음식점에서 준비된 식사와 물을 스스로 가져오는 셀프 서비스처럼 '셀프 부양'이 필요한 이유다.

은퇴 후 최소한의 경제적 자립을 위해선 노후에 일정 수준의 소득이 꾸준히 창출되도록 미리 포트폴리오를 짜놔야 한다. 한국인은 공적연금 의존도가 사적연금에 비해 지나치게 높다. 공적연금의 보장망이 촘촘한 것도 아니다. 국민연금 가입자의 월평균 연금수령액이 34만6000원(지난해 7월)에 불과하다는 점만 봐도 그렇다. 200만원을 훌쩍 웃도는 월평균 노후 필요자금에 턱없이 부족하다.

노후를 위한 연금 포트폴리오를 다양화해야 한다. 과거처럼 고금리・고성장을 기대할 수 없어 국민연금・퇴직연금・개인연금 등 이른바 '3층 연금'만으로는 은퇴 시점인 60세 전후에 소득이 급감하는 '소득절벽'을 피할 수 없다. 김태우 한화생명 은퇴연구소 부소장은 "3층 연금에 기본으로 가입한 뒤 주택연금 등 부동산을 활용해 현금을 창출하거나 주식, 채권, 펀드 등 금융상품 투자를 더하는 식으로 5층 구조의 자산관리가 필요하다"고 말했다.

스스로 자산관리 계획을 짜는 게 어렵다면 전문가의 도움을 받아도 좋다. 각 은행도 이 같은 소비자 수요를 감안해 전문적인 은퇴 준비 프로그램을 내놓고 있다.

60대 이상 고령자의 생활비에서 가장 많은 비중을 차지하는 것은 의료비다. 암과 치매 등의 발병률이 빠르게 높아지면서 의료비로 인한 노후 파산이 갈수록 사회적 이슈가 되고 있다. '긴 병에 효자 없다'는 말이 있다. 노후에 자녀들의 부담을 덜어주려면 은퇴 후 의료비・간병비 지출에 대비할 필요가 있다. 최근에는 유병자・고령자들까지 가입할 수 있는 보험상품도 속속 등장하고 있다.

세계적으로 고령화가 빠르게 진행되면서 100세 인생은 현실이 됐다. 그렇다고 마냥 두려워할 필요는 없다. 작은 결심과 행동만으로도 노후 삶의 질을 충분히 높일 수 있다. 미리 준비하고 대비하면 행복수명은 얼마든지 늘어날 수 있다.

한국경제신문 2016년 11월 1일

중요 개념 및 용어

예산편성	현금주의	발생주의
예산안	생계형주머니	단기자금 활용주마니
자산형성 주머니	신용	고객신용
신용대출	담보대출	신용관리
신용회복지원제도	개인워크아웃제도	소액금융지원제도
개인회생제도	소비자파산제도	소비자부채
부채관리	DTI(총부채상환비율)	LTV(주택담보대출비율)
위험관리	손인	위태
재무적 위험	비재무적 위험	정태적 위험
동태적 위험	투기적 위험	순수위험
인적 위험	장수위험	재산위험
배상책임위험	위험관리	위험통제
위험재무	위험이전	위험보유
위험관리과정		

연습문제

1 예산편성의 의의에 대하여 설명하라.

2 재무설계와 예산편성과의 상관관계에 대하여 설명하라.

3 예산편성의 6단계에 대하여 개략적으로 설명하라.

4 생애주기를 살아가면서 필요한 3가지의 돈 주머니에 대하여 서술하라.

5 신용관리가 왜 필요한지를 설명하고, 금융감독원이 제시한 신용등급향상 방법에 대하여 서술하라.

6 부채관리의 기본방향에 대하여 설명하라.

7 100세 시대에 부각되고 있는 장수위험에 대하여 설명하라.

8 재무적 위험과 비재무적 위험에 대하여 설명하고, 재무설계 시 효율적인 재무목표를 달성하기 위해서는 어떻게 해야 하는지를 설명하라.

9 위험관리방법인 위험통제와 위험재무에 대하여 설명하라.

10 위험관리과정의 6단계에 대하여 개략적으로 설명하라.

2

금융자산 투자설계

3 투자설계

학습목표

1. 투자의 기본적인 사항에 대하여 이해할 수 있다.
2. 투자결정의 기준이 되고 투자가치평가에서 중심을 이루는 수익률, 기대수익과 위험에 대하여 이해할 수 있다.
3. 투자계획, 투자의 실행, 투자의 평가의 일련의 과정으로 이루어지는 투자관리에 대하여 이해할 수 있다.

들. 어. 가. 기

오늘날 현대사회를 살아가면서 우리는 투자라는 말을 자주 듣거나 접하곤 한다. 회사를 경영하는 CEO나 금융업에 종사하는 사람 등 특수한 분야에 종사하는 사람은 말할 것도 없고, 일반인들도 "주식에 투자해서 손해를 받다", "개인들은 펀드 등 간접투자를 해야 한다", 지금은 부동산에 투자할 때가 아니다", "노후생활을 위해서는 연금상품에 투자해야 한다"는 등의 말을 자주하고 주변에서 쉽게 들을 정도로 '투자'라는 용어는 일상적인 용어가 되었다.

특히 '저금리시대'가 시대적인 흐름으로 정착되어 감에 따라 투자의 중요성이 더욱 더 부각되고 있다. 저금리기조는 우리나라 경제가 선진국형으로 이행되는 과정에서 발생하는 자연적인 현상으로, 미국, 일본 등 선진국의 사례처럼 두 자리 숫자의 금리를 볼 수 있는 시대는 이미 역사 속으로 사라졌다고 말할 수 있을 것이다. 저금리 시대의 정착은 시중자금이 은행의 예금 등 저축에서 펀드, 부동산, 주식시장 등에의 투자로 이전을 촉진시키는 요인으로 작용하고 있다.

이와 같은 현상은 고령화의 진전에 따른 노후생활의 대비와 맞물려 1%의 수익을 더 올리기 위해 어떠한 투자대상을 선택하여 어떻게 운용하여 관리할 것인가에 노력을 더 한층 기울이도록 하고 있다.

CHAPTER

3 투자설계

제1절 투자의 기본적인 이해

1 투자의 개념과 투자의 결정

투자대상이 무엇이든지간에 투자란 "미래의 이득을 얻기 위한 현재의 경제적인 희생"이라고 할 수 있다. 여기서 현재의 경제적 희생이란 현재의 소비를 하지 않는 것을 의미하는데, 문제가 되는 것은 거의 대부분의 경우 현재의 희생은 확실한 반면에 그 결과로 얻어지는 미래의 이득 또는 보상은 그 크기와 시기에 있어 불확실성(위험)을 내포하고 있다는 것이다. 이와 같이 미래의 불확실성을 고려한다면 투자란 "확실한 현재의 소비를 희생하여 이에 대한 보상으로 불확실한 미래의 이득을 추구하는 행위"라고 정의내릴 수 있다.

위와 같은 개념으로 정의내릴 수 있는 투자는 투자대상이 무엇이든 다음과 같은 두 가지의 공통적인 특성을 지닌다.

첫째, 투자에 대한 반대급부로 얻어지는 투자수익은 일정한 시간적(time) 틀 안에서 얻어진다는 것이다. 이는 투자는 현재 이루어지는 반면에 투자이득은 현재가 아닌 미래의 어느 시점에서 이루어진다는 것으로, 현재의 소비를 하지 않고 미래까지 기다린 것에 대한 보상이 투자라는 것이다.

둘째, 투자가 이루어질 때 미래의 투자수익은 불확실(위험)하다는 것이다. 정도의 차이만 있을 뿐 미래투자수익은 기대했던 것만큼 실현이 안 될 가능성이 얼마든지 있다는 것이다. 이와 같이 투자를 특징지우는 두 가지의 속성은 시간(time)과 위험(risk)이라고 규정할 수 있는데, 여러 형태의 투자 중에서 은행예금과 같은 유형의 투자에서는 시간의 속성이 보다 크게 작용하는데 반해, 주식매입과 같은 유형의 투자에서는 위험의 속성이 보다 크게 작용한다고 볼 수 있다.

투자의 결정은 궁극적으로는 투자자의 선택의 문제에 귀착되는데, 이와 같은 관점에서 의거하면 다음과 같은 두 가지의 선택의 문제라고 말할 수 있다. 먼저, 같은 조건이라면 투자자들은 미래의 소비보다는 현재의 소비를 선호하게 되는데, 투자는 미래의 투자이득에 따라서 현재 얼마를 소비하고 미래 얼마를 소비할 것인가를 결정하는 행위이므로 이는 시차선호(time preference)의 문제라고 말할 수 있다. 다음으로, 확실한 현재의 경제적 희생의 대가로 얻어지는 미래의 투자이득은 불확실한 것이므로, 투자는 어느 정도의 위험부담을 수용하느냐하는 위험선호(risk preference)의 문제라고 말할 수 있다. 이와 같이 투자결정은 시간과 위험의 측면이 고려되어야 하는 선택문제의 특성을 지니고 있다.

2 저축, 도박, 투기와의 비교

투자(investment)와 비교되는 개념으로 저축(saving), 도박(gamble) 및 투기(speculation)가 있다. 저축은 현재 가지고 있는 자금을 은행 등의 금융기관에 맡겨두어 미래에 이자를 붙여서 받는 극히 단순한 투자의 일종이라고도 볼 수 있다. 그런데 투자에는 앞에서 언급한 바와 같이 시간보상과 불확실성의 보상이 주어지나, 저축의 경우는 예금액에 대하여 이자가 미래에 확실히 주어질 것으로 예상되기 때문에 불확실성(위험)에 대한 보상은 크게 기대할 수 가 없다. 단지 현재의 소비를 미래로 연기시킨데 대한 시간보상만이 주어진다고 볼 수 있다. 이것이 투자와 구분되는 점으로, 일반적으로 투자가 저축의 경우보다는 불확실성(위험)을 반영하여 보다 큰 이익을 기대할 수 있다.

도박은 투자와는 달리 합리적인 의사결정의 기준없이 단지 결과를 운에 맡기는 행위를 말한다. 일반적으로 도박의 경우는 보다 높은 위험수준 하에서 기대수익이 음(−)이 되는 특성을 지니고 있다. 넓은 의미로 보면 도박도 미래의 이득을 추구하기 위한 현재의 희생이라고 볼 수 있으나, 아무도 도박을 투자라고 보지는 않는다.

투기는 넓은 의미에서 투자의 범위에 속하지만, 상대적으로 단기간에 평균 이상의 수익을 획득할 목적으로 보다 큰 위험을 부담하는 행위를 말한다. 투기와 투자의 구분은 명확하지는 않지만 일반적으로 투자기간, 위험정도, 정보의 우월성과 효율성의 정도 등에 따라 구분하고 있다. 투기는 투자기간이 단기간인데 반해 투자는 장기적이고, 투기는 상대적으로 위험이 큰데 반해 투자는 낮은 위험을 부담한다는 것이다. 그리고 투기는 혼자만 독점하고 있는 정보에 입각(정보의 우월성)하는데 반해, 투자는 모든 사람이 공유하고 있는 정보에 입각(정보의 효율성)한다는 것이다. 그러나 현실적으로 단기, 장기적인 투자의 구분도 어렵고 위험의 크기나 정보의 독점성도 확인하기 어렵기 때문에, 어떤 투자행위를 투기와 투자로 구분하는 것은 주관적이라고 할 수 있다. 투기나 투자나 미래의 이득이라는 보상을 바라고 현재의 소비를 희생한다는 점에서는 동일하고, 투기나 투자나 투자대상이 같기 때문에 이에 대한 구분은 매우 힘들다고 말할 수 있다.

3 실물자산투자와 금융자산투자

투자대상은 크게 실물자산과 금융자산으로 구분할 수 있다.

실물자산(real asset)은 기계 및 설비, 부동산, 건물, 귀금속, 골동품 등과 같이 재화와 서비스를 생산하는데 필요한 자산으로, 그 자체가 경제적 가치를 창출하고 미래이익 발생능력이 있는 자산을 말한다. 실물자산은 한 나라 경제의 생산능력을 좌우하는 것이 대부분이므로 실물자산투자의 정도는 국민경제의 물질적 부의 수준을 측정하는 척도가 되기도 한다. 실물자산에는 유형자산이 많지만, 이익능력이 있는 인적 자원이나 기술, 지식 등 무형자산도 포함된다. 실물자산은 각기 고유한 특성을 지니고 있으며 똑 같은 것이 존재하지 않는 것이 대부분이기 때문에 객관적인 가치평가가 쉽지 않다. 그리고 실물자산은 대개 투자규모가 크고 분할투자가 불가능하다.

금융자산(financial asset)은 주식, 채권, 펀드, 보험증서, 어음 등과 같이 그 자체에는 이익발생능력이 없고 실물자산이 창출해낼 미래의 현금흐름이나 자산에 대하여 청구권(claims)을 행사할 수 있는 자산을 말한다. 금융자산은 투자자금이 부족한 경제주체(적자지출단위)가 자금잉여주체(흑자지출단위)로부터 자금을 조달하기 위한 수단으로 발행하는 증권이 대부분을 차지하고 있다. 따라서 생산능력증대와 같은 경제적 가치창출에 직접적으로 기여하지는 못하지만 자금이전의 수단을 제공함으로서 간접적으로 기여한다. 이와 같은 관점에서 볼 때 금융자산투자는 실물자산에 대한 간접적인 투자라고 말할 수 있다. 그리고 금융자산은 분할하기가 쉬워서 소액투자가 가능하고 금융자산이 거래되는 시장과 가치평가를 위한 객관적인 분석방법이 비교적 잘 정립되어 있기 때문에 투자자가 접근하기에 용이한 투자수단이다.

일반적으로 경제가 고도로 발달할수록 금융자산투자의 기회가 많아지고, 투자자들이 직접 실물투자를 하는 기회는 줄어들게 된다. 미국, 영국과 같은 선진국은 모두 금융선진국이고, 발전도상국일수록 금융자산의 축적이 미약하다는 것은 이를 입증하는 사례라고 할 수 있다. 그러나 실물자산투자와 금융자산투자는 상호경합적인 차원이 아닌 상호보완적인 차원에서 동시에 발생하는 경우도 있다. 이에 기인해 실물자산이 개입하지 않은 금융자산투자도 궁극적으로는 경제발전을 촉진시키는 역할을 한다고 할 수 있다.

제 2 절 투자결정

투자자들에게 제시된 무수한 투자대상 중에서 가장 바람직한 투자대상을 선정하는 것은 투자관리의 핵심적인 사항이라고 말할 수 있다. 이를 실현하기 위해서는 적절한 평가기준이 있어야 한다. 이하에서는 투자결정의 기준이 되고 투자가치평가에서 중심를 이루고 있는 요구수익률, 기대수익과 위험에 대하여 알아보고자 한다.

1 요구수익률

투자결정에 있어서 핵심적인 부분은 투자대상의 투자가치를 적정하게 평가하는 것인데, 투자자들이 최소한 만족할 수 있는 수익률을 기준으로 투자가치를 평가하는 것도 하나의 방법이 될 수 있다. 이는 투자대상으로부터 발생할 것으로 예상되는 수익률과 최소한의 만족할 수 있는 수익률을 비교하면 보다 쉽게 투자결정을 할 수 있는 데에서 연유된다.

투자자가 어느 특정 투자대상에 투자할 때 기대되는 최소한의 만족할 수 있는 수익률을 요구수익률(required rate of return)이라고 하는데, 이는 투자가치의 평가기준이 되는 수익률로서 다음과 같은 투자의 속성을 통하여 유도할 수 있다.

먼저, 투자의 대가는 최소한의 일정한 시간을 기다려야 얻어지는 것이므로 이에 대한 보상, 즉 시차보상이 있어야 할 것이다. 즉 현재의 소비일부를 희생한 대가로 얻어지는 투자수익은 현재와 미래사이의 시간적 경과를 거쳐야 얻어지는 것이므로 이에 대한 최소한의 화폐의 시간가치에 대한 보상은 있어야 한다는 것이다. 이와 같은 시차보상에 대한 가격은 시장에서 구체적으로 이자율로 나타낸다. 따라서 기다리는 데에 대한 보상인 이자율수준이 높아지면 소비를 미래로 연기하고 저축하는 경향이 높아지고, 반대로 이자율이 낮아지면 현재에 소비하는 경향이 높아진다. 예를 들어 정기예금이나 국공채와 같은 투자대상은 이와 같은 시차보상의 성격이 강한 투자대상이라고 말할 수 있다.

다음으로 투자의 대가로는 위험을 부담하는 데에 대한 보상, 즉 위험보상이 있어야 할 것이다. 이는 미래에 얻어지는 투자수익은 불확실한 것이기 때문에 적절한 위험보상이 따르지 않으면 투자하지 않으려 한다는 데에서 연유된다. 위험보상의 성격이 강한 투자대상의 대표적인 예로서는 주식을 들 수 있는데, 위험보상에 대한 시장가격은 위험보상률(risk premium)로 표시된다.

이와 같이 투자자들이 투자할 때 기대하는 최소한의 요구수익률은 정기예금과 같은 무위험자산의 이자율과 적절한 위험보상율의 합에 의해 구성되고 있음을 알 수 있다.

요구수익률＝시차보상＋위험보상
　　　　　＝이자율(무위험자산수익률)＋위험보상률

2 기대수익률(expecteed return)

현대 포트폴리오론에서는 투자대상들의 투자가치는 기대수익과 위험 두 가지 요인만을 고려하여 평가하고 있다. 투자가치는 투자로 인하여 발생하는 미래의 기대수익에 달려있는데, 그 기대수익은 실현되지 않을 가능성, 즉 위험을 지니고 있다는 것이다.

투자가치 = f (기대수익, 위험)

기대수익률은 각각의 투자대상의 투자가 일어날 확률과 그 확률이 일어날 경우 예상되는 수익률을 예상하여 산출한다.

$$E(R) = \sum_{i=1}^{n} P_i \cdot Q_i \qquad (3\text{–}1)$$

단, $E(R)$: 기대수익률
P_i : i 상황이 발생할 확률
Q_i : i 상황이 발생할 경우 수익률

예를 들어 주식 A, B, C에 대한 증권분석의 결과 〈표 4–1〉처럼 호황, 정상, 불황의 세 가지 상황(각각 일어날 확률은 30%, 40%, 30%)에서 예상수익률이 추정되었다고 하자.

〈표 3–1〉 미래 투자수익률의 확률분포

경제상황	확률	주식 A 예상수익률	주식 B 예상수익률	주식 C 예상수익률
호황	30%	100%	40%	10%
정상	40%	15%	15%	12%
불황	30%	–70%	–10%	14%

〈표 4–1〉과 같이 경제상황에 따라 예상되는 투자수익률이 달라지는 주식 A, 주식 B, 주식 C의 기대수익률은 다음과 같이 구할 수 있다.

주식 A의 기대수익률 = (0.3 × 100%) + (0.4 × 15%) + (0.3 × –70%) = 15%
주식 B의 기대수익률 = (0.3 × 40%) + (0.4 × 15%) + (0.3 × –10%) = 15%
주식 C의 기대수익률 = (0.3 × 10%) + (0.4 × 12%) + (0.3 × 14%) = 12%

〈표 3-1〉에서 구한 것처럼 기대수익률은 각 상황의 기대되는 수익률을 평균한 평균수익률의 개념임을 알 수 있다.

그런데 실제로 해당기간이 지난 후 실현되는 수익률은 이러한 기대수익률과는 다른 것이 일반적이다. 따라서 기대수익률 자체보다는 이러한 기대수익률이 실제로 실현되지 않을 가능성인 위험을 고려해야 한다.

3 위험(risk)

모든 투자대상들은 위험을 지니고 있다. 즉 미래 투자수익의 불확실성, 기대된 투자수익이 실현되지 않을 가능성, 실제결과가 기대수익과 다를 가능성을 지니고 있는 데, 이를 투자의 위험이라고 한다.

위험은 체계적 위험과 비체계적 위험으로 나눌 수 있다. 체계적 위험은 시장 전체의 불확실성 때문에 생기는 어쩔수 없는 위험을 말한다. 이는 분산투자를 통해 피할 수 없는 분산 불가능한 위험으로, 기간투자자들의 자산구성과 자산가치에 영향을 미치는 이자율 위험(interest rate risk), 미래의 인플레이션으로 인해 투자로부터 현금흐름의 구매력이 감소될 위험인 구매력위험(purchasing power risk), 한 나라의 정치 및 경제상황의 변화에 따라 발생되는 국가위험(country risk) 등이 이에 해당된다.

비체계적 위험은 시장과는 무관한 개별기업 고유의 요인 때문에 발생하는 위험을 말한다. 이는 분산투자를 통해 상당히 줄일 수 있는 분산가능위험으로, 증권발행주체들이 약속한 원금과 이익을 주지 못하는 재무위험(financial risk), 이미 발행된 증권을 유통시장에서 현금화하려고 할 때 발생하는 유동성위험(liquidity risk) 등이 이에 해당된다.

이와 같은 투자위험의 정도는 계량적으로 그 투자로부터 예상되는 미래수익률의 평균으로부터 퍼진 정도를 의미하는 분산도(dispersion)로 측정할 수 있는데, 분산도의 측정에는 분산(variance) 또는 표준편차(standard deviation) 등이 가장 많이 이용되고 있다. 따라서 투자위험의 측정은 미래수익률의 분산 또는 표준편차로 한다.

$$분산(\sigma^2) = \sum[r_i - E(R)]^2 \cdot p_i \qquad (3\text{–}2)$$

$$표준편차(\sigma) = \sqrt{\sum[r_i - E(R)]^2 \cdot p_i} \qquad (3\text{–}3)$$

단, r_i : 수익률의 확률변수
$E(R)$: 기대수익률
p_i : 확률

〈표 3-1〉의 투자수익률의 예로부터 주식 A, B, C의 투자위험(분산)을 구하면 다음과 같다.

$$\sigma_A^2 = (1.0-0.15)^2 \times 0.3 + (0.15-0.15)^2 \times 0.4 + (-0.7-0.15)^2 \times 0.3 = (0.6584)^2$$
$$\sigma_B^2 = (0.4-0.15)^2 \times 0.3 + (0.15-0.15)^2 \times 0.4 + (-0.10-0.15)^2 \times 0.3 = (0.1936)^2$$
$$\sigma_C^2 = (0.10-0.12)^2 \times 0.3 + (0.12-0.12)^2 \times 0.4 + (0.14-0.12)^2 \times 0.3 = (0.0155)^2$$

앞에서 주식 A와 주식 B는 기대수익률이 15%로 동일하였지만, 투자위험은 주식 A가 주식 B보다 높음을 알 수 있다.

4 기대수익과 위험과의 관계

투자자들은 투자목표를 달성할 수 있는 최적의 투자결정을 하기를 원하는데, 이를 위해서는 투자가치를 적정하게 평가하는 것이 선행되어야 한다. 그런데 투자대상의 적정가치는 앞에서 설명한 바와 같이 각 투자대상들이 지니고 있는 투자수익(return)과 투자위험(risk)을 비교하여 평가할 수 있는데, 합리적인 투자자라면 위험은 작고 기대수익이 높은 투자안을 찾게 될 것이다.

앞에서 언급한 바와 같이 위험이 크면 그 위험을 반영하여 그 기대수익도 높아야 하는데, 이와 같은 위험과 기대수익률과의 관계를 위험과 수익간의 상충관계(risk-return trade-off)라고 한다. 이는 위험감소와 수익성증대는 동시에 달성될 수 있는 것이 아니라, 기대수익률이 높아지려면 위험이 커져야 하고, 위험이 낮아지면 기대수익률도 또한 낮아져야 한다는 것이다.

만약 기대수익률은 동일한데 위험이 높은 투자대상이 존재한다면, 합리적인 투자자들은 그 투자대상을 회피할 것이며, 이에 따라 그 투자대상의 시장가격은 하락하게 될 것이다. 여기서 시장가격이 하락한다는 것은 기대수익률이 높아진다는 것이므로, 결국 위험이 큰 투자대상의 기대수익률은 위험이 작은 투자대상의 기대수익률보다 높아지게 된다는 것이다. 따라서 균형상태에서는 언제나 위험과 기대수익률 간에는 상충관계가 존재한다. 이와 같은 위험과 기대수익률간의 관계를 그림으로 표시하면 〈그림 3-1〉과 같다.

〈그림 3-1〉 기대수익률과 위험간의 관계

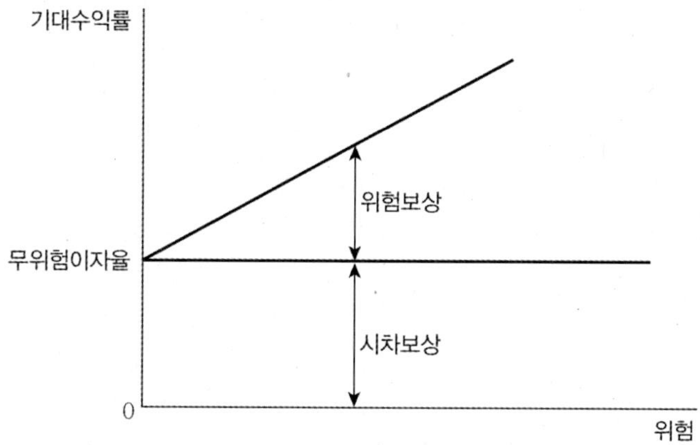

〈그림 3-1〉에서 보는 바와 같이 투자대상의 위험이 증가하면 이에 따라 기대수익률도 증가하는 위험과 수익간의 상충관계가 성립하고 있음을 알 수 있다. 이와 같은 관계에서 합리적인 투자자는 같은 기대수익률에서는 위험이 가장 낮은 투자대상을, 같은 위험에서는 기대수익률이 가장 높은 투자대상을 선택하는데, 이와 같은 규칙을 지배원리(principle of dominance)라고 한다.

제3절 투자관리

투자성과를 높이기 위해서는 투자관리의 과정이 필요하다. 투자관리는 기대수익을 증가시키고 투자위험을 감소시키기 위하여 투자대상을 효율적으로 관리, 운용하는 것을 말하는데, 이는 설정된 투자목표를 달성하기 위한 투자계획(plan), 투자의 실행(do), 투자의 평가(see)의 일련의 과정을 통하여 이루어진다.

〈그림 3-2〉 투자관리의 과정

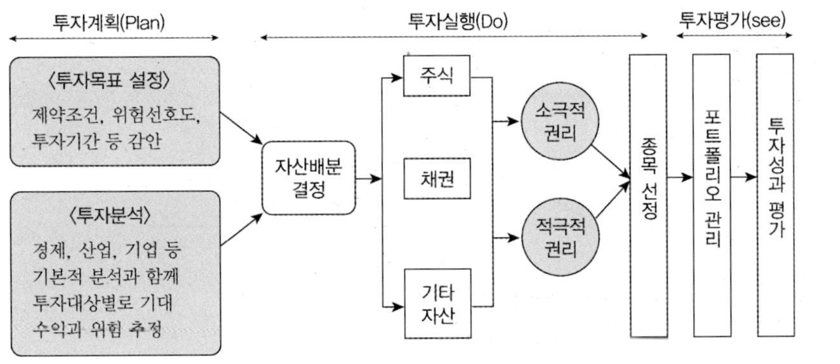

1 투자계획

1) 투자목표의 설정

투자목표는 목표로 하는 수익률을 달성하기 위하여 어느 정도의 위험을 감수하면서 어떤 방향으로 자금을 운용할 것인가를 설정하는 것이다. 따라서 투자목표를 설정할 경우에는 목표수익율, 위험허용의 정도, 투자기간, 유동성 등을 고려하여야 한다.

(1) 목표수익률

수익은 투자에 대한 보상으로 이는 일반적으로 수익률(rate of return)로 표시되는데, 수익률은 총투자금액에서 차지하는 수익의 비중으로, 대개의 경우 1년 단위의 보유기간수익률을 의미한다.

목표수익률은 투자계획 수립 시 설정하는 기대수익율을 말하는데, 목표수익률을 설정하기 위해서는 사전에 벤치마크(bench mark)가 정해 있어야 한다. 벤치마크(bench mark)는 운용성과와 위험을 측정할 때 기준이 되는 구체적인 포트폴리오로서 평가의 기준이 된다.

〈표 3-2〉 우리나라 금융자산의 벤치마크

금융자산	벤치마크
주 식	KOSPI 또는 KOSPI200, KOSDAQ지수
채 권	KOBI 120
예 금	3년 정기예금 금리
단기금융상품	CD 91일물

일반적으로 목표수익률은 벤치마크가 삼고 있는 지수 수익률에 약간의 마크업(mark up)을 하거나 또는 무위험수익률[1)]에 목표위험수익률을 더하여 구하거나 경우에 따라서는 확률적으로 계산된 기대수익률로 구할 수 있다.[2)]

(2) 위험허용의 정도

투자목표를 설정하는데 있어서 고려해야 할 중요사항 중의 하나는 얼마만큼 위험을 허용할 것인가이다. 왜냐하면 앞에서 설명한 것처럼 위험과 기대수익은

1) 무위험수익률은 현재의 소비를 희생하고, 미래에 그 대가를 기대하는 행위에 대한 보상을 나타내는 것으로, 대개의 경우 실질이자율과 기대인플레이션율의 합으로 이루어진다.
2) 목표수익률은 투자관리의 기본이 되는 내부의 계획수익률로서, 투자목표기간이 만료되었을 때 실제로 실현되는 실현수익률(realized rate of return)과는 구분된다.

상충적인 관계에 있기 때문이다. 일반적으로 위험허용의 정도는 자금의 성격, 기관투자자인가 아니면 개인투자자인가의 여부, 직업이나 나이 등에 따라서 차이가 난다. 따라서 투자대상을 선정할 때에는 이러한 여러 가지의 요인을 고려하여 어느 정도의 위험을 허용할 것인가를 정하여야 한다.

투자자의 위험에 대한 태도를 보통 위험회피형(risk averter), 위험중립형(risk neutral), 위험선호형(risk taker)의 세 가지 유형으로 나눈다.

위험회피형 투자자는 위험에 대한 보상이 없는 경우에 투자를 하지 아니하는 투자유형을 말한다. 즉 안전한 투자를 선호하는 이상적인 투자자 유형으로서 위험이 존재하는 경우에 반드시 이에 상응하는 수익률의 증가를 기대할 수 있을 때만 투자하는 투자유형를 말한다. 즉 위험에 대한 보상이 존재하는 경우에만 투자를 하는 유형을 말한다. 위험회피형 투자자를 공정게임(fair game)[3)]을 갖고 설명하여 보기로 한다.

동전을 갖고 던지기하는 게임으로서 1,500원의 비용을 지불하고 동전의 앞면이 나오면 2,000원을 받게 되고 동전의 뒷면이 나오면 1,000원인 경우를 예로 들어 설명하기로 한다. 이 게임에서 동전의 앞면과 뒷면이 나올 확률은 각각 1/2이므로 게임의 기대수익은 1,500원(=2,000원×1/2+1/2×1,000원)이다. 이 게임에서 게임을 시작하기 위하여 투자한 금액과 게임의 기대수익이 동일하다. 그런데 게임을 위하여 지불한 1,500원과 게임의 결과 발생하는 1,500원은 성격이 다르다. 게임을 위하여 지불한 1,500원은 확률분포를 갖지 않은 확실한 현금유출인데 반하여, 게임의 결과로 발생하는 기대수익 1,500원은 불확실성을 수반한 즉 확률적 기대값으로서의 1,500원이다. 따라서 확실한 현금유출과 불확실한 기대수익이 동일하므로 위험에 대한 보상은 이루어지지 않고 있다. 그러므로 위험회피형 투자자는 이러한 투자에는 참가하지 아니할 것이다.

위험중립형 투자자는 위험에 대하여는 상관없이 기대수익률만 약간 높아도 투자에 참여하는 투자유형을 말한다. 위의 예에서 동전 던지기 게임에 대하여 무관한 태도를 보이는 투자형태이다.

위험선호형 투자자는 위험있는 투자를 선호하는 투자유형을 말한다. 기대수익률이 동일하더라도 위험이 큰 투자에 보다 높은 효용을 부여하는 투자자를 말한

3) 공정게임은 위험보상이 0일 것으로 전망(기대초과수익이 0)되는 투자안을 말한다.

다. 위험선호형 투자자는 참가비와 기대수익이 동일하더라도 기대수익이 존재하므로 위험을 감수하고 위의 동전게임에 기꺼이 참가할 것이다. 결국 위험선호형 투자자는 2,000원의 기대수익을 보고 투자하게 된다.

효용함수(utility function)는 투자자산들의 기대수익과 위험이 주어졌을 때 위험회피도의 정도에 따라 달라지는 만족의 정도를 지수 또는 점수로 나타낸 것인데, 이와 같은 투자자의 세 가지 유형은 〈그림 3-3〉에서 보는 바와 같이 가로축에 기대수익을 세로축에 효용을 표시한 기대수익의 효용함수를 통하여 평가할 수 있다.

〈그림 3-3〉 기대수익의 효용함수

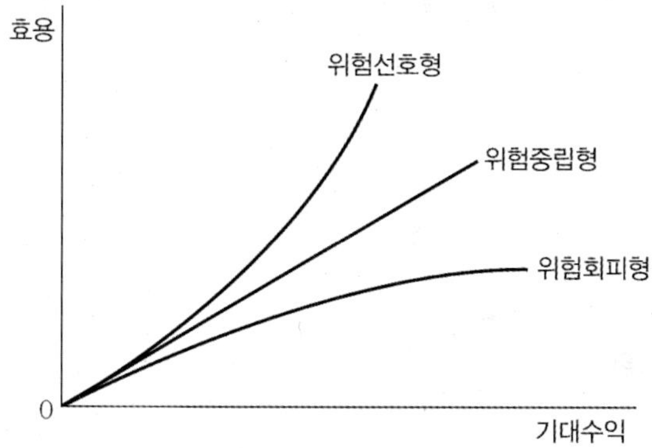

위험회피형 투자자의 경우는 기대수익의 효용함수가 위로 볼록한 곡선의 형태를 취한다. 이는 기대수익이 증가하면 효용이 증가하지만 위험에 대한 부담으로 효용의 증가가 위험 중립형의 투자자와는 달리 체감하는 형태를 가진다. 기대수익이 증가함에 따라 추가적으로 효용이 증가하는 효용의 크기를 한계효용(marginal utility)이라 하는데, 위험회피형 투자자의 경우는 기대수익의 한계효용이 체감하는 특성을 갖는다.

위험중립형 투자자의 경우는 기대수익이 증가할수록 효용은 증가한다. 기대수익의 증가는 위험의 증가를 동반하는 것이지만, 위험중립형 투자자는 위험에 대하여 무관심하며 오로지 기대수익만을 가지고 의사결정을 하므로 기대수익의 증가는 효용의 증가와 일치한다. 따라서 기대수익의 효용함수도 직선으로 우상향하는 형태로 나타난다.

위험선호형 투자자의 경우는 기대수익이 증가에 따라 위험이 증가하고 효용도 역시 체증하게 된다. 〈그림 3-3〉에서 보는 바와 같이 기대수익의 효용함수는 우상향으로 아래로 볼록한 형태를 위한다. 즉 위험선호형 투자자의 기대수익의 효용함수는 기대수익이 증가함에 따라 한계효용이 체증하는 특성을 지닌다.

(3) 투자기간

투자를 행함에 있어서 투자기간이란 현재투자를 시행해서 미래에 수익이 실현되는 시점까지의 기간을 말한다. 이와 같은 투자기간의 길고 짧음에 따라 투자는 단기투자와 장기투자로 구분할 수 있다.

(4) 유동성

유동성(liquidity)이란 어떤 투자대상이 일정한 가격보다 낮지 않은 가격으로 원금의 손실 위험없이 큰 불편이나 거래비용을 수반하지 않고 신속히 현금화할 수 있는 정도를 의미한다. 특히 금융자산은 유동성에 있어서 큰 차이가 있기 때문에 적정한 유동성을 고려하여 금융자산을 선택해야 한다.

금융자산의 유동성을 결정하는 데에는 해당 금융자산을 환금할 때 소요되는 시간, 시장가격의 하락으로 인한 가치손실의 정도, 환금에 따른 불편 및 거래비용의 정도 등의 요인이 영향을 미치는데, 일반적으로 환금에 소요되는 시간이 오래 걸릴수록, 환금에 따르는 불편 및 거래비용이 클수록, 그리고 원금의 손실위험이 클수록 해당 금융자산의 유동성은 낮아진다.

2) 자산배분

목표수익률, 위험허용의 정도, 투자기간, 유동성 등이 계획되면, 다음 단계는 투자자금을 무위험자산과 위험자산에 어느 정도의 비중으로 배분하느냐를 정하는 자산배분을 행한다. 자산배분은 기대수익률과 위험수준이 다양한 여러 자산집단을 대상으로 투자자금을 배분하여 최적의 자산 포트폴리오를 구성하는 것을 말한다. 일반적으로 자산배분결정에 있어서 영향을 미치는 요인으로는 투자자의 나이, 위험에 대한 태도, 소득수준 등을 들 수 있다. 예를 들어 나이가 젊은 30대의 회사원과 60대의 퇴직자를 비교해보면, 30대의 회사원은 위험을 감수하더라도 투자수익을 극대화하기 위해 예금과 같은 무위험자산보다는 주식과 같은 위험자산에 대한 투자비중을 늘리는데 반해, 60대의 퇴직자는 위험보다는 안정성을 보다 중요시하여 주식과 같은 위험자산보다는 예금과 같은 무위험자산에 대한 투자비중을 더 늘릴 것이다.

자산배분은 기본적으로 다음과 같은 과정을 거쳐 시행한다.

첫째, 투자가치는 기대수익과 위험 두 요인에 의해서 결정된다고 보고, 이를 기대수익률과 분산을 측정하여 투자비중을 정한다.

둘째, 기대수익이 같은 투자대상들 중에서는 위험이 가장 낮은 투자대상을 선택하고, 위험이 같은 투자대상들 중에서는 기대수익이 가장 높은 것을 선택한다. 이를 지배원리라고 하는데, 지배원리를 충족시켜 선택된 포트폴리오를 효율적 포트폴리오라고 한다.

셋째, 지배원리를 충족시키는 효율적 포트폴리오에 대해서는 결국 투자자의 위험에 대한 태도, 위험회피도에 따라 최종 선택한다. 이렇게 선택된 포트폴리오를 최적 포트폴리오라고 한다.

2 투자의 실행

1) 최적 포트폴리오의 선택

투자의 실행은 최적 포트폴리오의 선택에 의해서 이루어진다. 최적 포트폴리오(optimal portfolio)는 각 위험수준에서 최대의 수익률을 보상하는 효율적 포트폴리오가 구성된 후, 이러한 효율적인 투자집합과 투자자의 효용이 함께 고려되어 결정되는 투자조합을 의미한다. 여기서 투자자의 효용은 구체적으로 위험과 기대수익률에 대한 투자자의 태도를 말하는데, 일반적으로 위험회피형 투자자는 위험이 낮은 만큼 기대수익률이 낮은 포트폴리오를, 위험선호형 투자자는 위험이 높은 만큼 기대수익률이 높은 포트폴리오를 선택한다는 것이다.

〈그림 3-4〉에서 보는 바와 같이 투자자의 효용은 무차별효용곡선(indifferent

utility curve)으로 나타낸다. 무차별효용곡선은 특정투자자에게 같은 효용을 주는 기대수익과 위험(분산)의 조합을 연결한 곡선을 말하는데, 최적 포트폴리오는 무차별효용곡선과 효율적 투자집합이 서로 접하는 점에서 결정된다. 이 점(〈그림 3-4〉에서는 E점)에서의 포트폴리오는 투자기회를 나타내는 효율적 집합의 여러 가지의 포트폴리오 중에서 가장 높은 효용을 얻을 수 있는 포트폴리오이기 때문에 투자자에게 가장 최적의 포트폴리오가 된다.

〈그림 3-4〉 무차별효용곡선과 최적 포트폴리오

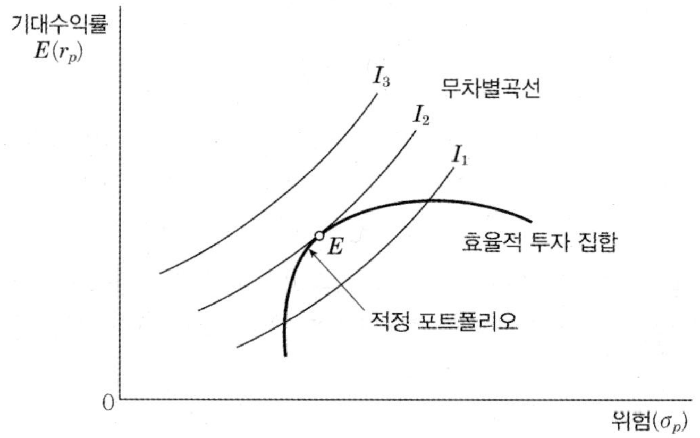

2) 자산배분전략

투자의 실행은 구체적으로 자산배분을 통하여 이루어지는데, 자산배분전략은 크게 전략적 자산배분전략(strategic asset allocation)과 전술적 자산배분전략(tactical asset allocation)으로 구분된다.

(1) 전략적 자산배분전략(strategic asset allocation)

전략적 자산배분전략은 장기적인 관점에서 투자목적을 달성하기 위해 자산구성을 결정하는 과정을 의미한다. 보다 구체적으로 말하면 장기적으로 투자자금을 여러 자산군에 어떠한 비중으로 배분할 것인가와 중기적으로 개별자산군이 취할 수 있는 투자비율의 범위를 결정하는 것이다.

이와 같은 전략적 자산배분전략은 기본적으로 전략 수립 시 고려되었던 가정이 투자기간 중 변하지 않는 한 처음 구성하였던 자산배분을 유지하는 것을 원칙으로, 포트폴리오이론에 근거하여 실행된다. 즉, 위험을 분산시키기 위한 일환으로 기대수익률과 위험수준이 다른 다양한 종류의 자산군에 배분하여 포트폴리오를 구성하고, 동일한 위험수준에서 수익률이 가장 높은 자산배분구성, 즉 효율적 포트폴리오를 찾아내는 것이다.

(2) 전술적 자산배분전략(tactical asset allocation)

전술적 자산배분전략은 단기적으로 시장의 변화방향을 예상하여 자산별 투자비중 조절, 매매시기 포착 등을 통하여 투자목적을 효율적으로 달성하고자하는 투자전략을 의미한다. 즉, 투자하고자 하는 자산가격의 변화흐름을 예상하여 저평가된 자산을 매수하고 고평가된 자산을 매도하는 등 자산구성을 적극화함으로써 보다 높은 수익을 추구하고자하는 전략이다.

전술적 자산배분전략은 전략적 자산배분전략에 의해 결정된 포트폴리오를 투자전망에 따라 중단기적으로 변경하는 실행과정이다. 따라서 전술적 자산배분은 이미 정해진 자산배분을 운용담당자의 자산가격에 대한 예측 하에서 투자 비중을 변경하는 행위이며, 이는 중단기적인 가격착오를 적극적으로 활용하여 고수익을 추구하는 운용전략이다.

전술적 자산배분전략은 본질적으로 역투자전략을 배경으로 하고 있고, 과잉반응현상을 활용한 전략이다. 역투자전략은 시장가격이 지나치게 올라서 내재가치보다 높게 평가되면 매도하고 반대로 자산가격이 지나치게 하락하여 내재가치대비 저평가되면 매수하는 것으로, 시장가격의 움직임과 반대로 의사결정을 하는 전략이다.

투자자들은 자신이 투자하거나 투자하고자 하는 자산의 수익에 대해 지나치게 낙관하거나 비관적으로 반응하는 경향이 있는데, 전술적 자산배분전략은 이와 같이 지나치게 낙관적이거나 비관적인 반응으로 인하여 내재가치로부터 상당히 벗어나 가격 착오현상인 과잉반응을 활용하는 전략이다.

3 투자의 평가

마지막으로 투자목표의 달성여부를 평가하는 과정이 필요한데, 포트폴리오 수정과 투자성과의 평가가 이에 해당된다.

1) 포트폴리오 수정

투자결정 이후 투자와 관련한 제반환경여건이 변화하면 투자성과가 기대와는 다르게 진행될 수 있으므로 이를 감안하여 포트폴리오를 수정하는 것이 필요하다. 포트폴리오 수정(portfolio revision)은 시간이 경과함에 따른 제반환경변화에 대응하여 목표수익률이나 벤치마크 수익률에 비하여 저조한 투자대상을 교체하거나 투자비중을 바꾸는 것을 말한다.

포트폴리오 수정의 방법에는 리밸런싱과 업그레이딩이 있다.

리밸런싱(rebalancing)은 상황변화가 있을 경우 자산 포트폴리오가 갖는 원래의 특성을 그대로 유지하고자 하는데 그 목적이 있는데, 이는 주로 자산집단의 상대가격의 변동에 따른 투자비율의 변화를 원래대로의 비율로 환원시키는 방법을 사용한다. 주식을 예로 들어, 외적 환경의 변화로 기말에 주식의 상대가격이 변하여 결과적으로 투자비율이 달라지고 포트폴리오의 체계적 위험이 증가하였다고 하자. 이 경우 원하는 투자목표(체계적 위험의 유지)를 위하여 투자비율이 높아진 주식을 매각하여 투자비율이 낮아진 주식을 매입하면 원래의 포트폴리오 구성과 같은 투자비율이 된다.[4] 이 방법은 자금의 재배분을 통해 자본이득의 가능성이 사라진 투자대상(주식)에서 앞으로 그 가능성이 큰 주식으로 옮겨가는데 장점이 있다.

업그레이딩(upgrading)은 상황변화가 있을 때 위험에 비해 상대적으로 높은 기대수익을 얻고자 하거나, 기대수익에 비해 상대적으로 낮은 위험을 부담하도록 자산 포트폴리오의 구성을 수정하는 것이다. 대개의 경우 높은 성과를 지닌 자산을 찾아내는 것보다 큰 손실을 가져다주는 자산을 골라내어 포트폴리오에서 제거하는 방법을 사용한다.

---

4) 이를 고정목표 수정전략이라고 한다.

2) 투자성과의 평가

투자성과의 평가는 과거 일정기간 동안의 실제수익률이 위험수준에 비해 적절했는가를 평가하는 과정이다. 이 과정에서는 실제수익률이 투자계획 당시 설정했던 목표수익률과 어느 정도 차이가 있으며 차이가 있으면 그 원인이 무엇인가를 규명한다. 일반적으로 투자성과의 평가는 실제수익률과 벤치마크 수익률과 비교하여 포트폴리오의 성과가 벤치마크 수익률에 비해 좋았는지 나빴는지를 평가한다.

투자수익률을 계산하는 방법으로는 일반적으로 다음과 같은 방법이 이용된다.

(1) 보유기간 수익률

투자자산을 보유기간동안 몇 %의 수익률을 올렸는지를 측정하는데 사용된다.

보유기간수익률 = (기말투자자산 − 기초투자자산) − 1

(2) 연평균 보유기간수익률

투자기간이 서로 다른 경우 연평균 보유기간수익률을 비교한다.

$$보유기간수익률 = \sqrt[n]{(기말투자자산/기초투자기간)} - 1$$
$$= (기말투자자산/기초투자자산)^{1/n} - 1$$
n : 투자기간

(3) 산술평균수익률

각 기간수익률의 합계를 기간 수로 나눈 값으로, 각 기간을 고려한 수익률이다.

$$산술평균 = \Sigma(연간수익률)/n \qquad n : 투자기간$$

(4) 기하평균수익률

여러 해를 가정한 전체 보유기간에 대한 (연평균)수익률로, 일련의 실제 수익률을 누적성과로 표현한 기간당 수익률이다. 평균적인 수익률(성과)을 측정하는데 주로 사용된다.

$$\text{보유기간수익률} = \sqrt[n]{(\text{최종투자자산}/\text{최초투자기간})} - 1$$
$$= (\text{최종투자자산}/\text{최초투자자산})^{1/n} - 1$$
$$n : \text{투자기간}$$

투자의 법칙

1) '72의 법칙'

이는 자산이 두 배로 늘어나는데 얼마나 시간이 걸리는 가를 계산하는 공식이다. 이를 통해 투자의 의미를 보다 분명하게 이해할 수 있다. 예를 들어 연 4%의 금융상품에 가입했다고 하면 투자자산이 두 배로 늘어나는데 18년이 걸린다는 것이다. 이와 같이 72의 법칙은 전자계산기없이도 간단히 투자자산이 언제 두 배로 늘어나는지를 계산할 수 있다.

72의 법칙은 기간이 주어졌을 때 자산이 두 배로 늘어나려면 수익률(금리)이 얼마나 되어야하는가를 알아보는데도 활용할 수 있다. 이는 '72÷금리=기간' 이라는 식을 '72÷기간=금리' 로 변형함으로써 알 수 있는데, 예를 들어 앞으로 10년 안에 자산을 두 배로 늘리고 싶다면 매년 7.2%의 수익률을 달성해야 한다는 것이다.

그런데 72의 법칙에 적용되는 금리(수익률)은 단리가 아니라 복리를 적용하고 있다는 점에 유의해야 한다. 복리는 이자에 이자가 붙는 반면에 단리는 최초의 원금에 이자만 매번 지급하는 방식이다. 따라서 복리를 적용하느냐 단리를 적용하느냐 여하에 따라 투자자산이 2배가 되는데 걸리는 기간이 달라진다. 우리나라의 예・적금의 경우 단리로 계산되고 있다.

이와 같이 72의 법칙은 투자를 시작하는 단계에서 투자자산이 어떠한 속도로 늘어날 것인가, 그러려면 목표수익률은 얼마로 해야 하는가에 대한 지침의 역할을 한다고 말할 수 있다.

2) '100−나이의 법칙'

이는 투자를 할 때 100에서 자신의 나이를 빼서 나온 비율만큼 수익성 위주의 자산에 투자하고 나머지는 안전성위주의 자산에 배분하라는 것이다. 예를 들어 나이가 30이면 100에서 30을 뺀 70%를 위험이 수반되는 고수익자산에 투자하고, 나머지 30%는 안전성자산에 투자하라는 것이다.

이 법칙이 시사하는 바는 나이가 젊을수록 투자자산의 비중이 높아지는데, 나이가 들수록 위험이 수반되는 고수익자산을 줄이고 안전성자산의 비율을 늘리라는 것이다. 이는 젊은 나이일수록 위험에 대한 충격이 덜하고, 고령층에 비해 상대적으로 오랫동안 투자할 수 있어 기간에 따른 가격변동위험을 회피할 수 있기 때문이다.

3) '부자지수 법칙'

부자지수는 앞으로 부자가 될 가능성이 높은지 아닌지를 알아보는 지수이다. 이는 현재 나이와 소득수준에서 제대로 자산관리를 하고 있는가를 확인하는데 활용된다. 부자지수는 자신의 순자산액에다 10을 곱한 후, 자신의 총소득을 곱한 값으로 나누어서 구한다.

부자지수=(순자산액×10) ÷ (나이×총소득)

예를 들어, 30세인 A는 순자산이 5,000만원이고, 연간 총소득은 5,000만원이고, 같은 나이인 B는 순자산이 3,000만원이고 연간 총소득은 2,000만원이라고 하자. 각각의 부자지수는 얼마인가?

A : (5,000×10) ÷ (30×5,000)=33%

B : (3,000×10) ÷ (30×2,000)=50%

위와 같이 A는 부자지수가 33%이고, B는 50%가 나왔다. 얼핏 보면 A가 자산도 많고 총소득도 높아서 부자지수가 더 높을 것 같지만, 결과는 다르게 나왔다. B는 현재 총 소득 규모 내에서 자산관리를 잘하고 있기 때문에 앞으로 부자가 될 가능성이 높다는 것이다.

부자지수는 다음과 같이 정리할 수 있다.

50% 이하 : 문제 있음. 지출 많고, 소득관리 미흡

100% 이하 : 노력이 필요. 평균수준의 지출과 소득관리

200% 이하 : 잘하는 편임. 무난한 수준의 지출과 소득관리

200% 이상 : 아주 잘함. 지출 적고, 소득관리 아주 잘함

부자지수는 ① 순자산액이 많아야 부자가 될 가능성이 높다는 것, ② 소득이 많은 것보다 자기 분수에 맞는 생활을 하는 것이 더욱 중요하다는 것, ③ 순자산액을 늘리는 노력, 부채의 적절한 통제와 소득관리 등을 하루라도 빨리하는 것이 중요하다는 것 등을 시사해준다.

미래에셋투자연구소 엮음, 『미래에셋과 함께하는 자산운용 성공전략』, 김&정, 2007년

중요 개념 및 용어

투자	시간선호	위험선호
저축	투기	실물자산
금융자산	요구수익률	위험분산
기대수익률	위험	체계적 위험
이자율 위험	구매력위험	비체계적 위험
재무위험	유동성위험	분산
표준편차	위험과 수익간의 상충관계	지배원리
투자관리	목표수익률	벤치마킹
위험회피형	위험중립형	위험선호형
공정게임	효용함수	무위험수익률
한계효용	유동성	자산배분
최적포트폴리오	무차별 효용곡선	전략적 자산배분전략
전술적 자산배분전략	포트폴리오수정	리밸런싱
업그레이딩	투자성과의 평가	보유기간수익률
연평균 보유기간수익률	산술평균수익률	기하평균수악률
72의 법칙	100-나이의 법칙	부자지수법칙

연습 문제

1 투자의 개념과 투자결정에 대하여 설명하라.

2 요구수익률에 대하여 설명하라.

3 다음과 같은 경우, 주식 A, B의 기대수익률을 구하라.

경제상황	확률	주식 A의 예상수익률	주식 B의 예상수익률(%)
호 황	30%	50%	30%
정 상	40%	15%	15%
불 황	30%	−30%	−10%

4 체계적 위험과 비체계적 위험에 대하여 설명하라.

5 기대수익과 위험과의 관계에 대하여 설명하라.

6 투자자의 위험에 대한 태도를 위험회피형, 위험중립형, 위험선호형으로 구분하여 설명하라.

7 자산배분의 기본과정에 대하여 설명하라.

8 최적 포트폴리오에 대하여 설명하라.

9 전략적 자산배분전략과 전술적 자산배분전략에 대하여 설명하라.

10 포트폴리오 수정에 대하여 설명하라.

4 주식투자

제1절 • 효율적 시장
제2절 • 주식의 평가
제3절 • 기본적 분석

학습목표

1. 효율적 시장에 대하여 이해할 수 있다.
2. 주식의 내재가치에 대하여 이해하고 평가할 수 있다.
3. 증권분석의 현실적인 방법인 기본적 분석을 이해하고 활용할 수 있다.

들. 어. 가. 기

우리 경제가 안정성장기에 진입함에 따라 '저금리기조'는 우리 생활 속에 자리 잡게 되었다. 이와 같은 저금리시대의 도래는 특히 자산운용에 있어서 커다란 변화를 촉진시키고 있다. 저축에서 투자의 시대로 바뀜에 따라 이제는 1%의 수익을 더 얻기 위해 자신의 자산을 어떻게 관리하고 어떤 방법을 선택할 것인가 노력을 경주하지 않으면 안 되게 되었다. 이와 같은 현실을 반영하듯 최근 주식시장에 대한 일반인의 관심이 다시 높아지고 있다.

그런데 아직도 우리나라 사람들 중에는 주식투자를 투기로 생각하는 사람이 많다. 아마도 주식투자로 이익을 본 사람보다는 손해를 본 사람이 더 많다는 현실이 주식투자를 좋지 않은 시각으로 바라보는 분위기를 만들었을 것이다. 그러나 냉철히 음미해보면 이는 주식투자에 임하는 투자자들의 낮은 금융지식과 잘못된 투자 습관에서 비롯되었다고 말할 수 있다. 은행에 예금할 때에는 0.1%의 이자율과 세금을 어떻게 하면 줄일까를 꼼꼼히 따지던 사람들이 주식투자할 때에는 아무런 계획도 없이 정확한 시장분석과 기업가치에 대한 분석도 하지 않고 그저 시장에 떠도는 소문만 믿고 맹목적으로 비이성적으로 투자를 하니, 손해를 보는 것이다.

주식투자는 정말 위험한 것인가? 이는 투자들의 투자지식과 투자습관에 따라 달라질 수 있다. 우리나라의 주식시장도 최근 주주중시경향이 확산되고, 연기금을 비롯한 기관투자자들의 주식투자비중 증가, 적립식펀드를 통한 수급자금의 축적, 외국인투자자의 지속적인 투자증가 등으로 장기투자가 이루어지는 안정적이고 지속적으로 성장하는 시장으로 변모하고 있다. 따라서 투자자들도 주식의 과대평가 및 과소평가의 기준이 되는 주식의 내재가치에 대한 이해, 기본적 분석 등 증권분석에 대한 이해 등, 보다 나은 투자성과를 거둘 수 있는 각종 이론과 지식을 습득하여, 자신만의 투자원칙을 만들어, 장기적인 관점에서 투자한다면, 반드시 좋은 결과를 얻을 수 있을 것이다.

CHAPTER

4 주식투자

제1절 효율적 시장

1 효율적 시장의 의의 및 구분

자본시장이 효율적인가의 여부는 증권의 가격이 어떤 종류의 정보를 신속히 반영하고 있느냐에 대한 효율성의 정도를 상대적으로 평가함에 의해서 판명된다. 효율적 시장이론에서 의미하는 자본시장의 효율성은 좁은 의미의 정보의 효율성을 말하는데, 만약 자본시장이 효율적이라면 새로운 정보가 시장에 나타날 때, 증권의 가격이 빠르고 정확하게 반영하고, 연속적인 주가는 무작위적인 움직임을 보이게 되어, 결과적으로 초과수익을 얻을 수 없게 된다.

이와 같이 현재의 증권의 가격이 이용 가능한 정보를 신속, 정확하게 충분히 반영하고 있어, 그 정보로는 초과수익을 얻을 수 없다는 것이 효율적 시장가설(EMH : efficient market hypothesis)이다. 그런데 효율적 시장은 증권가격이 어떤 종류의 정보를 반영하고 있느냐에 따라 다음과 같이 세 가지의 유형으로 구분할 수 있다.

① 약형 효율적 시장(weak form efficient market) : 현재의 주가가 과거의 주가와 거래량 변동 등 과거의 역사적인 정보를 완전히 반영하고 있는 시장을 말한다. 약형 효율적 시장은 세 가지의 효율적 시장유형 중에서 시장의 정보효율성이 가장 낮은 시장을 의미한다.

② 준 강형 효율적 시장(semi-strong form efficient market) : 공식적으로 이용 가능한 모든 정보가 현재의 주가에 반영되는 시장을 말한다. 공식적으로 이용가능한 모든 정보에는 과거의 주가나 거래량과 같은 역사적인 정보뿐만 아니라, 정치, 경제, 사회, 문화 등에 대한 뉴스, 영업보고서, 시장에 공시되는 기업의

재무제표, 신제품개발 등 이미 공개적으로 투자자들이 이용 가능한 정보를 말한다. 준 강형 효율적 시장에서는 외부에 공개되지 않은 기업의 내부정보는 주가에 반영되지 않는다. 정보효율성 측면에서 약형 효율적 시장보다는 효율적이라 할 수 있다.

③ 강형 효율적 시장(strong form efficient market) : 현재의 주가가 기업에 관한 모든 정보, 즉 이미 투자자들에게 공개된 정보뿐만 아니라, 외부에 공개되지 않은 기업의 내부정보까지도 반영하는 완벽한 효율적 시장을 말한다. 강형 효율적 시장은 세 가지 유형의 효율적 시장 중에서 가장 효율적인 시장을 의미한다.

2 효율적 시장가설

효율적 시장가설(EMH : efficient market hypothesis)은 앞에서 언급한 것처럼 증권시장의 가격이 이용가능한 정보를 신속하고 정확하게 충분히 반영하고 있다는 가설을 말하는데, 이와 같은 효율적 시장가설을 처음으로 주장한 파마(Fama)는 다음과 같이 세 가지의 형태로 시장의 효율성 가설을 분류하고 있다.[1)]

1) 약형 효율적 시장가설

약형 효율적 시장가설(weak form efficient market EMH)은 현재의 주가가 과거의 주가나 거래량 등에 관련한 모든 정보를 반영하고 있다는 가설이다. 약형 효율적 시장가설에 의하면 증권시장의 과거 정보가 이미 주가에 반영되어 있으므로 과거의 정보를 이용하여 투자한다고 해도 비정상적인 수익을 실현할 수 없다는 것이다. 따라서 과거의 주가나 거래량을 분석하여 미래의 주가를 예측하는 분석인 기술적 분석으로는 초과수익을 추구할 수 없다는 것이다.

이와 같이 약형 효율적 시장가설이 성립한다면 과거의 주가변동과 현재의 주가변동은 전혀 무관할 것이며, 이는 주가변동이 시간경과에 독립적이라는 것, 즉 무작위성을 의미한다. 따라서 현실의 증권시장이 약형 효율적 시장인지를 알

1) E. F. Fama, "Efficient Capital Market : A Review of Theory and Empirical Work," *Journal of Finance, 25*, May 1970. pp. 383~417.

아보기 위해서는 과거의 시계열상의 주가변동이 상관관계가 있는지의 여부를 규명하는 데에 초점이 모아지고 있다.

약형 효율적 시장가설을 실증적으로 검증하는 데에는 연의 검증(run-test), 시계열 상관분석 등이 있다.

(1) 연의 검증

연의 검증방법은 주가가 연속하여+(상승) 혹은-(하락)이 체계적으로 나타나는지를 조사하는 통계방법을 이용하여 주가의 변동과정이 어떤 추세를 가지고 있는가를 확인하는 방법이다.

만약 주가가 5일 동안에 +(상승), +(상승), +(상승), -(하락), -(하락)으로 나타났다면, 단기적으로 3번 상승과 2번 하락의 규칙성이 존재하는 것으로 예측할 수 있다는 것이다. 주가의 변동이 무작위적이라면, 이러한 주가의 변동과정을 나타내는 연의 수는 무작위적인 난수로 구성한 연의 수와 통계적으로 차이가 없을 것이다.

파마(Fama)는 1965년 다우존스산업평균지수에 포함되는 30개의 주식에 대해 1957년부터 1962년까지 1,400개의 일일변동과정을 조사한 결과 주가의 변동이 무작위적인 난수의 움직임과 차이가 없이 약형 효율적 시장가설을 따른다는 것을 확인하였다.[2)]

(2) 시계열상관분석

주가가 무작위형태(random walk)로 움직이는 것인지를 알아보기 위해서는 두 기간의 수익률이 서로 일정한 관계를 가지고 있는지를 조사함으로써 검정할 수 있다. 시계열상관분석은 주가의 움직임이 서로 독립적인가를 검증하는 방법으로, 기간사이의 시계열상관관계(serial correlation)는 자기상관(autocorrelation)이라는 통계값에 의해서 측정할 수 있다.

만약 어제 주가가 상승하였는데 오늘도 주가가 상승한다면 두 기간의 가격변

---

2) E. F. Fama, "The Behavior of Stock Market Prices," *Journal of Business*, 38, January 1965. pp. 34~105.

화의 사이에 관계가 있다고 말할 수 있는데. 이와 같은 두 기간의 가격변화를 자기상관이라고 한다. 따라서 두 기간 사이에 자기상관이 0 혹은 0에 가깝다면 주가변동은 독립적이라고 말할 수 있으며, 이는 또한 약형 효율적 시장가설이 성립하는 것을 의미하기도 한다.

파마(Fama)는 앞에서 언급한 연의 검증과 더불어, 시계열분석을 통하여 매일 매일의 주가와 전일의 주가와의 관계(1일 시차), 4일전 주가와의 관계(4일 시차), 9일전 주가와의 관계(9일 시차), 16일전 주가와의 관계(16일 시차)를 조사한 결과, 시계열 상관계수가 평균 0.03으로 대부분의 주식들이 자기상관의 유의성이 없는 것으로 나타났다. 이는 주가가 특정한 시계열 패턴을 가지지 않고 독립적이라는 것을 입증하는 것으로, 과거의 주가관련 정보를 분석하여 미래의 주가를 예측할 수 없다는 것을 보여주는 증거로 해석할 수 있다.

2) 준 강형 효율적 시장가설

준 강형 효율적 시장가설(semi-strong form efficient market EMH)은 현재의 주가가 공식적으로 이용가능한 모든 정보를 신속하고 정확하게 반영하고 있다는 가설이다. 앞에서 설명한 것처럼 준 강형 효율적 시장에서는 현재의 주가가 과거의 주가와 거래량 등과 관련한 정보뿐만 아니라, 정치, 경제 등에 대한 뉴스, 시장에 공시되는 기업의 재무제표, 유・무상증자, 배당, 이익, 신제품개발 등 이미 공개적으로 투자자들이 이용 가능한 정보를 신속하고 정확하게 반영된다. 따라서 준 강형 효율적 시장가설에 의하면 이미 일반에게 공식적으로 공개된 이용 가능한 정보는 현재의 주가에 이미 반영되어 있으므로 투자자들은 시장평균 이상의 비정상적인 수익을 실현할 수 없다는 것이다. 즉 이 가설에 의하면 투자자는 어떠한 정보가 공표된 다음 그 정보를 활용하여 비정상수익을 추구할 수 없다는 것이다.

준 강형 효율적 시장가설의 검증은 주로 정보가 공포됨에 따라 얼마나 신속하고 정확하게 반영되는가를 검증하는 데에서 이루어진다. 준 강형 효율적 시장가설에 대한 검증은 사건연구(even study)를 이용하는 것이 일반적이다. 사건연구는 어떤 사건의 발생으로부터 나타나는 누적비정상수익률(cumulative abnormal return : CAR)의 크기를 사건의 발생시점을 전후하여 비교함으로써 시장의 효율성을 검증하는 것이다. 따라서 시장연구는 정상수익률을 측정하기 위하여 CAPM과 같은 시장균형모델을 가정하기 때문에 시장균형모델과 효율적 시장가설의 결합에 의하여 이루어진다.

사전연구를 통하여 유상증자, 배당, 이익 등 어떤 정보가 공표되는 시점의 전후 일정기간의 주가의 변화를 살펴봄으로써 사건의 영향을 파악할 수 있다. 즉 실현수익률과 시장균형모델로 예측한 기대수익률과의 차이를 통해 누적비정상수익률을 구하고 특정한 사건의 공표일 전후 시점을 중심으로 누적비정상수익률이 있는가 없는가를 통계적으로 검증한다. 시장이 재무정보 등에 대해 즉각적으로 반응한다면 누적비정상수익률은 재무정보의 공표일에만 급격히 변동하는 형태를 나타내고 그 이후는 일정할 것이다.

이와 같은 연구방법을 통해 파마(Fama), 피셔(Fisher), 젠센(Jensen), 롤(Roll)은 주식분할의 공표에 대한 주가의 반응[3], 볼(Ball)과 브라운(Brown)은 기업의 회계이익 공표에 대한 주가반응[4]을 조사하였는데, 대체로 주가가 기업의 정보가 즉각 주가에 반영되어 비정상수익을 추구할 수 없다는 결과를 도출하여 준 강형 효율적 시장가설이 성립함을 입증하였다.

3) 강형 효율적 시장가설

강형 효율적 시장가설(strong form efficient market EMH)은 현재의 주가가 이미 투자자들에게 공개된 정보뿐만 아니라, 외부에 공개되지 않은 기업의 내부정보까지도 반영하고 있다는 가설이다. 따라서 강형 효율적 시장가설에 의하면 투자자는 어떠한 정보를 이용하더라도 초과수익을 추구할 수 없다는 것이다.

강형 효율적 시장가설에 대한 검증은 내부정보를 사전에 규명하는 것이 불가능하므로 일반적으로 주가에 충분히 반영되지 않은 정보에 접근할 수 있는 개인이나 자산운용회사와 같은 기관투자자 집단의 초과수익달성 여부를 통하여 이루어진다. 여기서는 뮤추얼펀드의 투자성과분석을 통하여 강형 효율적 시장가설에

3) E.F. Fama, L. Fisher, M. C. Jensen, and R. Roll, "The Adjustment of Stock Prices to New Information," *International Economic Review,* Febrary 1969, pp. 1~21.

4) R. Ball and P.Brown, "An Empirical Evaluation of Accounting Income Numbers," *Journal of Accountin Research,* Autumn 1968, pp. 159~178.

대한 검증을 설명하고자 한다.

젠슨(Jensen)은 CAPM을 이용한 투자성과 척도를 사용하여 1955년부터 1964년까지의 115개 뮤추얼펀드의 연도별 투자성과를 증권시장선과 비교하여 분석하였는데,[5] 투자성과가 시장평균에 비하여 높은 수익률을 올리지 못한 것으로 나타났다. 이와 같은 결과는 자산운용회사의 수익률이 일반투자자가 매입 한 후 보유하는 전략보다도 초과수익률을 얻지 못했다는 것을 의미하는 것으로, 강형 효율적 시장가설이 성립함을 입증해 준다. 한편 1974년 제페(Jaffe)는 미국 증권거래위원회에서 발표한 기업의 내부자거래를 기초로 한 초과수익의 실현여부를 분석하였다. 이는 1960년대의 861개의 기업을 대상으로 조사한 것인데, 이들 표본들이 통계적으로 유의한 비정상수익을 실현한 것으로 결과가 나왔다.[6] 이와 같은 결과는 강형 효율적 시장가설에 대해 명확한 결론을 내릴 수 없다는 것을 시사해주고 있다.

〈그림 4-1〉 효율적 시장가설의 상호관련성

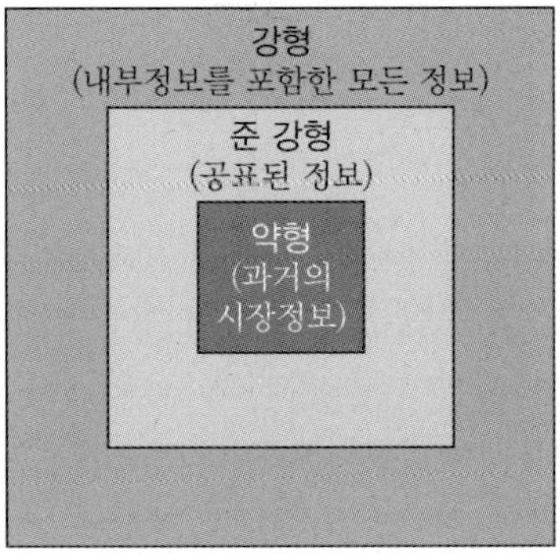

자료 : C. P. Jones, *Investments : Analysis and Management*, 2nd ed., John Wiley & Sons, Inc. 1988, p. 430

5) M. Jensen, "The Performance of Mutual Funds in the Period 1945~1964", *Journal of Finance,* May 1968, pp. 389~416.

6) 허화・박종해, 『자본시장론』, 탑북스, 2010년, p. 227.

이와 같이 효율적 시장가설은 세 가지 유형으로 분류하여 살펴볼 수 있다. 그런데 세 가지 유형의 효율적 시장가설은 〈그림 4-1〉에서 보는 바와 같이 서로 배타적인 것이 아니라 이들 상호간에는 단지 관련되는 정보의 범위와 시장효율성의 정도에 있어서만 차이가 있다.

강형 효율적 시장가설에서는 주가가 발표되지 않은 내부정보까지도 포함한 모든 이용 가능한 정보를 반영하므로 가장 범위가 넓은 시장효율성개념이다. 따라서 강형 효율적 시장가설은 약형 효율적 시장가설과 준 강형 효율적 시장가설을 모두 포함한다. 한편 준 강형 효율적 시장가설에서는 주가가 과거의 주가와 거래량에 관한 역사적 정보와 일반에게 공식적으로 공개된 이용가능한 모든 정보를 반영하므로, 약형 효율적 시장가설을 포함하는 개념이라고 말할 수 있다.

3 효율적 시장가설의 역설

증권시장이 효율적이라면 투자자들이나 투자 관리자들은 어떻게 증권을 분석하고 선택하며 포트폴리오를 관리할 것인가의 의문이 제기된다.

앞에서 언급한 것처럼 기술적 분석(technical analysis)은 효율적 시장가설과 정면적으로 상충된다. 약형 효율적 시장가설은 과거의 주가와 거래량 등에 관한 정보가 이미 주가에 반영되었다고 하나, 기술적 분석가들은 주가가 일정한 추세를 갖고 움직이기 때문에 과거의 주가와 거래량 등에 관한 자료를 분석하여 미래의 주가추세를 예측할 수 있다고 주장한다. 만약 지금까지의 실증분석결과가 지지하는 것처럼 시장이 약형 효율적이라면, 과거의 시장자료를 이용하여 미래의 주가추세를 예측함으로써 초과수익을 추구하려는 기술적 분석가들의 노력은 허사가 된다.

효율적 시장가설이 성립한다면 증권의 내재가치를 추정하여 시장에서 이보다 과대 또는 과소평가된 증권을 찾아냄으로써 매수 혹은 매도의 결정을 하는, 기본적 분석(fundamental analysis)의 유용성도 부정된다. 주가에 영향을 주는 경제적 요인은 이미 주가에 반영되어 있다는 것이 준 강형 효율적 시장가설의 내용이기 때문에, 그러한 요인에 관한 정보를 수집하고 분석하여 내재가치를 찾아내려는 노력으로는 초과수익을 추구할 수 없다는 것이다.

여기에 역설(paradox)이 존재한다. 효율적 시장가설이 성립되기 위해서는 오히려 수많은 투자자들이 증권시장의 효율성을 불신하여야 한다. 즉 투자자들이 남들보다 나은 투자성과를 얻기 위해 개별기업의 주가에 영향을 주는 기본적인 요인들에 대한 정보를 신속하고 정확하게 분석하여 투자하는 노력을 지속적으로 행하여만 현재의 주가가 일반에게 공식적으로 공개된 이용가능한 모든 정보를 신속하게 반영할 수 있게 된다.

그런데 만약 투자자들이 자본시장이 효율적이라고 믿고 이러한 증권분석을 행하지 않는다면 시장의 효율성은 곧 사라지게 될 것이며, 현재의 주가는 주식의 본질적인 내재가치를 정확하게 반영할 수 없게 될 것이다. 이를 효율적 시장가설의 역설이라고 한다. 이와 같이 효율적 시장가설은 기술적 분석이나 기본적 분석 그 자체를 부정하는 것이 아니라, 그 분석방법을 이용하여 많은 사람들이 경쟁적으로 증권을 분석하기 때문에 정보의 영향이 신속하게 반영된다는 것이다.

제2절 주식의 평가

1 기본평가모형

주식의 내재가치를 산출하는 방법은 주식을 보유함으로써 미래의 보유기간 얼마의 수익을 올릴 수 있는가를 파악하여 적절한 할인율(기대수익률)로 할인하는 것이다. 즉, 주식가치의 기본평가모형은 주식을 보유함으로써 받게 되는 미래의 현금흐름(cash flow)을 적절한 기대수익률로 현재가치를 추정하는 것으로 다음과 같이 표시할 수 있다.

$$P_0 = \sum_{t=1}^{T} \frac{C_t}{(1+k)^t} \tag{4–1}$$

단, P_0 : 주식이 내재가치(주가)

C_t : t기의 현금흐름

k : 기대수익률

T : 당해주식의 예상보유기간

그런데, 주식에 대해 이와 같은 평가모형을 적용하는 것은 채권을 평가하는 것보다 어렵다. 채권의 경우는 보유기간동안 이자수익이 분명하게 명시되어 있고 만기에 원금을 상환할 수 있어서 미래의 수익금액을 확실히 알 수 있고, 또한 할인시 보통 시장수익률을 할인율로 사용하기 때문에 쉽게 가치를 평가할 수 있다. 그러나 주식의 경우는 미래수익과 할인율의 결정이 결코 쉽지 않다. 먼저 주식을 통해서 얻을 수 있는 수익은 배당금과 자본이득뿐인데 이 두 가지를 확실히 알 수 없기 때문이다. 배당금은 각 해당기업의 당기순이익, 기업의 성장성, 그리고 주주총회의 배당결정에 따라 매년 달라질 수 있어서 매년 얼마의 배당금액을 받게 되는지 알 수 없으며, 또한 주식의 가치가 매순간 변동할 수 있는 상황에서 주식처분시점에서의 주식의 가격을 알아낸다는 것은 거의 불가능하다. 다음으로 주식의 할인율(기대수익률)은 모든 주식마다 서로 다르기 때문에 시장에서 바로 구하기가 쉽지 않다는 것이다.

따라서 주식의 가치를 평가하기 위해서는 일정한 가정이 필요하고, 서로 다른 가정에 따라 평가모형도 달라지게 된다. 주식평가모형은 미래의 현금흐름을 배당으로 파악하느냐 이익으로 파악하느냐에 따라 배당평가모형과 이익평가모형으로 구분할 수 있다. 그런데 이와 같은 각각의 모형은 서로 다른 현금흐름을 할인한 것이어서 그 할인율도 차이가 있다. 왜냐하면 주식의 가격을 책정할 때 현금흐름을 배당으로 설정하든지 이익으로 설정하든지 어느 것으로 하든 똑같은 가격이 나와야 하므로 각각의 현금흐름을 할인하는 할인율은 당연히 다를 수밖에 없다.

이와 같은 관점에 의거 이하에서는 미래의 배당금액과 미래의 주식가격을 예측할 수 있고 시장이자율을 기대수익률로 사용한다는 가정 하에서 주식평가모형을 살펴보고자 한다.

2 배당평가모형

고든(Gorden)은 주식의 내재가치는 미래의 주당 배당을 적절한 요구수익률(기대수익율)로 자본환원한 현재가치로 규정할 수 있다고 주장하였다.[7] 이와 같이 주식의 가치를 미래의 주당 배당흐름의 현재가치로 규정하려고하는 주장의 논거는 주주가 주식을 소유함으로써 얻어지게 되는 이득의 형태는 미래의 배당에 있다는 것이다. 이러한 평가모형을 배당평가모형이라고 하는데, 이 모형에서는 주식을 보유하고 있는 투자자에게 배당이 유일한 현금흐름이며, 계속기업(going concern)의 가정 하에서 무한대까지 주식을 보유할 경우 주식의 내재가치는 영속적인 미래현금배당(expected future dividends)을 기대수익률로 할인한 현재가치의 합이라는 것이다. 배당평가모형은 다음과 같이 표시할 수 있다.

$$P_0 = \frac{D_1}{(1 + k)} + \frac{D_2}{(1 + k)^2} + \cdots + \frac{D_\infty}{(1 + k)^\infty} = \sum_{t=1}^{\infty} \frac{D_t}{(1+k)^t} \qquad (4-2)$$

단, P_0 : 주식의 현재가치

D_t : t기에서의 배당

k : 요구수익률(기대수익률)

이 모형이 의미하는 것은 미래 특정시점의 주식가치가 그 시점 이후의 배당흐름의 현재가치로 규정되고 있다는 것이다. 이는 현재의 주식가치와 미래 특정시점의 주식가치의 차인 자본이득(capital gain)이 그 시점 이후의 배당흐름의 증가에 기인한 것을 의미한다는 것이다.

그런데 식 (4–2)의 배당평가모형에 의하여 주식의 내재가치를 평가하기는 매우 어렵다. 왜냐하면 투자자가 미래의 영속적인 배당흐름을 예측하기가 불가능하기 때문이다. 따라서 이 모형을 이용하여 주식의 가치를 평가하기 위해서는

7) M.J. Gordon, *The Investment, Financing and Valuation of the Corporation* (Richard D. Irwin, Inc., 1962), Ch 6~14.

미래 배당흐름에 대한 가정이 필요하게 된다.

1) 제로성장모형

이는 배당평가모형에서 가장 단순한 모형으로, 기업이 성장을 하지 않고 현상유지되어 매년 배당이 발생하되 그 금액이 일정하다는 가정에 기초하고 있다. 이러한 경우의 주식의 가격은 식 (4-3)과 같이 결정된다.

$$P_0 = \frac{D}{(1+k)} + \frac{D}{(1+k)^2} + \cdots + \frac{D_\infty}{(1+k)^\infty}$$

$$P_0 = \frac{D}{k} \qquad (4\text{–}3)$$

이 모형은 배당이 영구히 일정하다는 현실성이 없는 가정을 전제하고 있으나, 주식의 가치평가에 있어서 일정한 틀을 제공하고 있다는 측면에서 나름대로의 의의가 있다.

〈예제〉 예를 들어 어떤 투자자가 매년 배당금이 500원인 주식을 보유하고 있으며, 현재 요구수익률(기대수익률)이 연 5%라고 하면, 어떤 투자자가 갖고 있는 주식의 가치는 얼마인가?

주식의 가치$= \dfrac{500}{0.05} = 10{,}000$원

2) 항상성장모형

보통 기업들은 매년 성장하는 것이 일반적이어서 이에 따라 배당도 조금씩 늘어난다. 이와 같이 기업의 이익과 배당이 매년 $g\%$만큼 일정하게 성장한다고 가정할 경우의 주식의 이론적 가치를 나타낸 것을 항상성장모형(constant growth model)이라고 한다.[8] 그런데 이 항상성장모형은 다음과 같이 몇 가지의 가정 하

8) 고든 성장모형이라고도 한다.

에서 도출되었다.

첫째, 기업의 자본은 자기자본만으로 구성되어 있어 성장에 필요한 자금은 내부자금만으로 조달된다.

둘째, 기업의 사내유보율(f)과 배당성향($1-f$)은 일정하며, 투자자금의 재투자수익률(r) 또한 일정하다.

셋째, 기업의 이익과 배당은 일정한 성장률 g 의 비율로 영속적으로 성장한다.

넷째, 요구수익률(할인율)(k)이 일정하며, 요구수익률(할인율)은 성장률(g)보다 크다($k > g$).

이러한 가정 하에서 사내유보율이 0보다 큰 경우($f > 0$) 이익과 배당의 성장률(g)은 사내유보율(f)과 재투자수익률(r)의 곱으로 표시된다. 따라서 미래의 배당흐름은 다음과 같이 나타낼 수 있다.

$$d_t = (1-f)e_t \quad (4\text{–}4)$$

$$e_t = e_0(1+g)^t = e_0(1+f \cdot r)^t \quad (4\text{–}5)$$

단, d_t : 주당 배당액

e_t : 주당이익

식 (4–5)를 식 (4–4)에 대입하면 식 (4–6)을 얻을 수 있다.

$$d_t = e_0(1-f)(1+f \cdot r)^t = e_0(1-f)(1+g)^t \quad (4\text{–}6)$$

식 (4–6)을 식 (4–2)에 대입하면 다음과 같은 항상성장모형을 구할 수 있다.9)

---

9) 이 식은 다음과 같은 과정을 거쳐 도출된 것이다.

$$P_0 = \frac{d_0(1+g)}{(1+k)} + \frac{d_0(1+g)^2}{(1+k)^2} + \frac{d_0(1+g)^3}{(1+k)^3} + \cdots\cdots\cdots \quad (1)$$

양변에 $(1+k)/(1+g)$를 곱하면

$$P_0 \cdot \frac{(1+k)}{(1+g)} = d_0 + \frac{d_0(1+g)}{(1+k)} + \frac{d_0(1+g)^2}{(1+k)^2} + \cdots\cdots\cdots \quad (2)$$

(2)에서 (1)을 빼서 정리하면 식(5–7)이 도출된다.

$$P_0 = \sum_{t=1}^{\infty} \frac{e_0(1-f)(1+g)^t}{(1+k)^t} \qquad (4\text{–}7)$$

$$= \sum_{t=1}^{\infty} \frac{d_0(1+g)^t}{(1+k)^t}$$

$$= \frac{d_1}{k-g} = \frac{d_0(1+g)}{k-g}$$

이와 같이 항상성장모형은 주식의 내재가치는 다음 해의 기대배당(d_1)을 요구수익률과 성장률과의 차이($k-g$)로 나눈 값과 동일함을 나타내고 있다. 즉, 주가는 현재의 주당순이익(e_0), 기업의 배당정책(f), 기업의 재투자수익률(r), 기업의 성장률(g), 그리고 위험을 고려한 기업의 자본비용(k)에 의해서 종합적으로 결정됨을 알 수 있다.

이와 같은 항상성장모형에서는 다음과 같은 세 가지의 사실을 유추할 수 있다.

첫째, 다음기간의 배당이 클수록 주가는 하락한다.

둘째, 요구수익률이 클수록 주가는 하락한다.

셋째, 배당성장률이 클수록 주가는 상승한다.

〈예제〉 1,000원의 배당을 주는 어떤 기업이 앞으로 지속적으로 10%의 성장이 기대될 때, 요구수익률이 20%라고 하면 이 주식의 이론적 가치는 얼마인가?

$$P_0 = \frac{D_1}{k-g} = \frac{1,000(1+0.1)}{0.20-0,10} = 11,000(\text{원})$$

3) 2기간성장모형

매년 기업이 일정하게 성장하며 이에 따라 배당금액 또한 일정하게 지급된다고 하는 가정은 현실적으로 불가능하다. 왜냐하면 기업마다 성장률이 매년 다르기 때문이다. 예를 들어 어떤 기업이 굉장히 빠르게 성장하고 있다면 이 기업의

$$P_0 = \frac{d_0(1+g)}{k-g} = \frac{d_1}{k-g}$$

배당성장률은 일정하지 않고 더 크게 늘어날 수 있을 것이다. 만약, 어떤 기업이 빠른 속도로 성장하고 있다면 이 기업의 배당성장률은 할인율보다 크거나 같은 경우가 발생할 수 있다. 물론 이와 같은 초과성장이 영원히 계속된다고 볼 수는 없다. 일반적으로 기업이 초기의 초과성장기를 지나 정상적인 성장기로 접어들면 기업의 성장률은 떨어진다.

2기간성장모형은 처음 수년간은 배당금이 평균 이상 또는 평균 이하의 성장률로 성장하고 그 이후에는 정상적인 성장률로 성장한다는 가정 하에서 성립된 모형이다. 만약 어떤 기업이 초기의 n년까지는 g_1%의 고속성장을, 그 이후에는 평균성장률 g_2% 수준으로 일정하게 지속적으로 성장한다고 가정하면, 그 평가모형은 다음과 같이 표시할 수 있다.

$$P_0 = \sum_{t=1}^{n} \frac{d_0(1+g_1)^t}{(1+k)^t} + \sum_{t=1}^{n} \frac{d_0(1+g_1)^n(1+g_2)^{t-n}}{(1+k)^t} \tag{4-8}$$

여기서 $n+1$년 이후 g_2%의 일정률로 성장하는 기간에 대한 가치는 식 (4-7)에 의해서 압축될 수 있으므로 다음과 같이 표시할 수 있다.

$$P_0 = d_0(1+g_1)\left[\frac{1-\left(\dfrac{1+g_1}{1+k}\right)}{k-g_1}\right] + \frac{d_0(1+g_1)^n(1+g_2)}{(1+k)^n(k-g_2)} \tag{4-9}$$

〈예제〉 어떤 기업주식의 최근 주당이익은 3,600원이고, 주당배당이 1,920원이며, 요구수익률(k)이 9%이다. 앞으로 처음 3년간의 성장률은 20%이고, 그 이후로는 4%로 일정하게 성장할 것으로 전망되는 경우에 이 주식의 이론적 가치는 얼마인가?

$$P_0 = \sum_{t=1}^{3} \frac{1{,}920(1+0.2)^t}{(1+k)^t} + \frac{(1{,}920)(1+0.2)^3(1+0.04)}{(1+0.09)^3(0.09-0.04)}$$
$$= \frac{2{,}304}{(1.09)} + \frac{2{,}765}{(1.09)^2} + \frac{3{,}318}{(1+0.09)^3} + \frac{3{,}450}{(1.09)^3(0.05)}$$
$$= 60{,}280(\text{원})$$

3 이익평가모형

이익평가모형(earning valuation model)은 주식의 가치를 미래의 주당이익(EPS : earnig per share)의 현재가치로 평가하고자 하는 모형이다. 즉, 이 모형에서는 배당도 궁극적으로는 기업의 주당이익에서 발생한다는 관점에 의거하여, 주식의 가치는 미래의 주당이익을 투자자의 기대수익률로 할인한 현재가치로 산출한다는 것이다.

이익평가모형에 의한 주식의 가치는 다음과 같이 표시할 수 있다.

$$P_0 = \frac{e_1}{(1+k_e)} + \frac{e_2}{(1+k_e)^2} + \cdots + \frac{e_n}{(1+k_n)^n} + \cdots$$

$$= \sum_{t=1}^{\infty} \frac{e_t}{(1+k_e)^t} \qquad (4\text{–}10)$$

단, e_t : t기의 주당순이익

k_e : 요구수익률(기대수익률)

그런데, 여기서 유의할 점은 이익평가모형에서 사용하는 요구수익률(기대수익률)(k_e)은 배당평가모형에서 시용되었던 기대수익률(k)과는 다르다는 것이다. 왜냐하면 미래의 배당흐름과 이익흐름의 변동성(위험)이 서로 다르므로, 각 모형에 적용되는 투자자의 요구수익률도 달라지기 때문이다.

가장 간단한 이익평가모형은 기업의 성장이 없는 것으로 간주하고 평균적인 주당이익수준이 매기에 일정하다고 가정하는 경우이다. 매기의 이익흐름이 평균적으로 e수준이라고 하고, 이에 대한 자본환원율을 k_e라고 하면, 이론적인 주식가치는 다음과 같이 표시된다.

$$P_0 = \frac{e}{k_e} \qquad (4\text{–}11)$$

〈예제〉 어떤 기업의 주당이익이 5,000원으로 성장없이 일정하고, 이 주식에 대한 투자자의 기대수익률이 10%라고 하면 이 주식의 내재적 가치는 얼마인가?

$$P_0 = \frac{5,000}{0.1} = 50,000(\text{원})$$

그런데 기업의 재투자수익률이 기대수익률을 상회함으로써 일정한 성장기회를 기대할 수 있는 경우에는 이론적 주식가치가 상승하게 된다. 이와 같이 이익이 일정한 비율로 성장하는 경우를 감안하여, 모딜리아니와 밀러(F. Modigliani & M.Miller)는 다음과 같은 이익성장모형을 제시하고 있다.

$$P_0 = \text{현존자산 이익의 현재가치} + \text{미래성장기회의 현재가치} \qquad (4\text{–}12)$$

$$= \frac{e_1}{k} + \frac{e_1}{k}\left[\frac{f(r-k)}{k-f\cdot r}\right]$$

단, P_0 : 이론적 주식가치 　　f : 사내유보율
e_1 : 기말예상주당이익 　　r : 재투자이익률
k : 요구수익률(기대수익률)

〈예제〉 현재 A기업, B기업 모두 기말 주당이익(e_1)은 1,000원이 예상된다. 그런데 A기업은 재투자수익률과 요구수익률이 12.5%로 동일하고, 이익의 전부를 배당지급하는데 반해, B기업은 재투자수익률이 15%(사내유보율 40%)로서 이익성장의 기회를 가지고 있다.

① A기업의 주식가치는 얼마인가?

② B기업의 성장률과 주식가치는 얼마인가? 또한 성장기회의 현재가치는 얼마인가?

① A기업은 $k = r = 12.5\%$로서 성장기회가 없으므로

$$P_0 = \frac{e_1}{k} = \frac{1,000}{0.125} = 8,000(\text{원})$$

② B기업의 성장률 : $g = f \cdot r = 0.6 \times 0.15 = 0.09$

주식가치 P_0 = 성장기회가 없는 경우의 현재가치 + 성장기회의 현재가치

$$= \frac{e_1}{k} + \frac{e_1}{k}\left[\frac{f(r-k)}{k-f\cdot r}\right]$$

$$= 8,000 + 8,000 \left[\frac{0.6(0.15 - 0.125)}{0.125 - 0.09} \right]$$
$$= 8,000 + 3,428$$
$$= 11,428(\text{원})$$

성장기회의 현재가치 : 3,428(원)

4 배당평가모형과 이익평가모형의 비교 및 평가

이상과 같이 살펴본 배당평가모형과 이익평가모형 중 어느 것이 더 타당한 가에 대해 많은 논쟁이 있었다. 그러나 모딜리아니와 밀러(F. Modigliani & M.Miller)에 의하면 배당평가모형과 이익평가모형은 동일한 것으로 밝혀졌다. 왜냐하면 주식의 가치가 순이익을 자본 환원함으로써 얻어지느냐 또는 배당을 자본 환원함으로써 얻어지느냐 하는 문제는 주식의 수익력 자체와는 관계가 없기 때문이라는 것이다. 즉, 기업의 순이익은 주주에 대한 배당과 사내유보에 의한 재투자로 나누어지며 이 중 사내유보는 재투자수익의 실현을 통하여 미래의 배당을 증가시키게 될 것이라는 것이다. 따라서 이익을 자본 환원하여 얻게 되는 주식의 가치는 배당을 자본 환원하여 얻어지는 주식가치와 일치하게 될 것이라는 것이다.[10]

배당평가모형과 이익평가모형은 주당배당 또는 주당이익과 같은 미래현금흐름을 투자자의 요구수익률(기대수익률)로 할인한 현재가치로 주식의 가치를 나타내고 있으나, 미래의 현금흐름과 요구수익률예측이 확실하다는 것을 전제로 성립된 모형이기 때문에 비현실적인 모형이라고 할 수 있다. 그러나 두 모형이 본질적으로 주식의 가치는 기업의 수익성, 위험, 성장성이라는 3가지의 기본요소에 의해서 결정된다는 것을 함축하고 있다는 점에서는 나름대로의 의의를 지니고 있다고 말할 수 있다.

---

10) F. Modigliani and M.H. Miler, "Dividend Policy, Growth, and the Valuation of Shares," *Journal of Business*, Oct. 1961, pp. 411~433.

5 실용적 주식 평가모형

앞에서 배당평가모형, 이익평가모형 등 미래의 기대현금흐름과 할인율의 추정을 전제로 주식의 내재가치를 구하는 방법에 대하여 설명하였다. 그런데, 이 방법은 주식에 대한 이론적 분석의 근간을 이루고 있으나, 미래현금흐름을 예측하고 적정한 할인율을 추정하는 과정이 주관적이고 불확실성이 너무 커서 실용적이지 못한 문제점을 지니고 있다.

이러한 분석상의 제약을 극복하고 분석상의 용이성을 확보하기 위해 증권실무에서는 PER(주가수익비율), PBR(주당순자산비율) 등에 의한 주식평가모형을 많이 사용하고 있다.

1) PER 평가모형

주가수익비율(PER : price earnings ratio)은 현재의 주가를 주당이익(EPS)으로 나눈 것으로, 이 지표는 기업이 벌어들이고 있는 한 단위의 이익에 대하여 증권시장의 투자자들이 얼마의 대가를 지불하고 있는가를 의미한다. 즉, 기업의 단위당 수익력에 대한 상대적 주가수준을 나타낸 것이다. 이와 같이 주당이익에 비해서 주가가 몇 배인지를 나타낸다는 의미에서 이익승수(earnings multiples)라고도 한다.

예를 들어 A전자의 주당이익이 5,000원이고 현재의 주가가 50,000원이라면 PER는 10배수가 되는데, 이는 1원의 수익력에 대해 투자자들이 10배의 대가를 지불하고 있음을 의미한다. 그런데 PER는 동종 산업 내의 기업이라도 큰 차이를 보일 수 있다. 예를 들어 앞에서 언급한 A전자와 동종 산업으로서 B전자의 경우 주당이익이 3,000원이고 현재의 주가가 60,000원이라면 B전자의 PER는 20배수가 된다. 왜 B전자의 주당이익은 A전자보다 낮은데 주가는 높아 PER가 높은가? 이와 같이 주당이익 1원은 명목상의 화폐가치로 볼 때 동일하지만 시장이 보상하는 가격이 다른 것은 PER가 각 기업이 지니는 수익력의 질의 차이를 반영하기 때문이라고 볼 수 있다. 앞의 예에서 두 전자회사의 PER수준에 차이가 있는 것은 B전자 벌어들이는 주당이익의 1원의 질이 A전자보다도 높게 반영된 것이다. 이처럼 PER는 기업수익력의 성장성, 위험, 회계처리방법, 시장에서의 경쟁적 지위의 차이, 경영자의 능력 등 질적인 측면이 총체적으로 반영된 지표로 해당증권에 대한 투자자의 신뢰를 나타낸 것으로도 해석할 수 있다.

PER에 의한 주식평가는 다음과 같은 평가절차를 통해 이루어진다. ① 1년 후 혹은 그 이후에 기대되는 기업의 주당순이익(EPS)를 추정하고, ② 기업의 '정상적인' 주가수익비율(PER)을 추정한 후, ③ 주당순이익(EPS)과 정상적인 주가수익비율(PER)을 곱하여 미래의 주가를 추정한다. 다시 말하면, 미래매매시점의 주가를 예측하고 그 시점의 정상적인 PER를 구해 서로 곱하면 그 시점에서의 적정주가수준이 산정될 수 있으므로 이를 통하여 그 증권이 과대평가 되었는지 아니면 과소평가되었는지를 분석할 수 있다.

$$P_0^* = P/E^* \times E_0 \qquad (4\text{–}13)$$

$$P_n^* = P/E^* \times E_n$$

단, P_0* : 현재시점의 이론적 주가
P_0* : n시점의 이론적 주가
$P/E*$: 정상적 주당수익비율(이익승수)
E_0 : 현재 시점의 주당이익
E_n : n시점의 주당이익

적정주가나 미래주가를 추정할 때에는 정상적 PER를 구하는데, 이는 다음과 같은 방법이 이용되고 있다.[11]

① 동류위험을 지닌 주식군의 PER를 이용하는 방법 : PER는 수익력의 질적 측면을 나타내는 지표이므로 위험이 비슷한 주식군의 경우는 같은 수준의 PER가 유지될 것으로 보고 있다.

② 동종 산업의 평균PER를 이용하는 방법 : 현실적으로 위험도와 영업성격이 비슷한 주식군은 주로 동종 산업 내의 경쟁업체이므로 산업평균PER를 사용한다.

③ 과거 수년간의 평균PER를 이용하는 방법 : 정상적인 PER는 과거의 평균적인 신뢰도수준을 유지하는 것으로 보고 과거평균PER를 사용한다.

---

11) 금융투자교육원, 『증권투자상담사 Ⅰ』, 한국금융투자협회, 2011년, pp. 219~220.

④ 배당평가모형을 이용하여 PER를 이용하는 방법 : 이론적 균형가치는 배당평가모형에 의해서 결정된다고 보고 이를 이용하는 방법이다.

즉, 항상성장배당모형 $P_0 = \dfrac{d_0(1+g)}{k-g}$ 의 양변을 주당이익(E)으로 나누어 정상적PER를 구한다.

$$P_0 = \frac{d_0(1+g)}{k-g} \div E = \frac{d_0(1+g)}{k-g} \div \frac{d_1}{1-f} = \frac{(1-f)(1+g)}{k-g} \qquad (4\text{–}14)$$

단, $1-f$: 기대되는 배당성향
f : 사내유보율

〈예제〉 A사의 현재주가는 14,000원이고 주당이익은 2,000원이다. 그런데 A사는 매년 10%의 성장을 계속하고 20%의 배당성향을 유지할 전망이다. 또한 투자자들의 요구수익률은 20%이고 내년 주당이익은 2,200원으로 예상된다. 한편, 동종산업내의 경쟁업체 평균PER는 5배이고 과거 5년간 평균PER는 6배였다. A사의 1년 후 주가는 얼마로 예측할 수 있는가?

① 현재 PER=14,000/2,000=7배수
1년후 주당이익=2,000(1+0.1)=2,200원

② 산업평균을 이용할 경우
$P_1 = P/E^* = 5 \times 2{,}200 = 11{,}000$ 원

③ 과거평균을 이용할 경우
$P_1 = P/E^* = 6 \times 2{,}200 = 13{,}200$ 원

④ 배당평균모형을 이용할 경우
$P/E_1 = P/E^* = \dfrac{(1-f)(1+g)}{k-g} = \dfrac{(0.8)(1+0.1)}{0.2-0.1}$
$P_1 = 8.8 \times 2{,}200 = 19{,}360$ 원

식 (4–14)는 PER를 결정하는 주된 요소를 적절히 나타내고 있다. 즉, 어느 기

업의 매년도 배당성향$(1-f)$과 이익성장률(g)이 일정하다면 PER는 다음과 같이 표시할 수 있다.

$$P/E = \frac{(1-f)(1+g)}{k-g} = \frac{\text{주가}}{\text{주당순이익}}$$
$$= \frac{\text{배당성향}[1+\text{이익성장률}(g)]}{\text{기대수익률}(k)-\text{이익성장률}(g)} \qquad (4\text{–}15)$$

식 (4–15)로부터 PER는 ① 배당성향이 클수록 커지고, ② 이익성장률이 클수록 커지고, ③ 기대수익률(요구수익률)이 클수록 작아진다는 것을 알 수 있다.

PER는 기업의 1단위의 수익력에 대한 질적 평가 내지는 신뢰도를 의미하기 때문에 여러 증권을 서로 비교하거나, 서로 다른 시점에서의 증권을 비교함으로써 상대적 주가수준을 펴가하는 방법으로 사용된다. 이와 같이 PER를 상대적 평가방법으로 사용할 경우에는 개별증권의 PER와 증시 전체의 PER나 산업평균의 PER와 비교하여 주가의 상승 혹은 하락의 상대적 수준을 평가하거나, 과거와 현재의 PER를 비교함으로써 주가의 상대적 회복수준을 평가하기도 한다.

PER가 주가평가에 유용하게 사용되기 위해서는 계산상의 문제점과 사용상의 유의점에 대한 이해가 선행되어야 하는데, PER의 유용성을 높이기 위해서는 다음과 같은 여러 가지의 방법을 강구할 수 있을 것이다.[12)]

첫째, PER계산식에서 분자의 주가자료로 회계년 마지막 날의 종가를 사용하거나 이익발표 직전 일정기간의 주가평균을 사용하는 방법이 있는데, 후자의 방법이 분모인 주당이익의 정보내용을 적절히 반영시킨다.

둘째, 분모의 주당이익자료로 최근 12개월의 평균주당이익을 이용하는 것이 정확할 것이나, 다음 기의 예측된 주당이익을 이용하는 것이 이론적으로 합당할 것이다.

셋째, 주당이익을 계산할 때 특별손익을 제외한 경상이익이 이용될 수 있으며, 또 발행주식수에는 전환증권의 발행 등으로 희석되는 주식수를 포함시킬 수도 있다.

넷째, 산업평균 PER를 계산할 때 부(–)의 PER기업도 포함시킬 것인가가 문제

---

12) 장영광, 『증권투자론』, 신영사, 2002년, pp. 151~152.

되는데, 부(−)의 PER도 미래이익에 대한 시장으 가치로서의 정보가치가 있기 때문에 이를 활용할 필요가 있다.

2) PBR평가모형

PBR은 주가 장부가치비율(price to book value ratio)인데, 주가를 주당 장부가치(BPS : book value per share)혹은 주당순자산[(총자산−총부채)/발행주식수]로 나눈 비율이다. PBR은 주식가치를 평가함에 있어서 시장가격인 주가와 장부가치인 주당순자산의 괴리도를 평가하는 지표이다.

$$\text{PBR} = \frac{\text{주가}(price)}{\text{주당순자산}(BPS)} = \frac{\text{주당시장가격}}{\text{주당장부가격}} \qquad (4\text{–}16)$$

PER가 수익가치와 대비한 상대적 주가수준을 나타내는 지표라고 한다면, PBR은 자산가치와 대비한 상대적 주가수준을 측정한 지표라는데 근본적인 차이가 있다. 또한 PER가 주가와 수익의 flow관계를 나타내는데 반해, PBR는 stock관계를 나타내는 지표라는 점에서 차이가 있다.

최근 투자지표로서 PBR에 대한 관심이 높아지고 있다. 이는 1980년대 후반 이후 각국이 고주가 시대를 맞으면서 PER가 높아지고 그 변동성이 커지면서 투자지표로서의 유효성이 떨어진 반면에 PBR은 상대적으로 변동성이 크지 않기 때문이다. 또한 인플레이션 경제하에서와 산업에 따라서는 자산가치가 중요한 요소로 작용하기 때문이다.

PBR를 이용하여 주식의 이론적 가치를 추정하는 방법은 앞에서 설명한 PER 이용방법과 동일하다. 즉 정상적 PBR에 BPS를 곱하여 이론적 가치를 추정한다.

$$P_0^* = P/B^* \times BPS \qquad (4\text{–}17)$$

단, P/B^* : 정상적 주당순자산비율(PBR)
BPS : 주당순자산

정상적 PBR을 추정하는 작업은 앞에서 설명한 PER 추정방법과 동일하게 구할 수 있다. 또한 식 (4–18)과 같이 자기자본순이익률(ROE)에 PER를 곱하여 추정하는 방법도 이용될 수 있다.

$$
\begin{aligned}
\text{PBR} &= \frac{\text{자기자본 시장가격}}{\text{자기자본 장부가액}} \\
&= \frac{\text{순이익}}{\text{자기자본 장부가액}} \times \frac{\text{자기자본 시장가격} \div \text{발행주식수}}{\text{순이익} \div \text{발행주식수}} \\
&= (\text{자기자본 순이익률}) \times (P/E) \\
&= \frac{\text{순이익}}{\text{매출액}} \times \frac{\text{매출액}}{\text{총자본}} \times \frac{\text{총자본}}{\text{자기자본}} \times (P/E) \qquad (4\text{–}18) \\
&= (\text{마진}) \times (\text{활동성}) \times (\text{부채레버리지}) \times (\text{이익승수})
\end{aligned}
$$

식 (4–18)에서 보는 바와 같이 PBR은 기업의 마진, 활동성, 부채 레버리지, 그리고 기업수익력의 질적 측면(PER)이 반영된 지표로서 자산가치에 대한 평가뿐만 아니라, 수익가치에 대한 포괄적인 정보가 반영된다는 점에서도 그 유용성이 높다고 말할 수 있다.

그러나 PBR은 기업의 청산을 전제로 한 청산가치를 추정할 때 유용한 보통주 가치평가의 기준이 될 수 있으나, 미래의 수익발생능력을 반영하지는 못해 계속기업을 전제로 한 평가기준이 되지 못하는 한계를 지니고 있다. 또한 자산가치는 개별자산의 단순한 합계에 지나지 않기 때문에 기업의 원천적 수익력을 평가할 수 없다는 단점이 있다.

제3절 기본적 분석

증권분석(security analysis)이란 일반적으로 개별증권의 투자와 관련한 일체의 유용한 자료와 정보를 수집하여 분석하는 것을 의미하는데, 이와 같은 증권분석의 과정을 통해 투자자는 보다 유리한 환경 하에서 투자를 할 수 있는 의사결정을 시행할 수 있다.

증권의 수익성과 위험을 측정하는 증권분석의 방법에는 여러 가지의 방법이 있는데, 현실적으로는 기본적 분석(fundamental analysis)과 기술적 분석(technical analysis)이 가장 널리 이용되고 있다.

1 기본적 분석의 의의 및 분석방법

증권분석은 크게 내재가치를 평가하여 과소평가된 증권을 매수하고, 과대평가된 증권을 매도하는 투자종목의 선택과 증권의 매매시기선택으로 구분할 수 있다. 이 중에서 전자의 내재가치를 중심으로 한 투자종목선택과 관련한 분석방법을 기본적 분석이라고 하고, 후자의 매매시기의 선택과 관련한 분석방법을 기술적 분석이라고 한다.

기본적 분석은 시장에서 형성된 주식의 가격(주가)은 그 주식을 발행한 기업의 내재가치에 의해 결정된다는 가정에 기초를 둔 분석방법으로, 이를 기초로 주식가치형성에 영향을 미치는 경제, 산업, 기업 등에서의 기본적인 환경요인을 분석하여 기업의 본질가치를 산정하고 이를 시장가치와 비교함으로써 현재의 주가수준을 판단함과 더불어 미래의 주가를 예측하여 투자종목을 선정하는 방법이다.

이와 같은 기본적 분석의 접근방법에는 기업으로 시작하여 산업, 그리고 경제로 분석이 이행해 가는 bottom-top방식(미시방식)과 경제로부터 산업 및 기업의 순으로 분석하는 top-down방식(거시방식)이 있는데, 일반적으로 top-down방식을 많이 사용하고 있다. 왜냐하면 경제분석을 통해 경제의 흐름과 증권시장의 전반적인 흐름에 대해 이해하고, 이를 기반으로 산업분석을 통해 유망업종을 선택하고, 선택된 업종에서 기업분석을 통해 유망종목을 선택하는 것이 보다 효율적인 분석방법이기 때문이다.

2 경제분석

증권분석에서의 경제분석(economy analysis)이란 제반경제현상이 주식가격과 어떠한 관계가 있는가를 규명하기 위해, 주식가격에 영향을 미치는 미래의 국민경제활동의 제반수준을 예측하는 것으로 이를 통해 증권시장의 전반적인 움직임을 예측할 수 있다.

여기서는 경기변동, 경제성장률, 통화량, 금리, 물가, 환율변동 등 주요경제지표가 주가변동과 어떠한 관계를 갖고 있는가를 알아본다.

1) 경기변동과 주가

경기는 국민경제의 전체적인 활동수준을 나타내는 것으로 시간이 경과됨에 따라 확장과 수축을 거듭하면서 변동해 간다. 만약 경제활동이 활발하면 경기가 상승하여 정점에 도달하고, 그 후에 다시 경제활동이 둔화되면 경기가 하락하여 저점에 이르게 되는데, 이를 경기순환(business cycle)이라고 한다. 그런데 일반적으로 경기순환은 확장기를 다시 회복기와 활황기로 나누고, 수축기를 후퇴기와 침체기로 나누는 4단계 구분법이 사용되고 있다.

이와 같이 한나라의 경제는 일정한 주기를 갖고 경기변동을 반복하는데, 개별기업의 내재가치를 반영하는 주식의 가격은 경기변동과 밀접하게 움직인다. 그런데 일반적으로 주가는 경기변동에 선행하여 움직이는 것으로 알려져 있다. 즉 경기가 정점에 도달하기 수개월 전부터 주가는 상승국면에서 하락국면으로 전환하고 경기가 저점에 도달하기 수개월 전부터 주가는 하락국면에서 벗어나 상승국면으로 전환된다는 것이다.

경기변동을 예측하는데 이용하는 경제지표에는 동행지수, 선행지수, 기업실사지수 등이 있다. 동행지수는 현재의 경기상태를 나타내는 것으로 앞으로의 전망에 대해서는 전혀 시사하는 바가 없다. 동행지수 지표에는 실질국민총생산, 기업이익, 산업생산지수, 제조업가동률지수, 실업률, 도매물가지수 등이 포함된다. 한편 선행지수는 장래의 경기변동을 예측하는 지표로서 투자결정에 매우 유용한 정보를 제공해 준다. 선행지수 지표에는 통화, 총유동성, GDP디플레이터, 생산성, 소비, 건축허가면적, 주가지수 등이 포함된다.

기업실사지수(BSI : Business Survey Index)는 경기변동에 대한 경영자의 판단, 전망, 투자계획 등을 설문서를 통해 조사해 경기판단지표로 지수화한 것으로 산출방법은 다음과 같다.

$$기업실사지수 = \frac{경기낙관응답자수 - 경기비관응답자수}{전체응답자수} \times 100 + 100$$

일반적으로 기업실사지수가 100 이상이면 경기가 상승할 것으로, 100 미만이면 경기가 하락할 것으로 판단한다.

2) 경제성장률과 주가

경제성장률은 한 나라의 국민경제를 파악하는데 중요한 지표로서 일반적으로 국내총생산(GDP : gross domestic product)의 증가율로 나타낸다. 경제성장률이 높을 때에는 생산·고용·판매·소득이 증가하고, 경제규모가 확대되는 동시에 기업의 수익이 증가하여 주가가 상승한다. 그러나 경제성장률이 둔화될 때에는 생산·고용·판매·소득도 줄어들어, 경제활동 및 기업의 수익이 되어 주가도 하락한다.

3) 통화량과 주가

통화량의 변동은 주식시장에 직접적인 영향을 미치기도 히고, 채권시장의 이자율 조정을 통해 간접적으로 영향을 미치기도 한다. 먼저 증가된 통화가 기업부문에 투입되면 설비투자의 확대 등으로 투자자들로 하여금 기업수익의 호전을 기대할 수 있게 함으로써 주가를 상승시키고, 또한 통화가 증발되어 시중의 유동성이 풍부하게 되면 그 일부가 증권시장에 유입되어 주식에 대한 매입수요를 증대시켜 주가를 상승시키게 된다. 한편, 통화량의 증가는 채권시장을 통해 실세금리를 하락시킴으로써 상대적으로 기대수익률이 커지는 주식의 수요가 늘어나게 되어 주가는 상승하게 된다.

일반적으로 통화량의 증가는 이자율을 하락시키고 주가의 상승을 초래한다. 통화량의 증가에 따른 이자율하락이 주가에 미치는 영향은 다음과 같이 구분하여 분석할 수 있다.

첫째, 통화량의 증가에 따른 이자율하락은 기업의 금융비용을 감소시킴으로써 기업의 주가상승을 초래한다.

둘째, 통화량의 증가에 따른 이자율하락은 은행권의 저축으로부터 증권시장으로 자금을 이동시켜 주식수요증가에 의한 주가상승을 초래한다.

그러나 과도한 통화량의 증가는 정도의 차이는 있으나 물가를 상승시켜 인플레이션을 유발할 수 있고, 실물자산인 부동산과 금융자산인 주식간에 다른 영향을 미쳐 부동산가격의 상승과 주가의 하락을 동시에 초래할 수 있다.

4) 금리와 주가와의 관계

일반적으로 금리와 주가는 금리가 하락하면 주가가 상승하고, 금리가 하락하면 주가가 하락하는 부(-)의 관계를 나타낸다. 이는 다음과 같이 두 가지의 측면에서 설명할 수 있다.

먼저 기업측면에서 볼 때 금리하락(상승)은 투자를 촉진(위축)시키고 금융비용을 절감(증대)시켜 기업 수익력을 향상(저하)시킴으로써 재무구조를 건실(부실)하게 하여 주식의 본질적 가치를 상승(하락)시키게 된다.

한편 투자자측면에서 볼 때 금리하락(상승)은 대체수단인 예금, 채권 등의 기대수익률을 하락(상승)시킴으로써 상대적으로 주식의 수요를 증대(감소)시킨다. 이와 같이 금리의 변동은 본질가치 및 주식수요의 변화를 통해 주가를 변동시키는 주요 요인으로 작용한다.

우리나라의 경우 시중실세금리인 회사채수익률과 종합주가지수를 비교하면 상당히 명확한 부(-)의 상관관계를 갖고 있음을 알 수 있다.

5) 물가와 주가와의 관계

인플레이션이 주가에 미치는 영향은 다양하고 복잡하다. 일반적으로 인플레이션은 금융자산에 대한 투자를 위축시키고 부동산, 귀금속 등의 실물자산을 선호하게 하여 주가를 하락시키는 요인으로 작용한다. 그러나 완만한 물가상승은 실물경기의 상승을 가져오면서 기업수지의 개선과 기업의 자산가치를 증대시켜 주가를 상승시킨다.

한편, 경기가 침체하면서 물가가 상승하는 스태그플레이션(stagflation)이 계속되는 경제하에서는 비용상승형 인플레이션(cost-push inflation)이 발생하여 기업수지에 마이너스 영향을 미친다. 또한 물가상승으로 인한 소비자의 실질소득감소는 구매력의 악화를 초래하고, 이는 다시 기업수지를 악화시킬 수 있으므로 주가를 하락시키게 된다.

이에 반해 물가상승률이 낮아져가는 디플레이션(deflation)의 경우에는 실물자산보다 은행예금이나 주식 등의 금융자산을 선호하게 된다. 따라서 금융자산에 대한 수요증대로 주가는 큰 폭으로 상승한다.

6) 환율과 주가와의 관계

환율의 변동은 수출 및 수입, 경제성장, 경상수지 등 경제전반에 미치는 영향을 통해 주가에 영향을 준다. 특히 우리나라처럼 대외의존도가 높은 경우에는 환율의 변동이 국가경쟁력을 변화시키고 이에 따라 기업의 수익성이 변화하므로 주가에 크게 반영된다.

급격한 환율인하(상승), 즉 평가절상(절하)은 수출비중이 높은 기업의 수출경쟁력을 떨어뜨려(상승시켜) 기업의 수익을 악화(호전)시켜 주가를 하락(상승)시킨다.

그러나 실제에서는 평가절상(절하) → 수출감소(증가) → 기업수익악화(호전) → 주가하락(상승)이라는 단순논리와는 달리 평가절상과 주가상승은 같은 추세를 유지한다. 왜냐하면 평가절상은 한 나라의 경제가 안정되고 수출이 수입보다 많아지면서 경상수지의 흑자폭이 증가할 때 나타나는 것이 일반적이기 때문이다. 이때에 경상수지 흑자의 증가로 인해 해외부문으로부터의 자금유입이 증대하면서 시중의 유동성은 풍부해져 주식의 매입수요를 증가시키므로, 안정적인 환율인하는 주가를 상승시키는 요인으로 작용한다.

이와 같이 기본적으로 환율과 주가는 국가의 경제적 상황이라는 공통요인에 의해 결정되기 때문에 높은 경제성장률, 경상수지흑자 등은 환율인하(평가절상)와 더불어 주가상승도 동반하게 된다. 또한 외환·자본시장이 개방되어 있는 경우에는 평가절상은 환율의 평가차익을 노린 단기 투기자금(hot-money)을 유인하고, 이 자금이 다시 증권시장에 유입됨으로써 결과적으로 주가상승요인으로 작용할 수 있다.

일반적으로 환율변동은 주가에 후행한다고 말할 수 있다. 왜냐하면 평가절상의 누적된 효과는 제이-커브효과(J-curve effect)에 의해 1~2년 늦게 나타나고,

정책적인 평가절상은 국제수지흑자 등의 절상요인이 어느 정도 사라질 때까지 계속되지만 주가는 이를 반영하여 하락세로 돌아서게 되기 때문이다.

3 산업분석

산업분석(industry analysis)은 산업의 특성과 전망에 대한 분석으로서 개별산업 또는 관련 산업에 영향을 주는 요인들을 광범위하게 연구・분석하는 것을 말한다.

산업분석을 행하는 주목적은 유망한 성장산업을 선택하는데 있으며, 이는 또한 기본적 분석의 최종목적인 유망종목 선정에 대한 전제조건을 부여하는 과정이라고도 말할 수 있다. 이와 같은 관점에서 볼 때 산업분석은 개별종목의 장기적인 전망에 대한 근거를 제공하거나 개별기업 간 비교분석을 가능하게 하는 기준치를 제공하여 유망종목선정에 도움을 주는데 그 의의가 있다고 말할 수 있다. 이하에서는 산업분석의 대표적인 유형인 산업구조분석, 제품수명주기분석에 대하여 살펴보기로 한다.

1) 산업구조분석

이는 해당산업의 경쟁강도를 결정짓는 구조적 경쟁요인을 분석하는 것을 말한다.[13] 포터(M.E. Porter)에 의하면 특정산업의 경쟁강도는 진입장벽, 기존업체간의 경쟁강도, 제품의 대체가능성, 구매자의 교섭력, 공급자의 교섭력 등의 구조적 경쟁요인들에 의해 좌우되며, 이들 요인들의 총체적인 작용에 의하여 해당산업의 궁극적인 이윤잠재력이 결정된다는 것이다.

2) 제품수명주기이론에 의한 산업분석

개별 산업 간의 수익성 내지 성장전망 등은 산업 내 주력제품의 수명주기상의

---

13) Michael E. Porter, "Industry Structure and Competitive Strategy : keys to Profitability,"Financial Analysts Journal (July–Aug. 1980). 장영광, 『증권투자론』, 신영사, 2002년, pp. 178~180.

단계에 따라 달라진다. 이는 시간이 경과함에 따라 당해산업의 경쟁상태, 제품의 기술, 소비자의 기호 등이 변하기 때문인데, 이와 같이 제품의 수익성과 위험에 미치는 영향을 몇 단계로 나누어 대조적으로 식별하는 분석방법이 제품수명주기(PLC : product life cycle)이론이다.

일반적으로 제품수명주기는 도입기, 성장기, 성숙기, 쇠퇴기 등 4단계로 나누어 볼 수 있는데, 각 단계별로 당해 산업내 기업들의 이윤, 경쟁강도, 사업위험, 중요경영관리기능이 달라지므로, 분석대상기업의 산업이 어느 단계에 있는지를 파악하는 것이 산업분석 상 중요하다.

〈그림 4-2〉 제품의 수명주기

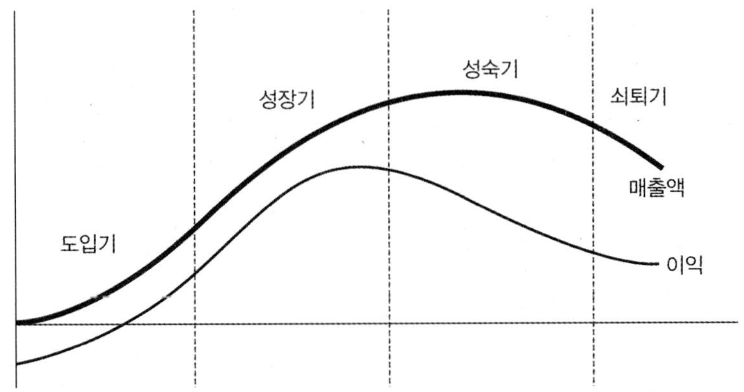

도입기에는 신제품이 처음으로 시장에 소개되어 구매의 대상이 되는 단계로 과도한 고정비 및 판매비지출로 손실을 입거나 이익이 나더라도 극히 저조한 것이 일반적이다. 이 단계에서는 사업성공여부가 불투명하여 높은 위험을 안고 있다.

성장기에서는 수요가 급증하고 경쟁업체들의 진출이 시작됨에 따라 시장규모가 증대된다. 또한 매출이 급증하여 이익이 지속적으로 발생한다. 그러나 급속한 성장에 따라 대부분의 이익이 재투자되어 자금부족과 이로 인한 지불능력의 유지가 중요한 단계이다.

성숙기에서는 안정적인 시장점유율을 확보하고 성장기에 차입한 자금을 상환한다. 그러나 기업이 시장점유율을 확대하기 위하여 가격인하정책이나 판촉비 증대 등을 통해 격심한 경쟁을 벌이게 되므로 제품의 단위당 이익이 줄어들게 되어 서서히 사업위험이 커진다. 따라서 이 단계에서는 경쟁력이 약한 기업은 탈락하게 된다. 지속적인 성장을 위해서는 신규업종으로의 진출이 필요한 시기이다.

쇠퇴기에는 매출액이 감소하기 시작하여 유휴생산시설이 증가하고 가격하락과 이윤감소가 일어난다. 따라서 이 단계에서는 많은 기업이 당해산업에서 철수하게 되며, 남아있는 기업은 제품생산과 가격을 낮추고 광고비 등을 감소시키거나 업종다각화 등을 고려한다.

4 기업분석

기업분석은 구체적으로 수치화할 수 있는 재무제표분석에 의한 경영분석, 즉 양적 분석과 회사의 연혁, 사업내용, 경영진, 업계에서의 지위 등 계량화할 수 없는 부문에 대해 분석하는 질적 분석으로 나눌 수 있다.

1) 양적 분석

양적 분석은 재무제표에 나타난 수치를 근거로 하여 수익성, 안정성, 활동성, 성장성 등을 분석하는 방법을 의미한다. 기업의 재무제표를 기초로 기업의 경영성과를 측정하는 가장 기본적인 평가방법에는 재무비율분석이 있다.

재무비율분석은 경제적인 의미가 있는 재무비율을 관찰함으로써 기업의 재무상태와 경영성과를 파악하고자 하는데 목적이 있기 때문에, 유용성이 있는 재무비율이 되기 위해서는 반드시 경제적 의미와 논리적 관계가 명확해야 한다. 주요재무비율과 경제적 의미는 〈표 4-1〉과 같이 정리할 수 있다.

〈표 4-1〉 주요 재무비율

	분류	계산식	경제적 의미
수익성 비율	총자산순이익률(%)	(순이익÷총자산)×100	기업의 총체적 수익성 판단
	자기자본순이익률(%)	(순이익÷자기자본)×100	자기자본의 성과 파악
	매출액순이익률(%)	(순이익÷매출액)×100	기업의 총체적 경영성과 측정
안정성 비율	부채비율(%)	(부채÷자기자본)×100	자본구성 건전성여부를 판단
	자기자본비율(%)	(자기자본÷총자산)×100	재무적 안정성 및 장기채무 지급 능력
	비 유동비율(%)	(비 유동자산÷자기자본)×100	재무적 안정성
	이자보상비율(배)	영업이익÷이자비용	이자지급에 필요한 수익의 창출능력 및 파산가능성
성장성 비율	매출액증가율(%)	(당기매출액÷전기매출액 −1)×100	기업의 총체적 외형적인 신장세
	총자산증가율(%)	(기말총자산÷기초총자산 −1)×100	기업의 전체적인 성장규모 측정
	순이익증가율(%)	(당기순이익÷전기순이익 −1)×100	이익발생능력의 개선정도를 측정하는 지표로서 실질적 성장지표
유동성 비율	유동비율(%)	(유동자산÷유동부채)×100	기업의 단기채무 상환능력
	당좌비율(%)	(당좌자산÷유동부채)×100	판매활동을 통하지 않고 현금을 조달할 수 있는 능력
	순 운전자본 구성 비율(%)	(순 운전자본÷총자산)×100	유동성 및 파산가능성
효율성 비율	매출채권회전율(회)	매출액÷매출채권	매출채권관리의 효율성
	총자산회전율(회)	매출액÷총자산	총자산 이용의 효율성
	재고자산회전율(회)	매출액÷재고자산	재고자산관리의 효율성
	매입채무회전율(회)	매출액÷외상매입금	타인자본 이용의 효율성
생산성 비율	부가가치율(%)	(부가가치÷매출액)×100	매출액 중 생산요소에 귀속되는 비율
	노동생산성(원)	부가가치÷종업원수	종업원 1인당 부가가치
	자본생산성(원)	(부가가치÷총자본)×100	총자본투자효율로서 자본의 단위당 투자효율

이와 같은 재무비율분석방법들은 이해하기 쉽고 비교적 간단하게 사용할 수 있고, 또한 의사결정을 위한 자료수집이 거의 필요치 않으며, 단순히 회기 말 혹은 연말에 작성된 재무제표를 활용함으로써 많은 시간과 경비를 절약할 수 있다는 장점이 있다. 반면에 과거의 회계정보에 의존하고 있어 미래의 기업경영을

제시하는 데에는 문제가 있고, 일정시점을 기준으로 작성되므로 기업의 회계기간 동안의 일관된 상태를 왜곡할 수 있으며, 비율 상호간에 연관성이 없어 종합적인 결론을 내릴 수 없다는 문제점도 있다.

2) 질적 분석

질적 분석은 기업마다 지니고 있는 질적인 특성, 즉 기업의 연혁, 경영자의 능력, 사업내용과 전망 등을 분석하는 것이다. 이와 같은 질적 분석은 정보수집 자체가 쉽지 않고 또한 수집된 정보를 기업분석에 적용하는 패턴도 미비하여 분석 상 여러 가지 어려움이 있으나, 투자결정에 유용한 자료로 활용되고 있어 기업분석에 있어서 반드시 필요한 분석이라고 말할 수 있다.

세계적인 투자 대가의 주식투자원칙

1) 벤저민 그레이엄 : 숨어있는 자산을 찾아라

벤자민 그레이엄(Benjamin Graham, 1894~은 1976)은 주식시장을 과학투자의 장으로 바꾼 장본인으로서 〈월스트리지저널〉이 선정한 '시대를 초월한 가장 위대한 투자자'가운데 한 명으로 꼽히기도 하였다. 지금도 그가 남긴 「증권분석」과 대중적인 투자지침서 「현명한 투자자」, 재무분석의 기초를 다진 「재무제표의 해석」 등은 월스트리트의 고전으로 손꼽힌다.

현대적인 증권분석의 창시자로서, 또한 가치투자의 아버지로 불렀던 그레이엄은 '주식은 기업을 사는 것'이라는 관점에서 가치투자이론에 바탕을 두고 장기적으로 높은 수익률을 추구하였다. 즉 기업내재가치 이하로 거래되는 주식을 신중하게 선정해서 분산투자를 한다면 높은 투자수익을 올릴 수 있다는 것이다. 그가 말하는 기업의 내재가치란 사실(facts)에 의해 평가되는 확실한 자산이다. 여기서 사실이란 기업의 유동자산, 순이익, 배당금, 미래의 수익전망 등을 말한다. 그는 특히 자산가치가 확실한 기업의 주식을 매수한다면 주가가 하락할 위험은 크게 줄어든다고 주장하였다. 반면에 경영진의 능력이나 사업의 특성, 성장전망 등과 같은 질적인 요소를 너무 강조하게 되면 투자의 안전성을 해칠 우려가 있다고 지적하였다.

그레이엄이 구체적으로 지적한 주식투자의 네 가지 원칙은 다음과 같다.

첫째, 10~30개 정도의 종목에 분산투자를 해야 한다.

둘째, 현금흐름이 우수하고 전망이 밝은 대형주로 투자대상종목을 한정해야 한다.

셋째, 적어도 20년 정도의 오랜 기간 동안 계속해서 배당금을 지급한 기업이어야 한다.

넷째, 주가는 최근 1년간 주당 순이익의 20배, 7년간 평균 주당순이익의 25배를 넘지 않아야 한다.

2) 필립 피셔 : 위대한 기업에 투자하라

필립 피셔(Phillip A. Fisher, 1907~2004)의 투자이론은 그레이엄과 반대되는 것으로, 히려 성장잠재력이 뛰어난 기업이라면 장부가치보다 훨씬 높은 가격에 거래된다 해도 높은 투자수익률을 올릴 수 있다고 주장했다. 이와 같은 관점에서 그레이엄이 가치주 투자이론의 원조라고 한다면 피셔는 성장주 투자이론을 월스트리트에 처음으로 소개한 개척자라고 할 수 있다. 특히 손익계산서나 대차대조표와 같은 재무제표를 계량적으로 분석하는 것도 필요하지만, 이보다는 최고 경영진의 능력과 경쟁력의 우위 같은 질적인 요소가 더 중요하다고 피셔는 강조하였다.

피셔는 분산투자에 대해서도 부정적이다. 분산투자를 위해 자산이 잘 모르는 여러 회사에 투자한다면 오히려 리스크를 높일 수 있다는 것이다. 이보다는 자신이 잘 아는 소수의 회사에 집중하여 투자하는 것이 더 낫다는 것이 피셔의 주장이다.

1950년대 말 처음 등장한 피셔의 성장주 투자이론은 현장 투자이론을 완성하는 것으로, 피셔의 투자철학을 한마디로 요약하자면 주가가 아닌 기업을 보고 투자하는 것이다. 아주 탁월한 최고 경영진이 이끌어 가는 위대한 기업에 투자해 그 기업이 계속 성장하면서 더욱 훌륭한 기업이 될 때까지 몇 년 혹은 몇 십년 동안 보유하는 게 투자성공의 열쇠라는 것이다.

피셔는 다음과 같은 단계를 거쳐 투자종목을 선정하였다. 우선 광범위한 사실 수집과 자료분석, 철저한 현장조사를 거쳐 투자 대상기업을 선정한다. 그런 다음에는 최고 경영진의 과거 실적을 살펴보고, 향후 경영전략에 대하여 자세히 물어본다. 마지막으로 지금의 주가는 과연 합리적인 수준인가, 또한 지금과 같은 실석이 앞으로도 계속 이어질 것인지 철저히 따져본다.

피셔는 많은 수의 보통기업에 투자하는 것보다 뛰어난 기업체 몇 개를 찾아내 집중적으로 투자하는 것이 낫다고 말한다. 그래서 피셔의 포트폴리오에는 통상 10개 내외의 종목만 편입되고, 그 중 3~4개 종목에 전체투자 자금의 75% 이상이 집중되었다. 그는 특히 다른 투자자들이 그 회사의 성장잠재력을 인식하기 이전에 투자해야 한다고 말하면서, 투자는 다른 사람들이 자신의 의견에 동의하는지 여부가 중요한 게 아니라 자신의 기준에 맞게 했는지가 중요하다고 강조하였다. 그리고 주식을 팔 때는 투자한 회사가 더 이상 자신의 기준에 맞지 않을 때, 또 자신이 내렸던 최초의 판단이 틀렸다는 사실을 발견했을 때 두 가지 경우뿐이라고 하였다.

3) 워런 버핏 : 기업을 매입하듯이 주식을 매수한다.

현존하는 최고의 투자가로 추앙받는 워런 버핏(Warren E. Buffet, 1930~)의 투자철학은 단기적인 테마를 따르는 것이 아니라, 기업을 매입하듯이 기업내용이 훌륭한 종목을 주가가 쌀 때 매수해 장기간 보유하라는 것이다.

버핏은 "나의 85%는 벤저민 그레이엄, 나의 15%는 필립피셔"라고 말한 것처럼, 내재가치 이하로 거래되는 주식을 매수하되 무조건 저가의 주식보다는 해당업종에서 경영진의 능력과 평판이 좋은 소수의 기업에 투자를 집중하였다. 그래서 버핏이 투자하는 주식들은 현재의 순자산가치에다 향후 예상되는 순이익과 현금흐름을 감안한 내재가치와 비교해 현재의 시가총액이 작고, 최고 경영진은 합리적이며, 향후 전망도 밝다는 공통점을 갖고 있다. 또한 이들 회사의 주된 영업활동이 쉽게 이해할 수 있을 정도로 단순해야 한다는 점도 버핏의 투자조건의 하나다.

4) 피터 린치 : 전념, 전념, 전념

월스트리트 역사상 가장 성공한 펀드 메니저이자 마젤란 펀드를 세계 최대의 뮤추얼 펀드로 키워낸 피터 린치(Peter Lynch, 1944~)의 투자전략을 두 가지로 요약하면, 신발이 닳도록 기업체를 찾아다닌다는 것과 경쟁업체가 인정하는 기업에 투자한다는 것이다.

린치는 좋은 주식을 고르기 위해서는 많은 기업을 연구・조사해야 한다는 것을 주장하면서, 최고의 두자수익률을 올려줄 '성공주'를 발굴해내는 것은 마치 바위아래 숨어있는 벌레를 찾는 것과 비슷하다고 말했다. 이는 10개의 바위를 들추면 벌레 한 마리를 찾아낼 수 있지만 20개의 바위를 들추면 두 마리의 벌레를 발견할 수 있다는 것이다.

그리고 린치는 영업실적이 극적으로 변화하는 소위 '턴어라운드 기업'을 찾아내는데 기업분석의 궁극적인 목표를 두었다. 그의 투자전략은 이런 기업을 찾아내 영업실적이 호전되고 있다는 사실이 알려지기에 앞서 1차로 주식을 사들이고, 실제로 실적이 호전되면 추가적으로 주식을 더 매수한 다음, 이런 실적이 주가에 충분히 반영된 다음 매각하는 것이라고 요약할 수 있다.

5) 랄프 웬저 : 작지만 강한 기업에 투자하라

월스트리트에서 소형주 투자의 개척자로 손꼽히는 랄프 웬저(Ralph Wanger, 1933~)는 '사자나라의 얼룩말(A zebra in lion country)'을 비유하면서 주식투자는 무리의 바깥쪽에서 신선한 풀을 배불리 먹으면서도 사자에게 잡아먹힐 위험을 최소화하는 전략을 취해야 한다는 것이다. 이것이 바로 '작지만 강한 기업'에 투자하는 전략이다. 웬저는 자신이 어떤 방식으로 투자대상 기업을 찾아내는지를 이렇게 설명하였다. "나는 창조적 기업가 정신이 살아있는 경영진이 운영하며 매우 중요한 경제적・사회적・기술적 트렌드로부터 수혜를 입는 작은 기업, 동시에 틈새시장에서 강력한 주도권을 쥐고서 향후 순이익이 아주 돋보일 정도로 높이 성장할 강한 기업을 원한다. 나는 또한 이렇게 작지만 강한 기업의 주가가 합리적인 수준일 때만 주식을 매수한다."

웬저는 투자하는 기업의 성격을 우선 성장잠재력이 뛰어나야 하고, 두 번째로는 재무건전성이 우수해야하며, 세 번째는 내재가치가 빼어나야한다고 규정하고, 주식은 쌀 때 사서 비싸게 팔면 된다는 것이다. 이는 리스크 프리미엄이 높을 때 주식을 사고, 리스크 프리미엄이 낮을 때 주식을 팔라는 것이다. 여기서 리스크 프리미엄은 투자자가 주식을 보유하는데 따르는 위험을 감수하면서 까지 바라는 추가적인 수익률을 말한다.

또한 웬저는 그의 저서 「작지만 강한 기업에 투자하라」에서 주식투자의 다섯 가지 황금률을 제시하고 있는데, 그중 핵심은 '제3법칙 : 옵션은 매우 중요하다'는 대목이다.

여기서 옵션은 주가지수옵션과 같은 파생상품이 아니라 주식에 내재에 있는 옵션을 말한다. 웬저는 주가는 현재의 흐름과 내재돼 있는 옵션가치의 조합이라는 점을 강조하였다.

6) 존 네프 : 분위기보다 원칙이 중요하다.

현존하는 최고의 펀드매니저 '톱 화이브'안에 들어가는 존 네프(John Neff, 1931~)는 '절대적인 가치투자자(absolute-value investor)로 유명하다. 절대적인 가치투자자는 시장 분위기에 상관없이 자신의 목표가격을 유지한다. 이를 위해서는 모두가 팔 때 주식을 살 수 있는 용기가 필요하다. 그래서 네프는 '완벽한 시장역행투자자(consummate contrarian)'로 불리기도 한다.

절대적인 가치투자의 첫 번째 원칙은 '싼 주식'을 고르는 것인데, 이와 관련하여 소위 '네프의 공식(Neff Formula)'이 있다. 우선 해당 기업의 배당수익률과 이익성장률을 더한 다음 현재의 주가수익비율(PER)로 나눈다. 네프는 이렇게 계산한 수치를 '총회수율(Total Return Ratio)'이라고 부르는데, 총회수율이 2를 넘지 못하면 투자후보 종목에서 제외한다. 이와 같이 네프가 말하는 싼 주식이란 PER을 감안한 상대적인 가격을 기준으로 한 것이라고 할 수 있다.

$$총회수율 = \frac{배당수익률 - 이익성장률}{주가수익비율(PER)}$$

그런데, 네프는 '총회수율'조건을 충족한다고 무조건 주식을 매입하는 것은 아니다. 스스로 '저 PER 공략가(Low PER Shooter)'라고 표현할 정도로 낮은 PER을 강조하는 내프지만 그의 매입대상이 되려면 최소한 연평균 7% 정도의 이익성장률을 유지해야하고 건전한 대차대조표와 충분한 현금흐름을 갖고 있어야한다. 또 해당업종의 평균자기자본이익률을 상회해야 하고, 유능한 경영자가 있어야 하며, 낮지만 꾸준한 성장이 지속될 것으로 예상되어야 한다. 좋은 제품과 서비스라는 강점도 가지고 있어야 하며, 시장전망도 밝아야 한다.

최선의 투자는 잘 알려져 있지 않은 종목을 찾아내는 것이며, 이는 철저한 기본분석에 기초해야 한다는 네프의 투자원칙은 시사하는 바가 크다.

7) 윌리엄 오닐 : 성공하는 주식의 7가지 특징

윌리엄 오닐(William O'Neil, 1933~)은 1950년대부터 주식시장을 연구해 조사한 결과를 토대로 스스로 창안한 'CAN SLIM'방식에 따른 종목선정방법을 제시하였다. CAN SLIM 방식을 한마디로 요약하자면 '성공하는 주식의 7가지 특징'이라고 할 수 있는데, 여기서 CAN SLIM은 7가지 특징을 나타내는 대료적인 단어의 머리글자이다.

C는 현재의 주당순이익(current earnings per share)이다. 오닐은 최고의 투자수익률을 올리는 주식들은 한결같이 가장 최근 분기의 주당 순이익이 지난해 같은 분기에 비해 70% 이상 상승했다고 말한다. 그래서 그가 매수여부를 결정짓는 첫 번째 원칙은 분기별 주당 순이익증가율이 최소한 20~50%는 돼야 한다는 것이다.

A는 연간 주당순이익(annual earnings per share)이다. 오닐은 투자수익률이 높은 종목의 경우 시세를 올리기 시작하는 초기단계에서 연간 주당 순이익의 과거 5년간 평균성장률이 24%에 달했다고 말한다. 주당 순이익이 매년 늘어난다면 더욱 이상적이다.

N은 새로운 것(something new)을 말한다. 새로운 제품이나, 새로운 서비스가 될 수도 있고, 해당산업의 새로운 물결이나 새로운 경영진이 될 수도 있다. 또 주가가 신고가를 경신했다든지 거래량 기록을 깼다는 것도 새로운 요소가 될 수 있다. 오닐은 스스로 조사해본 결과, 큰 시세를 내는 종목의 95%가 새로운 요소를 가지고 있었다고 말한다.

S는 발행주식 수(shares outstanding)를 말한다. 즉 주식시장에도 수요와 공급의 원칙이 적용된다는 것으로 유통주식수가 적은 종목이 큰 시세를 낼 가능성이 높다는 것이다.

L은 해당종목이 주도주(leader)인가 아니면 실기주(laggard)인가 하는 점이다. 주도주인지의 여부는 상대적인 주가강도를 통해 판단하는데, 오닐은 최근 1년간의 주가상승률이 상장주식 전체 가운데 상위 20% 이내에 들어야 주도주로 분류한다. 당연히 여기에 들지 못하는 실기주는 피해야 한다.

M은 시장(market)의 방향성이다. 강세장일 때는 대부분의 주식이 같이 상승하고, 약세장일 때는 무차별적으로 떨어진다. 오닐은 그래서 주식시장이 약세인지 강세인지만 제대로 파악해도 주식투자의 절반은 성공한 셈이라고 한다.

오닐에 따르면 CAN SLIM조건을 충족시키는 주식은 상장된 전체종목 중 2%에 미만에 불과하다. 오닐의 메시지는 최고의 주식을 고르기 위해서는 노력을 기울여야 한다는 것이다. 한편 오닐은 투자수익은 10개 중 1~2개 종목에서 난다고 하면서, 결국 문제는 손실을 봤을 때 얼마나 빨리 빠져나올 수 있느냐인데, 오닐은 매수가격에서 최대 7%가 떨어지기 이전에 주식을 파는 것(손절매)하는 것을 원칙으로 하고 있다고 하였다.

박정태, 「大家에게 배우는 투자의 지혜」, 미래에셋투자교육연구소, 2007년

중요 개념 및 용어

효율적 시장가설	약형 효율적 시장가설	준강형 효율적 시장가설
강형 효율적 시장가설	연의 검증	시계열 상관분석
사건연구	효율적 시장가설의 역설	배당평가모형
제로성장모형	항상성장모형	2기간 성장모형
이익평가모형	이익성장모형	PER평가모형
PBR평가모형	기본적 분석	top-down 방식
bottom-top방식	경제분석	기업실사지수
산업분석	산업구조분석	제품수명주기이론
기업분석	양적 분석	재무비율분석

연습문제

1 효율적 시장가설을 세 가지 유형으로 구분하여 개략적으로 설명하라.

2 효율적 시장가설의 역설에 대하여 설명하라.

3 S기업의 금년말 배당이 1,000원으로 예상되고, 향후 성장률은 5%로 지속될 것으로 예상된다. 이 기업의 기대수익률이 15%일 때, 이 주식의 이론적 가치는 얼마인가?

4 I 기업의 2016년도 말 현재 주가는 20,000원이고, 주당이익은 2,000원이다. I 기업은 매년 10%로 성장을 계속할 것으로 기대된다. 2017년도 말에 기대되는 I 기업의 주가가 25,000원이라고 할 때, 2017년 말의 주가수익비율은 얼마인가?

5 PBR에 대하여 설명하라.

6 기본적 분석의 의의 및 분석방법에 대하여 설명하라.

7 경제분석과 관련하여 금리와 주가와의 관계에 대하여 설명하라.

8 환율과 주가의 관계를 설명하라.

9 제품수명주기이론에 의한 산업분석에 대하여 설명하라.

10 기업분석의 양적 분석에 속하는 재무비율분석의 장·단점에 대하여 설명하라.

5 채권투자

학습목표

1. 채권과 관련한 기본적인 사항에 대하여 이해할 수 있다.
2. 채권투자와 관련한 제반분석에 대하여 이해할 수 있다.
3. 채권투자전략을 이해하고 활용할 수 있다.

들. 어. 가. 기

“지금 증권을 사도 되요?”, “어떤 종목에 투자하면 좋을까요?” 이와 같이 일반인들은 증권에 투자한다면 대개의 경우 주식에 투자하는 것으로 간주하고 말한다. 그러면 증권투자는 정말로 주식투자와 같은 말일까? 사실은 그렇지 않다. 증권투자는 주식이나 채권에 투자하는 것을 말한다. 채권투자는 흔히들 기관투자자들만이 대규모의 자금을 활용하여 할 수 있는 것으로 알고 있지만, 일반 개인도 거래소시장(장내시장)이나 장외시장을 통해 얼마든지 투자할 수 있다. 특히 최근과 같은 ‘저금리 시대’에 각광받는 자산운용의 수단이라고 말할 수 있다.

주식에 투자한 투자자는 투자한 기업의 주주로서 기업의 가치가 상승할 때 이익을 취득할 수 있는 반면에, 채권에 투자한 투자자는 해당 발행자(발행주체)에게 직접 자금을 빌려주어 이자소득을 취득한다. 즉 채권투자는 자금이 필요한 발행자(발행주체)에게 자금을 빌려주고 이자를 받는 것과 같은 이치이다. 주식투자의 경우는 투자기간이 따로 정해진 것도 아니고, 해당기업의 성과에 따라 배당 및 주가가 변하므로 투자성과를 예측하기가 어렵다. 이에 비해 채권투자는 해당 발행주체가 자금을 언제까지 빌린 것인지, 이자는 몇%로 할 것인지를 미리 정하기 때문에 향후 수익이 얼마인지를 알 수 있어 투자자는 상대적으로 안정적으로 자금을 운용할 수 있다.

채권투자도 다른 금융상품과 마찬가지로 안전성, 수익성, 유동성에 따라 투자가 이루어진다. 주로 정부, 지방자치단체, 공공기관, 금융기관 및 우량기업 등이 채권의 발행자(발행주체)가 되는데, 특히 정부가 발행하는 국채는 정부가 지급을 보증하기 때문에 가장 안전성이 높은 금융상품이다. 주로 우량기업이 발행하는 회사채의 경우 원리금 상환에 대한 안전성, 즉 자신의 신용도에 따라 발행되기 때문에 상대적으로 수익성이 높다. 채권은 주식과 같이 거래소에서 거래되기도 하고, 거래소이외의 장소에서 매매 당사 간에 혹은 브로커를 통해 언제든지 거래할 수 있기 때문에 유동성도 높다.

이와 같이 은행보다 안전성이 높은 국채부터 상대적으로 수익성이 높은 회사채까지 다양한 종류의 채권을 거래소시장(장내시장) 혹은 장외시장을 통해 투자할 수 있다. 또한 만기상환일 이전이라도 금리가 하락할 경우, 즉 채권가격이 상승할 경우 채권을 시장에 되팔아 시세차익도 추구할 수 있다. 만약에 전환사채, 신주인수권부사채 등과 같이 주식과 연계된 채권에 적절한 시기에 잘 투자하면 주식시장이 활황일 때 수익을 얻을 수도 있다.

원금보장, 이자수익, 시세차익, 주식관련 수익추구 등 여러 가지 장점을 추구할 수 있는 채권투자는 최근과 같은 저금리시대에서 가장 주목해야 할 자산운용 수단의 하나라고 말할 수 있다.

CHAPTER

5 채권투자

제1절 채권의 기본적인 이해

1 채권의 의의와 기본적 특성

채권은 정부, 공공기관, 특수법인, 주식회사 형태를 갖춘 사적기업 등이 불특정 다수인 투자자들로부터 비교적 장기의 자금을 집단적으로, 대량적으로 조달하고, 그 반대급부로 조달원금의 상환과 이자지급 등의 조건을 명확히 표시하여 발행하는 일종의 채용증서이다. 즉 채권이란 일반적으로 비교적 장기의 자금조달을 목적으로 하는 경제주체가 차입기간동안 약속된 방식에 의해 확정이자 및 원금의 지급을 약속한 증권이라고 말할 수 있다. 이와 같은 의미를 지닌 채권은 다음과 같은 기본적 특성을 지닌다.

첫째, 채권은 확정이자부 증권이다. 채권은 발행 시 혹은 매출 시 채무자가 지급해야 할 이자, 상환금액이 확정 혹은 그 기준이 확정되어 투자원금에 대한 수익은 금리수준의 변동에 의한 예상치를 제외하고는 발행 시 이미 결정된다.

둘째, 채권은 원리금의 상환기간이 사전에 정해져 있는 기한부증권이다. 주식발행에 의한 영구적인 자본조달과는 달리, 채권발행에 의한 자금조달은 한시적이어서 채권은 원리금에 대한 상환기간이 미리 정해진다.

셋째, 채권은 상대적으로 장기증권이다. 채권은 장기의 자금을 조달할 목적으로 발행된 증권이므로 CD, CP 등 여타 채무표시 증권에 비해 상대적으로 장기의 상환기간이 존재한다.

넷째, 채권은 자금운용의 수단으로서 이용된다. 채권은 기한부증권 및 확정이자부 증권이라는 특성에 연유하여 가치평가에서 주식보다 금리체계내의 객관성을 보유하고 있어 기관투자자 등 투자자의 자금운용수단으로 이용된다.

2 채권의 종류

채권은 그 내용이나 형식이 다양하여 간단히 분류하기는 어렵지만, 일반적으로 발행주체, 보증유무, 이자지급방법, 상환기간, 표시통화 등에 따라 다음과 같이 분류할 수 있다.

1) 발행주체에 의한 분류

채권은 발행주체에 따라 크게 국채, 지방채, 특수채, 회사채등으로 구분할 수 있다.

(1) 국채

국채는 '국채법'에 의거하여 국회의 동의를 받고 정부가 발행하는 채권이다. 현재 우리나라에서 발행되고 있는 국채로는 최근 국채발행의 중심을 이루고 있는 국고채권, 제1종, 제2종 국민주택채권, 재정증권, 외국환평형기금채권 등이 있다.

(2) 지방채

지방채는 '지방자치법', '지방재정법'에 의거 각 지방자치단체가 재원확보를 목적으로 발행하는 채권이다. 현재 각 시, 도가 발행하는 지역개발공채, 서울도시철도공채, 인천, 대구, 광주, 대전 등의 도시철도공채가 있다.

(3) 특수채

특수채는 한국토지개발공사 등 특별법에 의해 설립된 법인이 설립 근거법에 의거 발행하는 채권이다. 특수채에는 토지개발채권, 예금보험공사채 등이 있다.

(4) 금융채

금융채는 특별법에 의하여 설립된 금융기관이 발행한 채권으로 특수채의 일종으로 보기도 한다. 대표적인 예로는 산업금융채권, 중소기업금융채권 등이 있다. 한편, 과거에는 '여신전문업법'에 의해 카드, 리스, 할부금융사들에 의해 발행되는 채권, '은행법'에 의해 은행들에 의해 발행되는 은행채 등은 특수채로 간주하였으나, '자본시장법' 시행(2009년)이후부터는 이들 채권들은 회사채 중 금융회사채로 분류하고 있다. 또한 한국은행이 발행하는 통화안정증권도 '자본시장법'상의 금융채이나, 발행량이 여타 금융채에 비해 현저히 많기 때문에 다른 금융채와는 별도로 구분하여 분류하고 있다.

(5) 회사채

'상법' 상의 주식회사가 발행하는 채권으로 사채라고도 한다. 회사채는 사실상 국가에 의해 직·간접적으로 원리금지급이 보장되는 국공채(국채, 지방채, 특수채)와 달리 원리금 상환능력이 채권 발행기업에 따라 다르다.

2) 보증여부에 따른 분류

이는 원금상환 및 이자율지급이 이루어지지 않을 때 발행주체이외에 제 3 자가 이를 보증하느냐 여부에 따른 분류이다. 이는 일반적으로 회사채에 적용되는 분류로서, 제 3 자의 원리금상환이 보증되는 보증사채, 그렇지 않은 무보증사채가 있다.

(1) 보증사채

이는 원금상환 및 이자지급을 발행회사이외의 제 3 자가 보증하는 회사채를 의미한다. 원리금상환의 보증기관으로는 은행, 보증기금, 금융투자회사(증권회사), 보증보험회사 등을 들 수 있다.

(2) 무보증사채

이는 원리금상환에 대한 보증 혹은 담보제공없이 발행회사의 신용에 의거해 발행하는 회사채이다. 무보증사채는 보증사채나 담보부 사채에 비해 원리금 적기지급의 안정성이 떨어지기 때문에 신용도가 우수한 기업만이 발행이 가능하다. 우리나라의 경우, 무보증사채를 발행하기 위해서는 2개 이상의 신용평가기관으로부터 복수평가를 받아야 한다.

3) 이자 및 원금지급방법에 의한 분류

우리나라에서 채권에 적용되는 이자 및 원금지급방법은 단리채, 복리채, 할인채, 이표채로 분류할 수 있다.

(1) 단리채

이는 단리방식에 의해 이자금액이 원금과 함께 만기에 일시에 지급되는 방식이다.

$$S = F \times (1 + i \times N)$$

(S: 원리금, F: 액면금액, I: 표면이율, N: 만기년수)

국고채의 일부가 단리채로 발행되고 있다.

(2) 복리채

이는 이자가 이자지급 단위기간 수만큼 복리로 재투자되어 만기 시에 원금과 이자가 함께 지급되는 채권이다. 우리나라 채권에 적용되는 가장 일반적인 이자지급방식 중의 하나로서 이에는 ① 연단위 재투자 복리채, ② 3개월 단위 재투자 복리채가 있다.

① 연단위 재투자 복리채

이는 이자와 원금이 전입되어 원금화되는 재투자단위기간이 연단위로 일어나는 복리채이다.

$$S = F \times (1 + i)^N$$

(S: 원리금, F: 액면금액, I: 표면이율, N: 만기년수)

이에는 제1종 국민주택채권, 제2종 국민주택채권, 지역개발채권 등이 있다.

② 3개월 단위 재투자복리채

이는 이자와 원금이 전입되어 원금화되는 재투자단위기간이 3개월 단위로 일어나는 복리채이다.

$$S = F \times (1 + I/m)^{N \times m}$$

(S: 원리금, F: 액면금액, I: 표면이율, N: 만기년수, m : 재투자횟수)

금융채들 중에서 복리채로 발행되는 채권들이 이에 해당된다.

(3) 할인채

이는 만기 시까지의 총 이자를 채권발행 혹은 매출시에 미리 공제하는 방식으로 선 지급하는 형태의 채권이다. 따라서 만기 시에는 투자원금에 해당하는 액면금액만을 지급한다.

$$\text{발행가액} = 10{,}000 \times (1 - iN)$$

(i : 표면이율, N: 만기년수)

우리나라의 경우 통화안정증권, 금융채등이 대표적인 할인채이다.

(4) 이표채

이는 이자를 일정기간마다 수령할 수 있는 이표가 채권에 첨부된 채권이다. 따라서 이자 지급일에 이표를 떼어내어 이자를 지급하는 형태를 취하고 있다.

우리나라의 경우 대부분의 회사채와 국채 및 금융채의 일부가 이표채방식으로 이자를 지급하고 있다.

예를 들어 표면이율이 8%, 만기3년인 사채권이 3개월 이자지급 이표채일 경우, 3개월마다 이자지급액으로서 200원(=10,000×0.08/4)을 수령하고, 만기일에 원금과 이자를 합해 10,200원을 수령한다.

3 채권의 가치평가

1) 채권가치평가의 기본모형

채권의 가치평가는 앞에서 언급한 주식의 가치평가와 같이 채권으로부터 발생될 것으로 예상되는 미래 현금흐름을 요구수익률로 할인한 현재가치로 추정한다. 일반적으로 채권투자자는 채권을 보유하는 기간 동안에 발행조건에 따른 현금흐름을 받게 된다. 만약 채권보유로부터 발생하는 현금흐름이 매기에 지급하는 이자와 만기 시에 상환하는 액면금액이라고 한다면 채권의 가치는 채권으로부터 얻어질 현금흐름인 매기간의 이자와 만기시의 액면금액의 현재가치의 합이 되는데, 이를 채권투자자의 요구수익률로 할인한 현재가치로 추정함으로써 채권의 가치를 평가할 수 있다. 이를 식으로 나타내면 다음과 같다.

$$BV = \frac{C_1}{(1+r)} + \frac{C_2}{(1+r)^2} + \cdots + \frac{C_n}{(1+r)^n} + \frac{F}{(1+r)^n} \quad (5\text{–}1)$$
$$= \sum_{t=1}^{n} \frac{C}{(1+r)^t} + \frac{F}{(1+r)^n}$$

단, BV : 채권의 현재가치
C : 이자지급액(액면금액×표면이자율)
F : 액면금액
n : 만기
r : 채권투자자의 요구수익률

식 (6–1)은 채권의 가치가 만약 발행자가 채무이행을 원만히 수행한다면 일차적으로 표면이자율, 액면금액, 채권의 요구수익률에 의해서 결정된다는 것을 나타내고 있다. 이와 같은 채권의 가치를 결정하는 변수 중에서 액면금액, 표면이자율은 원금이 상환될 때까지 고정불변인데 반해, 만기와 요구수익률인 할인율은 가변적이다. 만기는 시간이 흐름에 따라 점차로 짧아지고, 요구수익률인 할인율은 공금리수준, 만기차이, 원리금지급불능의 위험정도 등 여러 요인에 의해 변하기 때문에 채권의 가치가 변하게 된다.

2) 할인채의 가치평가

할인채의 경우는 만기 시 상환받는 액면금액을 만기기간만큼 채권수익률로 할인한 현재가치가 된다. 이 경우의 채권가치 계산식은 다음과 같다.

$$BV = \frac{F}{(1+r)^n} \qquad (5\text{–}2)$$

단, BV : 채권의 현재가치
F : 채권의 액면금액
r : 할인율
n : 채권의 만기

〈예제〉 만기가 4년이고 액면가는 100,000원이면서 중간에 이자지급이 없는 할인채권이 있다. 이 채권의 만기수익률이 12%라고 하면 이 채권의 가치는 얼마인가?

$$BV = \frac{100{,}000}{(1+0.12)^4} = 63{,}550(\text{원})$$

3) 이표채의 가치평가

이표채의 현금흐름은 n 기간 동안 매기 일정한 이자가 발생하는 현금흐름과 n 기말에 액면금액이 발생하는 현금흐름의 합으로 나타낸다. 이표채의 경우 채권의 가치는 식 (5–3)과 같이 계산된다.

$$\begin{aligned} BV &= \frac{I}{(1+r)} + \frac{I}{(1+r)^2} + \cdots + \frac{I}{(1+r)^n} + \frac{F}{(1+r)^n} \qquad (5\text{–}3) \\ &= \sum_{t=1}^{n} \frac{I}{(1+r)^t} + \frac{F}{(1+r)^n} \end{aligned}$$

단, BV : 채권의 현재가치
I : 이자지급액(액면금액×표면이자율)
F : 액면금액

n : 만기
r : 채권투자자의 요구수익률(할인율)

〈예제〉 표면이자율이 12%, 액면금액 10,000원, 만기가 5년인 채권이 있다. 이자는 분기마다 기말에 지급되고 채권에 대한 요구수익률이 8%이라고 하면, 이 채권의 가치는 얼마인가?
이 채권은 이표채로서 분기별 이자는 300원(12%×1/4)이고, 만기가 5년이므로 기간 이자지급회수는 20회이며, 분기별 할인율은 2%(8%×1/4)이므로 계산식은 다음과 같다

$$\begin{aligned} BV &= \frac{(10,000 \times 0.12/4)}{(1+0.08/4)} + \frac{300}{1.02^2} + \cdots + \frac{300}{1.02^{20}} + \frac{10,000}{1.02^{20}} \\ &= 11,653(\text{원}) \end{aligned}$$

제2절 채권투자분석

1 채권가격과 채권수익률

1) 채권수익률의 개념과 기능

통상, 금융시장에서 자금을 빌려주고 받는 것을 결정하는 것을 이자율이라 하고, 채권시장에서는 이를 채권수익률이라고 한다. 이와 같이 채권수익률이란 예금의 이자율과 같은 개념으로서 채권의 투자성과를 평가함에 있어 보편적으로 사용하는 척도이다. 이는 채권투자에서 얻어지는 현금흐름의 현재가치와 채권의 시장가격을 일치시켜 주는 할인율로서 채권에 투자했을 때 일정기간에 발생된 투자수익을 투자원본으로 나누어 투자기간으로 환산하는 것을 말한다.[1])

1) 구체적으로는 만기수익률이라고 한다.

채권수익률은 채권의 가격을 나타내는 수단으로 볼 수 있다. 따라서 채권의 시장가격을 알면 수익률을 계산할 수 있고 수익률이 주어지면 채권가격을 알 수 있다.

한편 채권수익률은 타 금융상품과의 비교수익률로도 사용되고 있다. 예를 들어 채권수익률은 표면이자율, 잔존기간, 시장가격이 서로 다른 채권을 비교하는 기준으로 이용되고 있다.

2) 채권가격과 채권수익률의 관계

앞에서 설명한 것처럼 채권의 가치를 결정짓는 여러 가지의 요소들 중에서 가장 중요한 것은 채권수익률(r)이다. 채권수익률과 채권가격은 어떤 관계가 있는가? 이를 알아보기 위해서 채권수익률이 변동됨에 따라 채권가격이 어떻게 변동하는지를 살펴보기로 하자.

예를 들어, 액면금액 10,000원, 표면이자율(액면이자율) 연 8%이고 이자는 연 1회 후급, 만기 3년인 채권이 있다고 하자. 채권수익률이 8%인 경우와 시장상황이 좋아져 5%로 하락한 경우 및 시장상황이 악화되어 11%로 상승한 경우의 채권의 가치를 평가하면 다음과 같다.

(1) 채권수익률이 8%인 경우

$$BV = \frac{800}{(1+0.08)} + \frac{800}{(1+0.08)^2} + \frac{800}{(1+0.08)^3} + \frac{10,000}{(1+0.08)^3}$$
$$= 10,000(\text{원})$$

(2) 채권수익률이 5%로 하락한 경우

$$BV = \frac{800}{(1+0.05)} + \frac{800}{(1+0.05)^2} + \frac{800}{(1+0.05)^3} + \frac{10,000}{(1+0.05)^3}$$
$$= 10,817(\text{원})$$

(3) 채권수익률이 11%로 상승한 경우

$$BV = \frac{800}{(1+0.11)} + \frac{800}{(1+0.11)^2} + \frac{800}{(1+0.11)^3} + \frac{10,000}{(1+0.11)^3}$$
$$= 9,267(\text{원})$$

이와 같은 계산의 예에서 알 수 있듯이 채권수익률이 표면이자율과 같으면 채권가격은 액면가격과 같다. 그러나 채권수익률이 표면이자율보다 낮으면 채권가격은 액면가격보다 높고, 채권수익률이 표면이자율보다 높으면 채권가격은 액면가격보다 낮게 된다는 것을 알 수 있다. 이와 같은 관계에서 채권가격과 채권수익률의 사이에는 반비례의 관계가 성립함을 알 수 있다.

2 채권수익률(채권가격)의 결정요인

채권은 유통시장에서 매일매일 가격이 변하고 있다. 가격은 여러 가지 요인에 의하여 변동되는데 시중금리, 경제상황과 같은 외적요인과 채권의 만기, 발행주체의 지급불능 위험과 같은 내적요인의 두 가지 유인에 의해서 결정된다고 볼 수 있다.

따라서 채권에 투자하는 투자자는 채권의 내적요인인 만기, 표면이자율, 상환조건, 과세문제를 비롯하여 채권가격에 영향을 주는 경기동향, 정부의 재정금융정책, 채권의 수요와 공급, 금융시장의 계절적 변동 등 전반적인 경제여건에 대한 기본적인 이해가 필요하다.

1) 채권의 외적 요인

(1) 채권의 수요와 공급

채권수익률의 가장 큰 변동요인은 채권의 수요와 공급에 있다. 이는 채권의 수요와 공급의 변동 → 채권수익률의 변화 → 채권가격의 변화라는 과정으로 설명된다. 이와 같이 채권수익률의 가장 큰 변동요인은 채권의 수요와 공급이라

할 수 있는데 수익률은 공급보다는 수요에 더 큰 영향을 받는다.

이는 채권의 수요는 가격에 대하여 탄력적인 반면에, 채권의 공급은 채권가격에 대하여 비탄력적이다. 다시 말해서 채권의 공급은 채권의 수요가 급증한다고 하여 공급이 급증하지 아니한다. 왜냐하면 채권의 공급은 일정한 계획에 의하여 이루어지기 때문에 수요에 의하여 큰 영향을 받지 않는다. 반면에 채권의 수요는 채권의 가격이 탄력적이기 때문에 채권의 수요가 증가하면 채권가격은 상승하고 채권의 수요가 감소하면 채권가격은 하락한다.

따라서 채권수익률 변화의 가장 큰 요인은 금융시장의 자금사정 변동에 의하여 채권의 수요가 증가하는가에 있다. 채권의 시세가 강세라는 말은 채권의 공급이 감소하는 것이 아니라 채권의 수요가 증가하는 현상이 많으며 채권의 시세가 약세라는 말은 채권의 공급 증가보다는 채권의 수요가 감소한 경우가 일반적이다.

(2) 시중의 자금사정과 금융정책

시중의 자금사정과 채권수익률은 밀접한 상관관계가 있다. 시중의 자금흡수 및 공급은 금융시장에 민감하게 반영되어 콜시장, CP시장 등에 영향을 주어 단기 채권수익률을 좌우하게 된다.

일반적으로 시중의 자금이 풍부한 경우 시중의 실세금리가 하락하고, 기존의 채권수익률로 채권을 매입하는 것이 유리하게 됨에 따라 채권의 수요가 증가하게 되어 채권수익률의 하락을 가져온다. 반대로 법인세, 부가세, 배당금 등과 같이 일시적으로 시중의 자금이 경색되면 시중의 금리가 상승하여 기존의 채권수익률로 채권을 매입하는 것보다 높은 금리의 금융상품에 투자하게 됨으로 채권의 수익률은 상승하게 된다.

또한 경제의 안정적인 성장을 위하여 저금리, 저물가 정책을 실시한다고 하면 장기채권의 수익률은 일시적인 자금사정의 불균형에 영향을 받지 않고 정부의 정책에 따라 결정된다.

이와 같이 채권수익률은 단기채권의 경우 당시의 시중 자금사정, 장기채권의 경우는 정부의 재정·금융정책에 의하여 영향을 받는다.

(3) 경기동향

금융시장의 자금수급관계가 채권의 수급에 영향을 미치는데, 금융시장의 자금수급관계는 기본적으로 경기상황에 좌우된다. 일반적으로 경기가 상승국면에 진입하면 각 기업들은 설비투자를 중심으로 자금수요가 급증한다. 이때 기업은 필요한 자금을 금융기관에서 차입하든가 회사채를 대량으로 발행하게 되며, 금융기관은 필요한 자금을 확보하기 위하여 보유하고 있는 유가증권을 매각하며 금융시장에서는 자금 사정이 궁핍하여진다. 이 경우 채권의 공급은 증대되고 채권의 수요가 감소함으로써 채권수익률은 상승하게 된다.

반대로 경기가 하강국면에 진입하면 각 기업은 투자의욕이 감소하고 시설투자의 증가보다는 축소를 도모하며 금융기관에서는 대출 자금의 압박에서 벗어나 자금의 여유가 발생, 자금사정은 풍부하여져 채권수요가 증가하게 되므로 채권수익률은 하락하게 된다.

(4) 물가상승

물가상승과 채권수익률은 정의 상관관계가 있다. 물가상승 시 명목금리는 상승하나 실질금리는 하락한다. 시장의 명목금리의 상승은 기존의 채권투자보다는 다른 실물투기를 발생시키면서 채권의 수요는 감소하게 된다. 반대로 물가의 하락 시 시장의 실질금리는 상승하고, 기존의 채권수익률로 채권을 투자하는 것이 유리하여 채권의 수요가 증대하게 되므로 채권수익률은 하락하게 된다.

(5) 환율동향

환율과 채권수익률사이에는 명확한 상관관계가 존재한다. 원화 평가절상(원화환율 하락)은 국내의 채권가격에 긍정적인 요인으로 작용하여 채권수익률이 하락하고, 원화 평가절하(원화환율 상승)는 이와 반대로 채권가격에 부정적인 요인으로 작용하여 채권수익률은 상승한다.

만약 원화환율이 하락(원화 평가 절상)하면, 외국제품과의 가격경쟁력이 약해지기 때문에 국내 상품의 수출이 둔화되고, 이어서 국내경기가 후퇴하기 시작한다. 이와 같은 상황이 지속되면 어느 정도 경기를 자극・회복시킬 필요성이 대두됨에 따라 금리도 하락하는 방향으로 유도될 것이다.

한편, 원화환율 하락(원화 평가 절상)은 수입상품가격의 실질적인 하락을 가져오기 때문에 석유 등 원자재가격이 하락하고 이는 다시 국내 도매물가에도 긍정적인 영향을 미쳐 인플레 기대심리를 후퇴시키게 된다. 또한 수입상품의 가격하락이 국산상품에 대해서 가격상승 억제효과를 가져올 것으로 기대되어 국내물가 하락, 나아가서는 금리 하락으로 이어진다.

또한 원화환율 하락(원화 평가 절상)은 달러자산을 보유한 투자자의 입장에서는 원화기준으로 볼 때 달러자산의 가치가 감소되는 반면에, 원화자산의 가치는 상대적으로 상승하게 된다. 따라서 달러자산으로부터 원화자산으로의 자금이동이 일어날 가능성이 높다. 이대로 실현이 되면, 원화자산의 일종인 채권에 대한 수급이 호전되기 때문에 금리는 하락하게 된다.

이와 같이 원화환율 하락(원화 평가 절상)은 금리하락을 야기 시키고 이에 따라 채권수익률은 하락하게 된다.

(6) 기타 요인

이 밖에도 채권수익률은 연말이나 추석과 같은 금융시장의 계절적인 변동요인, 부동산경기, 주식시장의 장세여부 등 경제적 요인에 의해 영향을 받는다.

2) 채권의 내적 요인

채권수익률은 위에서 설명한 채권의 외적 요인에 의해서도 결정되지만 채권의 만기와 같은 발행조건이나 발행주체가 지니는 지급불능 위험과 같은 채권의 내적요인에 의해서도 영향을 받는다.

(1) 채권의 잔존기간

채권은 만기까지의 잔존기간에 따라 수익률이 달라진다. 다른 조건이 일정할 때 만기까지의 잔존기간이 길수록 채권가격의 변동위험은 크고 유동성이 줄어들어서 장기채일수록 수익률이 높아진다. 즉 채권의 잔존기간이 길수록 시장이자율에 따라 이자가 복리로 계산되는 기간이 더 많아지거나 채권수익률로 할인하는 기간이 길기 때문에 장기채일수록 채권수익률 변화에 따른 채권가격의 변동성은 크다.

(2) 채무불이행위험

채권은 원금과 표면이자수입이 약속된 확정이자부 증권이지만 위험이 전혀 없는 것은 아니다. 발행주체의 재정난, 실적부진 등으로 인하여 이자뿐만 아니라 원금상환도 제대로 이행하지 못하는 경우도 있는데 이러한 위험을 채무불이행위험이라고 한다.

따라서 여타 조건이 동일하다면 채무불이행 위험이 높은 채권일수록 투자자는 높은 위험 프레미엄(premium)을 요구하게 되고 이로 인하여 채권수익률은 올라간다.

(3) 유동성

채권의 유동성이란 채권을 적절한 가격으로 원하는 시점에서 매각할 수 있는 정도를 말하는데, 일반적으로 유동성이 높은 채권은 거래가 활발하기 때문에 당해 채권 보유자는 언제든지 원할 때 쉽게 현금화할 수 있는 장점을 가지고 있다.

따라서 합리적인 투자자라면 다른 조건이 같다고 할 때 유동성이 낮은 채권보다는 유동성이 높은 채권을 선호할 것이므로 유동성이 낮은 채권은 그만큼 발행하기가 어려워진다. 결국 유동성이 낮은 채권이 발행되거나 또는 유통시장에서 거래가 되기 위해서는 그 대가로 유동성 프레미엄을 제공해야 되기 때문에 낮은 유동성은 채권수익률을 올리는 요인이 된다.

3 채권의 수익구성

채권투자에 따른 수익은 크게 가격손익, 표면이자수익, 재투자수익으로 구성된다.

1) 가격손익

가격손익은 투자채권에 대한 매도(만기)금액과 매입(인수)금액과의 차이를 의미한다.

가격손익=채권매도(만기)금액-채권매수(인수)금액

특히 할인채, 단리채, 복리채와 같이 발행이후 현금흐름이 만기 시 한번만 발생하는 채권(만기시 일시상환채권)들의 경우에는 가격손익만으로 투자수익이 결정된다.

2) 표면이자수익

발행 후 만기 시까지 복수의 현금흐름이 발생하는 이표채 등에 투자하는 경우, 채권취득 후 매도(만기)기간 사이, 다시 말하면 투자기간동안 표면이율에 의해 일정기간마다 발생되는 이자도 투자수익이 된다.

3) 재투자수익

재투자수익은 투자기간 동안 발생된 표면이자수익을 또 다시 투자함으로써 발생되는 수익을 의미한다. 재투자수익은 표면이자수익과 합해져 채권의 매도(만기)금액과 함께 투자채권의 최종 총수입을 결정짓는다.

만기 시 일시상환채권(복리채, 단리채, 할인채) :
가격손익=매도(만기)금액-매입(인수)금액

이표채 : 가격손익=매도(만기)금액-매입(인수)금액
표면이자수익
재투자수익

〈예시 1〉 다음 표는 만기상환금액 12,762원인 만기 시 원리금 일시상환채권을 만기수익률 10%,15%,20%일 경우 잔존기간별 가격을 산출한 것이다.

잔존기간(년)	수익률 10%(A)	수익률 15%(B)	수익률 20%(C)
5	7,924	6,344	5,128
4	8,716	7,296	6,154
3	9,588	8,391	7,385
2	10,547	9,649	8,862
1	11,601	11,097	10,635
0	12,762	12,762	12,762

① 잔존기간이 4년 남은 채권을 수익률 15%에 매입하여 2년 경과(잔존기간 2년) 후 수익률 10%에 매도하면 투자수익은?
투자수익 : 10,547(원)−7,296(원)=3,251(원)

② 잔존기간이 5년 남은 채권을 수익률 10%에 매입하여 2년 경과(잔존기간 3년)후 수익률 20%에 매도하면 투자수익은?
투자수익 : 7,385(원)−7,924(원)=−539(원)

〈예시 2〉 잔존기간이 3년 남은 표면이율 8%인 연단위 이표채를 만기수익률 10%, 단가 9,502원에 매입하여 만기상환을 받는다면 이때 투자수익과 최종총수입은?

① 가격손익 : 10,000(원)−9,502(원)=498(원)

② 표면이자수익 : 800(원)×3=2,400(원)

③ 재투자수익(재투자수익률10% 가정) :
800×(1+0.1)2+800×(1+0.1)+800−2,400=248(원)

따라서 총투자수익 : 498(원)+2,400(원)+248(원)=3,146(원)

최종 총수입 : 9,502(원)+3,146(원)=12,648(원)

4 채권투자의 위험

1) 채권의 체계적 위험

채권투자와 관련한 체계적 위험이라 하면, 시장전체 이자율의 변동에 따른 위험으로 분산투자로서도 회피하기 불가능한 위험이다. 이자율변동위험과 인플레이션 위험이 이에 속한다.

(1) 이자율변동위험

이자율변동위험이란 이자율의 변동으로 인하여 채권가격과 재투자수익률에 미치는 위험으로 이는 가격변동위험과 재투자수익률위험으로 구분된다. 가격변동위험이란 시장이자율의 변동으로 인하여 발생하는 채권가격의 상승 혹은 하락의 변동위험을 말하고, 재투자수익률위험은 이자지급액이나 원금상환액을 재투자함으로써 얻어지는 재투자수익률의 변동위험을 말한다.

그런데 위의 두 위험은 근본적으로는 이자율위험의 서로 다른 두 가지 현상으로 서로 반대방향으로 작용한다. 예를 들어 시장이자율이 상승하게 되면 이자지급액의 재투자로부터 얻어지는 재투자수익률도 상승하게 되지만, 채권의 가격은 하락하게 된다.

〈그림 5-1〉 가격위험과 재투자수익률위험

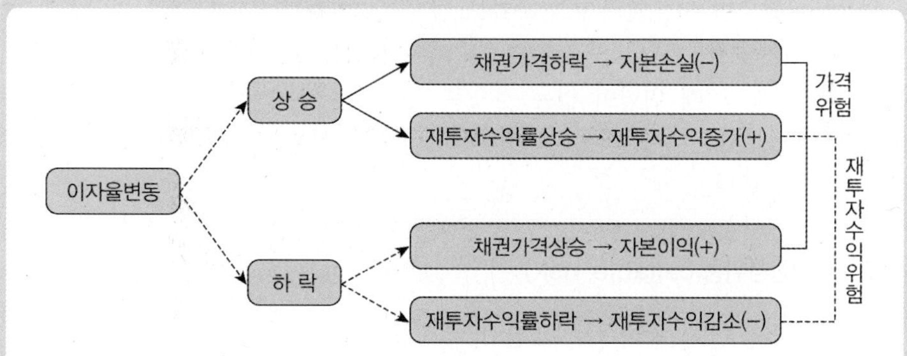

(2) 인플레이션위험(inflation risk)

인플레이션위험이란 물가상승에 따른 실질수익률 하락의 위험으로 특히 중요시되는 것은 예상되지 않은 인플레이션이다.

명목이자율은 실질이자율과 예상인플레이션의 합으로 이루어진다는 핏셔 효과

(Fisher effect)와 같이 채권수익률은 실질이자율과 기대인플레이션의 합으로 결정된다. 따라서 미래의 예상되는 인플레이션이 높을수록 채권수익률은 상승하며 동시에 채권가격은 하락한다.

그런데 핏셔 효과는 예상된 인플레이션을 설명하고 있지만 예상되지 않은 인플레이션까지를 고려하고 있는 것은 아니다. 이와 같이 예상되지 않은 인플레이션에 따른 채권의 실질수익률의 하락을 인플레이션위험 또는 구매력위험이라고 한다.

2) 채권의 비체계적 위험

채권투자와 관련한 비체계적 위험이란 채권발행주체 자체의 특성에 따라 달라지는 개별위험으로 이는 분산투자에 의해 위험회피가 가능하다. 이에는 채무불이행위험, 수의상환위험, 유동성위험 등이 있다.

(1) 채무불이행위험(default risk)

채무불이행위험은 채권의 발행자가 원금 또는 이자를 약속한대로 지급하지 못하게 될 가능성 또는 위험을 말한다. 채권수익률은 채무불이행위험의 크기에 따라 증가하는데, 이때 위험이 없는 것으로 간주되는 무위험채권의 수익률과 채무불이행위험을 갖는 채권의 수익률과의 차이를 위험프리미엄 또는 스프레드(spread)라고 한다.

(2) 수의상환위험(callable risk)

어떤 채권은 만기 전이라도 채권의 발행자가 원금을 상환할 수 있는 권리인 수의상환권(call option)이 부여되기도 한다. 이처럼 채권발행자가 수의상환권을 가지려하는 이유는 이자율의 변동에 대처하기 위함이다. 즉 이자율이 하락할 것으로 예상되는 경우에 채권발행자는 이미 발행된 채권을 매입하여 소각하고 보다 낮은 표면이율로 채권을 다시 발행함으로써 발행주체의 이자비용을 절약할 수 있다. 따라서 수의상환가능성을 지닌 채권의 가격은 수의상환가능성이 없는 채권의 가격보다 일반적으로 낮다.

(3) 유동성위험(liquidity risk)

이는 시장성위험이라고도 하는데 보유채권을 특정시점에서 매각하여 환금하고자하는 경우 적절한 가격으로 단시일 내에 처분할 수 없는 경우에 발생하는 위험을 말한다. 일반적으로 채권유통시장에의 시장참여자가 많지 않아 거래량이 크지 않고 거래가격이 불연속적으로 형성되는 채권의 경우 현금화하는데 어려움을 겪을 뿐만 아니라 거래시 가격상의 불이익을 겪을 가능성이 크다.

5 채권가격정리

일반적으로 채권가격은 표면이율, 잔존기간 및 만기수익률 등에 의해 결정된다. 말킬(B. G. Malkiel)은 이와 같은 요인들의 변화가 채권가격의 변동에 미치는 영향을 채권가격정리(bond price theorem)로 제시하였다.

① 채권가격은 채권수익률과 반비례한다.

동일한 조건을 지닌 채권의 경우 채권수익률이 오르면, 채권가격은 하락하고 채권수익률이 내리면 채권가격은 상승한다. 〈표 5-2〉에서 보는 것처럼 액면가 10,000원, 표면이율 13%, 만기3년, 이자지급방법 3개월 후급인 회사채의 시장수익률이 10%에서 11%로 상승하면, 채권가격은 8,860원에서 8,651원으로 하락하는 반면에, 시장수익률이 9%로 하락하면 9,074원으로 채권가격이 상승함을 알 수 있다.

② 채권의 만기가 길수록 동일한 수익률 변동에 대한 가격변동률은 커진다.

〈표 5-2〉에서 보는 것처럼 3년채보다는 5년채의 경우가 1% 수익률변동에 따른 가격변동률이 큼을 알 수 있다. 따라서 채권투자 시 이자율하락이 예상되면 장기채권에 대한 투자에 주력하여 시세차익을 극대화하고, 반대로 이자율이 상승할 것으로 예상하면 단기채로의 교체매매로 투자수익률을 높이는 것이 유리함을 알 수 있다.

〈표 5-2〉 채권수익률, 채권가격, 표면이율, 만기와의 관계

만 기	표면이율	채권수익률 r=10%일 때 채권가격	채권수익률 r=11%		채권수익률 r=9%	
			채권가격	가격변동률	채권가격	가격변동률
3년	11%	8,404	8,202	−2.404	8,612	2.475
	13%	8,860	8,651	−2.359	9,074	2.415
	15%	9,316	9,101	−2.308	9,537	2.372
	17%	9,772	9,550	−2.272	10,000	2.333
5년	11%	7,723	7,453	−3.496	8,005	3.651
	13%	8,374	8,090	−3.391	8,670	3.535
	15%	9,024	8,726	−3.302	9,335	3.446
	17%	9,674	9,363	−3.215	10,000	3.370

③ 채권의 잔존기간이 길어짐으로써 발생하는 가격변동률은 체감한다.

〈표 5-2〉에서 보는 바와 같이 만기 또는 잔존기간이 길어질수록 그 증감률이 체감함으로 한계효율적인 측면에서 볼 때 만기가 너무 긴 채권은 투자효율이 체감하여 그 필요성이 그만큼 적어진다는 것이다.

④ 동일한 크기의 수익률변동이 발생하더라도 채권가격의 변동율은 수익률이 하락할 때와 상승할 때가 동일하지 않다.

〈표 5-2〉에서 표면이율 13%, 3년 만기 회사채의 경우 수익률이 10%에서 1% 만큼 하락하여 채권가격이 상승한 폭 214원은 수익률 10%에서 1%만큼 상승하여 채권가격이 하락한 폭 209원보다 크다. 이는 수익률 하락 시 채권투자 성과가 더욱 크게 나타나므로 더욱 더 많은 양의 채권을 매입하는 것이 유리하다는 것이다.

⑤ 표면이율이 높을수록 동일한 크기의 수익률변동에 대한 가격변동률은 작아진다.

〈표 5-3〉에서 보는 것처럼 잔존기간이 일정할 때 표면이율이 낮은 채권일수록 동일한수익률변동에 따른 가격변동률이 커지게 된다. 이는 표면이율이 낮은 채권이 채권수익률변동 시 높은 표면이율의 채권보다 높은 매매차익을 얻을 수 있음을 의미한다.

〈표 5-3〉 표면이율과 채권가격과의 관계

표면이율	r=11%	r=10%	가격변동폭	변동률(%)
11%	8,202	8,404	202	2.463
12%	8,426	8,632	206	2.445
13%	8,651	8,860	209	2.416
14%	8,876	9,088	212	2.388
15%	9,101	9,316	215	2.362

주 : 이자지급 매3월 후급 3년 만기 회사채 기준

이와 같이 채권가격정리에 의하면, 채권가격은 ① 수익률변동에 반비례하며, ② 만기 또는 잔존기간이 길수록 ③ 표면이율이 낮을수록, 그리고 ④ 채권수익률이 낮을수록 채권가격의 변동률은 커짐을 알 수 있다.

따라서 채권수익률이 하락할 시 에는 장기채 및 표면이율이 낮은 저 쿠폰 채권을 매입하여 매매차익을 극대화하고 채권수익률이 상승 시에는 채권매입을 보류하는 것이 최선이나, 만약 매입해야 한다면 단기채 및 표면이자율이 높은 고쿠폰 채권을 매입하여 수익률상승에 따른 위험부담을 줄이는 전략을 구사하는 것이 바람직할 것이다.

그러나 이들 요인들이 복합적으로 변할 경우 이와 같은 일반적인 경향이 반드시 나타나는 것은 아니다. 각 요소들이 채권가격의 탄력성에 미치는 방향과 그 정도가 서로 다를 수 있기 때문이다. 예를 들어 표면이율이 커지고 만기가 길어질 경우 이들 두 요소가 복합되어 채권가격에 어떠한 영향을 미칠 것인가는 이와 같은 일반적인 기준으로는 말할 수 없다. 왜냐하면 전자는 채권의 가격탄력성을 작게 하는 방향으로 후자는 채권의 가격탄력성을 크게 하는 방향으로 움직이기 때문이다.

6 듀레이션(duration)

1) 듀레이션의 의의

앞에서 언급한 바와 같이 말킬의 채권가격정리에 의거하여 예를 들어 잔존기간이 길고 표면이율이 높은 채권과 잔존기간은 짧으나 표면이율이 낮은 채권을 놓고 선택하는 경우, 어느 채권의 가격변동성이 더 큰가를 결정하는 데에는 한계에 봉착한다.

이와 같은 문제를 타개하기 위한 일환으로 채권의 가격변동에 미치는 여러 요인을 동시에 고려하여 채권수익률의 변화가 채권가격의 변동에 미치는 영향을 측정할 수 있는 개념으로 체계화된 것이 1938년 매콜리(F.R Macaulay)의 듀레이션 개념이다.

듀레이션이란 채권투자의 투자수입(이자수입 및 원금상환)의 현재가치와 그 현금흐름의 유입시기를 고려한 투자원금의 가중평균회수기간을 말한다. 다시 말하면 채권의 원금뿐만 아니라 이자수입의 현금흐름까지 고려하여 상환기간을 현재가치로 표시한 것이 듀레이션이다. 이러한 의미에서 듀레이션을 평균상환기간이라고도 한다.

이와 같이 듀레이션은 각 기간에 들어오는 현금흐름(이자수입과 원금)의 현재가치에 가중하여 투자원금의 만기를 표시한 가중평균만기라고 할 수 있다.

$$\text{Duration} = \sum(\text{기간}) \cdot \frac{\text{기간별 현금흐름의 현재가치}}{\text{채권가격}} \tag{5-3}$$

$$= \frac{\displaystyle\sum_{t=1}^{n} \frac{t \cdot CF_t}{(1+r)^t}}{\displaystyle\sum_{t=1}^{n} \frac{CF_t}{(1+r)^t}} = \frac{\displaystyle\sum_{t=1}^{n} \frac{t \cdot CF_t}{(1+r)^t}}{P}$$

한편, 듀레이션은 수익률변동에 대한 채권가격 민감도의 개념으로도 표시할 수 있다.

$$\text{Duration} = \frac{\dfrac{dP}{P}}{\dfrac{d}{(1+r)}} = \frac{\dfrac{dP}{dr}}{\dfrac{P}{(1+r)}} = -\frac{dP}{dr} \cdot \frac{(1+r)}{P} \tag{5-4}$$

단, n : 만기까지의 이자지급횟수

t : 현금흐름발생기간($t=1,\ 2,\ 3,\ \cdots\cdots,\ n$)

CF_t : 채권에서 발생하는 각기의 현금흐름

r : 채권의 만기수익률

P : 채권의 가격

〈예시〉 잔존기간 3년, 표면이율 8%, 연단위 후급이표채의 만기수익률이 10% 일 때 이 채권의 듀레이션은?

t	CF_t	$CF_t/(1+r)^t$	$t \cdot CF_t/(1+r)^t$
1	800	$800/(1+0.1)^1$=727.27	1×721.27=727.27
2	800	$800/(1+0.1)^2$=661.16	2×661.16=1,322.32
3	10,800	$800/(1+0.1)^3$=8,114.20	3×8,114.20=24,342.60
합계		9,502.63	26,392.19

$$\text{듀레이션} = \frac{26,392.19}{9,502.63} = 2.78(\text{년})$$

2) 듀레이션과 채권가격과의 관계

앞의 식 (6-4)에서 보는 것처럼 듀레이션의 개념을 이용하여 듀레이션이 채권가격 및 그 변동성과 어떠한 관계를 지니고 있는가를 표시할 수 있다.

먼저 듀레이션이 주어질 때 수익률의 변동에 따른 채권가격의 변동률은 다음과 같다.

$$\Delta P/P(\text{채권가격 변동율}) = -\text{Duration}/(1+r) \times \Delta r$$
$$\Delta r = \text{시장 만기수익률의 변동폭}$$

위에서 우 항의 Duration/(1+r)을 수정 듀레이션이라고 하기도 한다. 즉

$$\text{수정 듀레이션} = D_M = \text{Duration}/(1+r)$$

따라서 수익률변동에 의한 채권가격 변동폭은 다음과 표시할 수 있다.

$$\Delta P(\text{채권가격 변동 폭}) = -D_M \times \Delta r \times P$$

이와 같이 듀레이션의 크기는 채권가격의 변동율 및 가격변동폭과 정(+)의 관

계를 갖고 있음을 알 수 있다.

3) 듀레이션과 표면이율, 만기수익률, 잔존기간과의 관계

듀레이션은 표면이율, 만기수익률, 잔존기간에 의해 결정되며 다음과 같은 관계가 있다.

첫째, 표면이율이 높을수록 듀레이션은 짧아진다.

표면이율이 높다는 것은 채권투자에 대한 수익이 상대적으로 일찍 실현되는 것을 의미하는데, 이는 짧은 듀레이션으로 나타난다.

둘째, 만기수익률이 높을수록 듀레이션은 짧아진다.

듀레이션의 산정에 있어서 듀레이션의 크기를 결정하는 가중치의 역할을 하는 각 기의 현금흐름의 현재가치 값은 미래의 현금흐름일수록 낮게 나타난다. 따라서 만기수익률이 높으면 먼 미래에 발생하는 현금흐름이 상대적으로 많이 할인되어 가중치가 감소하기 때문에 듀레이션은 짧아진다. 즉 먼 미래에 발생하는 현금흐름의 기여도가 감소하여 듀레이션이 짧아진다.

셋째, 잔존기간과 듀레이션과의 관계는 채권의 발행형태에 따라 달라지는데, 일반적으로 잔존기간이 길수록 듀레이션이 커진다.

만기시 일시상환채권(단리채, 복리채, 할인채)은 만기이전에는 현금흐름이 발생하지 않기 때문에 잔존기간이 곧 듀레이션이 된다. 한편, 이표채의 듀레이션은 항상 잔존기간보다 작으며, 잔존기간이 길수록 듀레이션도 커진다.

7 볼록성

1) 볼록성의 의의

듀레이션은 채권가격결정요인들에 대한 포괄적인 정보를 지니고 있어 채권수익률변동에 의한 채권가격변동을 추정하는데 유용한 개념이다. 그러나 듀레이션을 이용하여 추정된 채권가격의 변동은 수익률변동 폭이 작은 경우에는 실제 가격변동과 큰 차이가 없으나, 수익률변동 폭이 커질수록 실제 가격변동치와 비교해 오차가 증가하는 경향이 있다.

이는 기본적으로 실제 채권가격과 만기수익률은 원점에 대하여 볼록한 곡선모양의 관계를 갖는데 비해, 듀레이션을 이용해 추정된 채권가격과 만기수익률의 관계는 듀레이션 산출의 기준이 되는 만기수익률을 접점으로 선형관계를 갖고 있기 때문이다.

〈그림 5-2〉에서 보는 것처럼 듀레이션을 이용해 추정된 채권가격변동 폭은 만기수익률이 하락하는 경우에는 실제 채권가격상승폭보다 과소평가되는 반면에, 만기수익률이 상승하는 경우에는 실제 가격하락폭보다 과대평가되고 있으며, 이러한 경향은 수익률변동 폭이 확대될수록 크게 나타난다.

이와 같이 듀레이션에 의한 가격변동 산출에서 발생하는 추정오차를 감소시키기 위한 개념이 볼록성(Convexity)이다. 볼록성은 채권가격과 만기수익률의 관계가 원점에 대해 볼록한 비선형적 관계를 갖고 있는 것을 측정한 것으로써 다음과 같이 표시된다.

〈그림 5-2〉 듀레이션에 의해 추정된 채권가격과 실제가격과의 차이

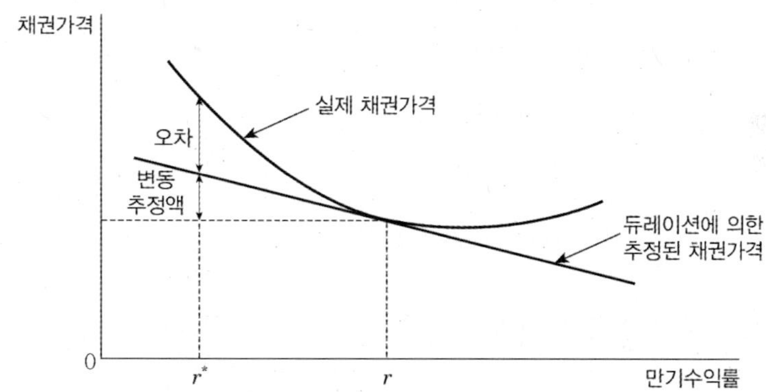

$$\text{블록성(convexity)} = \frac{\frac{d^2p}{dr^2}}{p} \qquad (5\text{–}5)$$

단, $\frac{d^2p}{dr^2} = \sum_{t=1}^{n} \frac{t(t+1)CF_t}{(1+r)^{t+2}}$

위의 식에서 보는 것처럼 볼록성은 만기수익률에 대한 채권가격의 2차 도함수를 채권가격으로 나눈 것이다. 즉 듀레이션이 채권가격에 대한 수익률곡선의 기울기를 나타내는데 비해, 볼록성은 채권가격에 대한 수익률곡선 기울기의 변화를 나타낸다.

〈예 1〉 잔존기간 3년, 표면이율 8%, 연 단위 후급이표채의 만기수익률이 10%일 때 이 채권의 가격은 9,502.63원이다. 이 채권의 볼록성은?

t	CF_t	$t(t+1)CF_t$	$t(t+1)\cdot CF_t/(1+r)^{t+2}$
1	800	1・2・800=1,600	$1{,}600/(1+0.1)^{(1+2)}=1{,}202.10$
2	800	2・3・800=4,800	$4{,}800/(1+0.1)^{(2+2)}=3{,}278.46$
3	10,800	3・4・10,800=129,600	$129{,}600/(1+0.1)^{(3+2)}=80{,}471.40$
합계			84,951.96

볼록성(Convexity)=84,951.96/ 9,502.63=8.94

2) 볼록성과 채권가격과의 관계

볼록성에 의한 채권가격의 변동 폭은 다음과 같이 산출된다.

$$\Delta P = 1/2 \times P \times \text{Convexity} \times (\Delta r)^2$$

따라서 볼록성에 의거한 채권가격 변동률은 다음과 같이 산출된다.

$$\Delta P/P = 1/2 \times \text{Convexity} \times (\Delta r)^2$$

〈예 2〉 〈예1〉에서 산출된 볼록성을 지닌 채권의 만기수익률이 10%에서 9%로 하락할 때의 볼록성에 의한 채권가격변동폭과 채권가격변동률은?

채권가격변동폭(ΔP)=1/2×9,502.63(원)×8.94×(0.01)2≒4(원)

채권가격변동률($\Delta P/P$)=1/2×8.94×(0.01)2≒0.000447 약 0.045%

이와 같이 전체 채권가격의 변동폭과 변동률은 듀레이션과 볼록성의 개념을 동시에 고려하여 실제값에 가까운 근사치를 얻을 수 있다.

채권가격변동폭(ΔP) ≒ [−DM × △r × P]+[1/2 × P × Convexity × (Δr)^2]

채권가격변동률($\Delta P/P$)≒[−DM × △r]+[1/2 × Convexity × (Δr)^2]

3) 볼록성과 표면이율, 만기수익률, 잔존기간과의 관계

볼록성과 표면이율, 만기수익률, 잔존기간은 다음과 같은 관계를 가진다.

첫째, (만기수익률과 잔존기간이 일정할 경우) 표면이율이 낮아질수록 볼록성이 커진다.

둘째, (만기수익률과 표면이율이 일정한 경우) 잔존기간이 길수록 볼록성은 커진다.

셋째, (표면이율과 잔존기간이 일정한 경우) 만기수익률이 낮을수록 볼록성은 커진다.

제3절 채권투자 전략

1 채권투자전략의 개요

채권투자전략은 설정된 투자목표에 기초를 두고 실제로 투자를 행하는 것으로 이는 크게 적극적 투자 전략(aggressive bond portfolio strategy)과 소극적 투자전략(passive bond portfolio strategy)으로 구분된다.

적극적 투자전략은 향후의 수익률, 수익률의 변동성이나 혹은 수익률간의 스프레드 등과 같이 채권가격에 영향을 미치는 요인을 예측하고, 이러한 예측을 근거로 채권운용을 하는 전략이다. 따라서 이 전략은 현재 형성되고 있는 채권가격에는 모든 시장정보가 충분하게 반영되지 못하기 때문에 우월한 정보나 예측능력을 이용하여 초과수익을 올릴 수 있다는 관점을 기반으로 하고 있다. 이전략은 주로 단기적인 예측을 통해 위험을 감수하더라도 투자수익을 극대화하고자 하는 경우에 활용되는 경향이 있다. 이 전략의 예로는 교체매매전략, 스프레드 운용전략, 수익률곡선 타기 전략 등이 있다.

소극적 투자전략은 기계적인 일정한 룰(rule)에 의거해 운용하는 전략으로 채권가격에 영향을 미치는 요인들에 대한 예측을 최소화함으로써 예측에 수반된 위험을 최소화하려는 전략이다. 이 전략은 정보나 예측능력을 이용하더라도 지속적인 초과수익의 획득은 어렵다는 관점을 기반으로 하고 있어, 위험이 수반되는 수익성추구보다는 유동성이나 안정성에 상대적으로 비중을 두는 경우에 활용되는 경향이 있다. 사다리형의 운용, 바벨형의 운용, 면역전략 등이 이에 속한다.

그런데 실제로 채권을 운용하는 경우에는 적극적 투자전략과 소극적 투자전략을 혼합시켜 운용할 때가 많다. 예를 들어 채권포트폴리오의 기본방향은 소극적 투자전략에 의거해 운용하되, 부분적으로는 상황에 따라 적극적 투자전략을 가미하여 고수익을 추구하는 경우도 있다.

2 적극적 투자전략

1) 교체매매전략(swap strategy)

스왑거래는 단기적인 매매차익을 얻고자 보유증권을 다른 증권으로 교체하는 것을 말한다. 따라서 채권교체매매전략이란 향후 수익률의 변동 등 채권가격에 영향을 미치는 요인을 고려하여 현재보유하고 있는 채권보다 수익성이 더 좋다고 판단되는 새로운 채권으로 교체하는 전략이다.

채권교체매매전략에는 다음과 같은 전략이 있다.

(1) 수익률 예상교체전략

이는 향후 채권수익률의 변화를 미리 예측하여 채권을 교체 매매하는 전형적인 전략이다.

수익률 예상교체전략은 채권의 만기가 길수록 표면이율이 낮을수록 이자율변동에 따른 가격탄력성이 크다는 원리를 적용하여, 수익률이 상승할 것으로 예상되면 장기채를 단기채로 이표채의 경우에는 저 쿠폰 채권을 고 쿠폰 채권으로 각각 교체하고, 반대로 수익률이 하락할 것으로 예상되면 단기채를 장기채로 이표채의 경우에는 고 쿠폰 채권을 저 쿠폰 채권으로 각각 교체하는 전략이다.

〈표 5-4〉 수익률 예상교체전략

이자율 전망	채권투자전략(포트폴리오 구성)
이자율 하락	– 장기채권 및 저 쿠폰채권형 포트폴리오
이자율 상승	– 단기채권 및고 쿠폰채권형 포트폴리오
전망 불투명	– 유동적인 포트폴리오(사다리형 또는 바벨형)

(2) 동종채권 교체전략

동종채권(예를 들어 채권 A, 채권 B)의 경우, 표면이율, 잔존기간, 신용도 등이 같기 때문에 이론적으로 두 채권의 수익률은 같아야 한다. 그런데 일시적인 시장의 수급사정으로 채권수익률이 서로 다를 경우, 보다 유리한 쪽으로 교체 매매하는 것으로 일종의 금리 재정거래라고 할 수 있다.

(3) 이종채권 교체전략

이는 보유채권을 전혀 다른 채권으로 교체하는 전략이다.

채권수익률은 개별채권의 위험, 만기 등에 따라 수익률차이를 보이게 되는데, 수익률차이가 확대되면 고 쿠폰채권을 매입하고, 수익률차이가 축소되면 저 쿠폰채권으로 교체하는 전략이다.

2) 수익률곡선타기전략

이자율의 변동은 수익률곡선의 변동을 의미하는데 이는 수익률곡선자체의 이동(이자율수준의 변화)뿐만 아니라 수익률곡선의 형태(만기별 채권수익률)의 변화로 나타난다.

수익률곡선의 형태를 이용한 투자전략은 수익률곡선 자체의 이동이나 형태의 변화에 대한 예측을 기초로 채권의 포트폴리오를 교체하여 투자수익을 확보하려는 전략을 말하는데, 수익률곡선타기전략은 만기(잔존기간)가 커질수록 우 상향하되 그 증가율은 체감하는 수익률곡선의 형태가 투자기간동안에 변동없이 유지된다고 예상할 때 이용하는 투자전략이다.

이 전략에는 수익률곡선상의 롤링효과(Rolling Effect)와 숄더효과(Shoulder Effect)가 있다.

(1) 롤링효과

수익률곡선은 일반적으로 우상향의 형태를 보인다. 따라서 금리수준이 일정하더라도 잔존기간이 짧아지면 그 만큼 수익률이 하락하여 채권가격이 상승하는데 이를 롤링효과라고 한다.

이 경우 투자기간과 만기가 일치하는 장기채를 매입하여 만기상환하는 것보다 매입한 채권을 일정기간 후에 매도하고 다시 장기채를 재매입하는 투자를 반복하면 투자수익을 증대시킬 수 있다. 예를 들어 10년 만기채권에 투자 시 만기상환할 경우에는 매입 시의 만기수익률만이 실현되나, 이를 1년경과 후 매도하고 다시 10년 만기채권에 재투자하는 방법을 반복하면 채권보유에 의한 이자소득이외에 10년 만기채권이 1년경과 후 나타나는 만기수익률하락에 의한 가격차익도 반복적으로 획득할 수 있다.

(2) 숄더효과

투자기간 동안 수익률곡선의 변동이 없다고 예상할 때 투자 후 일정기간 경과시 수익률하락이 더 큰 채권에 투자하여 투자수익을 높일 수 있는데 이를 숄더효과라고 한다.

예를 들어 〈그림 5-3〉에서 보는 것처럼 일정기간 투자하려고 할 경우 장기채권인 채권 A에 투자할 경우의 수익률하락폭이 △A이고, 이보다 잔존기간이 짧은 채권 B에 투자할 경우의 수익률하락폭이 △B라고 하면, 비록 잔존기간은 상대적으로 짧지만 수익률하락폭이 더 커 가격상승이 더 크기 때문에 채권 B에 투자하는 것이 수익을 극대화할 수 있다.

〈그림 5-3〉 수익률곡선상의 롤링효과와 숄더효과

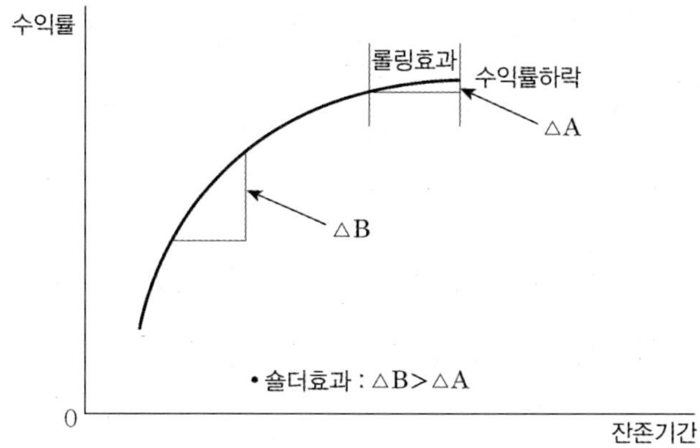

3) 스프레드(spread) 운용전략

스프레드운용전략은 매매시점을 포착하여 운용수익률이 큰 종목으로 매매함으로써 투자 수익을 높이려는 전략이다. 다시 말하면 이는 서로 다른 두 종목간의 일시적인 수익률 격차가 확대 또는 축소되었다가 시간경과 후 다시 원상태로 돌아가는 채권의 특성을 이용하여, 수익률 확대, 축소시점을 파악하여 교체매매함으로써 투자수익률을 높이는 전략이다.

이를 정리하면 아래와 같다.

수익률 격차가 확대되는 경우 → 수익률이 낮은 종목에서 높은 종목으로 교체
수익률 격차가 축소되는 경우 → 수익률이 높은 종목에서 낮은 종목으로 교체

예를 들면 〈그림 5-4〉에서 보는 바와 같이 채권 A와 채권 B의 수익률이 변하고 있을 때 채권 B를 보유하고 있는 투자자는 A, B 채권의 수익률격차가 확대되는 시점 (가)에서 채권 B로부터 채권 A로 교체하고, 수익률격차가 축소되는 시점 (나)에서는 반대로 채권 A로부터 채권 B로 교체한다. 다시 수익률격차가 확대되는 시점 (다)에서는 또다시 채권 B에서 채권 A로 교체한다.

〈그림 5-4〉 스프레드운용전략

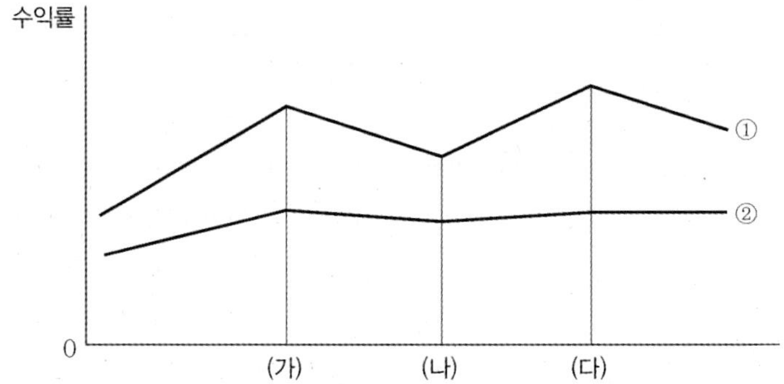

주 : ① 채권 A의 수익률 변동추이
② 채권 B의 수익률 변동추이

이와 같이 스프레드운용전략은 상대적으로 비싼 것을 매각하고 싼 것을 매입함으로써 채권보유기간의 수익률을 높이기 위한 전략이다.

2 소극적 투자전략

1) 만기보유전략(buy and hold strategy)

이는 채권을 만기까지 보유함으로써 투자시 미리 수익률을 확정짓는 전략이다. 이 전략의 장점은 금리변동에 대한 투자위험이 없고 향후 수익률예측이 필요 없다는 점이다.

2) 사다리(ladder)형 만기구성전략

이는 잔존기간이 상이한 채권의 보유량을 동일하게 유지함으로써 시세변동에 따른 위험을 평준화함과 동시에 수익성도 어느 정도 확보하고자하는 전략이다. 즉 자금을 잔존기간 혹은 만기가 짧은 채권부터 긴 채권까지를 균등하게 분배하여 보유하는 전략이다.

〈그림 5-5〉 사다리형 만기구성전략

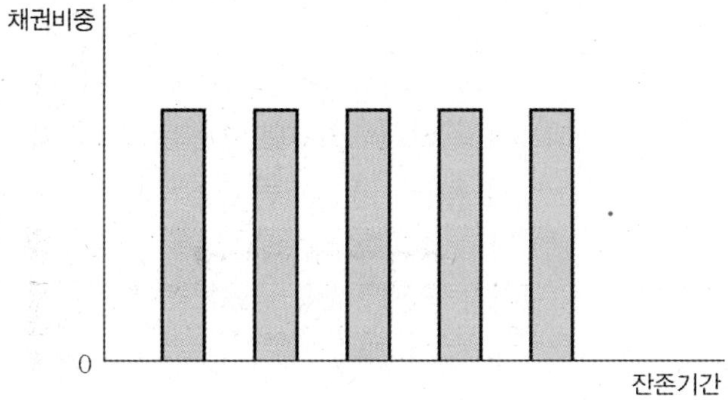

3) 바벨(babell)형 만기구성전략

이는 잔존기간 혹은 만기가 짧은 단기채(유동성확보)와 긴 장기채(수익성확보)만을 투자 또는 보유 하고 그 중간인 중기채는 포트폴리오에 편입하지 않는 전략이다.

이 전략의 기본개념은 '중기채는 장기채에 비해 표면이율 및 가치상승에 의한 이익이 적고, 또한 단기채만큼 가치하락에 대해 강하지 않다'는 것이다.

〈표 5-5〉 장기채와 단기채의 비교

구 분	단 기 채	장 기 채
유동성(환금성)	대	소
수익성(표면이율)	저	고
가격변동성(탄력성)	소	대
위 험	소	대

이 전략은 다음과 같은 장점을 지니고 있다.

첫째, 〈표 5-5〉에서 보는 것과 같이 단기채와 장기채의 장, 단점을 조화시킬 수 있다는 점이다. 즉, 단기채의 높은 유동성과 장기채의 높은 수익성을 조화시킴으로써 리스크 상쇄가 가능하다는 것이다.

둘째, 장기채 주력, 혹은 단기채주력의 포트폴리오 전환이 사다리형 만기구성전략보다 용이하여 보다 높은 수익성 창출이 가능하다는 점이다. 예를 들어 수익률하락이 예상되면 가격상승폭이 보다 큰 장기채의 편입을 증가시키고, 그 반대의 경우에는 단기채의 편입을 증가시켜 수익성을 제고시킬 수 있다.

그러나 이 전략은 첫째, 시간이 경과함에 따라 중기채화 한 채권을 매각, 장기채를 매입하는 교체매매를 되풀이해야하므로 포트폴리오 관리가 어렵고, 둘째, 교체매매에 따른 비용이 발생하는 등의 문제점을 지니고 있다.

〈그림 5-6〉 바벨형 만기구성전략

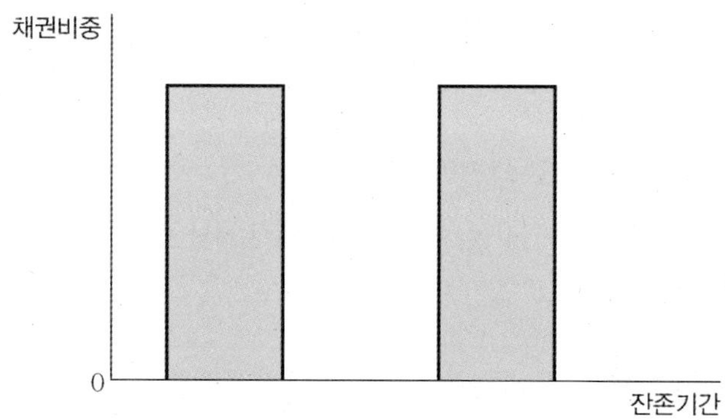

4) 채권면역전략(immunization bond portfolio strategy)

채권수익률이 변하면 채권가격이 변하게 되므로 채권매입당시의 수익률과 실현수익률이 달라지게 된다. 따라서 채권매입 당시에 비록 높은 수익률을 지닌 채권에 투자했다고 하더라도 채권 매각 시 당초 예상했던 수익률이 반드시 실현되리라는 보장이 없다. 왜냐하면 채권수익률의 변화정도, 채권의 매각시기 등에 따라 채권투자로부터 얻을 수 있는 수익률은 채권매입당시의 수익률보다 클 수도 있고 적을 수도 있기 때문이다.

이러한 관점에서 채권면역전략은 향후 채권수익률이 어떻게 변화하더라도 채권매입 당시의 목표수익률과 거의 동일하게 실현하는 방법을 말한다. 즉, 이는 채권 또는 채권포트폴리오의 듀레이션을 투자기간과 일치시킴으로써 투자기간 중 금리변동에 따른 채권가격 변동위험과 표면이자 또는 상환에 따라 발생한 현금의 재투자위험을 서로 상쇄시켜 채권투자 종료시 채권포트폴리오의 실현수익률을 투자당시의 목표수익률과 같게 해주는 투자전략이다.

〈표 5-6〉 투자기간과 듀레이션차이에 따른 이자율변동효과

	듀레이션<투자기간	듀레이션>투자기간	듀레이션=투자기간
이자율 상승시	재투자수익증가>가격 하락손실 실현수익률>약정수익률	재투자수익증가<가격 하락손실 실현수익률<약정수익률	재투자수익증가=가격 하락손실 실현수익률=약정수익률
이자율 하락시	재투자수익감소>가격상승이익 실현수익률<약정수익률	재투자수익감소<가격상승이익 실현수익률>약정수익률	재투자수익감소=가격상승이익 실현수익률=약정수익률
비 고	재투자수익효과>가격효과	재투자수익효과<가격효과	재투자수익효과=가격효과

다시 말하면, 금리가 하락하면 채권가격이 상승하나 재투자수익(중도에 받는 표면이자는 하락된 금리로 재투자)은 감소하고 금리가 상승하면 그 반대현상이 일어남으로 두 효과를 적절히 상쇄시키게 되면 이자율변동위험을 제거할 수 있다. 따라서 급변하는 투자환경 속에서도 투자자산을 방어할 수 있게 되는데, 이는 듀레이션과 투자기간을 일치시킴으로써 이루어진다.

이와 같이 채권면역전략은 이자율 변동위험을 제거시키는 투자기법으로 이용되고 있으나, 일반적으로 적용하기에는 다음과 같은 문제점이 있다.

첫째, 채권에 대한 투자규모가 상당액 이상이어야 하므로 소액투자자는 이용하기 어렵다.

둘째, 완벽한 면역전략을 수립하기 위해서는 이자율이 변경될 때마다 포트폴리오의 재편이 뒤따라야 한다. 이에 따라 거래비용이 증가한다는 점이다.

셋째, 원하는 목표투자기간과 같은 듀레이션을 갖는 채권을 찾기가 현실적으로 어렵다.

5) 인덱스 펀드 전략(index fund strategy)

이는 채권시장지표를 모방하여 이와 동일한 수익률을 추구하는 포트폴리오운용전략을 말한다. 인덱스 펀드 전략은 추구하는 인덱스를 구성하는 채권들과 완전히 동일한 포트폴리오를 구성하려고 할 경우에는 높은 거래비용이 수반될 수

있는 반면에, 비용 때문에 구성종목이 지나치게 제약될 경우에는 채권지수를 모방하기 힘든 제약성을 지니고 있다.

6) 현금흐름 일치전략

이는 채권에서 발생하는 현금흐름 수입이 채권투자를 위해 조달된 부채의 상환흐름과 일치하거나 상회하도록 채권포트폴리오를 구성하는 전략이다.

이 전략은 ① 일치시켜야 할 현금흐름이 단순할수록 효과적인 포트폴리오를 구성할 수 있고, ② 일단 구성된 포트폴리오는 변경할 필요가 없다는 장점이 있는 반면에, ① 현금흐름이 일치되는 채권을 구하기 어려울 수가 있고, ② 부채의 현금흐름이 복잡할 경우 채권선택이 어려울 뿐만 아니라 해당채권의 취득비용도 높을 수 있다는 문제점도 있다.

성공하는 채권투자 전략 10가지

1) 발품을 팔아라 – 증권사 HTS도 잘 활용하고, 장내 채권 뿐만 아니라 장외 채권에 대한 정보도 입수하라
2) 표면금리가 낮은 채권을 골라라 – 채권에는 표면금리와 유통수익률(만기수익률) 두 개의 이자율 개념이 매우 중요하다. 표면금리란 채권발생시 표시되는 금리로, 발행자가 지급하기로 약속한 금리다. 그러나 실제 유통시장에 채권가격은 금리수준과 발행자의 신용도에 따라 다른 가격으로 거래된다. 따라서 투자자가 발행시장이 아닌 유통시장에서 채권을 매수하거나 매도할 때는 유통수익률로 수익률이 결정된다. 채권의 경우 매매차익에 대해서는 세금이 붙지 않지만, 표면금리에 따라 세금이 부과되기에 같은 유통수익률이라면 표면금리가 낮은 채권에 투자하는게 세후수익면에서 유리하다. 은행예금의 경우 이자전체가 세금이 붙지만, 채권의 경우 보유기간동안의 이자만 세금이 붙고, 매매차익에 대해서는 세금이 붙지 않기에 은행예금보다 실질적으로 수익률이 많이 높게 된다.
3) 증권사를 이용하라 – 금융채의 경우 은행에서는 '발행금리' 기준으로 판매하지만, 증권사는 '유통수익률' 기준으로 판매한다. 일반적으로 발행금리가 유통수익률보다 낮기에 증권사에서 채권을 사는게 훨씬 유리하다.
4) 특판상품을 이용하라 – 은행이나 금융기관에서 한시적으로 특판상품을 내놓는다. 채권도 마찬가지다.
5) 만기까지 보유하라 – 채권가격은 수시로 변하고, 이에 따라 매매차익이 발생한다. 그러나 채권수익률의 변화(이자율의 변화)는 예상하기 힘들다. 따라서 초보자는 만기까지 보유하는 전략을 우선으로 한다.

6) 국채 → 금융채 → 회사채 순으로 투자하라 – 국채는 안전성이 가장 높다. 또한 만기 10년 이상 국채는 분리과세가 가능해, 거액 재산가의 경우 절세효과가 있다. 채권투자에서 고수익, 고위험의 법칙이 적용되는데 회사채는 채권 중에서 가장 수익률이 높지만 또한 위험도 또한 높다.
7) 첨가소화채권(소액채권)은 증권사에 팔아라 – 주택이나 자동차를 구입할때 사는 채권인 첨가소화채는 일단 보유할지 매도할지 판단해야 하며, 매도를 한다면 증권사에 파는게 유리하다. 첨가소화채권은 매입필증만 받으면 바로 증권사에 입고해서 장내 매매를 하는 방식으로 처리해라. 지역채권으로 경우 증권사마다 처리하는 지역채가 다르니 이점 또한 유의해야 한다(서울도시철도 채권 : 우리투자증권, 경기, 충남, 강원, 경북, 경남, 충북 지역채는 삼성증권)
8) 채권형 펀드도 대안이다 – 채권직접 투자가 어렵다면 간접투자인 채권형 펀드에 가입하자
9) 금리예측을 하자 – 금리예측은 사실상 주가예측처럼 성공확률이 50%가 안된다. 따라서 초보자의 영역은 아니다.
10) 틈새채권 시장을 공략하자 – 후순위채권(단 5년이상 장기채권이며, 중도해지 불가능), 전환사채(CB)나 신주인수권부사채(BW) 등에 관심을 가진다.

박정일, 『주식보다 안전한 채권으로 부자되기』, 팜파스, 2007년.

중요 개념 및 용어

채권	확정이자부증권	기한부증권
국채	지방채	특수채
금융채	회사채	보증사채
무보증사채	단기채	복리채
할인채	이표채	채권의 가치평가
채권가격	채권수익률	잔존기간
채무불이행위험	채권의 유동성	가격손익
표면이자수익	재투자수익	채권의 체계적 위험
이자율변동위험	인플레이션위험	핏셔효과
채권의 비체계적 위험	수의상환위험	유동성위험
채권가격정리	듀레이션	볼록성
적극적 투자전략	소극적 투자전략	교체매매전략
수익률예상교체전략	동종채권교체전략	이종채권교체전략
수익률곡선타기전략	롤링효과	숄더효과
스프레드운용전략	사다리형 만기구성전략	바벨형 만기구성전략
채권면역전략	인덱스 펀드전략	현금흐름일치전략

연습문제

1 채권수익률과 관련하여 1)채권수익률의 개념과 2)채권수익률과 채권가격과의 관계에 대하여 설명하라.

2 채권을 이자 및 원금지급방법에 따라 분류하여 설명하라.

3 채권수익률 결정요인과 관련하여 채권의 외적 요인에 속하는 시중자금사정이 채권수익률에 미치는 영향에 대하여 설명하라.

4 이표채의 수익구성에 대하여 설명하라.

5 채권투자의 체계적 위험에는 어떠한 것이 있는지를 구체적으로 설명하라.

6 말킬의 채권가격정리에 대하여 설명하라.

7 잔존기간이 3년, 표면이율 8%인 후급 이표채의 만기수익률이 10%일 경우 이 채권의 가격은 9,502.63원이며 듀레이션은 2.78년이다. 이 채권의 만기수익률이 8%로 하락 시 듀레이션을 이용하여 추정된 채권가격의 변동률 및 채권가격변동률은 얼마인가?

8 볼록성과 표면이율, 만기수익률, 잔존기간과의 관계에 대하여 설명하라.

9 소극적 투자전략과 관련하여 1) 소극적 투자전략의 개념 및 2) 바벨형 만기구성전략에 대하여 설명하라.

10 적극적 투자전략의 하나인 스프레드 운용전략에 대하여 설명하라.

6 은행 · 비은행금융 기관의 금융상품

학습목표

1. 입 · 출금이 자유로운 금융상품에 대하여 이해하고 활용할 수 있다.
2. 목독마련을 위한 적립식 금융상품에 대하여 이해하고 활용할 수 있다.
3. 목돈운용을 위한 거치식 금융상품에 대하여 이해하고 활용할 수 있다.
4. 주택마련자금을 위한 금융상품에 대하여 이해하고 활용할 수 있다.
5. 예금보호대상 · 절세형 금융상품에 대하여 이해하고 활용할 수 있다.

들. 어. 가. 기

금융상품을 선택할 때 적용되는 기준으로 흔히 안전성, 수익성, 유동성이 거론된다. 안전성은 금융상품투자로 인해 손실이 발생할 가능성이 있는 금융상품투자의 위험으로부터 자유로운 정도를 말하는데, 금융상품투자로부터 발생하는 위험으로는 크게 채무불이행위험(risk of default)과 시장위험(market risk)을 들 수 있다. 채무불이행위험은 채권발행자의 지급불능으로 채권에 약정된 이자의 지급과 원금의 상환이 약정된 대로 완전히 이행되지 않을 가능성을 의미하고, 시장위험은 금융상품의 시장가격 즉 매출가격이 매입가격보다 낮은 수준으로 하락할 가능성을 의미한다.

수익성은 현재소득을 포기하고 금융상품을 매입・보유할 경우 이로부터 얻을 수 있는 수익의 가능성을 말하는데, 금융상품투자로부터 발생하는 수익에는 소득과 자본이득이 있다. 소득은 이자 혹은 배당금 등과 같이 금융상품에 투자한 자금에 대한 보상으로 발생하는 수익을 의미하고, 자본이득은 증권의 시장가격 즉 매출가격이 매입가격을 초과함으로써 발생하는 수익을 말한다.

유동성은 어떤 금융상품이 일정한 가격보다 낮지 않은 가격으로 원금의 손실위험이 없이 큰 불편이나 거래비용을 수반하지 않고 신속히 화폐로 전환될 수 있는 가능성을 의미한다. 일반적으로 환금에 소요되는 시간이 오래 걸릴수록, 환금에 따르는 불편 및 거래비용이 클수록, 그리고 원금의 손실위험이 클수록 그 금융상품의 유동성은 낮아진다.

이와 같이 안전성, 수익성, 유동성 모두를 충족하는 금융상품에 투자할 수 있으면 이는 최적의 투자가 될 것이다. 그러나 현실은 아쉽게도 세 가지조건을 충족하는 금융상품을 찾기가 힘들다. 안전성이 높으면 수익성이 떨어지고, 유동성이 높으면 수익성이 떨어지는 것이 일반적이다.

안전성, 수익성, 그리고 유동성은 각각 서로 상충관계에 있다. 따라서 안전성, 수익성, 유동성 중 어디에 주안점을 투자하느냐는 투자자 선택의 문제이다. 최근 '저금리 시대'가 정착되어 감에 따라 안전성보다는 수익성을 지향하는 방향으로 금융상품을 선택하는 경향이 점차로 증가하고 있는 실정이다. 그렇다고 안전성과 유동성에 대한 관심을 소홀히 해서도 안될 것이다. 특히 국제정세나 국제금융시장이 불안할 때에는 저금리시대임에도 불구하고 예금, 적금 등 안전성이 높은 금융상품에 자금이 모이는 것을 자주 경험할 수 있다. 또한 고령화가 진전되고 투자위험이 커짐에 따라 예금금리가 평균 1%대로 떨어졌음에도 불구하고 정기예금과 적금에 뭉칫돈이 몰려오는 것도 우리의 현실이다.

은행 및 비은행금융기관은 타 금융기관에 비해 예금, 적금 등 상대적으로 안전성이 높은 금융상품을 많이 취급하고 있다. 따라서 이들 금융기관이 취급하고 있는 금융상품에 대한 폭 넓은 이해를 바탕으로 효율적으로 활용할 수 있는 방법을 터득하는 것도 소홀히 해서는 안 될 것이다.

CHAPTER

6 은행 · 비은행금융기관의 금융상품

제1절 입 · 출금이 자유로운 금융상품

입출금이 자유로운 금융상품은 기간을 설정하지 않고 일시적으로 은행 등에 맡겼다가 자금이 필요할 때 고객의 요구에 따라 언제든지 마음대로 인출할 수 있는 금융상품을 말한다. 이와 같은 의미를 지니고 있기 때문에 은행의 경우 이를 '요구불예금'이라고 하는데, 이는 이자수익이 아니라 일시적 자금보관이나 지급결제의 편의를 주된 목적으로 하고 있다. 따라서 은행의 경우 예금의 즉시인출이 보장되는 대신에 예금이자를 거의 지급하지 않거나 또는 지급한다고 하더라도 매우 낮은 이자를 지급한다.

금융기관에서 취급하는 입 · 출금이 자유로운 금융상품에는 은행의 경우 요구불예금으로서 보통예금, 당좌예금, 가계당좌예금, 별단예금, 그리고 저축예금, MMDA가 있으며, 금융투자회사(증권회사)의 경우 CMA가 있다. 이와 유사한 실적배당형 상품으로서 금융투자회사(자산운용회사)의 MMF가 있다.

1 요구불예금

1) 보통예금

보통예금(passbook deposit)은 아무런 제약없이 자유롭게 가입 · 입출금 · 거래할 수 있는 대표적인 요구불예금이다. 보통예금은 일반적으로 당좌거래를 하지 않고 있는 중소상공업자의 일상적인 수입금 및 지출금의 출납예금, 현금보관의 위험을 피하기 위한 일시적인 자금, 당좌거래자의 일시여유자금 등으로 이용되고 있다. 개인의 경우에는 보통예금보다 더 높은 이자를 지급하는 저축예금에 제한없이 가입할 수 있어, 저축수단으로서의 활용도는 높지 않다. 이자는 일반적으로 결산기마다 평균 예금잔액에 대하여 이자를 계산하여 원금에 가산한다.

2) 당좌예금

당좌예금(checking account)은 은행과 당좌계좌를 체결한 자가 현금을 예금한 후 수시로 입·출금할 수 있는 요구불예금으로 필요에 따라 수표를 발행할 수 있는데 원칙적으로 이자가 지불되지 않는다. 당좌대출계약을 체결하는 경우 예금잔액 이상으로 수표를 발행할 수 있도록 하는 것이 일반적이다.

3) 별단예금

별단예금(temporary deposits)은 은행의 환, 대출 등의 과정에서 발생한 미결제, 미정리 자금, 기타 다른 예금계정으로 처리하기 곤란한 자금 등을 업무처리 편의를 위하여 일시적으로 보관하는 계정을 말하는 것으로 나중에 다른 계정으로 지급 혹은 대체될 예금이다. 한 가지 종류의 예금이 아니므로 거래약관이 없고 통장이나 증서를 발행하지 않으며, 예금기간도 일정치 않다.

2 저축예금

저축예금은 은행인구의 저변확대를 도모하고 가계예금의 증대를 추구하기 위해 도입된 가계우대 예금제도의 하나이다. 보통예금과 같이 입·출금이 자유롭지만 보통예금보다는 비교적 높은 금리를 적용한다.

취급기관으로는 은행(농·수협중앙회포함), 상호저축은행, 우체국을 들 수 있다. 일부 금융기관에서는 입·출금이 자유로운 예금(보통예금, 저축예금, 자유저축예금 등) 중 일부상품만을 취급하거나 이들을 통합하여 운영하기도 하며, 일정기간 동안의 평균잔액이 일정액 이하인 경우 이자를 지급하지 않거나 계좌유지 수수료를 부과하는 제도를 시행하는 경우도 있다. 가입대상은 실명의 개인이고, 가입좌수·예치기간·예치한도에는 제한이 없다. 금리는 자유화되어 있으며, 이자는 통상 결산기(매 3개월 또는 6개월)마다 평균예금잔액에 대해 이자를 계산하여 원금에 가산(복리)하여 계산한다. 저축예금의 금리는 보통예금에 비하여 상대적으로 높으나, 유사한 성격의 MMDA에 비해서는 낮다. '예금자보호법'에 의하여 예금 보호를 하고 있다.

3 MMDA, MMF, CMA

1) MMDA

MMDA(money market deposit account)는 시장금리부 수시입출식예금이라고 하는데, 은행, 농업협동조합, 수산업협동조합 등이 취급하는 단기금융상품의 하나로 CMA, MMF 등과 경쟁관계에 있다.

MMDA는 예치기간・가입대상・가입금액에 제한이 없을 뿐만 아니라(일부은행의 경우 최저한도를 정하기도 함), 입출금이 자유롭고 각종 이체와 결제가 가능하며, 실세금리를 적용하여 보통예금보다 상대적으로 높은 이자를 지급하고 있어, 투자를 위한 대기자금이나 사용시기를 알 수 없는 일시적인 목돈을 단기간에 운용하기에 적합하다.

예금지급준비금 예치의무가 부과되고 있으며, 현재 예금자보호대상이기도 한다. 예금실적에 따라 마이너스대출, 수수료면제, 대출・예금금리우대, 각종 공과금 및 신용카드대금결제, 타행환 송금 등의 부대서비스를 제공하고 있다.[1)]

2) CMA

원래 CMA(cash management account)는 1977년 미국의 증권회사인 메릴린치(Merrill Lynch)가 복합금융서비스를 위하여 개발한 상품으로 증권거래기능, 은행의 여・수신 및 각종기능을 하나로 결합하여 One-stop서비스를 제공함으로써 증권회사의 은행에 대항한 경쟁상품으로 성장해왔다.

우리나라의 CMA는 금융투자회사(증권회사)가 고객의 약정에 따라 예치자금이 MMF, RP등 특정 금융상품에 투자되도록 설계된 금융서비스계좌이다. 금융투자회사(증권회사)는 CMA를 고객예탁금계좌와 연계하여 수시입출, 급여이체, 결제대

---

1) 다만, 일부 은행의 경우, 이를 불허하거나 자동이체 설정건수를 제한하고 있다.

금납부 등의 부가서비스를 제공하고 있다. 또한 '자본시장법' 시행으로 금융투자회사(증권회사)의 소액지급결제서비스가 허용됨에 따라 2009년 7월부터는 은행의 요구불예금 수준의 지급결제서비스가 가능해졌다.

〈표 6-1〉 MMDA, MMF, CMA의 비교

	MMDA	MMF	CMA
판매기관	은행	금융투자회사, 은행	금융투자회사
가입금액	보통 500만원 이상	제한 없음	제한 없음
투자대상	일반예금	금융투자회사의 1년 미만 단기금융상품에 투자	CD, CP, RP 등에 투자해 실적배당
운용방법	일시적인 목돈운용	초단기 여유자금	초단기 여유자금
이자지급	월단위로 이자지급	출금시 이자지급	출금시 이자지급
특징	1억원 이상 예치시 MMF와 이자 비슷	금융투자회사마다 금리가 다름. 익일 매수	금융투자회사마다 금리가 다름.
예금자보호	보호	보호 안 됨	일부 상품(종금형 CMA)은 보호
장점	– 공과금, 신용카드 대금결제 가능 – 안정적, 목돈운용	– 은행의 6개월 정기예금에 가까운 고금리	– 체크카드 기능 – 신용카드 및 공과금 납부 가능
단점	예금액 500만원 이하, 기간 7일 미만인 경우, 이자 거의 포기해야	운용자산이 부족해질 경우 출금제한이나 급격한 수익률하락 발생가능	일부 신용카드서비스 안됨

3) MMF

MMF(money market fund)는 자산운용회사가 고객의 자금을 모아 펀드(fund)를 구성한 후, 금리가 높은 만기 1년 미만의 기업어음(CP), 양도성예금증서(CD), 콜 등 주로 단기금융상품에 집중 투자하여 얻은 수익을 고객에게 되돌려주는 초단기금융상품을 말한다.

MMF는 여유자금의 수시입출금이 가능하며 또한 하루만 자금을 예치해 놓아도 펀드운용실적에 따라 수익금을 받을 수 있으므로 단기자금을 운용하는데 적합하다. 가입금액 및 가입자격에 제한이 없어 소액투자자와 대기성 여유자금을 갖고 있는 개인과 일반기업이 이용하기에 용이하다. 다만, 예금자보호대상은 아니다.

제2절 목독마련을 위한 적립식 금융상품

목돈을 마련하기 위해서는 작은 금액이라도 꾸준히 모아야 하는데, 이를 위한 대표적인 금융상품으로 적립식예금이 있다. 적립식예금은 일반적으로 적금으로 일컬어지는 금융상품으로서, 일정기간을 정하여 매월 일정금액을 매월 일정일에 납입하기로 약정하고, 이를 만기까지 납입한 후에 만기일이 되면 납입한 원금과 사전 약정한 이자를 지급받는 형태의 적금식 금융상품이다.

적립식예금의 특징은 만기가 있는 금융상품이기 때문에 요구불 예금에 비해 상대적으로 유동성은 낮으나, 수익성이 높다. 적립식예금의 예로는 정기적금(일반정기예금, 가계우대정기적금), 상호부금(가계우대상호부금), 농어가목돈마련저축, 재형저축 등이 있다.

1 정기적금

정기적금(installment deposits)은 예금자가 계약금액과 계약기간을 정해 일정금액을 정기적으로 납입하면 만기일에 계약금액을 지급받는 적립식예금으로 목돈마련에 가장 보편적인 장기저축상품이다. 예금자는 정기적금을 담보로 적금대출이나 적금담보대출을 받을 수 있다.

정기적금은 일반정기적금과 가계우대정기적금으로 구분되는데, 일반정기적금은 정기적금 중 가장 보편적인 예금제도로서 통상 정기적금이라고 불리고 있다. 정기적금은 은행뿐만 아니라 상호저축은행, 농·수협 지역조합, 신용협동조합, 새마을금고, 우체국에서 취급하고 있다. 가입대상에 제한이 없고 계약기간은 6개월 이상 5년 이내에서 1개월 단위로 자유로이 결정할 수 있으며, 자유적립식의 경우 일단위로 정할 수도 있다. 계약금액은 월 1만원 이상 제한이 없으며, 적금담보대출이 허용되고 있다. 금리는 각 금융기관이 자유롭게 결정하는데, 만기 후에는 적용금리가 가입당시 약정이율의 1/2 이하로 낮아진다. 세금우대종합저축 한도 내에서 1년 이상 가입 시에는 세금우대혜택을 받을 수 있다.

가계우대정기적금은 금리우대를 통하여 가계의 목돈마련을 지원함과 아울러 은행과 비은행금융기관과의 금리불균형을 시정하여 은행의 수신기반을 강화하고자 도입된 장기성 가계우대저축이다. 만기 시까지 적금담보대출을 받지 않는 경우 통상 특별금리를 가산해 주고 있다. 정기적금과 같이 은행뿐만 아니라 상호저축은행, 농·수협 지역조합, 신용협동조합, 새마을금고, 우체국에서 취급하고 있다. 개인만이 가입할 수 있으며, 계약기간은 1년 이상 3년 이내로 매월 단위로 가능하다. 가입한도는 월 1만원 이상 제한이 없으며, 금리는 각 금융기관이 자유롭게 결정한다. 정기적금은 '예금자보호법'에 의해 예금이 보호받고 있다.

2 상호부금

상호부금(mutual installment deposits)은 전통적인 계를 제도화한 것으로 일정한 기간을 정하여 부금을 납입하면 중도 또는 만기에 일정한 금액에 대한 대출자격이 부여되는 저축이다. 과거에는 대출을 받기 위해 상호부금에 많이 가입하였으나 최근에는 상호부금에 가입하지 않고도 대출을 받을 수 있는 방법이 많아 대출목적보다는 저축목적으로 많이 이용되고 있다.

은행에서 취급하고 있으며, 개인 및 중소기업자가 가입할 수 있다. 저축방법에는 정액정립식과 자유정립식이 있는데 정액적립식은 월 1만원 단위로 제한이 없으며, 자유적립식은 월 1~500만원 이내에서 수시적립이 가능하다. 계약기간은 6개월 이상 5년 이내로 1개월 단위로 납입한다. 금리는 자유화되어 있다. 중도해지이율의 경우 일반적으로 1개월 미만 예치 시에는 이자가 없으나 중도해지에 따른 적용금리는 은행별로 달리하고 있다. 만기 후에는 적용금리가 가입당시 약정이율의 절반수준 이하로 낮아진다. 비과세종합저축으로 가입이 가능하다.

대출의 경우, 대출자격 발생시기는 총 납입회수 1/4 또는 1/3회차 이상 부금납입 후이고, 대출금액은 상호부금 계약금액범위 내에서 은행마다 다르다. 상호부금은 '예금자보호법'에 의해 예금이 보호받고 있다.

3 신용부금

신용부금은 계약기간동안 일정금액을 매월(또는 매일)적립한 후 만기일에 원리금을 지급받는 적립식 저축상품으로, 가입즉시 계약금액 범위 내에서 대출을 받을 수 있고, 세금우대혜택도 받을 수 있는 은행의 상호부금과 유사한 금융상품이다.

상호저축은행에서 취급하고 있으며 가입대상에는 제한이 없다. 적립방법에는 월부금식과 일부금식이 있는데, 월부금식은 6개월 이상 5년까지 계약기간을 정하고 1개월 단위로 적립하는 방식이고, 일부금식은 3년 이내의 계약기간 동안에 매일 적립하는 방식인데, 보통 100일을 계약기간으로 한다. 계약금액은 1,000원 이상으로 상호저축은행별로 다르다. 중도해지이율은 일반적으로 1개월 미만 예치 시에는 이자가 없으며, 중도해지에 따른 적용금리는 금융기관별로 달리하고 있다.

상호부금과는 달리 1회 차 납입과 동시에 대출을 받을 수 있으며, 대출을 받지 않은 경우에는 기본 금리이외에 특별금리를 가산하여 만기에 원리금을 수령하게 된다. 대출한도는 대체로 개인은 최대 1억원 이내, 중소기업은 최대 40억원 이내이다. 신용부금도 '예금자보호법'에 의해 예금이 보호받고 있다.

4 농어가목돈마련저축

농어민의 생활안정과 재산형성을 지원하기 위해 도입된 특별우대 비과세저축으로 목돈마련에 유리한 3년 이상의 장기저축상품이다. 가입자에게는 기본금리 이외에 법정 장려 금리를 가산하여 원리금을 지급해주고 있다. 지역농협 및 지구별·업종별 수협에서 취급하고 있다.

〈표 6-2〉에서 보는 바와 같이 가입대상은 일반농어민과 저소득 농어민으로 제한되어 있고, 가입한도도 일반 농어민의 경우 월 5,000원 이상부터 12만원(연

144만원)까지, 저소득농어민의 경우 월 10만원(연 120만원) 이내로 제한되어 있다.[2] 예치기간은 3년 또는 5년이며, 납입방법은 월납, 분기납, 반기납이 있다. 저축의 계약기간 만료 또는 특별 중도해지 시, 이자소득세, 상속세가 부과되지 않으며, 2014년 말까지의 가입자에 한하여 비과세혜택을 주고 있다. 또한 자체적인 '상호금융예금자보호기금'에 의해 예금자를 보호하고 있다.

〈표 6-2〉 농어가목돈마련저축의 가입대상

일반 농어민	저소득 농어민
• 2ha(헥타르) 이하 농경지를 소유 또는 임차한 농업인	• 1ha 이하 농지를 소유 또는 임차한 농업인
• 20t 이하 어선 소유한 어업인	• 5t(톤)이하 어선을 소유한 어업인
• 일정규모(예 : 젖소 20마리) 이하 가축을 소유한 양축인	• 일정규모(일반농어민 자격의 1/2)이하 가축을 소유한 양축인
• 산림과 토지를 합하여 10ha 이하를 소유 또는 임차한 임업인	• 산림과 토지를 합하여 5ha 이하를 소유 또는 임차한 임업인

5 재형저축

재형저축은 2012년 8월 8일 정부의 '세법'개정안에 의거하여, 기존에 서민 및 무주택자의 주책마련을 돕기 위해 비과세 및 소득공제 혜택을 부여해왔던 장기주택마련저축의 세제혜택이 종료됨에 따라, 2013년 1월1일부터 새로 도입된 저축상품이다.

재형저축은 일정 소득금액 이하인 서민·중산층의 재산형성을 위한 장기 적립식 비과세 저축으로, 가입일 현재 '소득세법'상 거주자로서 직전 과세기간에 일정금액 이하의 근로소득 또는 사업소득이 있는 경우에만 가입이 가능하다. 적립식저축을 취급하는 은행 등 모든 금융기관에서 취급하고 있으며, 적금, 펀드, 보험 등의 형태로 판매되고 있다. 비과세 혜택을 받기위해서는 최소 7년간의 저축기간을 유지해야 한다.[3]

2) 가입한도는 가구단위로 계산하며, 한도 내에서는 여러 계좌로 나누어 가입할 수 있다.
3) 2015년 말로 비과세 재형저축이 종료됨에 따라 기존 가입자의 추가납입은 가능하나, 신규

〈표 6-3〉 재형저축의 주요내용

	내 용
가입자격	• 가입일 현재 '소득세법'상 거주자로서 다음 중 하나에 해당하는 자 – 총 급여액이 5,000만원 이하인 자로서 직전 과세기간에 근로소득만 있거나 근로소득 및 종합소득과세표준에 합산되지 않는 종합소득이 있는 경우 – 직전 과세기간의 종합소득과세표준에 합산되는 종합소득금액이 3,500만원 이하인 자
저축기간	• 최소 7년 이상(만기 7년 도래 시 1회에 한하여 3년 범위 내에서 1년 단위로 연장가능)
저축한도[1]	• 분기당 최저 1만원 이상 300만원 이내
저축방법	• 적립식저축으로서 분기별 한도 범위 내에서 자유롭게 납입가능
이자율 (수익율) 지급방법	• 이자 지급형 상품의 경우 : 기간단위 연동형, 고정금리형 – 기간단위 연동형 : 최소 단위기간(3년)만기 시까지만 가입당시 금리를 적용하며, 단위기간 만료 시에는 고시금리를 적용하는 형태 – 고정금리형 : 최초 가입시점에 적용하는 금리가 최종 만기시점까지 고정하여 적용되는 형태 • 펀드형 상품의 경우 : 기준가격에 따른 실적배당 수익률을 지급
예금자 보호	• '예금자보호법'에 의한 보호여부는 상품종류별로 구분 적용 (예금의 경우 : 보호, 실적배당형 상품인 펀드의 경우 : 비보호)
세제혜택	• 비과세(단, 농특세 1.4%와 만기 후 이자는 과세)
서민 및 청년근로자에 대한 우대	• 총 급여액 2,500만원 이하 또는 종합소득금액 1,600만원 이하인 거주자이거나 대통령령으로 정하는 중소기업에 근무하는 청년근로자에 해당하는 경우 에는 3년 이상이면 비과세 혜택이 가능

주 : 1) 모든 금융기관에 가입한 재형저축, 보험, 펀드를 합산한 금액기준.
자료 : 김민규 · 고득성 · 최병희, 『금융자산 투자설계(1)(2016년 재전정판)』, 한국금융연수원 출판사업부, 2016년, p. 17.

가입은 할 수 없다.

제3절 목돈운용을 위한 거치식 금융상품

거치식 금융상품은 주로 목돈을 단기 또는 장기로 운용하고자하는 목적으로 이용되는 금융상품으로서, 일정한 금액을 약정기간(만기)까지 예치하기로 약정하고 자금을 예치한 후, 약정기간이 만료되면 원금과 약정이자를 지급받는 금융상품이다.

금융기관에서 취급하는 대표적인 거치식 금융상품으로는 정기예금, 정기예탁금, 외화정기예금, 양도성예금증서(CD), 환매조건부매매(RP), 기업어음(CP) 등이 있다.

1 정기예금

정기예금(time deposits)은 예금자가 미리 저축기간과 금액을 정하여 예치하는 일반적인 형태의 저축성예금으로 기간이 장기적인 것이 특징이다. 따라서 정기예금은 높은 이자율이 보장되나, 만약 예금자가 약정기간 이전에 해약할 경우에는 당초의 약정이자율보다 현저하게 낮은 중도해지이율이 적용된다.

정기예금의 경우 예금자는 저축기간동안에 일정한 이자를 받을 수 있고 은행은 저축기간 동안에 예금이 인출될 가능성이 적기 때문에 자금을 안정적으로 운용할 수 있다.

정기예금은 은행뿐만 아니라 농·수협, 상호저축은행, 우체국에서도 취급하고 있다. 통상 우체국에서 취급하는 정기예금을 제외하고 예금잔액의 95% 범위 내에서 정기예금 담보대출을 받을 수 있다.

정기예금의 이자지급방법에는 만기이자지급, 월 이자지급, 이자복리 등이 있으며, 금융기관에 따라서는 이자와 원금을 일정기간 동안 매월 나누어 연금형태로 지급하는 정기예금도 개발되어 판매되고 있다.

정기예금은 운용구조에 따라 일반정기예금, 회전식 정기예금[4], 주가지수 등과

4) 회전식정기예금은 신규 가입당시 만기와 함께 회전(연동)기간을 동시에 정하여 가입하면 만기범위 내에서 회전기간별로 고시된 시장 실세금리에 연동되어 정기예금의 금리가 다시

연계된 지수연동 정기예금[5] 등 다양한 형태로 구분할 수 있다.

가입대상 및 예치한도는 제한이 없으며, 예치기간은 1개월 이상 5년 이내에서 자유로이 선택가능하다. 금리는 자유화되었으며 이자는 월 단위로 지급할 수 있고 복리로 원금에 가산할 수도 있다. '예금자보호법' 등에 의해 예금보호를 하고 있다.

2 정기예탁금

정기예탁금은 은행의 정기예금과 유사한 상품으로 상호금융, 새마을금고, 신용협동조합 등의 신용협동기구들이 취급하고 있다. 비과세혜택이 있으며 은행권보다 상대적으로 높은 금리를 지급하므로 일반서민들의 목돈운용에 적합한 저축수단이다.

가입대상은 상호금융, 새마을금고, 신용협동조합 등의 신용협동기구들의 조합원, 준조합원 또는 회원으로 제한되어 있다. 예탁금액은 제한이 없으나, 예탁기간은 5년 이내이고, 금리는 확정금리로 자유화되어 있다. 이자계산은 매월 이자지급식 또는 만기 일시 지급식으로 한다.

비과세종합저축제도와 별도로 신용협동기구를 통틀어 1인당 3,000만원 범위내에서 가입기간과 관계없이 비과세(농어민·저소득근로자가 아닌 경우에는 농어촌특별세 1.4%부담)되므로, 여유자금은 물론 1년 미만의 단기로 운용하기에도 좋은 금융상품이다. 별도의 기금에 의해 5,000만원까지 예금자보호를 해주고 있다.

3 외화정기예금

외화예금에는 외화보통예금, 외화정기예금, 외화별단예금, 적립식외화예금 등

정해지는 형태의 정기예금을 말한다. 다시 말하면 회전단위 기간별로 이자가 복리로 계산되는 방식의 정기예금이라고 할 수 있다. 예를 들어 가입기간을 1년으로 하고 회전기간을 1개월로 한다면, 1개월마다 회전기간 만기 당시 고시된 실세금리가 적용된다.

5) 지수연동형 정기예금의 대표적인 상품으로 주가지수연동예금(ELD : equity linked deposit)을 들 수 있는데, 이에 대한 구체적인 내용은 Chapter 8 금융투자상품에서 설명하고자 한다.

이 있다. 외화예금에는 미국달러, 유로화 등 환율이 고시되는 통화에 한하여 가입할 수 있다. 신규 및 입금 시에는 전신환매도율이, 해약 및 지급 시에는 전신환매입율이 각각 적용된다. 1인당 최고 5,000만원까지는 '예금자보호법'에 의하여 예금자보호가 된다.

외화정기예금은 외화를 예금하고 외화로 인출할 수 있는 정기예금으로 해외송금을 자주하는 기업이나 개인에게 유용한 금융상품이다. 약정기간이 길수록 높은 확정이자가 보장되므로 여유자금을 장기간 안정적으로 운용하는데 유리하다. 또한 향후 특정국가 통화의 환율이 오를 것이 예상되면 해당통화의 외화정기예금에 가입하여 환차익을 추구할 수도 있다.

예치금액에는 제한이 없고 계약기간은 일단위, 월단위, 연단위로 정할 수 있다. 적용이율은 가입당시 고시된 예치통화의 기간별 고시이율을 적용한다.

4 양도성예금증서(CD)

양도성예금증서(CD : negotiable certificate of deposit)는 은행의 정기예금증서에 양도성을 부여한 것으로 제3자에게 양도가 가능한 금융상품이다. CD는 은행간의 자금조절이나 단기자금조절수단으로 많이 활용되는데, 우리나라의 경우 '한국은행법'상 예금채무에 해당되어 예금지급준비금 예치의무가 부과되고 있으며, 현재는 예금보호대상에서 제외되어 있다.

CD는 한국수출입은행을 제외한 모든 은행, 즉 한국은행에 예금지급준비금을 예치할 수 있는 시중은행, 지방은행, 특수은행, 외국은행국내지점 등이 발행할 수 있으며, 거래 중개업무에는 금융투자회사(증권회사), 종합금융회사 및 3개의 자금중개회사가 참가하고 있다.

CD는 할인식으로 발행된다. 따라서 고객은 CD를 살 때 예치기간동안의 이자를 뺀 금액만을 지급하고 만기에 액면금액을 받는다. 다만, 은행에서는 다른 금융상품과 비교할 수 있도록 할인율 대신에 수익률로 금리를 고시하고 있다.

CD의 최장만기는 제한이 없고 최단만기만 30일 이상으로 제한되고 있는데, 실제거래에 있어서는 대고객간 거래의 경우 1년물이 주종을 이루고 있다. 만기이전의 중도환매는 엄격히 금지되어 있으나, 양도가 가능하므로 매수기관이 보유CD를 현금화하고자 하는 경우 중개기관을 통해 매각할 수 있다. 최저액면금액에 대한 제한은 없으나, 500만원 또는 1,000만원 이상이 일반적이다.

CD금리는 콜금리 등 다른 시장금리, 발행금액, 기간 등을 감안하여 결정되며, 은행별 신용도에 따라 다를 수 있다.

5 환매조건부매매(RP)

환매조건부매매(RP 또는 Repo : repurchase agreement)는 특정한 증권을 매매하고 일정기간 후 매매 당시의 가격에다 소정의 이자를 더한 가격으로 되사거나 되팔 것을 약정한 매매당사간의 계약에 의거한 매매를 말한다. RP는 채권이외에 주식 및 부동산 등도 매매거래대상이 될 수 있으나, 전통적으로 RP거래라고 할 경우에는 채권을 담보로 단기자금을 거래하는 것을 의미한다.

대고객RP는 투자매매업자(증권회사), 투자매매업인가를 받은 은행, 증권금융회사 및 종합금융회사, 그리고 '우체국예금보험에 관한 법률'에 의거한 체신관서에서 취급하고 있다. 증권금융회사와 투자매매업자(증권회사)가 매입 및 매도업무를 모두 취급하고 있는데 반해, 은행, 종합금융회사 및 체신관서는 매도업무만을 취급하고 있다. 대고객 RP거래에 있어서의 매수주체는 투자매매업자와 종합금융회사의 경우에는 일반 법인이, 체신관서의 경우에는 개인이 대부분이다. 은행의 경우에는 일반법인과 함께 개인도 높은 비중을 차지하고 있다.

RP거래는 만기에 대한 제한이 없는데 대체로 대고객거래의 경우 1개월물 및 3개월물 위주로 거래되고 있으며, 만기이전에 중도환매가 가능하다. 거래대금에 대해서도 제한은 없는데, 금융기관별로 자체규정을 두어 운용하고 있다. 은행의 경우 최소거래금액을 500만원, 체신관서는 개인위주의 소액거래가 대부분이기 때문에 최소거래금액을 5만원으로 설정하고 있는데 비해, 투자매매업자(증권회사) 등은 최소거래금액에 대한 제한을 두고 있지 않다.

거래대상 증권은 대고객거래의 경우에는 국채, 통화안정증권, 지방채, 특수채, 보증채, 상장법인공모회사채, 공모공기업사채, 공모ABS·MBS 등이면서 신용등급이 BBB등급 이상인 채권으로 제한되고 있다. 다만, 실제 거래시에는 국채, 통화안정증권 등 안전자산위주로 거래가 이루어지고 있으며 최근에는 은행채도 많이 활용되고 있다. 이자[6]는 만기일에 지급된다.

6 기업어음

기업어음(CP : commercial paper)은 신용상태가 양호한 기업이 자기신용을 바탕으로 단기자금조달을 위하여 발행하는 만기 1년 이내의 융통어음을 말한다. 우리나라의 경우 일정한 수준 이상의 신용등급을 받은 기업이 담보없이 신용을 근간으로 발행되는 것이 대부분이다.

〈표 6-4〉 우리나라의 CP신용등급

구 분	평가등급	등 급 정 의
투자등급 (investment grade)	A_1	– 적기상환능력이 최고수준이며 안정성은 예측가능한 장래환경에 영향을 받지 않을 정도
	A_2^+, A_2, A_2^-	– 적기상환능력우수, 안정성은 A_1보다 다소열등
	A_3^+, A_3, A_3^-	– 적기상환능력양호, 안정성은 A_2보다 다소열등
투기등급 (speculative grade)	B^+, B, B^-	– 적기상환능력은 있으나 단기적인 여건변화에 따라 그 안정성에 투기적인 요소가 내포
	C	– 적기상환 능력 및 안정성에 투기적인 요소가 큼
	D	– 현재 채무불이행 상태

자료 : 한국은행, 『한국의 금융시장』, 2016년, p.116.

CP에 투자할 때에는 〈표 6-4〉에 보는 바와 같이 발행기업의 신용도가 투자에 있어서 매우 중요하다. CP의 이자지급방식에는 할인식과 만기이자지급식 2가지 종류가 있으며, 중도해지는 불가능하지만 배서에 의한 양도는 가능하다. CP는 발행단위가 거액인데다 CP가 예금자보호대상에 포함되지 않기 때문에 개인은 CP매수를 기피하고 있어, 현재 주로 자산운용회사MMF와 은행신탁의 특정금전신탁이 CP를 매입하고 있다.

6) 이자지급액=거래금액×약정이율×만기시까지의 일수/365

제4절 주택청약관련 금융상품

주택청약관련 금융상품은 무주택 서민 등에게 주택공급을 촉진하기 위해 도입된 금융상품으로, 이에는 주택청약예금, 주택청약부금, 주택청약저축, 주택청약종합저축 등이 있다.

1 주택청약종합저축

주택청약종합저축은 기존의 청약부금·청약저축·청약예금의 기능을 한데 묶어 놓은 주택청약통장으로 국민주택과 민영주택 구분없이 모든 신규 분양주택에 청약이 가능한 청약통장이다. 우리은행, 국민은행, 신한은행, 하나은행, 기업은행, 농협은행, 대구은행, 부산은행 등에서 취급하고 있다.

주택청약종합저축에는 국민인 개인, 국내에 거주하는 재외동포, 외국인 거주자가 가입할 수 있다. 가입대상은 주택소유 여부와는 관계없이 1인 1계좌만 가능하다. 따라서 기존의 청약부금·청약저축·청약예금에 가입한 자는 전환가입이 허용되지 않는다. 따라서 기존의 청약부금·청약저축·청약예금에 가입한 자는 전환가입이 허용되지 않는다. 주택청약종합저축에 가입하여 민영주택에 청약하는 경우에는 총 납입금이 '주택공급에 관한 규칙'에서 정한 민영주택청약 예치기준금액 이상이 되어야 청약순위가 발생한다. 따라서 최초로 청약을 신청하기 전까지 주거전용면적을 기준으로 공급받을 수 있는 주택의 규모를 선택하여야 한다.

주택청약종합저축의 가입기간에 따라 1순위 또는 2순위 자격을 부여한다. 납입기간을 충족하더라도 총납입금이 민영주택 청약 예치기준금액(〈표 6-5〉 참조) 이상이어야 하며, 투기과열지구 안에서 공급하는 주택인 경우 기당첨자, 2주택자 등 일정요건에 해당하는 자는 1순위 자격을 배제한다. 민영주택의 일반공급의 경우 수도권과 수도권외의 지역으로 이원화하고 있는데, 수도권(비수도권) 1순위는 가입 후 1년(6개월)이 경과하고, 민영주택 청약 예치기준금액에 상당하는 금액을 납입한 자이고, 2순위는 1순위에 해당하지 않는 자이다.

최초 주택의 규모를 선택한 후에도 그 납입한 금액의 범위 내에서 선택한 주택의 규모를 변경할 수 있는데, 이 경우 순위산정일은 변경일이 아닌 당초 가입일로 한다.[7] 한편, 가입자가 청약주택의 면적을 변경하고자 할 경우에는 청약신청일까지 변경하면 변경 후 면적으로 청약할 수 있다.

〈표 6-5〉 청약대상 주택규모에 따른 지역별 예치금액

청약가능면적(전용면적기준)	예 금 액		
	서울, 부산	기타 광역시	기타 시 및 군
$85m^2$ 이하	300만원	250만원	200만원
$102m^2$ 이하	600만원	400만원	300만원
$102m^2$ 초과 $135m^2$ 이하	1,000만원	700만원	400만원
$135m^2$ 초과	1,500만원	1,000만원	500만원

주 : 1) 해당 전용면적뿐만 아니라 $65m^2$ 초과 $85m^2$ 이하 민간건설 국민주택도 청약가능함
2) 해당 전용면적뿐만 아니라 $102m^2$ 이하 가입자는 $85m^2$ 이하도 신청이 가능함
자료 : 자료 : 한국은행, 『2012년 금융생활 길라잡이』,2012년.

계약기간은 별도의 만기가 없고 가입한 날로부터 입주자로 선정된 날까지로 한다. 납입방법은 매월 일정액 적립식과 예치식을 병행하고 있다. 적립식의 경우 매월 2만원 이상 50만원 이하 금액을 5,000원 단위로 납입할 수 있다. 다만 납입누계액이 민영주택청약 예치금 기준에 따른 최대금액(5,000만원)미만인 경우에는 1,500만원에 이르는 시점까지는 월 50만원을 초과하여 납입할 수 있다. 예치식은 일시에 1,500만원을 예치하여 최초 청약할 때 주택규모에 제한없이 하나의 주택형을 선택할 수 있다.

무주택자인 세대주로서 총 급여액이 '세법'에서 정한 일정금액 이하인 근로자의 경우 연간 납입금액(240만원 한도)의 40%한도 내에서 소득공제가 가능하다. 주택청약종합저축은 '예금자보호법'에 의해 예금이 보호되지 않고, 국민주택기금에서 별도 관리하고 있다.

7) 김민규 · 고득성 · 최병희, 『금융자산 투자설계(1)(2016년 재전정판)』, 한국금융연수원 출판사업부, 2016년, p. 28.

2 주택청약예금

주택청약예금은 일정금액의 목돈을 일시에 정기예금으로 예치하여 일정기간이 지나면 민영주택 또는 전용면적 60m² 초과~85m² 이하의 민간건설 중형국민주택에 대한 청약권이 주어진다. 산업은행과 수출입은행을 제외한 모든 은행에서 취급하고 있으며, 주택청약저축·예금·부금 중 전 금융기관을 통하여 1인 1계좌만 가능하다.

만 19세 이상의 국민인 개인 혹은 법적 조건을 갖춘 재외동포 및 외국인이 가입할 수 있고, 19세 미만인 자도 세대원[8]이 있는 세대주면 가입할 수 있다. 단, 신규가입은 불가능하다. 민영주택의 일반공급의 경우 수도권과 수도권외의 지역으로 이원화하고 있는데, 수도권(비수도권) 1순위는 가입 후 1년(6개월)이 경과하고, 민영주택 청약 예치기준금액에 상당하는 금액을 납입한 자이고, 2순위는 1순위에 해당하지 않는 자이다.

계약기간은 1년이고, 1년 경과할 경우 당첨 시까지 자동 재 예치된다. 이자지급은 신규가입 또는 재 예치 당시 금융기관 고시이율을 적용하여 만기에 지급된다. 소득공제 혜택을 받을 수 없으나, '예금자보호법'에 의해 보호된다.

3 주택청약부금

주택청약부금은 분양받고자 하는 주택의 규모에 맞추어 매달 저축하면 거래기간과 저축실적에 따라 주택자금을 대출받을 수 있고, 납입금액이 지역별 청약가능 예치금액 이상이 되면 전용면적 85m² 이하의 민영주택 또는 60m² 초과~85m² 이하의 민간건설 중형국민주택에 대한 청약권이 부여되는 저축이다. 산업은행과 수·출입은행을 제외한 전 은행에서 취급하고 있다.

만 19세 이상인 국민(법적 조건을 갖춘 재외동포 및 외국인도 가능), 만19세 미만인 자는 세대원이 있는 세대주가 가입할 수 있으나, 신규가입은 불가능하다. 민영주택의 일반공급의 경우 수도권과 수도권 외의 지역으로 이원화하고 있는데, 수

8) 세대원은 한 세대를 이루고 있는 것을 말한다.

도권(비수도권) 1순위는 가입 후 1년(6개월)이 경과하고, 민영주택 청약 예치기준금액에 상당하는 금액을 납입한 자이고, 2순위는 1순위에 해당하지 않는 자이다.

계약기간은 2~5년이며, 적립방법에는 자유적립식 또는 정액적립식이 있다. 계약기간과 적립방법은 각 은행별로 다르다. 이자는 신규가입당시 금융기관 고시이율을 적용하여 만기에 지급한다. 소득공제 혜택을 받을 수 없으나, '예금자보호법'에 의해 보호된다.

4 주택청약저축

주택청약저축은 월부금을 일정기간 납입하면 국민주택이나 전용면적 60m^2 초과~85m^2 이하의 민간건설 중형국민주택을 분양 또는 임대받을 수 있는 청약권이 주어지는 정기적금 형태의 저축이다. 우리은행, 신한은행, 하나은행, 기업은행, 농협은행 등에서 취급하고 있다.

무주택세대주(1세대 1계좌)이거나, 60세 이상 또는 장애인인 직계존속을 부양하는 호주승계 예정자는 세대주가 아니더라도 세대구성원 전원이 무주택이면 가입이 가능하나, 신규가입은 할 수 없다. 계약기간은 가입한 날부터 입주자로 선정되는 날까지이며, 월부금은 2만원에서 10만원까지의 범위 내에서 5,000원 단위로 납입한다. 민영주택의 일반공급의 경우 수도권과 수도권외의 지역으로 이원화하고 있는데, 수도권(비수도권) 1순위는 가입 후 1년(6개월)이 경과하고, 민영주택 청약 예치기준금액에 상당하는 금액을 납입한 자이고, 2순위는 1순위에 해당하지 않는 자이다.

무주택자인 세대주로서 총 급여액이 '세법'에서 정한 일정금액 이하인 근로자의 경우 연간 납입금액(240만원 한도)의 40%한도 내에서 소득공제가 가능하다. 주택청약저축은 '예금자보호법'에 의해 예금이 보호되지 않고, 국민주택기금에서 별도 관리하고 있다.

제5절 예금보호대상 · 절세형 금융상품

1 예금보호대상 금융상품

우리나라의 경우 금융환경의 급변으로 금융기관이 부실화되거나 도산할 가능성이 높아짐에 따라 금융안전망(financial safety net)의 일환으로 1995년 12월 '예금자보호법'을 제정함으로써 '예금자보호제도' 를 도입하였다. 우리나라의 경우 '예금자보호법'에 따라 1996년 6월 예금보험공사를 설립하여 금융기관이 예금의 지급정지, 영업인·허가의 취소, 해산 또는 파산 등으로 고객의 예금을 지급하지 못하게 될 경우 금융제도의 안전성을 유지하기 위해 예금 등을 보장하는 제도를 시행하고 있다.

현행의 예금자보호제도 하에서는 가입금융기관이 보험사고(영업정지, 인가취소 등)발생 후 파산할 경우, 원금과 소정의 이자를 포함하여 1인당 최고 5,000만원까지 예금을 보장받게 되어 있다. 보호대상 금융상품은 예금, 보험계약, 예탁금 등의 원금 및 이자이며, 양도성예금증서(CD), 금융투자상품, 금융채 등은 보호대상에서 제외된다.

〈표 6-6〉 보호대상 금융상품현황

	보호대상 금융상품	보호대상제외금융상품[1]
은 행	요구불예금, 저축성 예금, 적립식예금, 금전신탁, 외화예금, 퇴직연금 및 개인 퇴직계좌 적립금[2] 등	CD, RP, 은행발행채권, 실적배당형 신탁, 금융투자상품[3], 농·수협 중앙회 공제상품 등
투자매매 · 중개업자	증권 등의 매수에 사용하지 않고 고객 계좌에 현금으로 남아 있는 금액, 자기 신용대주담보금, 신용거래계좌 설정보증금 등의 현금잔액, 퇴직연금 및 개인 퇴직계좌 적립금[2] 등	금융투자상품[3], 청약자예수금, 제세금예수금, 선물·옵션거래예수금, 유통 금융대주담보금, RP, 증권회사발행 채권, CMA, 랩어커운트, ELS, ELW 등
보험회사	개인이 가입한 보험계약, 퇴직연금 및 개인 퇴직 계좌 적립금[2], 원금보전형 금전신탁 등	보험계약자 및 보험납부자가 법인인 보험계약, 보증보험계약, 변액보험계약 주계약, 재보험계약 등

종합금융회사	발행어음, 표지어음, CMA 등	금융투자상품[3], CD, RP, 종합금융회사 발행채권, CP 등
상호저축은행	보통예금, 저축예금, 정기예금, 정기적금, 신용부금, 표지어음, 상호저축은행 중앙회 발행 자기앞수표 등	저축은행 발행채권 등

주 : 1) 정부・지방자치단체(국・공립학교 포함), 한국은행, 금융감독원, 예금보험공사, 부보금융기관이 가입한 금융상품은 2001년 1월1일부터 보호대상에서 제외.

2) 예금보호대상 금융상품으로 운용되는 확정기여형 퇴직연금 및 개인퇴직계좌 적립금만 해당.

3) 수익증권, 뮤추얼펀드, MMF 등

자료 : 금융감독원

2 비과세종합저축

세금우대종합저축과 생계형 비과세저축이 2014년 12월 31일로 가입시한 만료됨에 따라 두 절세상품을 통합하여 2015년 1월 1일로 시행된 것이 비과세종합저축이다.

비과세종합저축에는 만 61세 이상의 고령자 및 장애인・독립유공자(유가족 포함)・국가유공상이자・기초생활수급자・고엽제후유증환자・5・18 민주화운동 부상자 등이 가입할 수 있으며, 고령자기준의 경우 2019년까지 매년 가입연령이 1년씩 상향조정되어, 가입연령은 61세(2015년), 62세(2016년), 63세(2017년), 64세(2018년), 65세(2019년)가 된다.

비과세종합저축은 전 금융기관 통합 5000만원까지 비과세 혜택을 주는 저축으로, 기존 세금우대종합저축과 생계형저축을 유지하고 있는 경우 이 한도에서 해당 금액을 차감한 만큼만 가입이 가능하다. 가입기간은 2019년 12월 31일까지이다.

3 세금우대종합저축

세금우대종합저축은 '조세특례제한법' 제89조(세금우대종합저축에 대한 과세특례)에 의거하여 저축에서 발생하는 이자소득 및 배당소득에 대한 원천징수율 9%(농어촌특별세 포함 9.5%)를 적용하는 저축을 말한다.

세금우대종합저축은 19세 이상 성인이면 누구나 가입할 수 있다. 세금우대종합저축으로 가입할 수 있는 금융상품은 금융기관이 취급하는 적립식 또는 거치식 저축, 신탁, 공제, 보험상품으로서 계약기간이 1년 이상이고 가입당시 저축자가 세금우대적용을 신청한 저축상품이 해당되는데, 모든 금융상품이 해당되는 것은 아니다. 일부 금융상품의 특성상 세금우대가 배제되는 상품이나, 비과세저축상품, 신용협동기구 예탁금, 연금저축이나 연금신탁 등은 대상 금융상품에서 제외된다.

세금우대종합저축의 한도는 일반인의 경우 모든 금융기관에 가입한 계약금액 총액이 1인당 1,000만원이며, 대통령령이 정하는 노인 및 장애인 등은 1인당 3,000만원까지 가능하다. 세금우대종합저축으로 가입한 후 1년 이내에 중도해지 시에는 세금우대 혜택을 받을 수 없다. 한편 세금우대종합저축으로 가입한 후에 중도해지할 경우에는 예금이자는 중도해지이자가 적용되지만 세금우대혜택은 가능하다. 그리고 세금우대종합저축에서 발생한 이자 및 배당소득은 금융소득종합과세 계산 시 금융소득에서 제외된다.

한편, '세법' 개정에 따라 은행 등에서 판매하는 세금우대종합저축의 신규가입은 2014년 12월 31일로 종료된다.

4 생계형 비과세저축

생계형 비과세저축은 '조세특례제한법' 제88조의 2(노인, 장애인 등의 생계형저축에 대한 비과세 등)에 의거하여 가계의 저축증대와 노후 및 저소득층의 안락한 생활을 지원하고자 만 60세 이상의 노인, 장애인·독립유공자(유가족 포함)·국가유공상이자·기초생활수급자·고엽제후유증환자·5·18 민주화운동 부상자 등에게 1인당 3,000만원까지 비과세하는 저축을 말한다.

생계형 비과세저축은 세금우대종합저축과 달리 금융기관이 취급하는 거치식예금과 적립식예금뿐만 아니라 요구불예금도 대상이 된다. 다만, 양도성예금증서, 표지어음, 당좌예금, 가계당좌예금, 외화예금, 장기주택마련저축, 연금신탁 등 유통이 가능한 상품이나, 어음·수표 등을 이용하여 거래되는 상품, 그리고 '조세특례제한법' 상 별도의 비과세 혜택이 부여되는 금융상품은 제외된다.

생계비과세저축에서 발생하는 이자소득 또는 배당소득에 대해서는 가입기간에 관계없이 농어촌특별세를 포함하여 전액 비과세가 적용된다. 한편, 생계비과세저축의 신규가입도 2014년 12월 31일로 종료된다.

〈표 6-7〉 생계형비과세저축, 세금우대종합저축, 비과세종합저축의 비교

	생계형비과세저축	세금우대종합저축	비과세종합저축
세금우대	비과세	9.5% 분리과세 (소득세 9%, 농특세 0.5%)	비과세
가입자격	만 60세 이상 거주자, 장애자, 독립유공자, 기초생활수급자 등	만 20세 이상 거주자, 생계형저축가입대상자	만 61세 이상, 독립유공자, 장애인, 기초생활수급자 등
한도	3,000만원	20세 이상 : 3,000만원 생계형저축가입대상자 : 3,000만원	5,000만원
만기일자	만기 없음	개설일 기준 1년 이상 지정 가능	생계형저축 준용
가입만료	2014년 12월 31일	2014년 12월 31일	2014년 12월 31일

[재테크 풍향계]재테크 첫 걸음 '통장 쪼개기' 활용법은...

재테크 초보자들은 월급을 받아도 금방 통장이 '텅텅' 비어서 종잣돈을 모으기가 힘들다는 하소연을 많이 한다. 똑같은 월급을 받아도 어떤 사람은 자산을 증식해 나가는 반면, 어떤 사람은 제자리 걸음만 하는 이유는 뭘까. 다양한 요인들이 복합적으로 작용하겠지만 소위 재테크의 첫 걸음으로 꼽히는 '통장 쪼개기'를 하지 않은 것도 하나의 이유가 된다. 투자 기간과 목적에 맞는 통장들을 만들어 제대로 관리하는 사람과 통장시스템 없이 대충대충 관리하는 사람과의 부(富) 차이는 시간이 흐를수록 더 커진다.

통장 쪼개기는 보통 월급이 들어오는 ▲수시입출식 통장 ▲저축 통장 ▲투자 통장 ▲비상 통장 등 4개로 나누는 것을 말한다.

이렇게 통장을 나눠서 관리하다 보면 단기(1~2년), 중기(3~5년), 장기(5년 이상)간의 목적과 용도에 맞게 계획적인 관리가 가능해 효율적인 자산 증식은 물론 새나가는 돈을 차단할 수도 있다.

▶ 수시입출식 통장도 '고금리'로 챙기자

그동안 수시입출식 통장의 이자는 0.1%에 불과해 의미가 없었는데 최근에 나오는 상품들은 수시입출식임에도 비교적 높은 금리를 준다. 대표적인 상품이 SC제일은행에서 내놓은 '마이플러스통장'이다. 전월보다 평균잔액이 줄지 않는 조건을 충족하면 1000만원 이상 잔액 보유 시 연1.3%(이하 세전), 300만~1000만원 잔액 보유 시 연 0.9%의 금리를 제공한다. 시중은행의 6개월 만기 정기예금 금리가 1%대 초중반 수준임을 감안하면 수시입출식 통장이면서도 정기예금 못지않은 이자를 주는 셈이다. 인터넷전문은행인 K뱅크도 '듀얼K 입출금통장'에 마케팅 동의만 하면 정기예금 수준인 연 1.2%의 금리를 보장한다.

수시입출식 통장을 제대로 선택했다면 활용법도 잘 알아두자.

수시입출식 통장은 2개를 만들어 1개는 각종 자동이체를 걸어놓고, 나머지는 체크카드(외상성격인 신용카드는 자제) 기능을 탑재해 용돈이나 여가 생활비와 같은 소비 전용 통장으로 사용하면 관리가 효율적이다. 또 수시입출금통장은 '주거래은행'을 지정하면 각종 수수료 비용을 낮출 수 있다.

▶ 저축통장 목표는 목돈 마련…저축銀 적금 '풍차돌리기' 유용

저축통장의 목적은 안정적인 종잣돈 마련이다. 지금처럼 글로벌 금리 상승기에는 만기를 1년 정도로 짧게 가입하는 게 유리하다. 또 이자에 대한 세금도 따져봐야 하는데 요즘은 비과세 상품은 거의 찾아볼 수 없다. 1만~2만원의 조합비만 내면 가입이 가능한 저율과세(1.4%) 예・적금상품(1인당 3000만 원 한도)을 취급하는 단위농협, 새마을금고 등에 관심을 가져볼 만 하다.

최근 저축은행 업계에서 내놓은 3~4%대 고금리 적금상품을 골라 '풍차돌리기 방식'으로 활용하는 것도 추천한다.

예를 들어 연초부터 1년 만기로 20만원 단위로 풍차돌리기 적금을 가입하면 1월에는 A적금에 20만원을 예치한다. 2월에는 A적금에 20만원을 추가 예치하고 B적금을 새로 가입해 20만원을 예치한다. 3월에는 A적금 20만원, B적금 20만원을 각각 추가 예치하고 C적금에 새로 가입해 20만원을 예치한다. 이 같은 방법으로 12월에는 A~L적금에 각각 20만원씩 총 240만원을 예치한다. 다음해 1월부터 12월까지는 A~L적금 만기가 차례대로 돌아오면서 총 예치금 2880만원과 이자수익을 얻을 수 있다. 만일 만기가 돌아온 적금을 다시 풍차돌리기 방식으로 하면 원금 뿐 아니라 이자에 이자가 붙는 '복리효과'도 누릴 수 있다.

▶ 저금리엔 CMA 등 투자통장으로 '저가매수 투자전략' 활용하자

저금리 장기화에 물가는 지속적으로 치솟기만 한다. 이럴 때는 예금자보호형 CMA 등 투자통장에 대한 비중을 높이는 게 현명하다. 예를 들어 코스피나 금값, 채권 값 등 관련 지수가 급락할 때마다 자산의 30~50%정도 넣어둔 투자통장에서 50만원이나 100만원씩 인출해 채권형, 혼합형, 주식형, 해외 주식형, 원자재 펀드 등에 투입하면 된다. 저가 매수 전략으로 펀드를 운영하다가 목표 수익률에 도달하면 부분 환매해서 수익을 실현, 고금리 저축통장에 넣어 두거나 다시 투자통장으로 운용하면 쏠쏠한 재미를 볼

수 있다. CMA 상품 특성도 제대로 알고 있어야 하는데 금리 인상기에는 CMA에 있는 돈을 전액 출금했다가 다시 입금해야 올라가는 시점의 금리를 적용받을 수 있다 반면 금리 하락기에는 출금하지 않아야 처음에 약정받은 높은 금리를 1년 동안 적용받을 수 있다.

▶ 월평균 생활비 두달치는 비상통장으로

재테크 초보자들은 자산증식 의욕이 앞선 나머지 월 평균수입에서 너무 과할 정도의 금액을 저축통장이나 투자통장에 배분하다가, 부득이 하게 적금을 깨거나 펀드 등의 투자상품을 원금손실에도 불구, 환매를 하는 경우가 있다. 따라서 수시입출식 통장에 비상통장을 추가해서 월 평균 생활비의 2배정도 되는 자금을 넣어두고 운용하는 것이 현명하다. 매월 잉여자금을 넣어주면서 이 비율을 유지하고, 갑자기 필요한 긴급자금이나 경조사 등에 지출하면 유용하게 사용할 수 있다.

매일경제신문 2017년 6월 30일

중요 개념 및 용어

요구불예금	보통예금	당좌예금
별단예금	저축예금	MMDA
CMA	MMF	적립식예금
정기적금	일반정기적금	가계우대정기적금
상호부금	신용부금	농어가목돈마련저축
재형저축	정기예금	정기예탁금
외화정기예금	양도성예금증서(CD)	환매조건부매매(RP)
기업어음(CP)	주택청약종합저축	주택청약예금
주택청약부금	주택청약저축	예금보호대상 금융상품
비과세종합저축	세금우대종합저축	생계형비과세저축

연습문제

1 요구불 예금에 대하여 개괄적으로 설명하라.

2 MMDA, MMF, CMA에 대하여 비교·설명하라.

3 정기적금을 일반정기적금과 가계우대정기적금으로 구분하여 설명하라.

4 상호부금에 대하여 설명하라.

5 외화정기예금에 대하여 설명하라.

6 양도성예금증서(CD)에 대하여 설명하라.

7 환매조건부매매(RP)에 대하여 설명하라.

8 주택청약종합저축에 대하여 설명하라.

9 예금자보호대상 금융상품에 대하여 개괄적으로 설명하라.

10 비과세종합저축에 대하여 설명하라.

7 신탁 · 자산관리 관련 금융상품

학습목표

1. 신탁의 기본적인 사항에 대하여 이해할 수 있다.
2. 신탁관련 금융상품에 대하여 이해하고 활용할 수 있다.
3. 자산관리관련 금융상품에 대하여 이해하고 활용할 수 있다.

들. 어. 가. 기

최근 자산관리의 수단의 하나로서 신탁관련 금융상품에 대한 관심이 높아지고 있다. 금융업계에 따르면 대표적인 신탁관련 금융상품인 특정금전신탁에 대한 인기가 높아져, 주가연계신탁(ELT) 및 정기예금형 등 특정금전신탁의 수탁고가 1년도 채 안 되는 시간에 80조원이 불어났다고 한다. 이는 금융기관 창구에서 높은 금리를 바탕으로 고객에게 가입을 적극적으로 유도한 것도 있지만, 저금리시대의 정착에 따라 1%의 수익률이라도 더 얻고자하는 투자자의 니즈(needs)가 반영된 현상이라고 볼 수 있다.

그런데 우려가 되는 것은 특정금전신탁에 대한 인기만큼 위험도가 높다는 것을 투자자는 잘 모르고 있다는 것이다. 특정금전신탁이란 투자자가 금융회사에 돈을 맡기면서 지시하는 방법으로 금융회사가 운용 후, 신탁기간 만료 후에 신탁금 건별로 원금과 이자를 지급하는 맞춤형 실적배당 상품이다. 이와 같이 특정금전신탁 상품은 판매 과정과 종류를 모두 투자자가 선택하는 것이기 때문에 손실에 대한 책임도 모두 투자자에게 있다. 하지만 최근 금융회사는 고객에게 높은 수익률만을 강조하며 손실에 대한 설명은 뒷전인 경우가 많다.

한편, 최근 자산관리관련 금융상품으로 개인종합자산관리계좌(ISA), 랩어카운트 등이 출시되어 투자자들의 관심을 모으고 있다. 특히 2016년 3월 14일 '국민 만능통장'으로 금융위원회가 야심차게 처음 출시했던 개인종합자산관리계좌(ISA)는 보름만인 3월 31일 기준으로 120만명이 넘는 가입자를 끌어 모으는 등 투자자의 관심을 집중시켜, 2016년 10월31일 기준으로 누적 가입자는 240만2708명에 이르렀다.

그런데 이렇게 투자자들의 각광을 받았던 개인종합자산관리계좌(ISA)가 애물단지로 전락하고 있다. 수익률은 '마이너스'를 기록 중이며 가입자는 빠르게 줄고 있는 모습이다. 사실상 세제혜택도 미미해 투자 매력도 떨어진다는 평가다. 우리나라 ISA의 가장 큰 문제는 세제 혜택이 낮다는 점을 들 수 있는데, 또한 은행에서 연구하고 내놓은 상품이 아니라 탑다운식으로 금융당국에서 만든 상품인 만큼 실질적인 운용에 있어 탄력성을 갖지 못하는 점도 문제로 지적할 수 있다.

CHAPTER

7 신탁 · 자산관리관련 금융상품

제 1 절 신탁의 기본적인 이해

1 신탁의 의의 및 구성요소, 운용원칙

1) 신탁의 의의

신탁(trust)은 위탁자(trustor)와 수탁자(trustee)간의 신임관계를 바탕으로 개인 또는 단체인 위탁자가 금전 또는 그 밖의 재산의 관리 또는 처분을 신탁금융기관인 수탁자에게 일정기간 동안 위탁하여 운용하게 하고, 여기서 발생하는 운용수익을 수익자(beneficiary)에게 귀속시키는 것을 말한다.

현재 위탁자와 수탁자간의 계약관계에 기초한 법률관계를 규정한 신탁에 관한 기본법은 '신탁법'이고, 신탁의 인수를 영업으로 하는 신탁업자를 규율하는 법은 '자본시장과 금융투자업에 관한 법률(이하 '자본시장법'이라 칭함)'이다.

2) 신탁의 구성요소

신탁이라는 법률관계가 성립하려면 신탁관계인, 신탁행위 및 신탁재산(재산권)이라는 구성요소가 필요하다.[1)]

(1) 신탁관계인

앞에서 언급한 것처럼 신탁은 위탁자, 수탁자, 수익자의 관계에 의한 계약으

1) 김민규 · 고득성 · 최병희, 『금융자산 투자설계(1)』, 한국금융연수원출판사업부, 2016년, pp. 105~107.

로, 신탁관계인은 신탁 설정행위를 하는 당사자인 위탁자와 수탁자를 포함하여 수익자, 신탁관리인 및 신탁재산관리인 등을 들 수 있다.

위탁자는 특정한 신탁재산(재산권)을 수탁자에게 위탁하는 자로서, 신탁의 설정자를 의미한다. 일반적으로 금융기관에서 취급하는 신탁상품의 경우 고객이 위탁자가 된다.

수탁자는 위탁자로부터 특정한 신탁재산(재산권)의 운용 및 처분에 관한 권리를 인수하는 자로서, 일반적으로 신탁회사나 신탁업을 겸영하는 금융기관이 수탁자가 된다.

수익자는 신탁에서 발생하는 이익을 누리는 자로서, 위탁자가 지정한 특정인 또는 위탁자 자신이 수익자가 될 수 있다. 수익자는 신탁행위의 당사자가 아니므로 신탁 설정행위 당시에 반드시 특정하거나 존재할 필요가 없으며, 일반적으로 권리능력이 있는 모든 자는 수익자가 될 수 있다고 보고 있다.

신탁관리인은 수익자가 특정되어 있지 않거나 아직 존재하지 아니하는 경우 수익자를 위하여 이해관계인의 또는 직권으로써 법원이 선임하는 자를 말한다. 그리고 신탁재산관리인은 수탁자가 불가피한 사정으로 사임 또는 기타 사유로 해임되었을 경우에 수탁자를 대신하여 임시적으로 신탁재산을 관리하는 자를 말한다.

(2) 신탁행위

신탁행위는 위탁자와 수탁자간 쌍방의 계약에 의해 이루어지는 신탁계약과 단독행위인 유언신탁(testamentary trust) 등으로 구분할 수 있다.

(3) 신탁재산

한편 신탁의 대상이 되는 재산은 법률상으로 소유권의 이전과 처분이 가능한 것이 전제가 되는데, 우리나라의 경우 신탁업자가 위탁자로부터 수탁할 수 있는 재산의 종류에 대해서는 '신탁법'상 제한이 없다. 그러나 영업으로 수탁을 하는 자를 규율하는 '자본시장법'에서는 신탁재산은 금전, 증권, 금전채권, 동산, 부동산, 지상권, 전세권, 부동산임차권, 부동산소유권이전등기청구권, 그 밖의 부동산관련 권리 및 무체재산권으로 한정하고 있다.

3) 신탁의 운용원칙

신탁재산의 운용원칙은 운용결과에 의한 실적배당을 기본원칙으로 하고 있다. 즉, 연금신탁과 같이 특별히 법으로 정한 것을 제외한 모든 신탁상품은 원본보존의무가 없으며, 운용결과에 의한 실적배당을 원칙으로 한다. 또한 신탁재산의 운용실적에 의한 총 손익은 신탁계약에서 정한 보수 및 비용 등을 차감한 후 수익자별 신탁금과 신탁기간에 의하여 산출된 총적수에 따라서 공평하게 배분하여야 하며, 수탁자의 고유재산 또는 다른 신탁재산과 구별하여 관리하도록 하고 있다. 다만, 신탁재산이 금전인 경우에는 고유재산 또는 타 신탁재산에 속하는 금전과 각각 별도로 그 계산을 명확히 함으로써 갈음하도록 하고 있다.

2 신탁의 구분

신탁은 수탁재산의 형태에 따라 금전으로 수탁하는 금전신탁과 금전 이외의 재산이나 경제적 권리로 수탁하는 재산신탁으로 구분된다.

금전신탁은 금전을 신탁재산으로 인수하는 신탁 형태를 총칭하는 것으로 신탁종료시 신탁재산을 금전으로 교부하는 신탁을 말하는데, 이는 위탁자가 신탁재산의 운용방법을 특정하고 있느냐의 여부에 따라 특정금전신탁과 불특정금전신탁으로 구분된다. 특정금전신탁은 위탁자가 신탁재산의 운용대상으로 특정주식, 특정대출 등과 같이 구체적으로 그 운용방법을 정하여 위탁한 경우를, 불특정금전신탁은 그 운용방법을 특별히 지정하지 않고 수탁자에게 일임하여 신탁종료시에 금전으로 환급할 것을 약정하는 경우를, 각각 의미한다. 특정금전신탁에는 대표적으로 맞춤형 특정금전신탁과 분리과세 특정금전신탁 등이 있고, 불특정금전신탁은 연금신탁을 제외하고는 2004년 7월부터 신규 판매가 금지되고 있다.

재산신탁은 신탁인수 시에 신탁재산으로 금전 이외의 재산 즉 금전채권, 증권, 부동산 등을 수탁하여 신탁종료 시 신탁재산을 현상 그대로 수탁자에게 교부하는 신탁을 말한다. 재산신탁은 재산의 종류에 따라 금전채권신탁, 증권신탁, 부동산신탁, 무체재산권신탁, 이밖에 지상권, 전세권, 임차권 등의 신탁으로 구분된다.

신탁은 운용방법에 따라 크게 합동운용(common fund trust)과 개별운용(private fund trust)으로 분류된다. 합동운용은 개별위탁자로부터 받은 신탁자금을 공동자금으로 하여 운용하고 그 운용과실을 위탁자에게 적절히 분배하는 것을, 개별운용은 개별위탁자로부터 받은 신탁자금을 개별적으로 분리하여 운용하는 것을, 각각 의미한다. 일반적으로 특정금전신탁의 경우에는 개별운용을, 불특정금전신탁의 경우에는 합동운용을 한다.

제2절 금전신탁상품

1 맞춤형 특정금전신탁

고객이 운용대상, 운용방법, 운용조건 등을 은행에게 지시하고, 은행은 고객이 지시한 내용대로 운용하여 신탁기간 종료 시 운용수익에서 일정한 비용(신탁보수 등)을 차감한 후 실적 배당하는 주문형 신탁상품이다.

맞춤형 특정금전신탁은 신탁계약기간별로 별도 펀드를 구성하여 관리·운용하기 때문에 고객의 투자성향, 투자기간, 투자금액 등에 따라 맞춤형 투자가 가능하다. 특정금전신탁에서 발생한 수익은 고객이 직접 증권 등에 투자한 것으로 가정하여 과세한다. 즉 증권의 매매차익은 비과세하고 증권이자는 이자소득으로, 주식배당금은 배당소득으로 과세한다.

은행, 증권회사(금융투자회사), 보험회사 등의 신탁업자가 취급하며, 가입대상에는 제한이 없다. 종류에는 채권형, 주식형, 랩어카운트형이 있으며, 최저예탁한도는 일반적으로 5천만원 이상이나 금융기관별로 상이하다. 예탁기간은 3개월 이상이나 제한이 없으며, 거치식으로 예탁한다.

2 분리과세 특정신탁

특정금전신탁 상품 중 발행일로부터 상환일까지의 기간이 10년 이상인 장기채권에 투자하는 경우, 동 채권에서 발생하는 이자소득에 대하여 분리과세[1]를 신청할 수 있는 상품이다.

분리과세 특정신탁은 주로 국가 및 지방자치단체가 발행한 채권에 운용하므로 안전한 투자가 가능하며, 예치기간에 관계없이 분리과세 신청이 가능하다. 또한 분리과세 특정신탁에 가입하면 33%의 세율로 소득세를 납부하고 납세의무가 종결되기 때문에 금융소득 종합과세대상소득에 포함되지 않는다. 그리고 분리과세 특정금전신탁에 가입하였더라도 투자자는 분리과세 또는 일반과세 중에서 선택할 수 있다.

은행, 증권회사(금융투자회사), 보험회사 등이 취급하며, 가입대상에는 제한이 없다. 종류에는 국공채형, 주식형이 있으며, 예탁한도는 1억 원이나 금융기관별로 상이하다. 예탁기간은 제한이 없으나 일반적으로 1년 이상이다.

3 연금신탁

연금신탁은 개인의 노후생활 및 장래의 생활안정을 목적으로 일정기간 이상 적립금을 납입한 후, 적립기간이 만료된 때부터 그 납입원본과 이익을 일정기간 이상 연금으로 나누어 수령할 수 있도록 하는 상품을 말한다. 연금신탁은 금전을 신탁재산으로 인수하는 금전신탁으로, 신탁자금을 합동운용하면서, 위탁자가 신탁재산인 금전의 운용방법을 정하지 않고 수탁자에게 위임하는 불특정금전신탁이다.

연금신탁은 기본적으로 위탁자와 수익자가 동일한 자익신탁으로만 가입이 가능하기 때문에, 위탁자와 수익자가 다른 타익신탁으로의 가입은 불가능하다. 시가평가형 상품으로 예외적으로 원본보존 및 예금자보호에 해당되는 상품으로, 퇴직연금과 합산하여 연간 납입액 100% 범위 내에서 최고 400만원까지 연말정산소득공제를 받을 수 있다.

1) 분리과세는 원천징수의무자가 이자나 배당소득을 지급할 때 원천징수함으로써 이자·배당소득을 지급받는 자의 납세의무가 종결되는 제도이다.

제3절 재산신탁상품

1 금전채권신탁

금전채권신탁은 수탁자가 금전채권 등 신탁재산을 위탁자로부터 수탁하여 이를 관리하고 그 대금을 받아 위탁자에게 지급하는 것을 말한다.

수탁가능채권은 ① 금전채권의 채권자 또는 채무자가 투자적격업체이거나 금융기관이 보유 또는 보증한 채권이어야 하고, ② 채권자가 금전채권에 대하여 완전한 소유권을 지닌 것으로, ③ 소송 등 분쟁이 없어야 하며, ④ 기타 금전채권의 내용에 따라 금전채권을 신탁하는데 있어 하자가 없어야 한다.

계약에 의거한 중도해지 또는 만기해지에 따른 신탁원본 및 수익의 지급으로 신탁이 종료된다. 중도해지는 원칙적으로 불가하지만, 신탁목적이 달성되었거나 불가피한 사유에 의하여 현저하게 곤란하거나 불가능하게 된 경우에는 신탁해지가 가능하다. 회수된 채권원리금으로 수익을 지급하며 그 방법은 신탁계약으로 정한다. 수익권에 대한 원본 및 이익보전을 하지 아니하고 실적배당을 한다.

2 증권신탁

증권신탁은 고객소유의 증권을 신탁재산으로 수탁하여 증권의 보관, 이자배당금, 상환금의 수령, 증자대금의 불입, 담보제공, 대여 등 증권을 관리, 처분, 운용하고 신탁종료 시 신탁원본 및 수익을 운용현상대로 교부하는 재산신탁을 말한다. 이는 신탁목적에 따라 관리신탁, 운용신탁 및 처분신탁으로 구분된다.

관리신탁은 증권의 관리업무를 신탁업자가 대행하는 데에 그 목적이 있는데, 증권의 이자나 배당금의 추심이 이에 해당된다. 한편 운용신탁은 신탁업자가 수탁된 증권을 운용하여 위탁자가 그 운용수익을 얻도록 하기 위한 것으로 증권대여료수입 등이 그 예이다. 그리고 처분신탁은 신탁업자가 수탁된 증권을 위탁자가 지정한 가격과 기간 이내에 처분하기 위한 신탁이다.

3 부동산신탁

부동산신탁은 고객소유의 부동산을 수익자의 이익 또는 신탁계약에 정한 바에 따라 관리, 처분, 담보 및 개발을 목적으로 수탁을 받아 운용하고 신탁종료 시 그 현 상태로 교부하는 신탁상품이다. 부동산신탁은 신탁재산에 대한 강제집행 및 경매금지로 신탁재산의 안정성을 보장할 수 있고, 신탁재산에 대해서는 취득세, 등록세가 면제된다. 단, 재산세 및 종합토지세는 제외한다. 또한 신탁재산과 관련한 계약, 권리관계, 세무 및 법률 등을 신탁업자가 종합적으로 관리함으로써 부동산관리의 편리성을 높일 수 있다.

부동산신탁은 신탁목적에 따라 관리신탁과 처분신탁으로 구분된다. 이 중에서 관리신탁은 다시 위탁자가 부동산의 권리와 그 관리권을 전부 수탁자에게 위탁하는 경우(갑종)와 부동산의 권리만을 위탁하고 관리는 위탁자자신이 하는 경우(을종)로 구분된다. 관리신탁은 부동산의 재산권을 안전하게 보전하고자하는 것으로 일단 신탁으로 설정된 재산은 강제집행이나 경매 등 제3자의 재산권침해로부터 법률상의 보호를 받을 수 있다.

처분신탁은 부동산의 매각을 목적으로 하는 신탁으로[2], 부동산담보신탁과 부동산개발신탁(토지) 등이 대표적인 예이다. 부동산담보신탁은 금융기관에게 대출받을 때 부동산을 직접담보로 제공하지 않고 부동산신탁회사에게 자기소유 부동산의 관리를 맡긴 뒤 그 증서(수익증서)를 담보로 대출받는 것을 말한다. 부동산신탁회사는 일정기간 신탁재산의 담보력이 유지되도록 관리하다가 위탁자가 금융기관 대출금을 갚지 못하면 신탁재산인 부동산을 처분, 그 대금으로 채무를 변제해 준다. 이와 같이 부동산담보신탁을 이용할 경우 위탁자(대출금융기관에 대출신청 채무자 또는 담보제공자)는 비용을 절감할 수 있고 대출금융기관은 채권확보 및 담보관리의 편리성을 추구할 수 있다.

부동산개발신탁은 부동산소유자가 부동산을 신탁업자에게 신탁하는 것으로, 신탁업자는 수익권을 부동산소유자에게 교부하고 토지의 개발 및 관리업무를 대행하며 부동산의 이용 및 처분에서 발생하는 수익을 부동산소유자에게 환급한다.

---

2) 최근에는 부동산의 관리 및 처분서비스를 동시에 제공하는 신탁이 개발되고 있다.

4 무체재산권신탁

무체재산권신탁은 경제적 가치가 있는 권리를 가진 자가 이를 신탁회사에 신탁하고 신탁회사는 이를 운용하여 그 수익을 권리자에게 지급하는 신탁을 말하는데, 지적재산권신탁이 대표적인 예이다.

특허권이나 저작권 등을 소유한 자가 동 권리를 신탁회사에 신탁하고, 신탁회사는 이를 매각하여 받은 대금이나 이용자에게 대여하고 받는 이용료에 대한 수취권을 표창하는 신탁수익권을 발행하여, 이를 일반투자자에게 매각하고, 대금을 지적재산권소유자에게 지급하는 것이 그 예이다.

5 지상권, 임차권, 전세권신탁

이들 신탁은 수탁물건에 부수되어서 일괄 신탁계약형태로 체결되든가, 아니면 별개의 계약형태로 체결될 수 있다. 예를 들어 부동산신탁의 경우 그 부동산건물을 전세 임대를 하였을 때 그 임대료 등 수입금관리를 관리항목으로 추가해서 포함할 수 있다.

제4절 자산관리관련 금융상품

1 개인종합자산관리계좌(ISA)

개인종합자산관리계좌(ISA : individual saving account, 이하에서는 ISA로 칭함)는 하나의 통장(계좌)안에서 펀드, ELS, 예금, 적금 등 다양한 금융상품으로 포트폴리오를 구성하여 운용한 후, 운용기간 중 발생한 손익을 통산하여 순소득 중 일정한도까지 비과세 및 분리과세 등의 과세특례 혜택을 부여하는 종합자산관리형 상품을 말한다.

ISA의 주요 특징 중의 하나인 '운용기간 손익을 통산한다'는 의미를 보다 쉽게 설명하면 다음과 같다. 기존의 펀드투자자의 경우에는 투자기간 전체로는 수익이 발생하지 않았어도 운용기간 한 해만 수익이 발생하면 과세를 하였는데 반해, ISA에 편입된 펀드의 경우에는 매년 과세하지 않고 보유기간 동안 손익을 합산하여 펀드를 환매할 때 일괄 과세한다는 것이다. 또한 ISA를 활용하면 여러 금융상품을 한 계좌에서 편리하게 관리할 수 있다. 한 계좌에 통합적인 세제혜택을 주므로 세제혜택상품을 따로 찾을 필요가 없고, 중도 해지에 대한 부담이 적은 것도 또 하나의 특징이다. 금융상품을 예금에서 펀드로 옮기더라도 기존에 받은 이자의 세금 감면분을 반납할 필요가 없기 때문이다.

〈표 7-1〉 개인종합자산관리계좌(ISA)의 주요내용

	내 용
가입대상	직전연도 금융소득이 2,000만원 이하인 근로소득자 · 사업소득자 · 농어민, 다만, 신규취업자 등 당해연도 소득이 있는 경우에는 가입 가능하며, 직전연도 금융소득 종합과세 대상자는 제외함.
편입가능상품	은행 · 저축은행 · 우체국 등의 예 · 적금, 농 · 수 · 신협 예탁금, RP, 국내외 주식형 · 혼합형 · 채권형 펀드, ETF, 리츠, ELS 등 파생결합증권
의무가입기간	총급여 5,000만원 이하 근로자 · 종합소득 3,500만원 이하 사업자 · 15~29세 청년층 · 희망내일통장 가입자는 3년, 나머지는 5년
납입한도	연간 2,000만원씩 5년간 총 1억원 (단, 소장펀드와 재형저축가입자는 가입금액만큼 제외)
세금혜택	통산하여 순소득 200만원까지 비과세하며, 초과분은 9.9% 분리과세 다만, 총급여 5,000만원 이하 근로자 또는 종합소득 3,500만원 이하 사업자는 250만원까지 비과세 적용됨
ISA판매회사	은행 13개, 증권 19개, 생명보험 1개사(2016.3.14. 현재)
적용기한	2018.12.31.까지 가입분

ISA 상품은 은행과 증권사(금융투자회사)를 포함해 1인 1계좌만 설립할 수 있다. 납입한도는 연 2,000만원, 최대 1억원이며 의무가입 기간은 3~5년이다. 가입대상은 직전 연도 과세기간에 근로 또는 사업소득이 있는 사람이며 상당한 수

준의 금융자산을 보유한 금융소득종합과세 대상자는 제외한다. 신규취업자는 해당연도 소득이 있다면 가입할 수 있다. 인출 시 '순소득' 기준으로 200만원 이하는 비과세 대상이며 200만원을 초과할 경우에는 분리과세 9%가 붙는다.

ISA는 투자자가 상품을 직접 고르는 신탁형과 전문가에게 운용을 맡기는 일임형으로 구분된다. 은행이나 증권사를 방문해야 하는 신탁형과 달리 일임형은 영업점을 방문하지 않고 온라인으로 가입할 수 있다.

〈표 7-2〉 신탁형 ISA와 일임형 ISA의 비교

	신탁형	일임형
형태	투자자가 종목・비중・위험도를 모두 지정	투자자는 금융회사가 종류・비중・위험도를 정해 제시한 모델포트폴리오(MP)중 하나를 선택
금융회사의 제시방식	MP 형태로 제시 불가	MP로 제시
상품교체	의무사항 없음	분기1회 이상 교체
투자자 통지	의무사항 없음	자산처분・취득 시 사전통지 의무
취급기관	은행・증권사・보험사	은행・증권사

2 자산종합관리계좌(wrap account)

자산종합관리계좌(wrap account 이하 랩어카운트라고 칭함)는 고객으로부터 예탁받은 자금으로 여러 종류의 자산운용관련 서비스를 하나로 싸서(wrap) 고객의 투자성향분석에 따라 이를 제공하는 자산종합관리계좌이다. 즉, 자산전반에 대한 컨설팅을 통해 투자자산을 배분, 운영하고 이에 따른 주문집행 및 결제 등의 업무를 일괄적으로 처리함으로서 관련업무 수행에 따른 제 비용을 합해서 단일 수수료를 징수하는 금융상품이다.

랩어카운트는 자산운용방식과 투자대상상품에 따라 컨설턴트 랩(consultant wrap)과 펀드랩(fund wrap)으로, 투자일임여부에 따라 일임형과 자문형으로 각각 구분할 수 있다. 컨설턴트 랩(consultant wrap)은 고객의 투자목적에 맞도록 해당 금융투자업자(증권회사)와 계약을 맺고 있는 투자자문회사를 추천하고 해당

투자자문회사에서 고객에 적합한 투자전략을 수립한 후, 이를 바탕으로 고객의 자산을 운용하는 방식이다. 펀드 랩(mutual fund wrap)은 고객의 성향에 적합한 자산배분 유형이나 투자전략에 따라 가장 적합한 펀드로 최적의 폴트폴리오를 구성하는 투자전략을 제안하는 방식이다.

한편 일임형은 고객 자산을 증권회사(금융투자회사)가 스스로 판단하여 운용하는 방식이며, 자문형은 고객의 자산운용에 대해 자문만 하고 최종판단은 고객이 결정하는 방식이다.

랩어카운트는 미국의 경우 1980년대 중반 이후 증권회사들의 소매업무의 핵심이 단순 중개업무에서 자산관리업무로 전환됨에 따라 종합증권회사들의 중심 영업 분야로 부각되었는데, 우리나라의 경우 2001년에 자문형 랩어카운트가 2003년부터는 일임형 랩어카운트가 각각 증권회사(금융투자회사)에 허용되었다.

〈표 7-3〉 랩어카운트와 펀드와의 차이

	랩어카운트	펀드
판매수수료	없음(단, 서비스 수수료 부담)	있음(펀드에 따라 다름)
환매수수료	없음	있음(펀드에 따라 다름)
운용방식	계좌로 별로 운용	펀드매니저가 통합운용
맞춤형 투자	투자자 성향에 따라 조절가능	투자자 의견 반영 어려움
단일종목 투자한도	제한 없음	10% 이내
목표수익률	절대수익 추종	벤치마크(bench mark)추종
투자내용 확인	실시간, 온라인으로 가능	별도 요구 가능

저금리 · 고령화시대의 '블루오션' 신탁시장 주도권을 잡아라

금융위원회가 올 1월 신탁업 제도 전면 개편을 통해 신탁을 종합 자산 관리 서비스로 키우겠다는 포부를 밝히면서 그간 자본시장법에 묶였던 신탁시장이 금융권의 신규 수익원으로 떠올랐다.

시장에선 이미 '금싸라기'를 선점하기 위한 신탁회사들의 경쟁이 치열하게 벌어지고 있다. 점유율을 확대하려는 은행과 증권, 신규 수익 창출을 노리는 보험사는 물론 주도권을 빼앗기지 않으려는 부동산 신탁회사의 움직임이 본격화하고 있는 것이다.

저금리와 고령화 시대, 규모를 점차 확대하는 신탁시장에 깃발을 꽂을 이는 누구일까.

◆ 규제 풀리며 '폭풍성장' 가능

금융감독원에 따르면 현재 국내의 신탁회사 수는 총 56개다. 업권별로 은행(외은지점 포함 19개), 증권(20개), 보험(6개), 부동산 신탁회사(11개) 등이 있다. 이들 회사의 수탁액은 지난해 9월 기준으로 총 708조6861억원이다.

업권별 점유율을 보면 은행이 49%(348조97억원)로 신탁시장의 절반을 장악하고 있다. 이어 증권사 28%(197조1791억원), 부동산 신탁회사 22%(154조6278억원) 순이다. 보험사는 8조8695억원으로 점유율이 1%에 불과하다.

이들 신탁회사가 주목하는 것은 향후 시장의 성장성이다. 저금리 · 고령화 시대에 종합 자산 관리를 책임질 주역으로 신탁이 떠오르면서 자산가들의 투자 자금이 신탁으로 몰리고 있기 때문이다.

이를 입증하듯이 최근 신탁시장의 수익이 2013년 9월 말 481조원에서 3년 새 32.1% 늘어난 708조원으로 불었다. 작년 11월 말 기준으로는 739조원까지 늘었다.

업계에선 오는 10월 금융위원회가 국회에 제출할 신탁업법 제정안이 통과되면 시장 규모가 폭발적으로 성장할 것이라는 전망을 내놓고 있다.

새로운 제정안에는 현재 금전 · 증권 · 채권 · 부동산 등 7가지 종류로 한정돼 있는 수탁 재산을 부채 · 영업 · 담보권 · 보험금청구권까지 확대한다는 방침이 담겨 있다.

또한 생전신탁과 유언신탁 등의 새로운 신탁 업무 기준을 마련한 것은 물론 신탁회사가 제3의 신탁회사에 다시 맡길 수 있도록 하는 등의 수탁 자산의 영업 규제를 완화하는 방안도 담았다.

◆은행권, 전담 조직 운영 ELT · 맞춤형 확대

가장 큰 기대를 거는 곳은 신탁시장의 절반을 차지하는 은행이다. 저금리 기조가 장기화하면서 예대마진이 줄어들고 있는 은행권은 새로운 수익처로 신탁시장을 지목하고 있다. 비이자 부문을 강화해 종합 자산 관리의 '명가'로 거듭나겠다는 계획이다.

지난해 말부터 주요 은행들이 신탁 전담 조직을 확대하거나 신규 개설하는 등 조직 개편에 나선 것도 이러한 맥락에서다.

우리은행은 기존의 연금신탁사업단을 연금신탁그룹으로 한 단계 끌어올렸고 KB국민은행과 신한은행 또한 각각 기존의 신탁본부를 신탁연금그룹으로 격상했다. KEB하나은행 역시 올 초 조직 개편에서 신탁본부를 신탁사업단으로 강화하는 등 신탁 사업에 힘을 싣고 있다.

은행권의 주력 상품은 주가연계신탁(ELT)이다. 하나금융경영연구소가 펴낸 '부자 보고서(2017, Korean Wealth Report)'에서도 올 한 해 자산가들이 투자하고자 하는 금융 상품 1순위로 주가연계증권(ELS)과 ELT를 뽑았다.

우리은행은 외화 자산에 대한 이용자 수요를 충족하기 위해 외화 ELT 상품을 출시할 계획이다. 이 은행은 지난해 말 국내 최초로 위안화 특정금전신탁(MMT) 상품을 내놓았다. 위안화 MMT는 기존의 위안화 상품이 0.1%대 저금리인 것과 달리 1.5% 수준의 금리를 제공하는 것이 특징이다.

'ELT의 강자' KB국민은행도 차별화된 ELT 상품을 출시해 이용자들이 중수익 이상을 추구할 수 있도록 할 방침이다. 그간 ELT에 다소 약한 모습을 보였던 신한은행 또한 ELT 영업을 강화해 수익성을 제고하겠다는 전략이다.

'맞춤형 신탁'으로 신규 시장 선점에 나선 곳도 있다. KB국민은행은 반려동물을 위한 '펫신탁'을 출시했다. 이 상품은 고객이 은행에 자금을 맡기면 고객 본인 사망 후 새로운 부양자에게 반려동물(개 · 고양이) 보호 · 관리에 필요한 자금을 지급하는 금융 상품이다.

KEB하나은행 또한 2010년 금융권 최초로 종합 재산 관리 신탁인 '하나 리빙 트러스트' 신탁을 출시한 데 이어 지난해 말 치매에 종합적으로 대비하는 '치매안심신탁'과 정신적인 제약으로 성년후견심판 등을 받은 성년을 위한 '성년후견 지원신탁'을 출시했다. 이 역시 금융권 최초로 KEB하나은행은 ELT 외 신탁 상품 수익원의 다변화를 위한 신상품 개발을 지속할 계획이다.

◆증권사, '고액 자산' 유언대용신탁 관심

신탁시장에서 점유율 2위를 달리는 증권업계 또한 신탁의 성장세에 기대를 걸고 있다. 특히 복잡한 증여와 상속 문제를 해결할 수 있어 고액 자산가들이 관심을 두고 있는 유언대용신탁 시장에 관심이 많다.

유언대용신탁은 고객(위탁자)이 금융회사(수탁자)에 자산을 맡기면 생전에는 고객의 자산 관리를 도와 재산을 불리게 해주고 사망 후에는 유언장을 대용해 재산 분배까지 해결해 주는 금융 서비스다.

증권업계는 2013년부터 유언대용신탁 상품을 출시했지만 상품에 대한 저조한 인지도와 세제 혜택의 부재 등으로 은행에 시장 선점의 자리를 내준 바 있다.

하지만 올해 초 금융위원회가 유언대용신탁 등 새로운 신탁 상품에 대해 세제 혜택을 검토하겠다는 방침을 밝히면서 또다시 유언대용신탁 시장에 관심을 보이고 있다. 이를 개인 자산관리(WM)와 연계해 장기적으로 우량 고객을 확보하고 시장을 키우겠다는 취지다.

증권사 중 올 들어 첫 포문을 연 것은 신영증권이다. 이 회사는 지난 1월 종합 자산 관리와 자산 승계, 특별 부양, 공익 기부 등을 한 번에 해결하는 '신영 패밀리 헤리티지 서비스'를 내놓았다. 이 중 핵심은 자산 승계 서비스로, 일반적인 상속 · 증여와 달리 생전에 종합 자산 관리를 받고 사후에 고객의 뜻에 따라 유산 배분 설계를 할 수 있는 유언대용신탁이 포함돼 있다.

이 밖에 현재 대신증권을 비롯해 하나금융투자 · 한국투자증권 · NH투자증권 등 증권사들이 앞다퉈 관련 상품을 개발하거나 출시를 준비하고 있는 것으로 알려졌다.

업계 관계자는 "유언대용신탁 시장은 아직 인식이 부족한 만큼 WM 고객 대상으로 한 상품에 집중될 가능성이 높다"며 향후 세제 혜택 등의 제도적 지원이 강화된다면 보다 폭넓은 고객층을 대상으로 상품의 활용도가 확대될 것"이라고 말했다.

◆보험사, 보험금청구권신탁 군침

보험사는 이번 신탁업법 제정안이 신탁시장에서 점유율을 높일 수 있는 절호의 기회다. 보험사의 수탁액 점유율은 작년 9월 말 기준으로 단 1%다. 지금까지 신탁을 거의 취급하지 않았다고 봐도 무방한 수준이다.

하지만 금융위원회가 지난 1월 '2017년 금융 개혁 5대 중점 추진 과제'에 신탁 재산의 대상 범위를 '보험금청구권'까지 확대하는 안을 내놓으면서 보험사들의 시장 선점을 위한 상품 출시가 늘어날 것으로 전망된다. 이전까지는 현재의 자본시장법과 신탁법에서 보험금청구권을 신탁 자산으로 하는 신탁이나 보험증권에 대한 금전 운용을 허용하지 않아 신탁을 통한 보험금 관리를 할 수 없었다.

금융위 관계자는 "신탁 대상에 보험금청구권을 포함하는 것은 보험업계의 숙원 사업이었다"며 "과거에도 수차례 상품을 개발하려는 움직임이 있었지만 법적으로 허용되지 않아 출시까지 못 간 사례가 여러 번"이라고 말했다. 이 관계자는 "실제 상품 출시가 현실화된다면 업계에서도 다양한 모델을 출시해 신탁의 활용 가능성을 높일 것으로 보인다"고 덧붙였다.

김진영 신한은행 신탁연금본부장 또한 지난해 은행연합회에 기고한 '신탁업 부활' 칼럼을 통해 "해외에선 이미 일본 등의 선진국들이 보험금을 신탁 자산으로 허용해 신탁을 통한 보험금의 관리가 가능하다"며 "일본의 사례 등을 적극적으로 고려해 업권 간 이해관계를 떠나 전향적으로 생명보험을 신탁 자산에 넣을 수 있게 해야 한다"고 강조했다. 그는 이러한 전략으로 고령화 시대의 자산 관리 문제를 해결할 수 있다고 덧붙였다.

보험사들은 보험금청구권신탁이 허용되면 피보험자가 생명보험 지급 청구권을 생전에 신탁한 후 사망 시 신탁회사가 보험금을 수령해 자녀에게 분할 지급하는 등의 방식으로 이뤄질 것으로 보고 있다.

◆부동산 신탁회사, '토지신탁 전업' 현행 체제 유지 희망

부동산 신탁회사는 이번 신탁업법 제정안으로 현재의 주도권을 빼앗기지 않기 위해 안간힘이다. 현재 부동산 신탁회사가 전업으로 취급하고 있는 부동산개발신탁(토지신탁) 등은 현행 체제를 유지해 달라는 것이다.

부동산 신탁회사는 부동산 산업에 대한 전문성을 토대로 부동산 자산을 수탁 받아 관리・처분・개발하는 것을 주요 업무로 하는 신탁회사다. 금융 당국으로부터 전업 부동산 신탁회사로 인가받은 곳은 한국토지신탁・한국자산신탁 등 총 11개사다.

은행과 증권 등의 신탁회사들도 부동산 신탁을 취급하고 있지만 부동산 개발 사업을 진행하기 위한 부동산개발신탁은 현재 부동산 신탁회사가 전담해 이를 취급하고 있는 전업 체제다.

이러한 전업 체제에 힘입어 부동산 신탁회사는 작년 호황을 누렸다. 지난해 9월 말 기준 부동산 신탁의 전체 수탁액은 188조1454억원으로 1년 전에 비해 13.2% 증가했다. 이 중 은행이 겸업하고 있는 담보신탁이 60%(94조5044억원), 부동산 신탁회사가 전업하고 있는 토지신탁이 28%(44조6012억원) 수준으로 집계됐다.

아직까지는 담보신탁의 수탁액이 2배 정도 많지만 신탁 수수료가 비교적 낮은 편이기 때문에 앞으로 시장의 무게는 토지신탁 부문이 될 것이란 게 업계 전문가들의 전망이다.

그러나 금융위가 신탁의 진입 문턱을 낮추는 것을 목표로 하면서 향후 은행과 증권 등 신탁 겸영 회사 또한 토지신탁을 겸영할 수 있는 가능성이 높아지고 있다. 이에 따라 부동산 신탁 회사들이 관련 협회 등을 통해 '전업 체제를 유지해 달라'는 업계의 의견을 전달하고 있는 것으로 알려졌다.

부동산 신탁회사의 한 관계자는 "대형 은행과 같은 자금력이 큰 회사가 (토지신탁 업무 등을) 겸업할 수 있게 된다면 영업력과 규모 등이 비교가 안 되는 부동산 신탁회사가 부담을 안을 수밖에 없다"며 "은행이 영업을 통해 수탁하고 다시 신탁회사에 재하청을 주는 구조, 즉 부동산 신탁사가 은행의 하청업체로 전락할 수 있다는 우려가 나오고 있는 상황"이라고 주장했다.

이에 대해 금융투자협회 관계자는 "아직 구체적인 계획이나 방향성에 대해 알려진 것이 전혀 없다"며 "앞으로 어떻게 변화될지 알 수 없는 상황에서 우려를 논의하는 것은 이른 감이 있다"고 말했다.

다만 이 관계자는 "추후 논의 과정에서 (인가 요건이) 구체화되고 대외적으로 공표된다면 당연히 회원사(부동산 신탁회사)와의 논의를 통해 다시 공론화할 수 있을 것으로 본다"고 덧붙였다.

한경BUSINESS 제 1107호 2017년 2월 15일

중요 개념 및 용어

신탁	위탁자	수탁자
수익자	신탁관리인	금전신탁
특정금전신탁	불특정금전신탁	맞춤형 특정금전신탁
분리과세 특정신탁	연금신탁	재산신탁
금전채권신탁	증권신탁	관리신탁
처분신탁	부동산신탁	부동산 담보신탁
부동산개발신탁	무체재산권신탁	지상권, 입차권, 전세권신탁
개인종합자산관리계좌(ISA)	자산종합관리계좌(wrap account)	

연습 문제

1 신탁의 개념에 대하여 설명하고, 신탁이라는 법률관계가 성립하려면 어떠한 구성요소가 필요한지를 설명하라.

2 신탁을 금전신탁과 재산신탁으로 구분하여 설명하라.

3 금전신탁을 특정금전신탁과 불특정금전신탁으로 구분하여 설명하라.

4 특정금전신탁의 대표적인 예인 맞춤형신탁에 대하여 개략적으로 설명하라.

5 부동산신탁의 개념 및 장점에 대하여 설명하라.

6 부동산담보신탁과 부동산개발신탁에 대하여 비교·설명하라.

7 개인종합자산관리계좌(ISA)의 개념 및 특징에 대하여 개략적으로 설명하라.

8 개인종합자산관리계좌(ISA)의 가입대상, 의무가입기간, 납입한도, 세금혜택에 대하여 설명하라.

9 랩어카운트의 개념 및 특징에 대하여 개략적으로 설명하라.

10 랩어카운트를 크게 컨설턴트 랩과 펀드랩으로 구분하여 설명하라.

8 금융투자상품

학습목표

1. ELS, ELF, ELD등의 주가지수연동 금융투자상품에 대하여 이해하고 활용할 수 있다.
2. 주가지수추종 금융투자상품인 인덱스 펀드와 상장지수펀드(ETF)에 대하여 이해하고 활용할 수 있다.
3. 후순위채에 대하여 이해하고 활용할 수 있다.

들. 어. 가. 기

요즈음 시중은행의 1년짜리 목돈마련 정기적금 예금금리는 연 2.5%정도이다. 이 정도 이자율이면 은행에 그냥 맡겨둘 경우, 물가상승률을 감안해 보면 1년 후 마이너스(–)수익률이 될 수도 있다, 한편, 주식시장의 경우 KOSPI가 2200을 돌파하여 연일 최고치를 경신하는 등 호황을 보이고 있음에도 불구하고, 주식에 직접 투자한 개인투자자의 대부분은 손실을 보고 있는 실정이다. 이와 같은 연유로 최근 ELS(주가지수연동증권) 등과 같은 주가지수연동 금융투자상품이나, 상장지수펀드(ETF)등에 대한 투자자들의 관심이 높아지고 있다.

ELS에는 원금보장형과 원금비보장형이 있는데, 놀라운 것은 ELS에 투자하는 투자자들이 투자금액의 70%이상을 원금비보장형에 투자하고 있다는 것이다. 과연 원금비보장형에 투자한 일반투자자들이 ELS에 대해 얼마나 제대로 알고 투자했는지 의문이 들 수밖에 없다. 상당히 많은 일반투자자들이 증권회사(금융투자회사)말만 믿고 ELS란 어떤 것인지 제대로 파악하지 않은 상태에서 수익률이 좋다고 해서 투자를 했다가 원금의 상당부분 손해보는 낭패를 보고 있는 것은 아닌지 우려된다.

ETF는 인덱스펀드를 상장해서 주식처럼 거래하는 방식이다. 따라서 일부 ETF를 제외하고는 상장주식매매처럼 양도소득세가 없고 HTS 등을 통해 자유롭게 거래할 수 있다. 또한 수수료도 매우 저렴하여 기껏해야 0.5%정도의 수수료만 지불하면 된다. 인덱스펀드가 일반 펀드에 비해 수수료와 운용보수가 적다고 하지만 ETF에 비하면 2~3배 높다. 인덱스펀드가 장기적으로 주가지수가 오를 것을 예상하여 장기투자하는 것처럼, ETF는 수수료가 더 저렴하면서 지수를 추종하기 때문에 장기투자에 적합한 상품이다. 또한 주식과 같은 거래방식과 룰이 적용되므로 단기투자에도 활용할 수 있다. 일반적으로 펀드에 투자할 때에는 3개월 미만에 환매를 하면 환매수수료를 지불해야 하기 때문에 일부 환매수수료가 없는 상품을 제외하고는 3개월 이상 보유해야 하는데, ETF의 경우 위탁수수료만 부담하면 얼마든지 단기매매가 가능하다. 과연 이와 같은 ETF의 특성을 제대로 알고 투자하는 투자자가 얼마나 될까?

흔히들 채권은 원금보장이 되는 안전자산으로 알고 있는데, 모든 채권이 원금보장이 되는 안전자산은 아니다. 특히 후순위채는 더욱 그렇다. 후순위채는 채권의 발행주체가 파산하는 경우 일반 채권을 보유하고 있는 투자자보다도 상환순위가 뒤쳐지는 채권을 말한다. 하지만 여전히 정기예금금리보다 높은 수익을 얻고 싶어 하는 투자자들의 심리를 이용하여, 후순위채 투자시의 위험을 제대로 설명하지 않는 등의 불완전 판매가 성행함에 따라 피해자가 적지 않게 발생한다는 뉴스를 자주 접한다. 후순위채에 투자할 경우에는 채권발행주체의 신용도를 최우선적으로 신중히 검토한 후에 투자여부를 결정해야 할 것이다.

CHAPTER

8 금융투자상품

제1절 주가지수연동 금융투자상품

1 주가지수

1) 주가지수의 의의

우리는 흔히 "코스피가 2000을 돌파했다", "코스닥지수가 500을 붕괴했다"라는 말을 듣는다. 이와 같은 주가지수는 주식의 유통시장에서 형성되고 있는 주식가격의 변동을 종합적으로 표시한 것을 의미한다. 그런데 주가지수는 주가의 변동을 단순히 금액으로 표시하는 주가평균과는 달리 기준시점의 주가수준을 100으로 하여 비교시점의 주가수준을 비교한 것이다. 따라서 주가지수는 다음과 같이 경제동향 및 주식시장의 중요한 지표로서 활용된다.

첫째, 주가지수는 거시 경제적 측면에서 특정시점의 경제상황을 나타내는 대표적인 지수일 뿐만 아니라 경기예측의 주요지표로 활용된다.

둘째, 주가지수는 주식투자와 관련하여 매매시점과 매도 혹은 매수 등의 매매방법과 종목선정의 판단기준이 된다.

셋째, 주가지수는 주식에 투자한 결과인 투자성과의 평가기준으로 활용된다.

넷째, 주가지수는 개별주식이나 분산투자를 할 때 포트폴리오의 위험을 측정하는 기준이 된다.

2) 주가지수 산출방법

주가지수는 어떤 방식으로 주가지수를 계산하는가에 따라 크게 가치가중지수, 가격가중지수로 구분할 수 있다. 가치가중지수(market value-weight index)는 전체시장가치를 기준금액과 비교하여 지수를 계산하는 것으로, 어느 특정시점에서 채용종목의 총 시장가치인 시가총액에 따라 가중치를 부여하여 지수를 계산한 것이다. 시가총액은 주가에 발행주식수를 곱하여 산출하므로 '시가총액식' 이라고도 한다.

$$\text{시가총액식 주가지수} = \frac{\text{비교시점의 시가총액}}{\text{기준시점의 시가총액}} \times 100$$

가치가중지수는 상장주식수를 가중치로 함으로써 시장전체의 주가수준을 고르게 반영하는 장점이 있지만, 자본금규모가 큰 주식의 영향을 많이 받기 때문에 시장전체의 주가동향을 정확하게 반영하지 못한다는 단점이 있다. 이러한 가치가중지수에는 우리나라의 KOSPI, KOSDAQ지수, 미국의 S&P 500지수(Standard & Poor's 500 index), 뉴욕종합주가지수 등이 있다.

가격가중지수는 어느 특정시점에서 채용종목의 주가를 단순히 합한 다음 이를 종목수로 나누어 구한 주가평균을 지수로 나타낸 것이다.

$$\text{가격가중주가지수} = \frac{\text{비교시점의 채용종목의 주가합계/채용종목수}}{\text{기준시점의 채용종목의 주가합계/채용종목수}} \times 100$$

가격가중지수는 주가변동에 민감하게 반응하는 장점이 있지만, 고가주식의 가격변동이 저가주식의 가격변동보다 지수에 큰 영향을 미친다는 단점이 있다. 이러한 가격가중지수는 미국의 다우존스산업지수(DJIA : Dow Jones Industrial Average)와 일본의 니케이지수(NIKKEI index) 등이 있다.

3) 우리나라의 주요 주가지수

(1) KOSPI(Korea Stock Price Index : 한국종합주가지수)

KOSPI는 우리나라의 대표적인 주가지수로서 유가증권시장에 상장되어 있는 모든 주식을 대상으로 하는 가치가중지수이다. KOSPI는 기준시점을 1980년 1월 4일로 하고, 매일의 시가총액을 기준시점의 시가총액으로 나누어 계산한다. 예를 들어 현재시점의 KOSPI가 2,000이라면 현재시점의 주가수준이 1980년 1월 4일의 100에 비해서 평균적으로 20배 상승한 것이라고 볼 수 있다.

$$\text{KOSPI}=\frac{\text{비교시점의 시가총액}}{\text{기준시점(1980.1.4)의 시가총액}}\times 100$$

(2) KOSDAQ 지수

KOSDAQ 지수는 코스닥시장에 상장된 주식을 대상으로 시가총액식으로 계산된다. 기준일은 1996년 7월 1일이며 기준지수는 1000이다.

2 주가지수연동 금융투자상품의 구분

주가지수연동 금융투자상품은 기존의 금융투자상품에 주식관련 파생상품을 혼합한 형태의 복합상품으로 주가지수의 성과에 따라 수익률이 달라진다. 금융기관별로는 증권회사(금융투자회사)의 주가지수연동증권(ELS : equity-linked securities), 자산운용회사의 주가지수연동펀드(ELF : equity-linked fund), 은행의 주가지수 연동예금(ELD : equity-lInked deposits) 등을 들 수 있다.

주가지수연동 금융투자상품은 원금보장여부에 따라 원금보장형과 원금비보장형(원금손실가능형)으로 구분된다. 은행의 주가지수연동예금(ELD)은 전액 원금보장형이며, 증권회사(금융투자회사)나 자산운용회사의 주가지수연동 금융투자상품은 두 가지 유형이 다 가능하다.

또한 주가지수연동 금융투자상품은 수익실현방식에 따라 녹아웃(knok-out)형, RC(reverse convertible)형, 디지털(digital)형, 불스프레드(bull spread)형 등으로 구분된다. 녹아웃형은 만기까지 주가지수상승률이 단 한번이라도 미리 정해놓은 수준에 도달하면 확정된 수익으로 상환되며, 그 외의 경우에는 만기시 주가에 따라 수익이 정해지는 구조이다. RC형은 미리 정해 놓은 하락폭 밑으로만 주가지수가 하락하지만 않으면 사전에 약정한 수익률을 지급하며, 동 수준 이하로 하락하면 원금에 손실이 발생하는 구조이다. 디지털형은 만기시 주가가 일정 수준을 상회하는지 여부(상승률 수준과는 무관)에 따라 사전에 정한 두 가지 수익 중한 가지를 지급하는 구조이다. 불스프레드형은 만기시점의 주가수준에 비례하여 손익을 얻되 최대수익 및 손실이 일정수준으로 제한되는 구조이다.

3 금융기관별 주가지수연동 금융투자상품

1) 증권회사의 주가지수연동증권(ELS : equity-linked securities)

주가지수연동증권은 투자자로부터 조달한 자금의 대부분을 우량채권에 투자하고 일부를 주가지수옵션, 주식워런트증권 또는 주가지수선물 등에 운용하는 금융투자상품으로, 만기 시 원리금지급액이 주가지수의 변동에 따라 달라지는 증권이다.

ELS는 증권회사(금융투자회사)가 원금의 일정수준을 보장하며 공모 또는 사모방식으로 발행한다. ELS는 증권이어서 다른 주가지수연동 금융투자상품과는 달리 중도환매가 불가능하나 거래소에 상장되므로 거래소의 매매를 통해 현금화가 가능하다. ELS는 만기 시에는 원금의 일정비율지급이 보장되나 만기 이전 중도매매시에는 추가적인 투자원금의 손실을 야기할 수 있다.

〈ELS 투자시의 유의점〉

① 기초자산이 무엇인지 확인하고 기초자산의 동향에 관심을 가져야 한다.

ELS는 기본적으로 기초자산의 가격변동에 의해 수익이 결정되므로 반드시 기초자산이 무엇인지 확인하고, 기초자산의 동향에 관심을 가져야 한다.

② 원금보장형인지 비보장형인지 확인하고 투자해야 한다.

원금보장형은 안전성이 높은 반면에 수익성이 낮고, 원금비보장형은 수익성은 높지만 안전성이 낮다는 것을 유의해야 한다. 특히 원금비보장형의 경우 사전에 정한 조건에 따라 원금손실이 발생할 수도 있으니 상품 발행조건을 충분히 이해하고 투자해야 한다.

③ 상품의 만기 및 조기상환여부를 확인해야 한다.

ELS의 종류에 따라 조기상환이 되는 상품이 있고, 되지 않는 상품도 있다. 조기상환이 가능한 상품이라도 조건이 까다로우면 만기까지 보유할 경우가 있다.

또한 경우에 따라서는 손실이 발생한 상태에서 만기까지 가야 할 경우도 있다. 따라서 ELS상품의 만기와 조기상환 가능여부, 그리고 그 조건 등에 대하여 충분히 이해하고 확인하여야 한다.

2) 자산운용회사의 주가지수연동펀드(ELF : equity-linked fund)

주가지수연동펀드는 투자원금과 수익이 주가지수 또는 개별주가에 연동되는 펀드이다. ELS와 마찬가지로 운용자산의 대부분은 국공채에 투자하여 원금을 보전하고 나머지는 일부자산을 주가와 연동되는 파생상품에 투자함으로써 초과수익을 확보하는 구조의 금융상품이다.

ELD나 ELS는 판매(발행)하는 금융기관에 사전에 약속한 투자원리금은 확실히 지급을 보장하지만, ELF는 실적배당상품이므로 실제펀드의 운용실적에 따라 사전에 약속한 수익보다 많이 나올 수도 있고 적게 나올 수도 있다.

3) 은행의 주가지수연동예금(ELD : equity-linked deposits)

주가지수연동예금은 주가지수상승률에 연동하여 사전에 약정한 금리를 지급하는 정기예금의 일종으로 주가지수 하락 시에도 원금지급이 보장되는 금융상품이다. ELD는 조달자금을 주로 대출금 및 증권으로 운용하면서 운용예상수익 중 일부를 주가지수옵션에 투자하였다가 주가지수 상승시에는 옵션행사를 통해 수익을 실현하여 이자를 지급한다.

반면 주가 하락 시에는 옵션행사를 포기함으로써 최대손실규모가 정기예금 이자발생 예상분으로 지급한 옵션프리미엄으로 한정된다. 이와 같이 ELD의 가입자는 예금의 만기가 도래했을 때 최악의 경우 이자를 전혀 지급받지 못하고 원금만 되돌려 받을 수도 있다. ELD는 정기예금으로서 지준이 부과되며 5천만원까지 예금자보호대상에도 포함된다. 만기는 대부분 1년이며 중도 해지시에는 고율의 수수료가 부과된다.

〈표 8-1〉 ELD, ELS, ELF의 비교

	ELD	ELS	ELF
판매(발행)기관	은행	증권회사	자산운용회사
상품형태	정기예금	증권(공모 · 사모)	수익증권(펀드 가입)
자금운용	대출금 및 증권+주가지수옵션	채권+주식워런트증권 · 주가지수옵션 · 선물	펀드(포트폴리오조정)
원금보장여부	만기시 원금 100% 지급보장	만기시 원금의 일정비율(100%, 95%, 90% 등) 지급보장	원금보존 추구형 실적배당상품
수익결정	주가지수에 따라 사전에 약정한 확정수익지급	주가지수에 따라 사전에 약정한 확정수익지급	운용성과에 따른 실적배당
중도해지가능 여부	중도해지가능(해지수수료 부담)	중도환매불가(거래소를 통한 매도, 원금손실 발생 가능)	중도환매가능(일정기간 이내 환매시 환매수수료 부담, 원금손실가능)
예금자보호	보호	비보호	비보호(실적배당상품)

제2절 주가지수추종 금융투자상품

1 인덱스 펀드(index fund)

인덱스 펀드는 증권시장의 장기적인 성장추세를 전제로 하여 주가지표, 즉 인덱스(예를 들어 KOSPI 200)의 움직임에 연동되게 포트폴리오를 구성하여 운용함으로써 시장의 평균수익을 실현하는 것을 목표로 하는 금융투자상품이다. 인덱스 펀드의 주요내용은 〈표 8-2〉와 같다.

인덱스 펀드는 ① 일반펀드와 달리 투자자 스스로 수익률관리가 쉽다는 점, ② 효율적인 분산투자가 가능하다는 점, ③ 저렴한 수수료와 증권매매에 따르는 비용을 절감할 수 있다는 점 등의 장점을 지닌 반면에, ① 목표 인덱스보다 낮은 투자성과, ② 구성종목교체의 어려움 등의 단점을 지니고 있다.

〈표 8-2〉 인덱스 펀드의 주요내용

	주 요 내 용
가입대상	제한 없음
예치기간	제한 없음(개별 펀드에서 정함)
가입한도	제한 없음
세금혜택	일반과세(15.4%), 세금우대(9.5%), 생계형 비과세 중 선택가능
수익	실적에 따라 차이
예금보호여부	보호되지 않음
취급기관	• 운용 : 자산운용회사 • 판매 : 금융투자회사(증권회사), 은행, 보험회사

인덱스 펀드에 투자 시 반드시 고려해야 할 사항은 인덱스 펀드를 운용하는 자산운용사의 능력을 잘 따져봐야 한다는 것이다. 앞에서 언급한 것처럼 인덱스 펀드는 기본적으로 특정주가지수를 추종하도록 설계되어 있다. 그러나 자산운용사, 구체적으로 말하면 펀드매니저의 관심과 능력에 따라 해당지수를 추종하는 정도에 차이가 발생한다. 해당지수와 인덱스 간의 차이를 '괴리율'이라고 하는데, 괴리율이 클수록 문제가 있는 펀드이다. 따라서 인덱스 펀드에 투자시 에는 과거 자산운용사(펀드 매니저)의 실적, 구체적으로 말하면 과거의 괴리율을 꼼꼼히 따져볼 필요가 있다.

2 상장지수펀드(ETF)

상장지수펀드(ETF : exchange trade fund)는 안정적인 수익률이 장점인 인덱스 펀드(index fund)에 개별주식의 높은 환금성이 더해진 펀드이다. 즉, 특정한 지수에 따라 운용되는 것으로, 거래소에 상장되어 거래소의 거래시간 중에 일반주식과 같이 거래된다. 예를 들어 화학업종 ETF라면 화학업종 지수의 구성종목에 연동하도록 종목을 보유하고 운용이 되므로 화학업종 ETF를 매입한다는 것은 여러 화학회사의 주식을 매입하는 것과 동일하다고 할 수 있다.

일반 투자자들은 펀드의 설정·환매를 통해서 투자하는 것이 아니라 거래소를 통해서 ETF를 매수·매도하게 된다. 따라서 일반주식과 동일하게 금융투자회사(증권회사)에 계좌를 개설하고 증권회사에 직접 주문을 내거나 HTS(home trading system) 또는 전화로 매매할 수 있다. ETF의 주요내용은 〈표 8-3〉과 같다.

〈표 8-3〉 상장지수펀드(ETF)의 주요내용

	주 요 내 용
가입대상	제한 없음
예치기간	주식처럼 거래
가입한도	제한 없음
세금혜택	없음
수익	실적에 따라 차이
예금보호여부	보호되지 않음
취급기관	금융투자회사(증권회사)

상장지수펀드(ETF)는 ① 주가지수연동형 상품이기 때문에 투자하기가 쉽고 상대적으로 안전한 금융투자상품이라는 점, ② 일반 주식투자와 같이 환금성이 보장된다는 점, ③ 일반 주식형펀드에 비해 운용보수가 훨씬 저렴하는 등 낮은 거래비용으로 펀드특성에 의해 우수한 수익성을 추구할 수 있다는 점, ④ 분산효과에 따른 투자효율성을 추구할 수 있다는 점, ⑤ 납입자산구성내역 공시라는 제도를 통해 포트폴리오를 매일 확인할 수 있어 다른 일반펀드보다 펀드운용이 투명하다는 점 등의 장점을 지니고 있다.

반면에, ① 주가지수 등 기초자산의 가격변동에 따라 항상 가격변동위험뿐만 아니라, 원금손실 위험에 노출되어 있다는 점, ② 거래소가 유동성공급자(LP : liquidity provider)에게 ETF와 추종지수와의 괴리율을 3% 이내로 유지하도록 의무를 부과하고 있으나, 펀드매니저가 추종에 실패하면 추종지수와의 괴리가 발생할 위험이 항상 존재한다는 점, ③ 현재 유가증권시장에서 거래가 활발히 이루지고 있는 ETF가 10% 내외라는 데에서 알 수 있듯이 유동성이 상대적으로 낮다는 점, ④ ETF도 일정요건(신탁원본이 50억원 미만, 상장좌수가 5만좌 미만이거나, 추적오차율이 10%p 이상으로 3개월 이상 지속되는 경우)이 상장폐지될 수 있다는 점, ⑤ 단기간 잦은 거래시 비용증가 위험이 있다는 점 등의 문제점도 지니고 있다는 것에 유의해야 할 것이다.

〈표 8-4〉 ETF, 인덱스 펀드, 일반펀드, 개별주식과의 비교

	ETF	인덱스 펀드	일반펀드	개별주식
운용목표	특정지수	특정지수	지수초과수익	지수초과수익
투명성	높음	보통	보통	높음
유동성	높음	낮음	낮음	높음
결제일(T : 거래일)	T+2	T+3	T+3	T+2
증권대차	가능	불가	불가	가능
레버리지기능 (증거금매입)	가능	불가	불가	가능
시장위험	시장전체위험	시장전체위험	시장전체위험 · 개별위험	시장전체위험 · 개별위험
분산투자	가능	가능	가능	불가
거래비용	위탁수수료 운용보수 (약 0.5%)	운용보수 (약 1~2%)	운용보수 (약 2~3%)	위탁수수료
증권거래세	면제	적용배제	적용배제	매도시

제3절 기타 금융투자상품

후순위채

후순위채는 채권의 발행주체가 파산하는 경우 주주보다는 우선하여 상환받을

수 있으나, 일반 채권을 보유하고 있는 투자자(일반채권자)보다는 상환순위가 뒤쳐지는 채권을 말한다. 이와 같이 후순위채는 일반채권보다 상환받을 우선순위가 후순위임을 알 수 있는데, 후순위채의 주요내용은 〈표 8-5〉와 같다.

〈표 8-5〉 후순위채의 주요내용

	주요 내용
가입대상	제한 없음
투자기간	5년 이상
가입한도	제한 없음(투자단위 : 1,000만원 이상 10만원 단위)
세금혜택	일반과세(15.4%)와 분리과세(33.0%) 중 선택 가능
금리	자유화(확정금리)
이자계산	매월마다 이자 지급 또는 원금에 가산(복리)하여 만기지급 등 다양
예금보호여부	보호되지 않음
취급기관	금융투자회사(증권회사), 은행

후순위채는 발행주체가 파산하는 경우 일반채권자보다 상환순위가 뒤에 있어 위험이 상대적으로 크다. 따라서 후순위채를 발행할 때에는 일반 채권보다 높은 이자율을 제시한다.

후순위채는 일반채권의 수익률(이자율)에는 만족하지 못하면서 주식투자에는 부담을 느끼는 투자자들에게 좋은 투자 상품이 될 수 있다. 다만, 일반채권자보다는 채권상환순서가 뒤지기 때문에 후순위채에 투자할 경우에는 채권발행주체의 신용도를 최우선적으로 신중히 검토한 후에 투자여부를 결정해야 할 것이다.

상대적으로 고수익이면서 고위험인 후순위채도 채권이기 때문에 이자지급방식에 따라 할인채, 복리채, 이표채 등 다양하게 선택할 수 있다. 그리고 중도해지 및 담보대출은 불가능하나, 양·수도는 가능하며, 증권회사를 통해 매도할 수 있다.

'국민재테크' ELS는 많이 아시죠? ... 혹시 DLS · ELB는 아시나요?

'국민 재테크'라는 별명이 붙었을 정도로 ELS(Equity-Linked Securities · 주가연계증권)는 지난해 큰 인기를 끌었다. 2011년 24조원 정도였는데 작년 11월까지 56조원이 넘게 팔렸다. ELS는 주가지수나 개별 종목 주가가 일정 조건을 충족하면 증권사는 처음 제시했던 수익률(연 4~10%)을 돌려주지만, 조건을 충족하지 못할 경우 손실을 볼 수 있는 상품이다.

올해 초 중국 증시가 폭락하면서 홍콩 항셍중국기업지수(H지수)를 기초 자산으로 한 ELS가 손실 위험에 처하자 투자자들은 손실이 나지 않으면서도 일반 은행 예금보다 더 많은 수익을 낼 수 있는 투자처를 찾게 됐다. 이 때문에 ELS보다 수익률이 낮아 상대적으로 주목을 덜 받던 원금 보장형 ELS인 ELB(Equity-Linked Bond · 주가연계사채)가 주목을 받고 있다. ELS와 유사한 구조를 가진 DLS(Derivatives-Linked Securities · 기타파생결합증권)와 원금 보장형 DLS인 DLB(Deivatives-Linked Bond · 기타파생결합사채)에 대한 관심도 덩달아 높아졌다. ELS와 비슷비슷한 이름을 가진 금융 투자 상품에 대해 투자자들이 궁금해할 만한 내용을 7개 질문으로 풀어봤다.

1. ELS 외에도 비슷한 이름의 DLS, DLB, ELF, ELT 등은 무엇인가?

DLS는 ELS와 구조가 거의 같지만, 기초 자산을 특정 종목이나 주가지수로 하는 ELS와 달리 금리, 특정 기업 신용도, 원자재 등을 기초 자산으로 한다. 예를 들어 국제 금값을 기초 자산으로 하는 DLS는 금값의 등락에 따라 수익률이 결정된다. DLB는 원금 보장형 DLS로 ELB와 비슷하게 안전 자산에 대부분의 자금을 투자하고, 일부를 위험 자산에 투자해 수익률을 높이는 구조다. ELF(Equity-Linked Fund · 주가연계펀드)는 ELS 상품 여러 개를 편입해 운용하는 펀드로 위험을 분산시킬 수 있다는 장점이 있고, ELT(Equity-Linked Trust · 주가연계신탁)는 쉽게 말해 은행에서 판매하는 ELS라고 보면 된다.

2. '원금 보장'과 '원금 보장형'은 다른가

ELB는 왜 '원금 보장'이라고 확정적인 말을 쓰지 않고 '원금 보장형'이라는 말을 쓸까. ELB는 자산의 대부분을 안정적으로 수익을 낼 수 있는 국 · 공채 등에 투자하고 극히 일부를 위험 자산에 투자한다. 위험 자산에 투자한 부분이 몇 배씩 수익을 내면 전체 수익률이 올라가지만, 최악의 경우에 위험 자산에 투자했던 돈을 모두 잃어도 안전 자산에서 얻은 이자가 이를 상쇄하기 때문에 원금 손실은 거의 발생하지 않도록 설계돼 있다. 그러나 2008년 금융 위기와 같은 상황이 벌어져 국 · 공채를 발행한 국가 등이 채무불이행을 선언하게 되거나, 또 ELB를 발행한 증권사가 도산할 경우, 원금이 손실될 수도 있다.

3. 종목형 ELS와 지수형 ELS의 차이는

종목형 ELS와 지수형 ELS는 기초 자산을 개별 종목으로 하느냐, 주가지수로 하느냐의 차이다. 개별 종목의 주식 가격은 전체 종목을 고려한 주가지수보다 등락 폭이 크기 때문에 높은 수익률을 기대할 수 있지만, 반대로 손실 위험도 크다. 이 때문에 최근엔 지수형 ELS가 대세가 됐다. 지난해 발행된 ELS 5988개 중 91개만이 순수한 종목형 ELS였다.

4. 어떻게 투자하나

ELS/ELB, DLS/DLB는 주로 증권사에서 판매하고 있다. 금융투자협회 전자공시서비스 홈페이지(http : //dis.kofia.or.kr)에서는 현재 각 증권사에서 파는 상품들을 한눈에 볼 수 있도록 하고 있다. 기초 자산 · 만기일 · 최대 수익률 · 수익 및 손실 발생 구간 등을 일목요연하게 보여주고 있으니, 이를 기초로 해서 어떤 상품에 가입할지 결정해 증권사 지점을 방문하거나 공인인증서를 통해 온라인으로 가입이 가능하다.

5. 어떤 상품에 가입할까

최근에는 고수익 · 고위험의 ELS/DLS와 저수익 · 저위험의 ELB/DLB로 시장이 양극화되고 있다. 위험을 감수하고서라도 고수익을 노려보겠다는 투자자는 전자를, 원금만은 꼭 지켜야 한다는 투자자는 ELB와 DLB를 선택하면 된다. 최근 유가가 많이 떨어져 20달러 후반대에 거래되고 있는 만큼, 유가를 기초 자산으로 한 DLS, 그중에서도 유가가 현재보다 60%까지 더 떨어져도 수익을 얻을 수 있는 저(低)녹인(knock-in) 상품에 투자하는 것도 하나의 방법이다. 수익률은 높지 않지만, 원금 5000만원까지 예금자보호법에 의해 확실히 보장되는 ELD(Equity-Linked Deposit · 주가연계예금)도 고려해볼 만하다. ELD는 은행에서 가입할 수 있다.

6. ISA(개인종합자산관리계좌)에도 담을 수 있나

이르면 3월 출시될 '만능통장' ISA(개인종합자산관리계좌)에도 담을 수 있다. 전문가들은 ISA에 담을 1순위로 ELS와 DLS를 꼽고 있다. 세제 혜택을 받을 수 있기 때문이다. ELS와 DLS는 수익의 15.4%를 세금으로 내야 하지만, ISA 계좌에 담을 경우 최대 250만원(연봉 5000만원 이하)까지 수익에 대해 세금을 내지 않아도 된다. ISA계좌는 연간 납입 한도가 2000만원이다.

7. 투자 시 유의해야 할 점

'원금 보장형' 상품이라도 최악의 경우에는 손실이 발생할 수 있다는 점을 명심해야 한다. 이 상품들은 만기가 정해져 있는데, 만기 전에 환매할 경우 3~7%에 달하는 환매수수료가 붙으므로 투자금의 성격에 맞는 만기 상품에 가입해야 한다. 조기 상환 조건도 미리 확인해둬 투자를 계속할지, 조기에 수익을 얻고 나올지도 그때그때 판단해야 한다.

Chosun Biz 2017년 7월 1일

중요 개념 및 용어

주가지수	시가총액지수	가격가중지수
KOSPI	KOSDAQ지수	주가지수연동증권(ELS)
주가지수연동펀드(ELF)	주가지수연동예금(ELD)	넉아웃(knok-out)형
RC(reverse convertible)형	디지털(digital)형	불스프레드(bull spread)형
인덱스 펀드	상장지수펀드(ETF)	후순위채

연습문제

1 주가지수 산출방법 중의 하나인 가치가중지수(시가총액방식)에 대하여 설명하라

2 주가지수연동 금융투자상품을 1) 금융기관별, 2) 원금보장여부, 3) 수익실현방식 등으로 구분하여 개괄적으로 설명하라.

3 ELS에 대하여 구체적으로 설명하라.

4 ELF에 대하여 구체적으로 설명하라.

5 ELD에 대하여 구체적으로 설명하라.

6 인덱스 펀드의 장・단점 및 투자시 유의해야 할 사항에 대하여 설명하라.

7 상장지수펀드(ETF)의 장・단점에 대하여 설명하라.

8 후순위채의 개념 및 특징에 대하여 설명하라.

9 펀드투자

제1절 • 펀드투자의 기본적인 이해
제2절 • 펀드의 형태
제3절 • 펀드투자의 실제

학습목표

1. 펀드투자에 대한 기본적인 사항을 이해할 수 있다.
2. 펀드의 각각의 형태에 대하여 이해하고 활용할 수 있다.
3. 펀드투자의 과정 및 펀드선택에 대하여 이해하고 활용할 수 있다.

들. 어. 가. 기

펀드는 한마디로 표현하면 '전문가가 일반투자자의 자금을 모아 일반투자자를 대신하여 운용하는 기구'라고 할 수 있다. 이러한 의미를 지닌 펀드는 저금리시대의 정착으로 은행예금이자율이 물가상승률을 따라가지 못하는 오늘날의 현실에서, 직접 주식이나 채권에 투자하는 것을 주저하는 일반투자자의 니즈(needs)충족시키는 투자수단으로 부각되고 있다.

미국과 같은 선진국에서는 일찌감치 주식, 채권 등에의 직접투자의 위험을 회피하면서 장기적이고 안정적인 수익을 추구하는 펀드투자가 자산관리의 주요수단으로 정착되어 왔다. 이는 펀드투자가 시장정보에 빠른 전문가에게 자산을 위탁・운용하게 함으로써 직접투자에 드는 시간적・금전적 비용을 줄이게 해 줄 뿐만 아니라, 투자금액과 정보면에서 열세에 있는 개인투자자들에게 기관투자자처럼 다양한 상품에의 투자를 가능하게 해주고, 또한 여러 가지 위험과 수익률을 가진 투자상품으로 포트폴리오를 구성함으로써 투자위험을 최소화하면서도 은행예금이자율보다 높은 수익률을 거둘 수 있게 해주기 때문이다.

우리나라의 경우도 적립식 펀드 등 주식형펀드의 증가에 힘입어 2008년까지는 펀드수탁고가 급격히 증가하여 펀드전체에서 개인투자자가 차지하는 비중이 51.7%까지 증가하기도 하였으나, 그 이후 펀드에 대한 투자자금이 지속적으로 유출(환매)되어 2016년 8월말에는 펀드전체에서 개인투자자가 차지하는 비중이 43.2%로 줄어 들었다. 이와 같이 2008년 글로벌 위기 이후 개인투자자의 펀드자금이 지속적으로 빠져나가는 데에는 증권시장의 침체 등에 따른 영향도 컸을 것으로 여겨지나, 근본적으로는 펀드투자의 구성원인 투자자, 자산운용사, 판매회사 모두의 잘못된 행태에서 비롯되었다고 볼 수 있다.

투자자는 확실한 투자목표를 세워 펀드에 장기・분산투자하기보다는 직접 주식에 투자하듯이 단기적인 시황전망을 근거로 일거에 펀드를 매입하는 투자행태를 보였다. 또한 자산운용사, 판매회사도 이러한 투자자들을 장기・분산투자하도록 교육시키기 위해 노력하기보다는, 이러한 개인투자자들에게 영합하여 판매회사는 펀드판매고 실적을 올리는 데에만 열중하였고, 자산운용사는 특별한 운용철학도 없이 단기운용에 급급한 펀드운용을 해왔다. 이와 같은 상황에서 좋은 펀드운용실적을 기대하는 것은 무리일 것이다.

우리나라도 저금리시대의 정착 및 고령화의 진전 등으로 미국처럼 노후대비 자산형성수단의 하나로 펀드투자에 관심을 기울이지 않으면 안 되는 시대가 되었다고 할 수 있다. 이와 같은 상황에서 2009년 '자본시장법' 시행을 계기로 자산가치나 미래가치가 있는 모든 재산을 투자대상으로 하는 펀드가 나올 정도로 수 많은 종류의 다양한 펀드가 출시되고 있다. 이렇게 다양한 펀드의 각각의 차이점은 무엇일까? 수많은 펀드 중에서 내게 맞는 펀드를 고르는 기준은 무엇일까? 판매회사 및 운용사는 어디를 선택하는 것이 바람직할까? 이러한 의문점들에 해답은 펀드전반에 대한 올바른 이해에서 구할 수 있을 것이다.

CHAPTER

9 펀드투자

제1절 펀드투자의 기본적인 이해

1 펀드투자의 의의

종래의 '간접투자자산운용법'에서는 간접투자라는 개념을 투자자로부터 자금 등을 모아서 일정한 자산에 운용하고 그 결과를 투자자에게 귀속시키는 것으로 정의하였는데, 2009년 2월 4일 시행된 '자본시장과 금융투자업에 관한 법률'(통칭 '자본시장법' 이하에서는 자본시장법이라고 칭함)에서는 간접투자라는 개념대신에 집합투자라는 개념을 도입하였다. 자본시장법에서 집합투자란 '2인 이상에게 투자권유를 하여 모은 금전 또는 국가재정법 제81조에 따른 여유자금을 투자자 또는 각 기금주체로부터 일상적인 운용지시를 받지 아니하면서 재산적 가치가 있는 투자대상자산을 취득·처분, 그 밖의 방법으로 운용하고 그 결과를 투자자 또는 각 기금관리주체에게 배분하여 귀속키는 것'을 말한다.

집합투자를 수행하기 위한 기구를 집합투자기구(통칭 '펀드' 이하에서는 펀드라고 칭한다)라고 한다. 따라서 펀드는 다수의 투자자로부터 자금을 모아 재산적 가치가 있는 투자대상자산을 취득·처분, 그 밖의 방법으로 운용하고 그 결과를 투자자에게 귀속시키는 금융투자상품으로 정의할 수 있다.

펀드투자는 다음과 같은 장점을 지니고 있다. 첫째, 소액의 수수료로 전문운용자(펀드매니저)의 자산운용능력을 활용할 수 있다는 것이다. 예를 들어 주식시장의 전망이 좋아 보이나, 직접투자하기에는 자신이 없을 경우에는 주식에 투자하는 펀드에 가입하면 된다. 해당분야 전문운용자(펀드매니저)가 대신 투자해주기 때문이다. 둘째, 소액의 금액으로 분산투자효과를 누릴 수 있다. 예를 들어 '대형주 펀드'에 100만원을 가입하면, 삼성전자 1주도 매입하기 힘든 금액으로 삼성전자, 현대자동차, LG화학 등에 분산투자하는 효과를 누릴 수 있다. 셋째, 펀드 거래 상황을 실시간으로, 객관적으로 볼 수 있어 자산운용의 투명성을 확인할 수 있다. 매일매일 펀드가격이 발표되어 현재 자기가 가입한 펀드가 어떠한 상태인지 확인할 수 있기 때문이다.

반면에 펀드투자의 가장 큰 단점은 대부분의 펀드의 경우 원금보전이 불가능하다는 것이다. 특히 주식형 펀드에 가입했을 경우에는 큰 이익을 볼 수도 있지만 경우에 따라서는 큰 손실을 볼 수도 있다. 다음으로 수익발생여부와 관계없이 수수료를 계속 지불해야 한다는 것이다. 예를 들어 100만원을 주식형 펀드에 가입했는데 주가가 한없이 떨어져 펀드평가액이 50만원이 되었다고 해도, 50만원에 대해서는 펀드를 운용하는 자산운용회사에게 운용에 대한 '보수'를 계속 지불해야 한다.

2 펀드의 운용구조

펀드는 크게 계약형(신탁형), 회사형, 조합형이 있는데, 시장에서 판매되고 있는 국내펀드의 경우 대부분 계약형(신탁형)에 해당되고, 해외펀드의 경우는 회사형에 해당되므로 두 가지 형태의 펀드를 중심으로, 다음과 같이 펀드의 운용구조를 알아보기로 한다.

1) 계약형 펀드(투자신탁)

계약형 펀드(contractual type fund)는 신탁형 펀드(trust type fund)라고도 하는데, '자본시장법'상에서는 투자신탁이 이에 해당된다.

계약형 펀드는 집합투자업자(위탁자, 구체적으로는 자산운용회사)를 중심으로 설정·운용된다. 즉 투자신탁재산을 설정·운용하는 위탁자(집합투자업자, 구체적으로는 자산운용회사), 그 재산을 보관·관리하는 수탁자(자산보관회사 혹은 신탁업자라고도 함)간에 체결된 신탁계약에 의해 집합투자재산을 설정하고 이에 대한 수익권을 균등하게 분할하여 나타내는 지분증서인 수익증권을 수익자(beneficiary : 투자자)가 취득하는 형태로 이루어진 펀드를 말한다. 이를 보다 구체적으로 살펴보면, 집합투자업자(위탁자, 자산운용회사)는 투자신탁재산을 설정하여 수익증권을 발행,

이를 수익자(투자자)에게 매출하여 자금을 조성하고 이 자금으로 증권 등의 금융투자상품에 투자·운용하는데, 이에 따른 관리사무 예를 들어 신탁재산의 보관 및 출납, 증권의 배당 및 이자지급 등은 수탁자(신탁업자)가 대행한다. 현재 수탁자는 '신탁업'상의 수탁자인 은행 등이 담당하고 있다(〈그림 9-1〉 참조).

〈그림 9-1〉 계약형 펀드의 운영구조

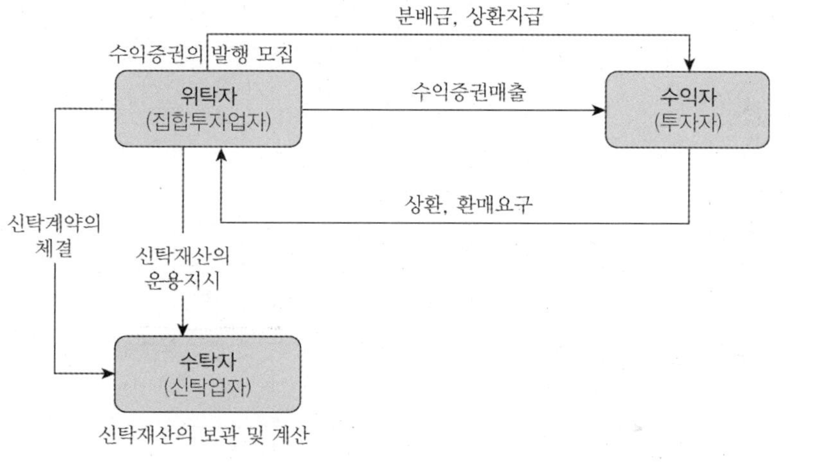

2) 회사형 펀드(투자회사)

회사형 펀드(corporation type fund)는 투자대행만을 목적으로 설립된 회사 형태의 펀드를 말하는데, 각 국가별로 회사와 관련한 법의 내용이 상이하므로 펀드의 법적 형태로 활용되는 회사의 종류도 다양하다. 외국의 대표적인 회사형 펀드로는 미국의 뮤추얼 펀드(mutual fund)를 들 수 있고 '자본시장법'상의 투자회사, 투자유한회사, 투자합자회사가 회사형 펀드에 해당된다.

투자회사는 대행투자를 목적으로 설립된 회사가 일반대중에게 주식을 발행하고 그 운용수익을 배당하는 형태로 이루어진 펀드를 말한다. 투자회사는 집합투자재산을 운영하는 법률적인 주체이나 실질적으로는 상근임원이나 직원을 둘 수 없고 본점이외의 영업소를 설치할 수 없는 명목상의 회사(paper company)로서 투자회사의 실질적인 운영주체는 집합투자업자(구체적으로는 자산운용회사)이다. 즉 집합투자업자는 계약형 펀드의 위탁자와 같이 집합투자자산을 운용하고 투자회사를 대표한다(〈그림 9-2〉 참조).

〈그림 9-2〉 투자회사의 운영구조

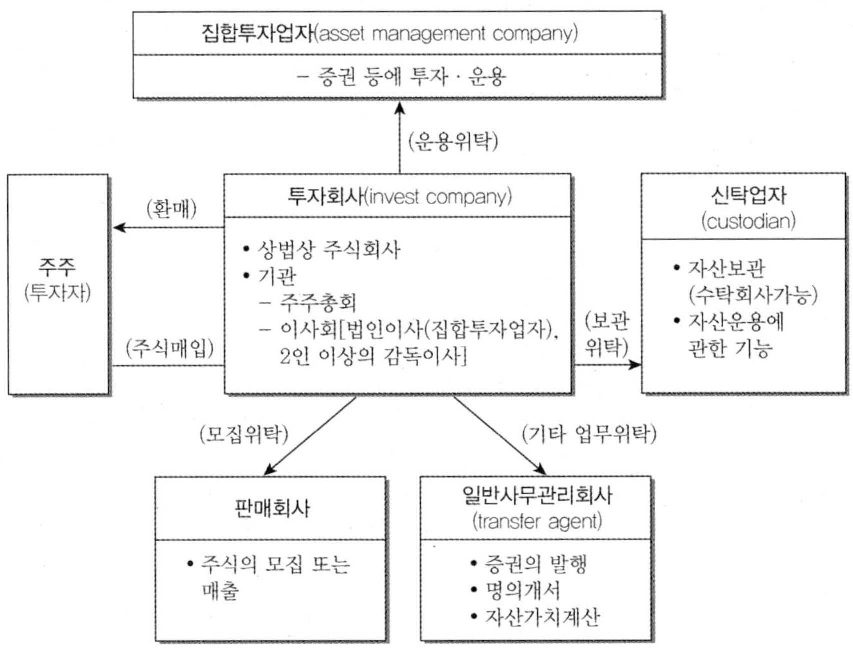

회사형 펀드는 계약형 펀드에 비해 설립절차가 용이하고, 회사채 등 부수증권의 발행을 통해 자금조달을 신축성있게 수행할 수 있으며, 환매금지형(폐쇄형)으로 설정될 경우 펀드운용을 당초 계획대로 끝까지 운용할 수 있는데 반해, 투자자 보호장치가 미흡하다. 계약형 펀드의 경우 감독기관의 인·허가를 통해 투자자보호가 비교적 잘 마련되어 있는 반면에 회사형 펀드는 주로 주주총회에만 의존하고 있기 때문이다. 또한 회사형펀드는 상법상의 회사이기 때문에 운용수수료 외에도 등록세, 임원보수, 회계감사보수 등 등기비용을 투자자(주주)들이 추가로 부담해야 하는 단점이 있다.

투자회사(회사형펀드)에 투자할 수 있는 방법은 새로 설정되는 펀드에 가입하거나 주식시장에 상장되어 있는 투자회사의 주식을 매입하는 방법이 있다. 외국의 주식과 채권, 선물옵션 등에 투자하고 중도환매가 가능한 개방형 해외투자 상품도 취급되고 있다.

〈표 9-1〉 투자신탁과 투자회사의 비교

	투자신탁(계약형 펀드)	투자회사(회사형 펀드)
설립형태	신탁계약	집합투자기구(펀드)자체가 주식회사
발행증권	수익증권	주식
투자자의 지위	수익자	주주
관련법	신탁법, 자본시장법	상법, 자본시장법
원천징수	– 채권 50% 이상운용 : 이자소득 – 주식 50% 이상운용 : 배당소득 * 주식매매익 등 비과세	– 운용대상에 관계없이 배당소득 * 주식매매익 등 비과세
중도환매방법	– 중도환매 가능(환매수수료 징구)	– 주식매각을 통해 현금화가능(환매금지형) – 환매가능(개방형)
취급기관	– 운용 : 집합투자업자(자산운용회사) – 판매 : 증권회사, 은행, 보험사	– 운용 : 집합투자업자 (자산운용회사) – 판매 : 증권회사, 은행, 보험사

3 펀드의 수수료 및 보수

펀드에 투자하는 투자자 중 상당수는 자신이 가입한 펀드에 얼마만큼의 수수료가 붙는지, 어떤 펀드의 수수료가 더 싼지를 알지 못한 채 투자하는 경우가 많다. 현명한 펀드투자자라면 수수료체계를 꼼꼼히 따져보고 자신의 투자목적에 가장 유리한 수수료체계를 갖고 있는 펀드에 투자해야 할 것이다.

펀드에 가입한 사람이 지불해야 하는 비용은 여러 가지가 있지만 크게 펀드수수료와 펀드보수료로 나눌 수 있다. 펀드수수료는 다시 판매수수료, 환매수수료, 대행수수료, 보관수수료 등으로 나눌 수 있다.

1) 펀드수수료

(1) 판매수수료

판매수수료는 증권회사(금융투자회사), 은행, 보험사 등 고객을 직접 상대하는 판매회사가 투자와 관련된 정보제공, 결제서비스 등의 대가로 받는 수수료이다. 판매수수료는 납입금액 또는 환매금액의 2%를 한도로 하고 있는데, 수수료를 부과하는 시점에 따라 다시 선취수수료와 후취수수료로 나뉜다. 선취수수료는 펀드가입 시에 수수료를 징수하는 것인데, 납입금액에서 일정금액이 공제된 후 나머지 금액이 펀드에서 운용되는 금액이 된다. 후취수수료는 납입된 금액전부를 운용하다가 나중에 수수료를 공제한다.

(2) 환매수수료

펀드가입 후 펀드를 환매하는 시기가 90일 미만인 경우 90일을 기준으로 이익금의 70% 정도를 환매수수료로 지불해야한다. 이는 펀드환매가 자꾸 발생하면 펀드관리에 어려움이 따르기 때문에, 안정적으로 펀드를 운용해야 하는 자산운용회사의 입장에서 부과한 벌칙이라고 볼 수 있다. 일반적으로 펀드가입 기간이 90일 이상이면 환매수수료를 내지 않는다.

(3) 대행수수료

대행수수료는 같은 판매회사(증권회사, 은행, 보험사 등)가 판매가 끝난 뒤에도 투자자들을 대신해서 펀드를 보관·관리해주는 대가로 받는 수수료이다. 판매수수료에 포함시켜서 한꺼번에 징수하는 경우도 있다.

(4) 보관수수료

보관수수료는 펀드가 투자하고 있는 주식이나 채권 현금 등 펀드의 자산을 보관·관리해주는 대가로 보관은행이 받는 수수료이다. 판매수수료에 포함시켜서 한꺼번에 징수하는 경우도 있다.

2) 펀드보수료

이는 투자기간 내내 매년 지불해야 하는 수수료로, 펀드를 계속 운용해 주는 대가로 지불하는 것으로 총보수라고도 한다. 이에는 운용보수(펀드자금의 운용을 담당하는 자산운용회사가 운용의 대가로 받는 보수), 판매보수(펀드를 판매하는 증권회사, 보험회사 등이 판매의 대가로 받는 보수), 수탁보수(투자자의 자금을 보관・관리해주는 대가로 수탁회사인 은행이 받는 보수), 일반보수(펀드운용단계에서 발생하는 제반업무를 처리하는 사무수탁회사가 받는 보수) 등이 있다.

펀드보수는 투자기간 중 펀드평가 잔액에 일정비율을 계산하여 기준가에서 차감하는 형식으로 자동으로 지급하게 되어 있다. 현재 판매보수는 펀드재산의 연평균가액의 1%를 한도로 하고 있다.

〈표 9-2〉 판매수수료와 판매보수의 차이

	판매수수료	판매보수
지불근거	펀드판매의 대가	펀드투자자에게 지속적으로 제공하는 서비스의 대가
지불대상	펀드투자자	펀드
산출기준	판매금액(환매금액)×수수료율	펀드재산 연평균가액×보수율
지불회수	1회성(판매 또는 환매시)	지속적(펀드 환매시까지)

〈표 9-2〉에서 보는 것처럼 판매수수료와 판매보수의 가장 큰 차이점은 전자는 정해진 비율에 따라 판매 또는 환매시 1번 지불하는데 반해, 후자는 계속해서 지불해야 한다는 것이다.

제2절 펀드의 형태

1 펀드자금의 모집방식기준에 의한 분류

펀드자금의 모집방식을 기준으로 한 펀드의 분류는 각 국가별로 구분기준이 동일하지는 않지만 일반적으로 공모펀드와 사모펀드로 분류할 수 있다.

1) 공모펀드(public offering fund)

공모펀드는 불특정 다수를 대상으로 모집하는 펀드로서 펀드자금의 모집방식에 특별한 제한이 없는 펀드를 의미한다. 즉 공모펀드는 투자자의 자격이나 투자금액에 제한이 없고 투자자를 모집하는 방법에서도 제한이 없는 것이 일반적이다.

펀드가 도입된 대부분의 국가들의 펀드관련 법제는 공모펀드위주 또는 공모펀드만을 대상으로 규정하고 있기 때문에 각국의 금융감독기관은 공모펀드위주 또는 공모펀드만을 대상으로 감독하는 것이 일반적이다. 이에 따라 실제로 글로벌 펀드시장에서 설정·운용되는 펀드의 대부분은 공모펀드에 해당된다고 말할 수 있다.

2) 사모펀드(private placement fund)

사모펀드는 적격투자자 또는 소수투자자만을 대상으로 하는 펀드를 말한다. 여기서 적격투자자는 일반적으로 기관투자자와 일정금액 이상을 투자하는 개인 또는 일반법인을 말하고, 소수투자자는 일정수로 제한된 투자자를 의미한다. 다만, 해당 기관투자자의 범위와 소수투자자의 수에 대해서는 각국의 법제에 따라 다르다.

2 펀드규모의 증대가능기준에 의한 분류

펀드규모의 증대가능여부를 기준으로 추가형펀드와 단위형펀드로 분류할 수 있다.

1) 단위형펀드

이미 설정・설립된 펀드에 추가로 설정・증자・추가출자 등을 할 수 없거나 또는 일정기간만 추가로 설정・증자・추가출자 등이 가능함에 따라 펀드규모가 증대될 수 없거나 제한을 받는 펀드를 말한다. 일반적으로 사모펀드의 경우 단위형 펀드로 설정・설립되고 있다.

2) 추가형펀드

이미 설정・설립된 펀드에 추가로 설정・증자・추가출자 등이 가능함에 따라 펀드규모가 증대될 수 있는 펀드를 말한다. 일반적으로 공모펀드의 경우 추가형 펀드로 설정・설립되고 있다.

3 펀드투자자의 환매청구가능기준에 의한 분류

펀드투자자의 환매가능청구가능 여부를 기준으로 다음과 같이 개방형펀드와 폐쇄형펀드로 분류할 수 있다.

1) 개방형펀드(open-end fund)

개방형펀드는 펀드투자자가 언제든지 환매청구를 할 수 있는 펀드를 말하는데, 이는 다시 환매수수료 징구기간에 따라 일반적으로 단기형펀드, 중기형펀드, 장기형펀드로 구분된다.

일반적으로 공모펀드의 경우 개방형펀드로 설정・설립되고 있다.

2) 폐쇄형펀드(close-end fund)

폐쇄형펀드는 펀드투자자가 펀드에 대한 투자일로부터 일정기간 또는 전 기간 동안 환매청구를 할 수 없거나 또는 제한된 특수한 사유가 발생한 경우에 한하여 예외적으로 환매를 청구할 수 있는 펀드를 말한다. 환매제한형 펀드 또는 환매금지형 펀드라고도 한다.

일반적으로 사모펀드의 경우 폐쇄형펀드로 설정·설립되고 있다.

4 '자본시장법'상 펀드의 투자대상자산기준에 의한 분류

'자본시장법'에서는 펀드를 주요 투자대상 자산(펀드자산의 50%초과 투자자산)을 기준으로 증권펀드, 부동산펀드, 특별자산펀드, 혼합자산펀드, 그리고 단기펀드(MMF : Money Market Fund)로 구분하고 있다.

1) 증권펀드

투자자산의 50%를 초과하여 증권(채권, 주식)에 투자하는 펀드를 말한다. 실무적으로는 증권(주식)의 투자비율에 따라 채권형, 주식형, 혼합형으로 세분된다(〈표 9-3〉참조).

〈표 9-3〉 증권(주식)의 투자에 따른 집합투자기구(펀드)의 구분

	주요 내용
채권형	운용대상에 주식이 편입되지 않고 자산총액의 60% 이상을 채권(금리선물 포함)으로 운용하는 상품
주식형	자산총액의 60% 이상을 주식(주가지수선물·옵션포함)에 운용하는 상품
주식혼합형	자산총액의 50% 이상, 60% 미만을 주식(주가지수선물·옵션포함)에 운용하는 상품
채권혼합형	자산총액의 50% 미만을 주식(주가지수선물·옵션포함)에 운용하는 상품

2) 부동산펀드

투자자산의 50%를 초과하여 부동산에 투자하는 펀드를 말한다. 부동산펀드는 부동산 외에 부동산을 기초로 한 파생상품, 지상권 등 부동산관련 권리, 금전채권, 부동산관련 증권 등에도 투자할 수 있다. 또한 부동산개발 관련 법인에 대한 대출, 부동산의 개발・관리・개량・임대의 방법으로도 운용할 수 있다.

3) 특별자산펀드

투자자산의 50%를 초과하여 특별자산(증권 및 부동산을 제외한 투자대상자산)에 투자하는 펀드를 말한다.

이와 같은 특별자산펀드의 정의에 의거한 특별자산펀드의 예를 들면 다음과 같다.

① 투자자산의 대부분을 일반상품(농산물, 수산물, 임산물, 광산물, 에너지에 속하는 물품 및 이 물품을 원료로 하여 제조하거나 가공한 물품, 그 밖에 이와 유사한 것)에 투자하는 특별자산펀드

② 투자자산의 대부분을 선박, 항공기, 건설기계, 자동차 등과 같이 등기・등록 등의 공시방법을 갖추고 있는 동산에 투자하는 특별자산펀드

③ 투자자산의 대부분을 미술품(그림・조각・공예・사진 등 예술작품을 포괄함)이나 악기(명품 바이올린과 같은 모든 종류의 악기를 포함)에 투자하는 특별자산펀드

④ 투자자산의 대부분을 문화콘텐츠상품(영화, 드라마, 애니메이션, 음반, 연극, 뮤지컬, 오페라, 게임, 캐릭터, 인터넷/모바일콘텐츠, 출판물 등과 엔터테인먼트 성격을 내포하고 있는 제반상품을 포괄적으로 말함)에 투자하는 특별자산펀드

⑤ 투자자산의 대부분을 영업권, 탄소배출권, 지적재산권 등 권리에 투자하는 특별자산펀드

4) 혼합자산펀드

투자자산을 운용함에 있어서 증권, 부동산, 특별자산의 최저투자비율의 적용을 받지 않는 펀드를 말한다. 혼합자산펀드는 법령상 주된 투자대상 및 최저투자한도 등에 대한 별도의 제한이 없으므로 어떤 자산이든 투자비율의 제한 없이

투자가 가능하다는 장점이 있는 반면에, 환매금지형펀드로 설정·설립되어야 한다는 제한을 받고 있다.

5) 단기금융펀드(MMF : Money Market Fund)

투자자산의 전부를 대통령령으로 정하는 단기금융상품에 투자하는 펀드로서 대통령령이 정하는 방법으로 운용하는 펀드를 말한다.

5 특수한 형태 기준에 의한 분류

'자본시장법'에서는 특수한 형태의 펀드를 환매금지형펀드, 종류형펀드, 전환형펀드, 모자형펀드, 상장지수펀드[1])로 구분하고 있다.

1) 환매금지형펀드(폐쇄형펀드)

환매금지형펀드는 환매를 청구할 수 없는 펀드를 말하는데, 집합투자업자는 존속기간을 정한 펀드에 한하여 환매를 청구할 수 없는 환매금지형펀드의 설정·설립이 가능하다.

펀드가 부동산펀드, 특별자산펀드, 혼합자산펀드, 펀드자산총액의 20%를 초과하여 시장성없는 자산(부동산, 특별자산 등)에 투자하는 펀드인 경우에는 반드시 폐쇄형펀드로 설립해야 한다. 다만, 부동산펀드, 특별자산펀드, 혼합자산펀드의 경우 ① 법 제229조 제2호에 따른 부동산, ② 법 제229조 제3호에 따른 특별자산, ③ i) 상장증권, ii) 채무증권, iii) 파생결합증권, iv) 모집 또는 매출된 증권, v) 환매청구가능한 집합투자증권 중 어느 하나에 해당하지 않는 증권에 투자하지 않는 펀드를 설정·설립하는 경우는 제외한다.

그리고 투자신탁의 집합투자업자 또는 투자회사는 신탁계약 또는 정관에 투자자의 환금성보장 등을 위한 별도의 방법을 정하지 아니한 경우에는 환매금지형펀드의 집합투자증권을 최초로 발행한 날로부터 90일 이내에 그 집합투자증권을

1) 상장지수펀드(ETF)에 대해서는 Chapter 8 제2절 참조.

증권시장에 상장하여야 한다.

2) 종류형펀드(Class Fund)

종류형펀드는 한 펀드 내에서 판매보수의 차이로 인하여 기준가격이 다르거나 판매수수료가 다른 여러 종류의 집합투자증권을 발행하는 펀드를 말하는데, 통상 멀티클래스 펀드(Multiple-Class Fund)라고 한다.

종류형펀드의 특징으로는 하나의 펀드에서 판매보수 및 수수료가 다른 다양한 종류의 집합투자증권을 발행함으로써 투자자가 투자자금의 규모 및 투자기간에 따라 선택할 수 있는 폭이 넓다는 점, 투자자 그룹별로 보수 및 수수료 수준을 달리 정할 수 있으므로 투자자별 성향에 맞는 맞춤형설계가 가능하다는 점 등을 들 수 있다.

한편 종류형펀드의 장점으로는 펀드가입기간에 따라 집합투자증권의 종류(class)를 나누고 있는 펀드를 장기간 가입하면 판매보수 부담을 줄일 수 있으며, 보수 및 수수료 수준이 다른 소규모펀드를 한 펀드 내에 통합하여 운용할 수 있어 펀드의 대형화를 통해 운용효율화를 제고시킬 수 있다는 것을 들 수 있다.

〈그림 9-3〉 멀티클래스 펀드의 구조

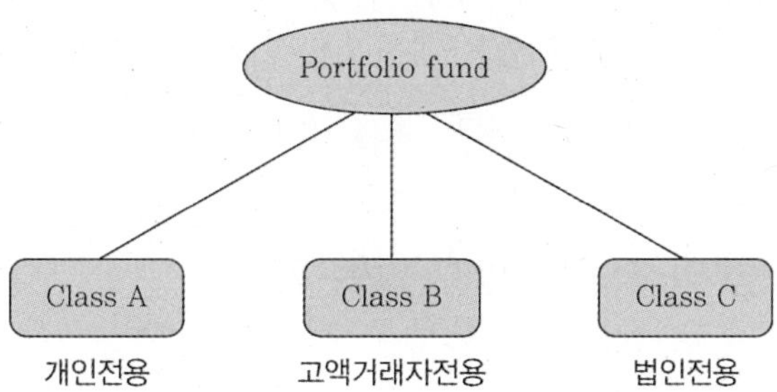

3) 전환형펀드(Umbrella Fund)

전환형펀드는 집합투자업자 등이 복수의 펀드 간에 각 펀드의 투자자가 소유하고 있는 집합투자증권을 다른 펀드의 집합투자증권으로 전환할 수 있는 권리를 투자자에게 부여하는 구조의 펀드를 말하는데, 통상 Umbrella Fund라고 한다. Umbrella Fund는 펀드구조가 마치 우산처럼 생겼다고 하여 붙여진 펀드로 하나의 펀드아래 운용성격이 다른 하위펀드(보통 7개 이내)를 구성하여 투자자의 시황 판단에 따라 수수료 부담없이 자유롭게 전환할 수 있는 펀드를 말한다.

전환횟수의 제한은 없으며 중도환매가 가능하다. 가입할 때 가입금액의 1~2%의 판매수수료를 선취하며, 추가형으로 추가설정이 가능하다.

4) 모자형 펀드

모자형 펀드는 집합투자업자 등이 모 펀드가 발행하는 집합투자증권을 취득하는 구조의 자펀드를 설정·설립하는 것을 말하는데, 통상 Master-Feeder Fund라고 한다. 모자형 펀드의 경우에는 다음과 같은 각 호의 요건을 모두 충족하여야 한다.

① 자 펀드가 모 펀드의 집합투자증권외의 다른 집합투자증권을 취득하는 것이 허용되지 아니 할 것.

② 자 펀드 외의 자가 모 펀드의 집합투자증권을 취득하는 것이 허용되지 아니 할 것.

③ 자 펀드와 모 펀드의 집합재산을 운용하는 집합투자업자가 동일할 것.

자 펀드가 모 펀드의 집합투자증권을 취득하는 경우에는 투자자산을 집합투자증권에 운용하는 경우(재간접펀드)의 자산운용 제한사항(사모펀드의 집합투자증권에 투자하는 행위제외)을 적용하지 않는다.

6 '자본시장법'의 적용을 받지 않는 펀드

'자본시장법'이 아닌 아래와 같은 다른 법률에 의거해 공모의 방식으로 금전 등을 모아 운용·배분하는 것을 목적으로 하는 펀드에 대하여, '자본시장법'은 비록 '자본시장법'상에서 규정하고 있는 펀드는 아니지만, '자본시장법'상의 펀드로 간주하여 '자본시장법'에서 정하고 있는 투자자보호와 관련한 제반 규정을 적용하고 있다(〈표 9-4〉 참조).

〈표 9-4〉 '자본시장법'의 적용을 받지 않는 펀드

종 류	근 거 법 률
1) 사회기반시설투융자회사	사회기반시설에 대한 민간투자업
2) 부동산투자회사	부동산투자회사법
3) 선박투자회사	선박투자회사법
4) 문화산업전문회사	문화산업진흥기본법
5) 기업구조조정조합	산업발전법
6) 중소기업창업투자조합	중소기업창업지원법
7) 신기술사업투자조합	여신전문금융업
8) 한국벤처투자조합 9) 개인투자조합	벤처육성에 관한 특별조치법
10) 부품·소재전문투자조합	부품·소재전문기업 등의 육성에 관한 특별조치법
11) 해외자원개발투자회사	해외자원개발 사업법
12) 기업구조조정투자회사	종전의 기업구조조정투자회사법

다른 법률에 근거를 두고 있는 펀드 중에서 가장 대표적이고 일반화된 펀드에 해당하는 부동산투자회사(일반적으로 REITs라고 함)와 선박투자회사에 대해 이하에서 살펴보기로 한다.

1) 부동산투자회사(REITs : Real Estate Investment Trust)

부동산투자회사(REITs, 이하 리츠라고 칭함)는 불특정 다수인으로부터 금전을 수탁 또는 납입받아 자금을 모집한 후, 이 자금으로 특정 부동산을 매입, 개발, 관리, 처분하거나 부동산관련 증권 등에 투자하여 그 투자수익을 수익자 또는 투자자에게 교부하는 투자상품을 말한다.

리츠와 부동산펀드는 자금으로 부동산에 투자하여 수익을 배분해 주는 방식은 유사하나, 부동산펀드는 설정기간이 2~3년 정도로 건설자금 대여, 오피스·상업시설매입 등이 주 대상인데 비해, 리츠는 5년 이상의 장기투자대상에 투자한다는 점에서 차이가 있다(〈표 9-5〉 참조).

〈표 9-5〉 리츠와 부동산펀드의 차이점

	리 츠	부동산펀드
설립근거	부동산투자회사법	자본시장법
감독기구	국토해양부	기획재정부
설립자본금	250억원	제한 없음
상장여부	상장의무	공모의 경우 의무
배당	- 이익의 90% 이상 배당시 법인세감면	- 보통 1년 단위로 이익배당 (발매시 약관에 게재)
판매	- 금융투자업자(증권회사)	- 금융투자업자(증권회사), 은행
존속기간	- 실체형일 경우 영속법인	- 실물펀드(3~5년) - PF(1~3년)

2) 선박투자회사

'선박투자회사법'에 의거하여 다수 투자자로부터 자금을 모집하여 선박을 취득하고, 그 취득한 선박을 해운선사에 용선함으로써 얻게 되는 용선료 수입을 투자자에게 수입의 분배방식(채권이자형, 고정배당금)으로 배당하는 펀드를 말한다.

이는 선박투자회사, 선박운용회사, 해외자회사, 해운선사 등으로 운영구조를 형성하고 있다. 선박투자회사는 다수투자자로부터 자금을 모집하여 설립되는 회사(paper company)로 선박투자를 통해 배당수익을 창출하는 것이 특징이다. 선박운용회사는 선박투자회사가 서류상의 회사이므로 선박투자회사와 선박운행회사, 선박관리회사, 조선소, 금융기관, 자산보관회사 등 모든 당사자들의 계약은 선박운용회사(집합투자업자, 현재의 자산운용회사)가 선박투자회사의 위임을 받아 처리한다. 해외자회사는 조세감면 및 국내외 금융기관으로부터 원활한 자금차입의 목적으로 해외에 설립하여 선박의 취득, 소유, 대선 등의 업무를 대행한다. 해운선사는 선박투자회사의 투자수익을 확보하기 위해 선박을 빌려가고 임대료를 지급하는 회사이다.

〈그림 9-4〉 선박펀드의 구조

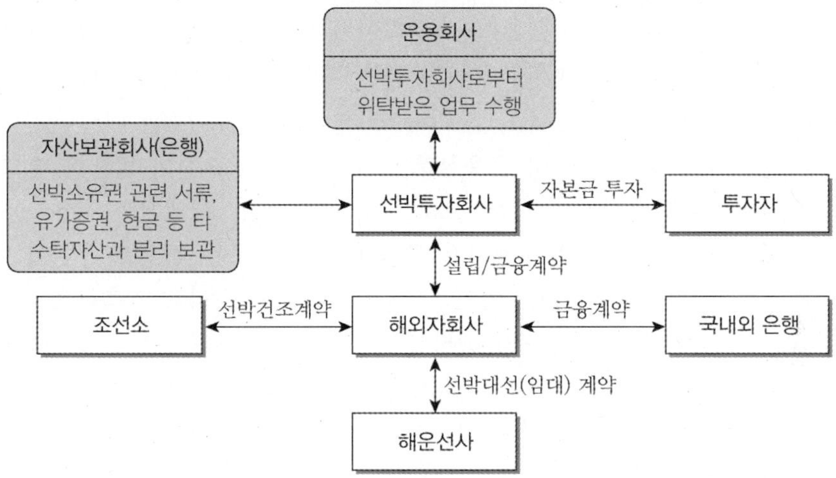

자료 : 강병호 · 김석동 · 서정호, 『금융시장론(제14개정판)』, 박영사, 2014년, p. 396.

동 펀드는 높은 목표수익률과 배당금에 대한 비과세혜택이 가장 큰 장점이며, 동 펀드의 수익자는 정기적으로 배당수익을 지급받는다. 한편 동 펀드는 폐쇄형으로 투자기간이 보통 10~15년으로 되어 있어 환금성에 대한 제약이 있는데, 이를 해결하기 위해 증권시장에 상장하여 자금이 필요한 사람은 증권시장에서의 매도를 통하여 자금환수가 가능하다. 또한 실적배당형상품으로 투자원금을 보장받을 수없다. 다만, 투자한 선박을 담보로 선박보험 가입을 통해 손실가능성을 축소할 수 있다.

7 기타 펀드

1) 적립식펀드

적립식펀드는 투자신탁 수익증권에 목돈을 일시에 투자하는 것이 아니라, 일정기간 동안 원하는 펀드(주식형, 채권형 등) 한 가지를 선택하여 투자하는 상품이다. 은행의 정기적금과 같이 일정기간 동안 적립하고 만기에 목돈을 찾는 형태의 상품으로, 여러 종목과 장기간에 걸쳐 분산투자함으로써 위험을 낮추는 정기정립효과를 추구할 수 있다. 그러나 분산 장기투자한다고 항상 수익률이 높은 것은 아니므로 주식시장 상황 등에 따라 일부 중도환매나 전액환매 시기를 결정하는 것이 중요하다.

투자원금은 보장되지 않으며 운용실적에 따라 원금에 손실이 발생할 수도 있다. 가입대상 및 적립한도는 일반적으로 제한이 없으나, 세제혜택 적용 펀드는 제한을 두는 경우가 있으며, 일정기간 동안 일정금액 또는 좌수를 정하여 매월 저축하는 정액적립식과 일정기간동안 금액에 제한없이 수시로 저축하는 자유적립식의 2가지 방법이 있다. 운용은 자산운용회사에서, 판매는 은행, 증권회사(금융투자회사), 보험회사에서 각각 행하고 있다.

2) 재간접펀드

재간접펀드(fund of funds)는 펀드자산을 다른 펀드가 발행한 집합투자증권에 50% 이상 투자하는 펀드를 말한다. 재간접펀드에 가입하면 여러 자산운용회사들이 운용하는 다양한 펀드에 동시에 가입한 것과 유사한 효과가 있어 분산투자 효과를 높일 수 있고 다양한 투자전략의 효과를 추구할 수 있다.

그러나 재간접펀드는 펀드에서 또 다른 펀드에 투자하는 구조이므로 판매보수 및 운용보수를 이중으로 지급하는 결과를 초래하는 등 비용부담이 일반 펀드에 비해 높을 수 있고, 펀드운용의 내용을 파악하기 어렵다는 단점이 있다. 최근에는 해외펀드 특히 BRICs 국가, 베트남 등에 투자하는 재간접펀드가 증가하고 있다.

3) 해외펀드

해외펀드는 취급기관, 가입대상. 가입한도 등이 일반적인 국내펀드와 동일하지만 투자대상이 해외의 주식, 채권, 부동산 등인 상품이다. 해외펀드도 국내펀드와 동일하게 투자자산의 비율에 따라 자산총액의 60% 이상을 해외주식에 투자하는 주식형, 자산총액의 60% 이상을 해외채권에 투자하는 채권형, 자산총액의 50% 이상 60% 미만을 해외주식에 운용하는 주식혼합형, 자산총액의 50% 미만을 해외주식에 운용하는 채권혼합형으로 구분된다.

해외펀드는 국내 자산운용회사에서 운용하고 원화로 투자하는 즉 해외투자국내펀드인 역내펀드(on-shore fund)와 해외 자산운용회사가 해외에서 운용하는 외국펀드인 역외펀드(off-shore fund)로 나눌 수 있다. 역내펀드는 국내법에 의해 국내 자산운용회사가 국내에서 설정한 펀드로서 국내투자자들로부터 자금을 모아 해외에 있는 주식, 채권, 부동산 등에 투자하는 펀드로, 엄밀히 말하면 투자대상을 해외로 확대했을 뿐 기존의 국내펀드와 크게 다를 바 없다. 역외펀드는 해외 자산운용회사가 외국에서 설립, 설정한 펀드로서 전 세계 투자자들로부터 자금을 모아 전 세계를 대상으로 주식이나 채권에 투자하여 수익을 추구하는데, 일반적으로 면세지역에 설정되어 운용된다.

또한 해외펀드는 투자자산을 운용하는 지역(미국, 유럽, 중국, 인도 등)에 따라 브릭스펀드(BRICs[2] fund), 차이나 펀드(Cnina fund), 이머징펀드(Emerging fund) 등 매우 다양하게 구분된다. 이처럼 해외펀드는 개별상품별로 다양한 투자자산 운용비율, 투자방법, 운용지역 등이 세분화되어 투자자성향에 맞는 해외펀드를 찾기가 용이하다. 그러나 해외시장에서 투자자산을 운용하기 때문에 국내펀드와 비교할 때 다음과 같이 환위험노출, 환매기간, 세금 및 수수료 등에 유의하여야 한다.

〈표 9-6〉 역외펀드와 해외투자 역내펀드의 비교

	역외펀드	해외투자 역내펀드
설립근거	외국법	국내법
운용주체	외국 자산운용회사	국내 자산운용회사
펀드형태	주로 단독펀드	주로 재간접펀드(fund of funds)
펀드종류	매우 다양	제한적
환위험관리주체	투자자	펀드운용자
수수료	비교적 낮음	비교적 높음

2) BRICs의 B는 Brazil(브라질), R은 Russia(러시아), I는 India(인도), C는 China(중국)을 의미한다.

해외펀드는 해외에서 투자하기 때문에 필연적으로 환위험에 노출되게 된다. 이러한 환위험을 회피하기 위해서는 선물환거래를 이용하거나, 펀드 내에 자체적으로 회피장치를 두는 경우도 있다. 투자자가 환위험을 회피하는 경우 환위험 회피비용은 투자원금의 0.5% 정도가 일반적이며 투자원금에 대해 1년 단위로 계약을 갱신한다.

해외펀드는 국내펀드에 비해 환매기간이 긴 편이다. 일반적으로 국내펀드는 환매신청 후 3~4일 내외로 자금을 받을 수 있지만, 해외펀드는 8~10일 정도 소요된다.

판매회사별로 다르지만 일반적으로 해외펀드에 대한 판매수수료는 국내펀드보다 비싸게 책정된다. 계약기간 이전에 환매했을 때 부과하는 중도환매수수료의 기준이 되는 기간은 국내펀드는 90일, 해외펀드는 180일 정도로 해외펀드가 국내펀드에 비해 길다. 국내주식형 펀드의 경우 주식매매차익으로 인한 수익에 대해 비과세하고 있으나, 해외펀드는 15.4%의 세금을 내야 한다.

제3절 펀드투자의 실제

1 펀드투자의 과정

펀드는 앞에서 설명한 것처럼 증권회사(금융투자회사), 은행, 보험회사 등에서 판매된다. 이들 증권회사, 은행, 보험회사는 판매회사로서 펀드라는 상품을 판매하는 역할만할 뿐이다. 펀드투자의 첫걸음은 이들 판매회사에서 펀드설정계약서를 작성하여 펀드에 가입함으로써 시작된다.

펀드투자자가 계약서를 작성함과 아울러 입금하는 투자자금은 수탁회사(수탁자, 통상 은행)으로 송금되며, 수탁회사 여러 판매기관을 통해 투자자금을 유치하여 안전하게 보관·관리하는 역할을 담당한다.

수탁회사에 일정한 금액이 유치되면 제3자인 자산운용회사(위탁자, 구체적으로는 펀드매니저)가 펀드계약에서 정한 범위 내에서 투자자산, 투자금액배분, 투자기간을 정하여 수탁기관에게 지시를 하게 된다. 지시를 받은 수탁기관은 유치금액을 투자하고 수익을 올리려고 노력한다.

2 펀드선택

펀드에 가입하는 것도 투자이다. 따라서 수익을 볼 수도 있지만, 손해를 볼 수도 있다. 그리고 펀드투자의 결과는 100% 본인책임이지 자산운용회사(펀드매니저)가 책임지지 않는다. 그렇다면 어떠한 펀드에 투자하는 것이 성공적인 펀드투자일까? 주가가 오를 것으로 예상되면 주식 구성 비율이 높은 펀드에 투자하는 것이 유리할 것이고, 부동산가격이 오를 것으로 예상되면 부동산펀드가 유리할 것이다. 그러나 미래의 주가흐름이나 부동산가격의 흐름은 전문가에게도 결코 쉬운 일이 아니다. 펀드투자가 간접투자이긴 하지만 펀드투자의 성패는 펀드를 구성하고 있는 투자자산의 가격움직임에 따라 결정되기 때문에 직접투자와 마찬가지로 항상 가격변동위험에 노출되어 있다.

펀드를 선택하기 전에 가장 먼저 점검해야 할 것은 투자자자신의 투자성향과 투자여건이다. 먼저 자신의 투자성향이 위험선호형인가 위험회피형인가 대하여 점검해야 한다. 투자자자신이 위험회피형인지 위험선호형인지를 직관적으로 점검할 수 있는 방법 중의 하나는 원금손실에 대한 태도이다. 원금손실가능성이 크더라도 수익이 크게 나길 원한다면 위험선호형이고, 수익이 적게 나더라도 원금손실가능성을 줄이기를 원한다면 위험회피형이라고 말할 수 있다. 또한 투자자신의 투자여건을 고려해야 한다. 예를 들어 투자자금이 단기적으로 운용 가능한 자금인지 장기적으로 운용 가능한 자금인지 여부에 따라 펀드선택이 달라지기 때문이다.

투자자자신의 투자성향과 투자여건에 대한 점검을 한 후에는 펀드투자에 따른 목표수익률을 정해야 한다. 목표수익률은 투자자자신의 투자성향 및 투자여건, 투자대상자산의 시장상황 등에 따라 다를 수밖에 없다. 그런데 과거 발표된 사례를 보면 미국의 우량펀드들도 연평균 10%내외의 수익률을 달성한 것으로 조사되고 있다. 따라서 펀드 투자자들은 펀드투자에서 높은 수익률을 기대하기보다는 물가상승률과 은행예금이자율을 상회하는 적정수준의 수익률을 목표수익률로 정하는 것이 바람직할 것이다.

목표수익률을 정했으면, 어떤 펀드를 선택하느냐하는 문제에 직면하게 된다. 앞에서 설명한 것처럼 투자방식(적립식, 거치식), 투자위험정도(주식형, 채권형 등), 수수료와 보수 등을 감안하여 펀드의 종류를 결정하되, 장기적으로 자신의 목표수익률을 달성할 수 있는 펀드를 선택해야 한다.

펀드투자자들의 투자목적이 각각 다르기 때문에 모든 투자자를 만족시키는 펀드는 존재하지 않는다. 앞에서 설명한 것처럼 투자자자신의 투자성향과 투자여건을 고려하여 자신의 목표수익률을 달성할 수 있는 펀드를 선택하는 것이 바람직할 것이다. 펀드투자자 자신에 맞는 펀드를 선택하기 위해서는 〈표 9-6〉과 같은 절차를 따르는 것도 고려해볼 수 있을 것이다.

〈표 9-6〉 올바른 펀드선택의 절차

단계	절차	점검대상
1	재무목표 설정	투자목표 우선순위 및 투자기간 결정
2	투자성향 분석	리스크 범위 설정(공격적 VS 안정적)
3	위험분석	펀드투자설명서의 위험도 분석
4	보유종목 분석	보유종목을 통한 펀드 특성 파악
5	펀드성과 분석	단기보다 장기운용성과 파악
6	운용사와 펀드매니저점검	조직안정성, 운용철학 점검
7	수수료 비교	각종보수・수수료와 운용성과 비교
8	서비스 비교	인터넷 정보제공 등 각종 부가서비스
9	운용기간 비교	장기성과 확인 위해 3년 이상 바람직
10	펀드규모 비교	펀드특성에 맞는 규모 확인
11	회전율 점검	과도한 회전율은 펀드비용을 증가

자료 : 펀드닥터

특히 이 중에서 펀드를 선택할 때 다음과 같은 사항은 반드시 따져봐야 할 것이다.

첫째, 펀드의 종류를 확인하여야 한다. 사려고 하는 펀드가 일반펀드인지, 변액유니버셜인지, 변액연금보험인지 등을 확인해야 한다. 왜냐하면 펀드자체의 성격, 세제혜택, 보험 내지는 연금기능, 수수료에서 차이가 나기 때문이다.

둘째, 펀드를 운용하는 운용회사(펀드매니저)에 대하여 꼼꼼히 살펴보아야 한다. 펀드의 운용성적은 증권회사, 은행, 보험회사 등 판매회사가 아닌 운용회사(펀드매니저)의 실력에 달려있다. 따라서 과거의 운용성과는 어떠했는지, 운용 철학을 명확히 하고 있는지, 운용시스템은 안정적인지 등을 꼼꼼히 따져봐야 한다. 이와 더불어 펀드매니저의 변경이 자주 있었는지의 여부도 확인해야 한다. 펀드매니저의 잦은 교체는 운용종목의 잦은 변경으로 이어질 가능성이 높아 거래수수료 등 불필요한 비용이 발생할 수 있고, 펀드매니저가 안정적으로 운용에 전념할 수 없게 만들기 때문이다. 이와 같은 여러 가지 사항을 고려해 볼 때, 경영이 독립적으로 이루어지는 운용회사를 선택하는 것이 성공할 확률이 높다는 견해[3]에 주목해 볼 필요가 있다. 그러나 현실적으로 일반투자자들이 이러한 내용을 알기 쉽지 않기 때문에 신뢰할 수 있는 FP(financial planner : 금융자산관리사, 재무설계사)의 도움을 받아 판단하는 것도 하나의 방법일 것이다.

셋째, 펀드관련 수수료를 확인해야 한다. 대부분의 우리나라펀드들은 수수료가 자동적으로 빠져나가기 때문에 얼마나 비싼지 실감하기 어렵다. 펀드투자자 또한 주식형 펀드의 경우 주가만 오르면 1~2%의 수수료차이쯤이야 대수롭지 않게 생각하는 경향이 있다. 그러나 5년, 10년 장기투자를 할 경우에는 약간의 수수료율 차이는 운용성적에 크게 영향을 미친다.

넷째, 판매회사 선택 시 우량펀드를 선택해줄 수 있는 여건을 갖춘 판매회사인지를 확인해야 한다. 우리나라의 경우 아직까지 펀드평가회사의 역할이 정착되어 있지 않고, 또한 일반투자자들이 평가 자료를 접하기도 쉽지 않기 때문에, 증권회사, 은행, 보험회사 등의 판매회사의 우량펀드 선정 능력이 특히 중요하다. 따라서 ① 우량펀드 선정능력과 다양한 상품공급 능력을 갖추고 있고, ② 실력있는 FP를 충분히 확보하고 있으면서, ③ 투자자보호 시스템을 제대로 갖춘 판매회사를 선택하도록 노력해야 할 것이다.

---

3) 세계적으로 성공한 운용회사의 경영구조가 대부분 오너(owner) 회사이거나 파트너십(partnership) 형태의 회사 또는 도제(徒弟)형태의 회사였다는 점이 이를 증명하고 있다. 강창희, 『당당한 인생후반 30년을 결정하는 자산관리의 법칙』, 팜파스, p. 137.

펀드 포트폴리오 구성, 3개월에 한번은 살펴보자

투자는 항상 평탄하게 흘러가지만은 않는다. 내가 투자한 펀드가 계속 수익을 거두면 좋겠지만 그렇지 않은 시기도 분명히 찾아온다. 요즘 같이 증시 상승세가 이어지면 목표했던 기대수익을 일찍 얻을 수도 있지만 그래서 늘 상황에 따라 투자계획과 목표를 수정하면서 투자의 흐름을 이어가야 한다.

이를 위해선 먼저 포트폴리오를 주기적으로 확인해야 한다. 펀드에 가입하고 장기투자를 한다고 맹목적으로 방치하는 것은 장기투자라 할 수 없다. 숙성된 와인이 맛이 좋다고 한들 뙤약볕에서 아무렇게나 숙성시킨다면 무슨 의미가 있겠는가. 6개월, 1년 등으로 주기적인 점검이 필요하며 그에 따른 대응이 수반돼야 한다. 주기를 정하는 것이 어렵다면 적어도 3개월에 한 번씩 나오는 펀드운용보고서를 보면서 포트폴리오를 점검하는 것도 방법이다.

두 번째, 포트폴리오의 투자비중을 조절해야 한다. 펀드 포트폴리오를 구축할 때는 투자목표에 따라 계획을 수립하고, 투자대상을 분산해 일정 비율로 배분한다. 그리고 포트폴리오를 점검하면서 구성 펀드 비중의 차이가 발생했는지 살펴보고 그 차이를 조정해야 한다. 예를 들어 펀드 포트폴리오를 국내주식형 펀드 20%, 해외주식형 펀드 30%, 국내채권형 펀드 30%, 원자재펀드 20%로 구성했다고 가정해보자. 요즘처럼 글로벌 증시가 호조를 보이며 주식형 펀드 성과가 높아지면 국내주식형 펀드의 비중이 25%, 해외주식형 펀드가 40%로 올라가고 채권형 펀드의 비중이 감소할 수 있다. 이럴 경우 주식형 펀드 일부를 매도해 채권형 펀드의 투자비중을 높여 초기의 포트폴리오 비중을 유지해야 향후의 시장변화에 효율적으로 대응할 수 있다.

여기에 추가적으로 포트폴리오 내 중복 투자는 없는지 살펴야 한다. 분산투자를 한다면서 주식형 펀드를 모두 비슷한 기업이나 산업에 투자하고 있는 투자자들을 쉽게 만날 수 있다. 또 펀드를 운용하는 펀드매니저가 겹치는지도 함께 확인하자. 펀드매니저마다 가진 투자전략과 철학은 쉽게 바뀌지 않는다. 본인이 자신 있는 전문분야가 있고 해당 전문성은 여러 유형의 펀드에서 동시에 발휘될 수는 없다. 가입하고 있는 펀드의 매니저가 같다면 분산투자가 잘 되고 있다고 볼 수 없다.

은행이나 증권사 직원에게 펀드를 가입했다면 부담 가지지 말고 주기적으로 내 투자현황에 대해 물어보고 확인하자. 관심을 가진 만큼 원하는 결과를 얻을 확률이 높아지게 마련이다. 펀드슈퍼마켓과 같은 온라인 펀드전문 플랫폼을 적극적으로 활용하는 것도 좋다. 독립투자자문업자(IFA)와 같은 전문가와 함께 하는 것도 내 포트폴리오의 가치를 높여줄 방법이 될 수 있다.

한국일보 2017년 6월 13일

중요 개념 및 용어

집합투자	집합투자기구	집합투자증권
집합투자업자	계약형펀드(투자신탁)	수익증권
위탁자	수탁자	수익자
회사형펀드(투자회사)	펀드수수료	판매수수료
환매수수료	대행수수료	보관수수료
펀드보수료	공모펀드	사모펀드
단위형펀드	추가형펀드	개방형펀드
폐쇄형펀드	증권펀드	부동산펀드
특별자산펀드	혼합자산펀드	단기금융펀드(MMF)
환매금지형펀드	종류형펀드	전환형펀드
모자형펀드	부동산투자회사(REITs)	선박투자회사
적립식펀드	재간접펀드	해외펀드
역내펀드	역외펀드	판매회사
수탁회사	운용회사	FP(financial planner)

연습문제

1 펀드를 계약형펀드와 회사형펀드로 구분하여 비교·설명하라.

2 펀드투자와 관련한 펀드수수료와 펀드보수료에 대하여 설명하라.

3 펀드를 공모펀드와 사모펀드로 구분하여 비교·설명하라.

4 '자본시장법'상 투자대상자산기준에 의해 펀드를 어떻게 분류하는지를 설명하라.

5 증권펀드에 대하여 설명하라.

6 환매금지형펀드에는 어떤 펀드가 있는지 설명하라.

7 부동산투자회사(REITS)와 부동산펀드를 비교·설명하라.

8 적립식펀드에 대하여 설명하라.

9 해외펀드를 역내펀드와 역외펀드로 구분하여 설명하라.

10 펀드선택 절차와 점검해야 할 내용에 대하여 설명하라.

10 보험 · 연금상품

제1절 • 보험의 기본적인 이해
제2절 • 생명보험
제3절 • 손해보험
제4절 • 제3보험
제5절 • 사회보험
제6절 • 연금

학습목표

1 보험의 기본적인 사항에 대하여 이해할 수 있다.
2 생명보험, 손해보험, 제3보험, 사회보험에 대하여 이해하고 활용할 수 있다.
4 연금에 대하여 이해하고 활용할 수 있다.

들. 어. 가. 기

보험은 위험에 대비할 수 있는 가장 대표적인 위험 관리 방법이다. 사망, 질병, 장해, 화재, 자동차 사고 등은 일반적으로 많은 사람에게 발생하고, 발생하면 돈도 많이 들어가는 위험들이다. 보험은 누구나 공통적으로 발생할 수 있는 위험을 하나의 위험 집단으로 묶은 후, 각 개인으로부터 받은 보험료로 준비금을 마련해 두었다가, 구성원 중 일부가 우연히 해당 위험을 당했을 때 보험금으로 보상하여 주는 경제제도이다.

보험가입의 기본적인 목적은 예고 없이 찾아드는 미래의 위험을 보장하는 것이지만, 보험을 절대 '만일의 경우'에만 대비해 가입해서는 안 된다. 보험은 대개 10년 이상 꾸준히 보험료를 지불해야 하는 장기 계약일 뿐 아니라 무턱대고 아무 보험에나 가입했다간 금전적 손실까지 입을 수 있기 때문이다. 그렇다면 다양한 목적을 가진 수많은 보험 중에서 어떤 보험을 선택하여 가입하는 것이 바람직한가? 보험에 가입하기 전에 다음과 같은 사항은 반드시 알아야 할 것이다.

첫째, 가입하고자하는 보험상품의 주요내용을 이해할 수 있어야 한다.

둘째, 보험기간과 납입기간을 체크하고, 갱신형과 비갱신형을 확인한다.

셋째, 가입하고자하는 보험회사는 평가가 우수한지 살펴보고, 보험금지급은 잘되는지를 확인해야 한다.

넷째, 경제상황에 맞게 보험료를 책정하고 보장은 적절한지 확인해야 한다.

다섯째, 보험가입시 주어지는 혜택과 목적에 맞는 보험인지 파악해야 한다.

한편, 최근 연금에 대한 관심이 높아지고 있다. 이는 고령화의 진전으로 본인이 원하던 원하지 않던 100세 인생을 살아가야만 하는 현실에서 노후를 대비하기 방안으로서 연금의 중요성이 부각되는 데에서 연유된다.

노후를 대비해서는 우선적으로 국가가 담당하는 공적 연금인 '국민연금', 기업에서 마련해주는 '퇴직연금', 개인이 준비하는 '개인연금' 등 3가지의 연금제도를 이용하여 준비하고, 은퇴 후에는 이에 덧 부쳐서 1개의 주택연금 또는 토지연금 장치를 이용하면 충분히 노후를 대비할 수 있을 것이다. 특히 3가지의 연금제도는 사전에 적금이나 저축의 형태로 일정한 금액을 적립하는 형태로 노후에 대비하는 것으로, 이를 젊었을 때부터 착실히 준비하여 실행하기 위해서는 이들 연금에 대한 이해가 선결되어야 할 것이다.

CHAPTER

10 보험 · 연금상품

제1절 보험의 기본적인 이해

1 보험의 의의 및 기본적 특성

보험(insurance)은 동질적 위험으로부터 위협을 받는 다수의 경제주체가 일정한 대가(보험료)를 지불하고 그 위험을 제3자(보험회사)에게 전가하여 피해를 복구시켜 주는 경제제도를 말한다. 다시 말하면 보험은 일상생활 속에서 위험, 즉 재난 등의 우발적인 사고발생이 언제 일어날지 그 자체는 개개인이 볼 때에는 예측할 수 없는 위험이지만, 다수의 평균적인 측면에서 보면 예측 또한 가능하다는 원리에 입각하여 다수의 경제주체가 우발적 사건발생으로 인한 예측 가능한 금전적 부담을 공평하게 분담하는 경제제도라고 말할 수 있다. 이와 같은 의미를 지니고 있는 보험은 다음과 같은 특성을 갖고 있다.

첫째, 보험은 우연한 사고에 대하여 지급한다. 여기서 우연하다는 것은 사고의 원인 또는 결과의 발생을 피보험자로서 예측하거나 인식하지 못한 의외의 상황을 말하며, 이는 고의 또는 필연과 반대의 성질을 갖고 있다는 것이다. 우연성은 원인의 발생이 우연한 경우나 결과가 우연한 경우, 양자 모두가 우연한 경우가 있으며, 이 중 어느 하나에 해당되더라도 우연성이 있는 것으로 본다.

둘째, 위험이전은 보험을 이루는 필수적 요소 중의 하나이다. 보험은 항상 위험이전이란 특성을 지니고 있는데, 위험이전은 보험계약자로부터 보험계약자 보다 재무적으로 우위에 있는 손실에 대한 지급이 가능한 보험회사로 위험이 전가되는 것을 말한다. 즉, 보험계약자는 보험료 형태의 대가를 지급함으로써 미래의 우연한 사건에 의한 재무적 손실에 대하여 보험금 형태로 보상을 받을 수 있다. 또한 이러한 위험이전은 다음에 설명하는 손실의 결합을 통해 개개인에게 개별화된 위험을 단체화하여 예측가능하게 함으로써 보험회사는 합리적인 보험료를 산정하여 개인에게 부과할 수 있다.

셋째, 손실의 결합 또는 손실의 공유는 보험의 핵심적인 요소이다. 손실의 결합이란 일부의 사람에게 발생된 손실을 단체 전체로 분산시키는 것을 말하는데, 이러한 손실의 결합과정을 통하여 개별적으로 발생되는 현실적 손실은 평균적 손실의 형태로 대체된다. 또한 위험에 노출된 많은 사람을 단체화시킴으로써 대수의 법칙을 통하여 장래의 손실에 대한 예측이 가능하게 된다. 이와 같이 손실의 결합은 ① 단체에 의한 위험의 공유, ② 대수의 법칙에 근거한 장래손실의 예측 의 두 가지 의미가 있음을 알 수 있다.

넷째, 보험은 손실보상의 특징이 있다. 손실보상은 피보험자를 사고발생 이전의 재무적 상태로 되돌려놓는 것을 말한다. 따라서 만약 집에 불이 났다면 화재보험에서 그 화재에 따른 손실에 대하여 보상해줄 것이다.

이러한 손실보상은 일부 보험에서는 현금이나 서비스로 지급되는 경우도 있지만 대부분은 금전으로 보상된다. 만약 집에 화재가 났을 때에는 원상회복에 드는 비용 즉 재건축하는데 드는 비용을 보상해 줄 뿐, 예를 들어 그 집에 대한 소중한 기억 등 금액으로 환산할 수 없는 다양한 가치는 보상해주지 않는다.

2 보험의 기본원리

1) 대수의 법칙

대수의 법칙은 관찰회수가 많아짐에 따라 표본으로부터 얻어진 측정치가 모집단의 기대되는 결과에 가까워지는 것을 말한다. 예를 들어 동전을 던져 앞면이 나올 확률은 50%이다. 만약 동전을 10번 던졌을 때 동전의 앞면이 7번이나 나올 수 있지만, 만약 동전을 100만번 던진다면 동전의 앞면이 나올 경우는 50만번 정도가 될 것이다, 이와 같이 동전회수가 많아지면 많아질수록 실제 결과는 기대되는 결과에 가까워 질 것이다. 개개인의 입장에서 보면 우연한 사고이지만, 이를 단체로 묶어 놓고 다수의 사람들을 대상으로 관찰해보면 안정된 일정확률을 구할 수 있다는 것이다. 따라서 이러한 대수의 법칙이 있기 때문에 보험제도도 안정되게 유지될 수 있다. 예를 들어 대수의 법칙에 따라 특정 연령대의 사람들이 1년간 몇 명 정도 사망할 것인가를 산출한 것이 사망률이며, 생명보험은 사망률과 대수의 법칙을 기초로 하고 있다.

2) 수지상등의 원칙(등가원칙)

보험료는 장래 사고보험금 지급에 대비한 보험료와 보험회사의 비용 및 적정 수준의 이윤으로 구성되는데, 전자를 순보험료라 하고 후자를 부가보험료라고 한다. 이와 같이 보험계약자가 부담하는 보험료는 순보험료와 부가보험료의 합계액으로, 이를 영업보험료라고 한다. 보험료구성에 있어서 수지상등의 원칙은 보험계약자로부터 받은 순보험료총액은 보험사고로 지급하는 보험금총액과 같아야 한다는 것이다. 따라서 만약 순보험료총액이 지급보험금총액보다 많으면 보험료는 인하 조정되고, 반대로 순보험료 총액이 지급보험금총액보다 적으면 보험료는 인상 조정된다.

수지상등의 원칙은 기본적으로 보험의 사회적 기능이 상부상조의 정신에 있기 때문에 형성된 개념이라고 말할 수 있다. 즉, 보험단체의 구성원이 납입하는 보험료는 해당보험이 담보하고자하는 위험의 발생가능성(확률)에 그 때 지급될 보험금액을 곱한 값, 결국 보험보상의 기댓값이어야 한다는 것이다. 이와 같이 수지상등의 원칙이 필요한 것은 보험료가 너무 비쌀 경우에는 시장이 형성되지 않을 것이고, 또한 보험료가 너무 쌀 경우에는 그 제도가 존립할 수 없기 때문이다.

3) 급부반대급부 균등의 원칙

수지상등의 원칙이 전체적인 입장에서 본 것이라면, 위험집단의 구성원 개개인의 입장에서는 각자가 내는 보험료는 그가 지닌 위험정도(개별적인 위험발생가능성)에 보험금액을 곱한 기댓값에 상응하여야 한다는 것이 급부반대급부 균등의 원칙이다. 즉, 각각의 구성원의 보험료 부담은 그 위험에 대응하여 공평해야한다는 의미로, 급부반대급부 균등의 원칙은 보험료를 산정하는 입장에서 해석한다면 공평성의 원칙이라고도 할 수 있다.

생명보험이 일반적으로 각 연령에 따라 보험료가 달라지는데 비해, 손해보험의 경우에는 각 위험의 특성에 따라 여러 가지로 분류된 위험의 등급에 따라 보험료가 달라지는데, 이러한 보험료 차이의 근거가 급부반대급부 균등의 원칙이다. 즉, 선원이 직업인 사람은 선원이 가지고 있는 위험에 걸맞는 보험료를, 대학교수인 사람은 대학교수라는 직업이 지닌 위험에 걸맞는 보험료를 부담하는 것이 공평하다는 것이다. 이와 같이 급부반대급부 균등의 원칙은 개별 보험계약별로 위험수준의 차이에 따라 보험효율을 차별화할 수 있도록 뒷받침하는 원리라고 말할 수 있다.

4) 실손보상의 원칙

보험은 손해의 보상에 목적이 있으므로 피보험자는 그가 입은 손해만큼 보상을 받는 것이 합리적이다. 만약 우연한 사고로 피보험자가 사고발생 직전의 경제상태보다 더 좋은 상태에 놓이게 된다면, 이는 보험에 의해 이익을 얻는 결과가 된다. 이러한 상황은 인위적인 사고를 유발시키는 요인이 될 수 있고, 결과적으로 사회질서를 저해하게 되므로 손해보험에서는 실손보상의 원칙을 적용하고 있다.

3 보험계약관련 기본용어[1)]

1) 보험자(보험회사)

보험자는 보험계약자로부터 보험료를 받고 보험계약을 인수하는 자로서, 보험회사를 말한다. 보험자는 보험사업의 공공성, 사회성 등의 특성에 따라 그 자격이 제한된다. 300억원 이상의 자본금 또는 기금을 가진 주식회사, 상호회사 또는 외국보험회사로서 금융위원회의 허가를 받아야 한다.

2) 보험계약자

보험계약자는 보험자와 계약을 체결하는 상대방 당사자로서 보험계약자의 자격에는 제한이 없다. 대리인을 시켜 계약을 체결할 수도 있다.

1) 김동희, 류재광, 『보험 및 은퇴설계』, 한국금융연수원 출판사업부, 2016년, pp. 16~17.

3) 피보험자

피보험자는 인보험에서는 생명이나 신체에 관하여 보험에 부쳐진 대상을 말하는데 반해, 손해보험에서는 피보험이익의 주체로서 보험금 청구권자를 지칭한다. 인보험 중 생명보험에서는 타인의 사망보험 계약 시 그 타인의 서면동의를 얻어야 하고, 만 15세 미만자·심신상실자·심신박약자는 사망보험의 피보험자가 될 수 없다.

4) 보험수익자

보험수익자는 인보험에만 있는 보험계약요소로서, 보험사고 발생 시 보험금청구권을 갖는 자를 말한다.

5) 피보험이익과 보험의 목적

피보험이익은 보험의 목적의 소유자가 그 물건에 대하여 가지고 있는 경제상의 이해관계로서, 이를 보험계약의 목적이라고 한다. 보험의 목적은 보험에 부쳐지는 대상을 말하는데 손해보험의 경우에는 물건이나 재산이, 생명보험의 경우에는 생명이나 신체가 보험에 부쳐진 자, 즉 피보험자가 보험의 목적이 된다.

6) 보험가액과 보험가입금액

보험가액은 피보험이익의 평가액으로서 손해보상에서는 법률 상 최고한도가 된다. 한편 보험가입금액은 계약체결 시 계약당사자간에 임의로 정하는 금액이므로 계약상 최고한도가 된다. 따라서 보험가입금액이 보험가액을 초과한 경우(초과보험)에는 보험가액을 한도로 지급하고, 보험가입금액이 보험가액에 미달된 경우(일부보험)에는 보험금액을 한도로 지급하게 된다.

7) 보험기간과 보험계약기간, 보험료기간

보험기간은 보험자의 책임이 개시·종료하는 기간, 즉 그 기간에 보험사고가 발생함으로써 보험자가 책임을 지게 되는 기간을 말한다. 한편, 보험계약기간은 보험계약이 성립해서 소멸할 때까지의 기간으로 일반적인 보험기간과 일치하지만, 소급보험에서는 보험기간이 보험계약기간보다 더 길다. 보험료기간은 위험을 측정하여 보험료를 산출하는 기초가 되는 단위기간을 말한다.

보험기간, 보험계약기간, 보험료기간은 계약이나 약관을 통해 자유롭게 그 일치여부를 정할 수 있다. 현재 대부분의 약관은 보험계약이 성립되기 전, 최초보험료가 지급될 때부터 보장을 해주고 있어 보험기간과 보험계약기간은 일치하지 않는 것이 보통이다.

4 보험의 분류

보험은 보험법, 보험사업의 경영자, 보험금지급방식, 보험목적의 수, 보험책임 등 여러 가지 다양한 기준에 의해 분류할 수 있다.

1) 보험법에 의한 분류

'상법'에서는 보험을 인보험과 손해보험으로 분류하고 있다. 인보험은 사람의 생명·신체와 관련하여 보험사고가 발생한 경우의 보험으로, 이는 다시 생명보험과 상해보험으로 구분된다. 상해보험은 인보험으로 분류되나, 손해보험회사가 운영하는 경우도 있다.

손해보험은 재산상의 이익과 관련하여 보험사고가 발생한 경우의 보험으로, 이는 다시 화재보험, 운송보험, 해상보험, 책임보험, 자동차보험 등으로 세분화하고 있다.

2) 보험사업의 경영자에 의한 분류

보험은 개인 또는 사적 법인이 경영하는 사보험(private insurance)[2]과 공적 법인이 경영하는 공영보험(public insurance)으로 분류할 수 있다. 사보험은 경영

2) 민영보험이라고도 한다.

자에게 영리목적이 있는가 여부에 따라 영리보험과 상호보험으로 분류된다. 영리보험은 보험영업자가 영리를 목적으로 타인과 보험계약을 체결하는 경우로서 보험의 경영주체는 주식회사인데 비해, 상호보험은 보험에 가입하고자 하는 사람이 모여서 상호회사 형태의 사단법인을 형성하고 보험을 운영한다.

사보험도 사회적 측면을 고려하여 운영되는 것이 일반적이지만, 공영보험 특히 국영보험은 영리성을 전혀 고려하지 않고 오로지 사회정책 또는 경제정책의 일환으로 운영된다. 특히 국가가 사회정책의 일환으로 실시하는 사회보험은 근로자 등 소액 소득자의 재해 등을 구제사회보장적 관점에서 보험계약자의 보험료 부담능력을 고려하여 가입자(근로자), 기업주, 정부가 공동으로 부담하는 것이 일반적이다. 사회보험에는 국민연금, 산업재해보상보험, 의료보험, 실업급여, 고용보험 등이 있다.

3) 보험금 지급방식에 의한 분류

보험은 보험금 지급방식에 따라 손해보험과 정액보험으로 분류할 수 있다. 손해보험이 실제로 보험사고에서 발생한 손해(실손)를 보상하는 것을 목적으로 하는 보험인데 반해, 정액보험은 보험사고 발생 시의 손해의 유무나 정도와 관계없이 일정액의 보험금을 지급하는 보험이다. 정액보험의 대표적인 예로는 생명보험을 들 수 있다.

4) 보험목적의 수에 의한 분류

보험은 보험목적의 수에 따라 개별보험과 집합보험으로 분류할 수 있다. 개별보험은 각각의 사람이나 물건을 보험의 목적으로 하는 보험인데 비해, 집합보험은 다수의 물건을 보험의 목적으로 하는 보험이다. 특히 사람의 집단을 보험의 목적으로 하는 인보험을 단체보험이라고 한다.

5) 보험책임에 의한 분류

보험은 보험책임에 따라 원보험(原保險)과 재보험(再保險)으로 분류할 수 있다. 원보험은 보험가입자로부터 받은 최초의 보험을 말하는데, 원수보험이라고 한다. 재보험은 보험의 보험으로, 보험가입자로부터 보험을 인수한 원수가입자 또는 원보험자가 보험계약 상의 책임의 전부 또는 일부를 다른 보험업자, 즉 재보험업자에게 계약을 통해 인수시킨 보험을 말한다.

5 생명보험과 손해보험

보험은 크게 생명보험(life insurance)과 손해보험(property and liability insurance)으로 구분할 수 있는데, 다음과 같은 측면에서 두 보험은 차이가 있다.

먼저 보험의 성격에서 있어서 생명보험은 원칙적으로 보험사고 발생으로 인한 손해의 발생여부와 관계없이 일정기간 만료 또는 경과 후 계약자에게 약정된 보험금을 지급하는 저축의 성격이 강한 반면에, 손해보험은 보험가입금액 한도 내에서 보험사고로 인해 실제 발생한 손해에 한해 피보험자에게 보험금을 지급하는 보장성의 성격이 강하다.

피보험자의 의미에서도 차이가 있다. 생명보험에서의 피보험자는 보험의 목적이 되는 사람을 의미하기 때문에 보험사고 발생 시 보험금을 수령하는 보험수익자와 구별되는데 반해, 손해보험에서는 보험의 목적이 피보험물건이기 때문에 보험사고 발생 시 보험금을 수령하는 사람을 일반적으로 피보험자라고 한다.

보험기간에 있어서도 손해보험의 보험기간은 통상 1년 이내로 생명보험보다 현저히 짧다. 왜냐하면 생명보험은 보험료 납입 후 일정기간 경과 후 보험금 청구가 발생하는 것이 보통이나 손해보험의 경우 어느 때나 보험금 지급상태가 발생할 수 있기 때문이다.

보험금지급에 있어서도 차이가 있다. 생명보험은 보험의 목적인 사람의 가치가 무한하다는 가정 하에서 피보험자의 손실을 산정할 수 없으므로 실제손실을 보상하는 대신 보험계약자가 보험계약 시 정한 보험가입금액을 정액으로 지급하는데 반해, 손해보험은 피보험자가 입은 실제손해 범위 내에서 보상한다.

이상 살펴본 바와 같이 생명보험과 손해보험은 위험 및 사업방식의 성격 등이 다르기 때문에 원칙적으로 겸영이 금지되고 있다. 그러나 최근에는 양 보험의 위험의 동질화현상의 증대, 보험인수기법의 발달, 양 보험간의 위험차단장치의 마련 등에 기인하여 양 보험의 겸영이 증가하고 있는 추세를 보이고 있다. 이에 따라 우리나라의 경우도 상해보험, 질병보험(health insurance), 간병보험(long-term care insurance) 등 소위 제3보험(grey zone insurance)에 대해서는 겸영을 허용하고 있다.

제2절 생명보험

1 개인생명보험, 단체생명보험, 신용생명보험

생명보험은 피보험자를 기준으로 하여 개인생명보험, 단체생명보험, 신용생명보험 등으로 구분된다. 개인생명보험(individual life insurance)은 개개인을 피보험자로 하는 보험을 말하는데, 이는 피보험자의 수에 따라 1인 생명보험(single life insurance), 연생보험(joint life insurance)으로 구분된다. 1인 생명보험은 피보험자가 1인, 연생보험은 2인 이상 5인 이하인 경우를 말한다. 연생보험은 부부, 친자 등 2인 이상의 조합을 고려하여 조합구성원의 생사를 동시에 보장하는 보험으로 자녀의 학자금보장을 목적으로 하는 교육보험이 대표적인 예이다. 연생보험의 주 피보험자는 보장의 주가 되는 피보험자로서 통상 계약자가 되며 보험료납입, 계약의 해지 등의 권리도 함께 보유한다. 종 피보험자는 주 피보험자와 결합하여 계약관계를 형성하며 가입시 반드시 본인(미성년자의 경우 법정대리인)의 동의가 필요하다.

단체생명보험(group life insurance)은 일정한 조건을 구비한 단체의 구성원을 피보험자로 하는 집합보험으로 고용주가 보험기간 중 피보험자의 사망, 질병, 상해 등의 재해를 당하거나 퇴직할 경우에 대비하는 보험이다.

신용생명보험(credit life insurance)은 채권·채무관계에서 채무자의 사망 시 잔여채무액을 보험자가 채권자에게 지급하는 보험으로 금융기관 대출시 첨가되는 것이 보통이다.

2 사망보험, 생존보험, 생사혼합보험

개인생명보험은 다시 보험금지급조건에 따라 사망보험, 생존보험, 생사혼합보험 등으로 구분되는데, 실제로 판매되고 있는 보험상품은 생존보험과 사망보험이 혼합되어 있는 경우가 대부분이다.

1) 사망보험

사망보험은 예기치 못한 사망으로 인한 경제적 손실에 대비하기 위한 보장을 목적으로 피보험자가 보험기간 중 사망 또는 1급장해가 발생했을 때만 보험금이 지급되는 보험이다. 사망보험은 다시 피보험자가 보험기간만료일까지 생존했을 때에는 보험금은 물론 만기환급금도 지급되지 않는 순수보장성보험과 피보험자가 보험기간만료일까지 생존했을 때에는 만기환급금이 지급되나, 만기환급금이 피보험자가 납입한 보험료를 초과하지 않는 일반보장성보험이 있다.

사망보험은 보험계약기간에 따라 정기보험과 종신보험으로 구분된다. 정기보험(term life insurance)은 보험기간 중 사망하는 경우는 큰 보장을 받을 수 있지만 보험기간 종료시까지 피보험자가 생존할 경우는 만기환급금형태의 급부가 없기 때문에 여타 보험에 비해 보험료가 저렴하다.

정기보험에는 사망보험금이 계약기간 중에는 일정한 정액보험, 기간이 경과함에 따라 보험금이 체감하는 체감정기보험이 있다. 체감정기보험은 계약 첫 해에 보험사고가 발생하였을 경우에는 당초 약정한 보험금전액을 지불하나, 이후 해가 갈수록 보험금지급액이 적어지는 것으로 보험수혜자의 나이가 어린 경우에 이용된다. 이는 나이가 어려 경제력이 약한 보험수혜자가 성장하여 경제력이 향상되어 보장의 필요성이 줄어들게 됨에 따라 보험금이 줄어드는 원리를 적용한 것이다.

종신보험(whole life insurance)은 피보험자가 사망하면 보험기간에 관계없이 보험수익자(beneficiary)에게 약정된 사망급부금(death benefit)을 지급하는 보장성 보험을 말한다. 정기보험은 보험기간이 한정되어 있어 동 기간이 지나면 사망하더라도 보험의 혜택이 없는 반면에, 종신보험은 일단 계약이 성립된 이후에는 피보험자가 사망할 때까지 종신에 걸쳐 보험이 유효하다.

종신보험은 다시 보험료납부방법에 따라 전기납 종신보험(continuous premium whole life), 단기납 종신보험(limited payment whole life) 및 일시납 종신보험(single premium whole life)으로 구분된다. 전기납 종신보험은 피보험자가 사망할 때까지 소정의 보험료를 정기적으로 계속해서 납입해야 하는 보험이고 단기납 종신보험은 보험료를 소정기간 동안만 납입하면 종신동안 계약이 유효한 보험으로서 보험계약자의 소득이 높은 시기에 보험료의 납입을 완료하기 위해 고안된 제도이다. 일시납 종신보험은 계약체결 시 전 기간 동안의 보험료를 일시에 납입하는 제도로서 한정된 기간 동안에 거액의 소득이 있는 운동선수 등이 이용한다. 종신보험은 '예금자보호법'에 의거 보호를 받는다.

2) 생존보험

생존보험은 피보험자가 보험기간 만료일까지 살아 있어야만 보험금이 지급되는 보험을 말한다. 생존보험은 피보험자가 보험기간 중 사망했을 때에는 보험금이 지급되지 않고 납입한 보험료도 환급되지 않는 것이 원칙이나, 현재 우리나라에서 판매되고 있는 대부분의 생존보험은 피보험자가 보험기간 중 사망하더라도 사망보험금을 지급받을 수 있도록 사망보장이 부가되어 판매되고 있다. 교육보험 및 연금보험이 이에 해당된다.

(1) 교육보험

교육보험은 보모가 자녀를 피보험자로 하여 보험계약을 체결하고 계약기간 동안 보험료를 납부한 후 약정된 시점까지 보험금을 학자금으로 계속 지급받는 교육자금마련을 위한 보험이다. 부모 사망 시에는 유자녀 학자금이 지급된다.

(2) 연금보험

연금보험은 연금개시 전의 위험보장기간(연금개시 전 보험기간)과 연금지급기간(연금개시 후 보험기간)으로 구분되며, 연금개시 전 보험기간에 사망하게 되면 책임준비금을 지급하고, 피보험자가 일정기간까지 살아있는 경우에는 정기적으로 연금을 지급받는다.

연금의 지급방법에는 피보험자가 생존 시 평생 동안 지급되는 종신연금형과 연금지급기간을 확정하여 지급하는 확정연금형, 생존기간에 적립금의 이자만 지급하는 상속연금형이 있으며, 계약자가 2개 이상의 급부를 병행 선택할 수 있는 혼합연금형도 있다.

3) 생사혼합보험

생사혼합보험은 피보험자가 보험기간 만료일에 전에 사망하였을 때는 사망보험금을 지급하고, 만기까지 생존했을 경우에는 만기보험금 또는 약정된 환급금을 지급하는 보험이다. 따라서 생사혼합보험은 정기보험과 생존보험의 성격이 혼합된 상태라고 말할 수 있다. 교육보험, 연금보험, 보장성 보험을 제외한 보험을 생사혼합보험으로 분류하고 있다.

3 보장성 보험과 저축성보험

1) 보장성 보험

보장성 보험은 보험본래의 기능인 위험보장에 중점을 둔 보험으로서 적은 보험료납입으로 보험기간 중의 사망이나 질병, 각종 재해 시 큰 보장을 받을 수 있다. 이러한 보장성 보험은 생존 시 지급되는 급부금이 전혀 없는 순수보장성 보험과 만기까지 생존했을 경우에 기납입 보험료 전액을 환급해 주는 만기환급형 보험으로 구분된다. 보장성 보험의 대표적인 예로는 암보험이나 상해보험 등을 들 수 있다.

2) 저축성 보험

저축성 보험은 생명보험 고유의 위험보장 기능보다는 만기 생존 시에 보험금이 지급되는 저축기능을 강화한 상품으로 중단기간에 목돈을 마련할 수 있도록 개발된 고수익성 보험상품이다. 대표적인 예로는 연금보험, 교육보험, 슈퍼재테크보험 등과 같은 금리연동형 상품을 들 수 있다. 특히 10년 이상 가입 시에는 비과세 혜택을 받을 수 있는 장기저축성 보험은 기본적인 위험보장 기능과 함께 최저금리 보장기능이 있어 장기적으로 목돈을 마련하거나 목돈을 안정적으로 운용하기에 적합한 보험상품이다.

4 변액보험과 유니버셜보험, 유사보험

1) 변액보험

변액보험(variable life insurance)은 고정된 예정이율을 보장하는 정액보험과는 달리 투자성과에 따라 보험금이 변동하는 보험을 말한다. 즉 변액보험은 보험의 기능에 투자의 기능을 추가한 일종의 금융투자상품으로, 보장도 받으면서 높은 투자수익도 기대할 수 있는 보험이다. 이와 같이 변액보험은 지급되는 보험금이 투자수익에 따라 달라지는 것이 특징이다.

보험료를 주식이나 채권 등에 운용하여 얻은 이익을 고객에게 실적배당하고 있다는 측면에서는 은행권의 단위금전신탁이나 펀드(투자신탁, 투자회사)와 유사하다고 볼 수 있으나, 보험의 특성상 다른 펀드와 달리 위험보장이 기본적으로 전제되며 특약을 통해 다양한 보장을 추가로 받을 수 있다는 측면에서 차이가 있다.

변액보험의 보험금은 포트폴리오의 운용성과에 관계없이 최소한의 금액이 보장되는 최소 사망급부금(minimum death benefit)과 투자성과에 따라 그 가치가 변동되는 적립부분(cash value)으로 구성되어 있다. 따라서 포트폴리오의 운용성과가 좋은 경우 보험금은 증가하게 되나 운용실적이 나쁠 경우에는 최소 사망급부금의 지급만이 보장되고 해약할 경우 적립부문에 의해 지급되는 해약환급금에 대한 보장은 없다.

우리나라에서는 변액보험은 변액종신보험, 변액연금보험, 변액유니버셜보험 등 다양한 형태의 변액보험이 판매되고 있다. 변액종신보험은 특별계정의 투자실적에 따라 변동된다는 점을 제외하면, 각종 특약이나 보험료할인 등 일반종신보험과 유사하다. 또한 연금전환특약을 이용하여 연금으로 전환할 수 있으며, 일반종신보험으로의 전환도 가능하다.

〈표 10-1〉 일반보험상품과 변액보험상품의 비교

	일반보험상품	변액보험상품
보험금	보험가입금액 (보험금 확정 또는 공시이율 연동)	투자실적에 따라 변동 (최저사망보험금, 최저연금적립금보증)
예금자보호	예금자보호법 적용대상	예금자보호법 비적용
투자위험부담	보험회사	보험계약자
자산운용	일반계정	특별계정
적용이율	공시이율(예정이율)	실적배당률

변액연금보험은 일반연금과 마찬가지로 연금개시 이후에는 계약자가 선택한 연금지급방식(종신연금형, 상속연금형, 확정연금형, 자유연금형)으로 연금이 지급된다. 만약, 연금개시 전에 사망할 경우 기본보험금과 특별계정에서 적립된 계약자적립금을 더하여 사망보험금으로 지급된다.

변액유니버설보험은 변액보험과 유니버설보험이 결합된 상품으로 보험기간은 종신이며, 유니버설보험처럼 보험료를 추가납입하거나 해약환급금의 일정범위 내에서 중도인출이 가능하다.

2) 유니버설보험

유니버설보험은 변액보험의 성격에 더하여 보험료의 추가납입, 보험금 중도인출 등이 가능한 상품이다. 유니버설보험은 보험계약자가 납입한 보험료 중 위험보험료와 부가보험료를 분리한 후 나머지 저축보험료를 가지고 시장금리에 연동하여 상품이 운용된다. 따라서 유니버설보험의 해약환급금과 보험금은 이자율변동을 감안한 실제이자율에 따라 조정된다.

유니버설보험은 보험계약자가 마음대로 보험금액을 증액하거나 감액할 수 있는데, 공시이율에 따라 일반계정에서 운용되고 운용리스크를 보험회사에서 부담한다는 점에서 변액보험과 다르다. 최근에는 유니버설상품의 중도인출 및 추가납입기능을 도입한 다양한 상품이 판매되고 있다.

3) 유사보험 : 체신보험과 공제

유사보험은 국가에서 운영하고 있는 체신보험과 농·수협 등의 신용협동기구의 공제를 말한다. 이들 기관은 생명보험회사와 같이 설계사와 같은 모집조직을 운영하고 있으며, 생명보험의 상품을 모방하여 불특정다수인을 대상으로 판매하고 있다.

체신보험은 국영보험으로서 전국의 우체국을 통하여 생명보험과 유사한 보험상품을 판매하고 있다. 원래 체신보험은 민영생명보험의 보급이 원활하지 못한 벽지주민들에게 보험혜택을 제공하기 위해 소액보험으로 운영되었으나, 점차로 보험가입한도가 확대되었을 뿐만 아니라 생명보험과 거의 유사한 보험상품이 되었다.

공제는 특정한 목적 하에 조직된 단체의 소속구성간의 상호부조를 위해 운영되는 제도로, 생명보험과는 그 가입대상이 불특정 다수가 아닌 조합원이라는 점에서 차이가 있다.

제3절 손해보험

손해보험은 화재, 도난, 해난손실 등 우발적 사건에 따른 재산상의 손실을 보상하는 재산보험(property insurance)과 피보험자가 제3자에게 법적으로 부담하는 재산상의 배상책임을 보상하는 책임보험(liability insurance)으로 구분된다.

1 재산보험

재산보험은 다시 화재보험, 해상보험, 자동차보험, 보증보험, 신용보험, 장기손해보험, 재보험, 특종보험 등으로 구분된다.

1) 화재보험

화재보험(fire insurance)은 화재로 인하여 보험의 목적에 생긴 손해를 보상하는 보험이다. 우리나라의 경우 화재위험은 그 빈도가 높기 때문에 일정규모 이상의 건물에 대해서는 '화재로 인한 재해보상과 보험가입에 관한 법률'에 의거 화재보험을 강제화하고 있다.

2) 해상보험

해상보험(marine insurance)은 선박운항에 따른 해상위험을 담보하기 위한 보험으로, 보험가입대상에 따라 크게 선박보험, 적하보험, 책임보험으로 구분할 수 있다.

선박보험은 좌초, 충돌, 침몰 등과 같은 해상위험에 의해 선박자체의 손해를 보상하는 보험이고, 적하보험은 해상운송 중에 입은 운송물품의 손해를 보상하는 보험이다. 그리고 책임보험은 승객이나 선박에 끼친 손해나 해상오염 등으로 입은 손해를 보상하는 보험을 말한다.

3) 자동차보험

자동차보험은 크게 자동차책임보험과 자동차종합보험으로 구분된다. 자동차책임보험은 '자동차손해배상보장법'에 의거하여 차량소유자의 보험가입 및 보험회사의 계약인수의무가 부여된 강제보험으로, 동 보험에 가입하지 않은 자동차는 도로에서 운행할 수 없으며 위반 시 처벌을 받는다. 자동차책임보험은 자동차의 운행으로 인하여 피해를 입은 피해자의 손해보상을 최소한도로 보장하기 위한 보험으로 그 가입한도가 법정되어 있다.

자동차종합보험은 책임보험의 한도를 초과하는 신체손해나 대물배상책임손해 및 차량손해를 보상하는 보험을 말한다. 자동차종합보험은 차량소유자 및 보험회사가 그 가입 및 인수여부를 자율적으로 결정할 수 있는 임의보험이나, 위험이 너무 커 개별보험회사가 인수를 거절하는 경우 무보험자동차로 되어 버리는 것을 방지하기 위하여 이러한 보험물건은 보험회사들이 상호협정에 의거 공동으로 인수한다.

〈표 10-2〉 자동차보험의 종류와 주요 내용

	성격	명칭	주요 내용
책임보험	의무보험	대인배상1	타인신체 손해배상
종합보험	임의보험	대인배상2	책임보험보상한도를 초과하는 타인신체 손해배상
		대물배상	타인재물 손해배상
		자기신체 사고보상	가족이나 본인이 다친 사고보상
		자기차량 손해보상	자기차량의 파손손해보상
		무보험자동차에 의한 상해보상	본인과 가족이 무보험차에 다친 사고보상

4) 보증보험

보증보험(guaranty insurance)은 보험자가 보험료를 받고 채무자인 보험계약자가 채권자인 피보험자에게 계약상의 채무불이행 또는 법령상의 의무불이행으로 손해를 입힌 경우에 그 손해를 보상하는 것을 목적으로 하는 보험을 말한다.

보증보험의 종류에는 계약상의 채무불이행에 따른 손해를 보상하는 것으로 입찰, 매매, 도급, 금전소비대차, 판매계약, 특약점판매계약 등이 있고, 법령상의 의무불이행에 따른 손해를 보상하는 것으로 납세, 인허가, 보석, 공탁 등이 있다.

5) 신용보험

신용보험(credit insurance)은 상품, 서비스 또는 금융을 신용으로 제공한 채권자가 채무자의 지급불능이나 채무불이행 등으로 채권을 회수하지 못하여 입게 되는 경제적 손실을 보상하는 실손 보상보험의 하나이다. 신용보증보험의 종류에는 상업신용보험, 금융신용보험, 신원신용보험 등이 있다.

상업신용보험은 상품이나 서비스를 신용으로 공급한 채권자(보험계약자)가 채무자로부터 보험기간 중에 대금을 회수하지 못해 발생한 손해를 담보하는 보험으로 주로 계속적인 공급계약에 따른 물품대금, 용역대가, 대리점 영업보증금 등을 보험의 대상으로 한다.

금융신용보험은 금융거래상의 채권을 회수하지 못하는 위험을 담보하기 위한 보험으로 수출신용, 리스신용, 할부신용 등이 보험의 대상이 된다.

신원신용보험은 피고용인이 의무를 다하지 못함으로써 고용인이 입게 되는 재산상의 손실을 담보하는 보험으로 피고용인의 횡령, 절도, 사기, 배임 등의 고의적 행위와 법규·규정 및 계약상의 배상책임이 있는 과실행위 등을 보험의 대상으로 한다.

6) 장기손해보험

장기손해보험은 보험기간이 종료되면 보험급부가 전혀 없는 일반손해보험과는 달리 만기 시에 적립된 환급금을 되돌려 받을 수 있기 때문에 보장과 저축을 겸비한 보험이다. 장기손해보험은 화재보험과 상해보험 분야에서 취급하고 있는데 화재보험의 경우 주택물건과 일반물건을 주 대상으로, 그리고 상해보험의 경우 일반상해보험 분야에서 주로 활용되고 있다.

7) 특종보험

특종보험(casualty insurance)은 배상책임보험, 상해보험 및 기타 도난이나 각종 비용손해를 보상하는 보험으로 배상책임보험이 주류를 이루고 있다.

배상책임보험의 배상책임은 고의 또는 과실로 타인의 재산이나 권리를 침해하거나 신체를 손상케 하는 경우에 발생한다. 국내에서 판매되는 배상책임보험으로는 가스사고위험을 담보로 하는 가스사고배상책임보험과 대형시설을 운영하는 자가 그 시설을 이용하는 사람에게 지는 배상책임을 담보로 하는 시설배상책임, 의사, 변호사 등 전문직업인이 전문직업상의 행위로 인해 부담하는 전문직업인 배상책임보험 등이 있다.

2 책임보험

미국, 유럽의 경우 배상책임보험이 상당히 발달하였으나 우리나라의 경우 문화적, 법률적 환경의 차이로 그리 발달하지 못하였는데, 최근 일반인의 법률의식이 향상됨에 따라 임원배상책임보험과 제조물배상책임보험 등과 같은 배상책임보험이 지속적으로 개발되고 있다.

1) 임원배상책임보험

임원배상책임보험은 회사의 임원으로서 그들 자격 내에서 업무를 수행함에 있어 직무상의 의무위반, 태만, 실수, 누락 등으로 회사와 제3자에 대하여 법률상 손해배상책임을 부담한 결과 입은 손해를 담보하기 위한 보험으로 보상액은 손해배상금, 소송에 소요되는 법률비용 등이다.

2) 제조물배상책임보험

제조물배상책임보험은 제조물책임을 부담한 데 따른 손해를 담보하기 위한 보험이다. 여기서 제조물책임은 제조자 등이 제품의 결함으로 발생한 피해에 대하여 피해자에게 그 손해를 배상하는 손해배상책임의 일종으로 현행 민사법상의 손해배상책임 요건을 완화하여 제품의 결함에 의한 손해발생시 제조자가 과실여부에 관계없이 책임을 지는 것을 말한다.

제4절 제3보험

제3보험은 생명보험의 정액 보상적 특징과 손해보험의 실손 보상적 특징을 동시에 지니고 있는 보험을 말한다. 질병에 대한 보상을 하는 측면에서는 그 대상이 사람이므로 생명보험에 속하나, 질병에 따른 소득상실의 보상 등은 손해보험에 속한다. '보험업법'은 원칙적으로 리스크의 차이에 기인하여 생명보험업과 손해보험업의 겸영을 금지하고 있으나, 제3보험에 대해서는 겸영을 허용하고 있다.

〈표 10-3〉 보험종류별 구분

	생명보험	제3보험	손해보험
보험사고	사람의 생존 또는 사망	신체의 상해, 질병, 간병	재산상의 손해
피보험이익	없음	원칙적으로 없으나 일부 인정	존재
중복보험 (보험가액 초과)	없음	실손보상급부에는 존재	존재
보상방법	정액보상	정액보상, 실손보상	실손보상
피보험자(보험대상자)	보험사고의 대상	생명보험과 동일	손해의 보상을 받을 권리가 있는 자

제3보험은 생명보험·손해보험의 고유영역을 제외한 상해보험, 질병보험, 간병보험으로 구분된다.

1 상해보험

상해보험은 피험자가 급격하고도 우연한 외래의 사고에 의해 상해를 입고, 그 직접적인 결과로 신체적 기능이 멸실되거나 또는 감소되어 의사의 치료를 필요할 때, 또는 이로 인하여 후유장해가 생기거나 사망한 때 일정한 보험금을 지급하는 보험을 말한다.

상해보험은 만기환급금의 유무에 따라 순수보장형과 만기환급형으로 구분되며, 각종 특약의 부가로 수술·입원·생활비보장 등 추가보장이 가능하다. 상해보험에는 주보험에 일반사망을 부가할 수 없고, 특약을 통해서만 질병사망을 보장할 수 있다. 보험기간은 일반적으로 1년 이상이며, 일부 위험직을 제외하면 고령자도 부가되는 경우에는 연령별로 다를 수 있다.

상해보험은 보험금의 지급방법, 피보험자의 수, 보험기간의 장단 또는 담보위험의 종류 등에 따라 다양하게 구분될 수 있는데, 일반적으로 다음과 같이 일반 상해보험, 교통 상해보험, 단체 상해보험, 여행 상해보험 등으로 구분된다. 일반 상해보험은 상해보험의 기본적 형태로 보험기간 중 피보험자가 일상생활에서 상해를 입은 때에 보험금을 지급하는 보험이다.

교통 상해보험은 피보험자가 교통사고로 상해를 입었을 때에 보험금을 지급하는 보험이다. 자동차, 기차 등 교통승용구에 타고 있거나, 타고 내릴 때, 또는 보행 중 교통사고로 생긴 손해를 보상한다.

단체 상해보험은 단체구성원을 피보험자로 하여 그 단체 활동과 관련하여 생긴 손해를 담보하는 보험을 말한다.

여행 상해보험은 피보험자가 여행 중에 일어난 사고로 상해를 입은 경우에 보험을 지급하는 보험이다.

2 질병보험

질병은 심신의 전체 또는 일부가 일차적 또는 계속적으로 장애를 일으켜서 정상적인 기능을 할 수 없는 상태를 말하는데, 질병보험은 질병의 위험을 담보로 하는 보험으로 각종 질병의 진단 및 치료, 요양을 위해 소요되는 의료자금 등을 보장해준다. 이에는 질병보험, 실손의료보험, CI보험 등이 있다.

1) 질병보험

질병보험은 각종 질병의 발생 및 치료를 위해 소요되는 의료자금 등을 보장하는 보험으로, 생명보험과는 달리 일반사망급부가 없기 때문에 저렴한 보험료로 각종 질병에 대한 보장이 가능하다. 보험기간은 대부분 10년 이상이며, 만 15세 이상이면 가입이 가능하다. 일반적으로 나이가 들수록 보험료는 올라가며, 고연령 및 건강상태에 따라 가입이 제한될 수 있다.

대부분의 질병보험은 질병 모두를 담보하는 것이 아니라, 질병 중에서 특히 심각한 피해를 야기할 수 있는 질병만을 골라서 선택적으로 보장하고 있다. 이러한 질병에는 심장질환, 뇌혈관질환, 간질환, 고혈압, 당뇨병, 만성호흡기질환, 위・십이지장궤양, 암 등이 있을 수 있다. 상품에 따라 3가지 질환만 보장하는 3대 질환형, 9가지 질병만을 보장하는 9가지 질환형, 12가지 질환만 보장하는 12대 질환형으로 구분되기도 하고, 특정 시장을 대상으로 예를 들어 여성이나 남성에게 더 잘 걸리는 질병군으로 묶어 제공되기도 한다. 이와 같이 특정질병만을 보장하는 상품은 보험료가 저렴한 반면에 보장하지 않는 질병이 많을 수 있음을 유의해야 한다.

2) 실손의료보험

실손의료보험은 보험가입자가 상해 또는 질병으로 인하여 입원, 통원 치료 시에 발생한 의료비를 보험회사에서 보장해주는 보험을 말한다. 실제 지출한 비용에 대한 보장을 하기 때문에, 실손보험, 의료실비보험, 민영의료보험이라고도 한다.

의료기관이 환자에게 청구하는 진료비는 그 진료행위가 국민건강보험의 보장대상인지여부에 따라 급여와 비급여(국민건강보험의 보장대상이 아닌 것)로 구분되며, 급여부분은 다시 국민건강보험 부담과 환자본인부담으로 구분된다. 실손의료보험은 입원 및 통원 시 실제 발생한 진료비에 대해 '급여 중 환자 본인부담금+비급여 의료비-일정수준의 본인부담금'의 금액을 실비로 보장하는 상품이다.

현재 실손의료보험은 병·의원 및 약국에서 입원·통원·처방조제로 인해 실제로 지출한 의료비 중 급여의 본인부담금과 비급여 부분까지 실제 의료비의 80~90%를 보장한다. 보장한도는 입원 의료비 최대 5000만원, 통원 회당 최대 30만원(연간 180회)이다. 그런데, 2017년 4월 이후부터 실손의료보험은 소비자의 부담을 낮추고 가입자의 과잉진료와 과잉 의료쇼핑 행태를 방지하기 위한 취지에서 '기본형+3가지 특약' 형태로 개편되어, 가입자 선택에 따라서 보장 범위가 달라진다.

실손의료보험의 구조가 기본형과 3가지 특약으로 분리되는데, 기본형은 특약에서 보장하지 않는 모든 의료비가 보장되고, 특약은 5가지 비급여 진료를 ① 도수치료, 제외충격파 치료, 증식치료, ② 비급여 주사제, ③ 비급여 MRI(자기공명영상) 등 3가지로 분류된다. 특약을 원하지 않으면 기본형만 가입하면 되고, 특약은 3가지 중 자신에게 필요한 부분을 선택해 기본형과 함께 가입하는 식이다. 기본형만 가입하면 보험료는 종전 대비 25% 저렴해진다. 또한 2017년 4월 이후 실손보험 신규가입자가 보험금을 2년간 청구하지 않으면 10% 이상의 보험료를 할인 받을 수 있게 된다. 다만 특약의 경우 연간 보장한도 250~350만원, 보장

횟수 50회로 제한된다. 가입자가 부담해야 하는 의료비 비율도 20%에서 30%로 상향된다.

〈표 10-4〉 실손의료보험 구조의 개편

현행	대다수질병·상해에 대한 진료행위 (기본형+특약①②③의 보장범위와 동일)

⇨

기본형	대다수질병·상해에 대한 진료행위
특약①	도수·체외충격파·증식치료
특약②	비급여 주사제
특약③	비급여 MRI검사

1) 도수치료 : 손으로 마사지하여 근육의 긴장을 풀어주고 관절을 바로 잡아주는 치료방법
2) 체외충격파치료 : 외부에서 충격파를 병변부위에 전달하여 통증완화손상조직의 재생을 촉진
3) 증식치료 : 만성적 근골격 통증이 있는 부위나 인대나 건이 뼈에 부착하는 부위에 증식물질을 주사하여 통증 완화 유도(인대 강화 주사 등)
4) 비급여 주사제 : 건강보험공단에서 부담하지 않는 주사제(신데렐라주사, 마늘주사 등)
5) 비급여 MRI검사 : 건강보험공단에서 부담하지 않는 MRI검사

자료 : 보건복지부·금융위원회·금융감독원, 「실손의료보험제도 개선방안」, 2016. 12. 20

3) CI보험

CI(critical illness)보험은 갑작스러운 사고나 질병으로 중병상태가 계속될 때 보험금의 일부를 미리 받을 수 있는 보험을 말한다. CI보험이 보장하는 질병으로는 암, 심근경색증, 뇌졸중, 말기 신부전증 등이 있으며, 수술로는 관상동맥수술, 심장판막 수술, 장기이식 수술 등이 있다.

CI보험이 보장하는 질병 또는 수술상황이 되면, 통상 사망보험금의 50~80%를 미리 받을 수 있으며, 사망 시에 나머지 잔여액을 지급받을 수 있다. 이와 같이 CI보험은 생존과 사망을 동시에 고액 보장을 하는 관계로 종신보험보다 보험료가 20~30% 비싸다. 따라서 CI보험 가입 시에는 이미 가입한 보험의 보장내용을 반드시 확인하여 보장내용이 서로 중복되지 않도록 하는 것이 바람직하다.

3 간병보험

간병보험은 신체적, 정신적 장애로 활동에 제한이 있거나 인식불명(식물인간상태, 치매 등)의 사람들에게 장기적인 의료서비스를 제공하는데 필요한 비용을 보장하는 보험을 말한다.

간병보험의 가입가능 연령은 일반적으로 30세 이후이며, 보험기간은 대부분 종신형이다. 수발필요상태(180일 또는 90일)의 정의에 따라 보험료의 차이가 발생한다.

일반적으로 간병보험의 경우 암보험과 마찬가지로 일상생활장해상태에 대한 보장개시일은 90일, 치매상태에 대한 보장개시일은 2년의 면책(부담보)기간이 설정되어 있다.

제4절 사회보험

사회보험은 국가가 강제성을 띠고 시행하는 보험제도를 말하는데, 우리나라의 경우 4대 사회보험으로 국민연금, 국민건강보험, 산업재해보상보험, 고용보험 등이 있다.

1 국민연금

'국민연금법'에 근거를 두고 설립된 국민연금은 국민의 노령과 장애, 사망 등으로 소득능력의 상실 또는 감퇴 시 본인이나 그 유족에게 일정액의 금전급부를 수행하여, 국민의 생활안정과 복리증진에 기여하기 위한 사회보장제도의 하나이다.

우리나라의 경우 1986년 12월 '국민연금법'을 제정하고 1987년 9월 국민연금관리공단을 설립하여 1988년부터 10인 이상 사업장의 노동자를 대상으로 국민연금제도를 도입하였다. 그 후 1992년부터 5인 이상 사업장으로 확대되고, 1993년부터 특례노령연금이 지급되기 시작하였고, 1995년 7월부터 농어촌지역 및 군지역 거주 자영업자를 대상으로 확대되었으며, 1999년 4월부터는 도시지역 주민에게까지 확대되어 국민연금의 전 국민 개인연금시대가 열리게 되었다.

1) 국민연금의 특징

국민연금은 다음과 같은 특징을 지니고 있다. 첫째, 가입이 강제적이다. 국민연금은 소득이 낮아서 가입을 하지 않거나 소득이 많아 노후대비가 필요 없다고 하여 가입을 하지 않으면 사회안전망을 통한 사회전체의 안정을 꾀할 수 없기 때문에 강제적으로 가입하도록 하고 있다.

둘째, 소득재분배에 기여한다. 국민연금은 동일한 세대 내의 고소득계층에서 저소득계층으로 소득이 재분배되는 '세대 내 소득재분배' 기능과 미래세대가 현재의 노인세대를 지원하는 '세대 간 소득분배'기능이 동시에 포함되어 있다.

셋째, 국가가 지급을 보장한다. 국민연금은 국가운영하는 사회보장제도이기 때문에 국가가 존속하는 한 반드시 지급된다. 설령 적립된 기금이 모두 소진된다하더라도 그 해 연금지급에 필요한 재원을 그 해에 걷어 지급하는 소위 부과방식으로 전환해서라도 반드시 연금을 지급한다.

넷째, 화폐의 실질가치가 유지된다. 국민연금은 물가상승률을 반영해서 연금을 지급하기 때문에, 물가가 아무리 오르더라도 실질구매력은 유지된다.

2) 국민연금의 가입대상 및 가입유형

국민연금의 가입대상은 18세 이상 60세 미만의 전 국민 중 공무원, 군인, 사립학교 교직원 등 특수직역연금의 대상이 되는 자를 제외한 전 국민이며, 국민연금관리공단에서 운영하고 있다. 연금 수령연령은 60세이나, 2013년 이후부터는 5년 단위로 1살씩 증가하도록 되어 있어 2033년에는 65세로 연장된다.

국민연금의 가입유형에는 〈표 10-5〉에서 보는 바와 같이 크게 네 가지가 있다. 이 중 가장 주목되는 유형은 '임의 가입자'이다. 사업가입자와 지역가입자는 의무적으로 가입해야 하므로 선택권이 없으나, 주로 '다른 공적연금가입자의 무소득 배우자'인 임의 가입자는 가입여부를 본인이 결정할 수 있다.

〈표 10-5〉 국민연금의 가입유형

가입유형	주요 내용
사업장가입자	– '국민연금에 가입된 사업장'에 취직을 하면 자동가입됨
지역가입자	– 사업장가입자도 아니고 아래의 임의가입자도 아니면 자동으로 지역가입자가 됨 건강보험의 지역가입자와 같은 이치를 적용
임의가입자	– 국민연금 가입을 본인이 결정할 수 있는 사람들로 다음의 경우 해당 • 다른 공적연금(예 : 사학연금)가입자의 무소득 배우자 • 다른 공적연금의 퇴직연금(일시금)등 수급권자 및 그 무소득 배우자 • 사업장가입자 및 지역가입자의 무소득 배우자 • 노령연금 수급권을 취득한 자의 무소득 배우자 • 18세 이상 27세 미만의 무소득자
임의계속가입자	– 가입기간이 부족하거나, 종료 후에도 계속 가입을 원하는 가입자

3) 국민연금급여의 종류

국민연금급여의 종류로는 노령연금, 특례노령연금, 장애연금, 유족연금, 반환일시금, 사망일시금 등이 있다. 이 중 노령연금, 특례노령연금, 장애연금은 월 단위로 지급하는 연금이고, 반환일시금, 사망일시금은 일시에 지급하는 연금이다.

(1) 노령연금

흔히 국민연금이라고 하면 주로 노령연금을 말한다. 이는 노령이 되면 지급받는 연금으로 60세 이후(2013년 이후부터는 5년 단위로 1살씩 증가)부터 평생 지급된다. 소득이 없는 경우에는 '조기노령연금'이라고 하여 55세부터 지급된다.

(2) 장애연금

국민연금가입자가 질병이나 부상 이후 장애가 남아있을 때 그 장애로 인하여 소득이 감소하게 되면 소득감소분을 보전해주는 연금이다. 장애 정도에 따라 금액이 달라진다.

(3) 유족연금

국민연금가입자 또는 연금을 받던 사람이 사망하면 그 유족에게 주는 연금을 말한다. 원래 받게 되어 있거나 받던 연금의 40~60% 정도가 지급된다.

(4) 반환일시금

연금을 받을 조건이 되지 못했을 때 그 동안 냈던 연금보험료에 이자를 보태 돌려주는 금액이다. 예를 들어 최소한 10년 이상 연금보험료를 내야 연금을 받을 자격이 되는데, 그 이전에 이민을 갈 경우 이에 해당된다.

2 국민건강보험

국민건강보험은 국민보건을 향상시키고 사회보장의 증진을 도모하는 것을 목적으로 하는 사회보험이다. 보다 구체적으로 말하면, 국민건강보험은 보험의 원리를 이용하여 의료비부담을 전 국민에게 부담시키고 의료서비스 접근은 용이하게 하여, 국민건강을 향상시키는 제도라고 할 수 있다.

국민건강보험은 의료보험의 수급권자(피보험자 및 피부양자), 의료보험 급여의 제공자, 그리고 관리를 담당하는 보험자의 3자 관계가 형성되며, 원칙적으로 국내에 거주하는 모든 국민이 의무가입대상(피보험자 또는 피부양자)이다.[3] 국민건강의 가입자는 직장가입자와 지역가입자로 구분된다. 직장가입자는 모든 사업장의 근로자 및 사용자와 공무원 및 교직원이 대상이 되며, 지역가입자는 직장가입자와 그 피부양자를 제외한 사람이 된다.

국민건강보험의 보험료 결정기준은 집단율을 적용한다. 이는 전년도 급여비 지출액을 산출하고 국고부담금 등을 공제한 후, 나머지 금액을 전체가입자가 경제적 부담능력에 따라 일정률을 균등분담하는 형식이다. 직장가입자의 보험료는 2007년부터 보수월액[4]에 보험요율을 곱해 계산한다. 한편 지역가입자는 성, 연령, 성별, 장애, 재산, 소득을 점수화하여 이를 합산한 점수로, 산정한 점수에 점수당 일정률을 곱하여 보험료를 부담한다.

---

3) 외국인 및 대외국민도 외국인으로 등록하거나 국내거소 신고를 한 경우에는 가입대상자가 된다.

4) 보수월액은 직장가입자가 받은 보수총액을 근무월수로 나눈 금액이다.

국민건강보험의 보험급여는 가입자 및 피부양자의 의료행위에 대해 현물급여[5] 및 현금급여의 형태로 지급된다.

3 고용보험

고용보험은 감원 등으로 직장을 잃은 실업자에게 실업보험금을 주고, 직업훈련 등을 위한 장려금을 지원하는 제도이다. 우리나라의 경우 1995년 7월 1일부터 시행하고 있는데, 이에 따라 사업주와 근로자는 각각 월정급여액의 일정비율을 보험료로 납부해야 하며, 전국적인 고용보험 전산망 구축에 따라 지방노동사무소와 시・군・구에서 구인・구직정보를 제공받을 수 있게 되었다.

근로자는 나이와 보험기간에 따라 실업 시 복리후생 성격의 수당을 제외한 임금총액의 50%까지 실업급여를 받을 수 있으며, 수령기간은 90일에서 240일까지이다. 실업급여는 1인 이상 사업장에 적용되며, 70인 이상 사업장의 사업주는 고용안정 및 직업능력개발을 위한 고용보험료를 추가로 내야 한다. 실업급여를 받기위해서는 거주지 관할 고용센터에 실업신고를 해야 하며, 신청 후 2주 이내에 자격인정여부를 확인받을 수 있다. 자격인정 후 고용안정센터에 2주일마다 출석하여 실업인정을 받으면 실업급여가 지급된다. 단, 본인의 큰 잘못이나 불법행동 등으로 해고를 당하였을 경우나 정당한 사유없이 직장을 스스로 옮기려 할 경우 등에는 실업급여 혜택을 받을 수 없다.

고용보험료는 고용보험사업에 필요한 비용에 충당하기 위하여 보험가입자인 사업주가 일괄납부한다. 고용보험료는 연초에 사업주가 스스로 당해 보험연도의 근로자 임금총액 추정액에 보험사업별 보험요율을 곱하여 보고 납부하는데, 이를 '개산보험료'라고 한다. 이 개산보험료는 다음연도 초에 근로자의 실제 임금총액을 기준으로 확정보험료를 확정하여 정산한다.

고용보험의 보험급여는 실업급여와 고용안정・직업능력개발사업으로 구분된다. 실업급여는 실직한 근로자의 생활안정과 재취업을 촉진하기 위하여 지급되는 급여로 구직급여, 취직촉진수당, 육아휴직급여가 있다.

---

5) 현금급여는 의료서비스나 건정검진 등이 여기에 해당된다.

고용안정·직업능력개발사업은 실업의 예방, 취업의 촉진, 고용기회의 확대, 직업능력개발 및 향상의 기회제공과 지원, 그 밖에 고용안정과 사업주에 대한 인력확보의 지원을 목적으로 하는 것으로, 이는 고용창출지원, 고용조정지원, 고용촉진지원, 건설근로자고용지원, 사업주지원, 근로자지원, 건설근로자 직업능력개발지원 등으로 구분되어 시행되고 있다.

4 산업재해보상보험

산업재해보상보험(이하 산재보험이라고 한다)은 근로자가 사업장에서 일을 하다가 부상, 질병, 신체장애를 입거나 사망한 경우 국가가 신속하게 치료와 보상을 해줌으로써 재해를 당한 근로자와 가족을 보호하고, 사업주로서도 일시에 많은 비용을 부담하지 않게 함으로써 근로자와 가족을 보호하고, 사업주로서도 일시에 많은 비용을 부담하지 않게 함으로써 근로자와 사업주를 다 같이 보호하는 사회보험을 말한다.

산재보험은 상시 1인 이상 근로자를 사용하는 모든 사업 또는 사업장(농업, 임업, 수산업 등의 경우에는 상시 근로자 5인 이상인 사업장)에 적용되는 것이 원칙이나, '공무원연금법', '사립학교교원연금법' 등에 따라 재해보상이 되는 사업, 건설공사 2,000만원 미만의 사업인 공사 등은 산재보험의 대상에서 제외된다.

산재보험의 보험료는 위험등급에 따라 업종을 구분하여 차등화된 보험요율을 적용하는데, 같은 업종 내에서도 산재발생 정도에 따라 개별실적요율을 동시에 적용한다. 산재보험의 가입자는 사업주이며 산재보험료 전액을 사업주가 부담한다.

산재보험의 급여는 요양급여, 휴업급여, 장해급여, 간병급여, 유족급여, 상병보상연금, 장의비, 직업재활급여 등이 있으며, 보험급여와 성격이 약간 다른 특별급여가 있다.

제5절 연 금

1 연금의 의의

연금은 소득생활자가 일정한 소득이 있는 동안 국가 또는 소속직장에서 운영하는 기금 등에 소득 중 일정액을 출연하여 퇴직 후 또는 미리정한 연령에 도달한 후부터 일정한 금액(annuity)을 정기적으로 수령하여 노후생활의 안정을 기하고자 운영하는 제도이다.

연금의 기능은 크게 연금 자체의 사회적 기능과 축적된 기금의 운영에 부수되는 경제적 기능으로 구분하여 볼 수 있다. 연금의 사회적 기능은 연금의 사회보장기능을 의미하는 것으로 국민들의 노후생활의 안정을 보장해 주는 것이다. 특히 공적연금제도의 경우 국민의 최소한 기본생활을 보장하기 위한 소득재분배기능도 갖고 있고, 퇴직연금제도는 근로자의 안정된 노후생활을 보장하기 때문에 장기근속을 유도하고 생산성을 제고시키는 효과도 있다. 연금의 경제적 기능으로는 연금가입부터 연금지급 종료 시까지 장기간 동안 조성된 자금을 주식이나 채권 등 투자함으로써 자본시장의 발전에 크게 기여하는 것을 들 수 있다. 또한 연기금은 기관투자자로서 의결권행사를 행함으로써 기업의 지배구조개선에도 중요한 역할을 수행한다.

이와 같이 연금은 사회적, 경제적으로 순기능을 수행하고 있으나, 근로자들에게 동기유발을 위한 인센티브수단이 제한되어 경쟁의욕을 저하시킬 수 있고 조기퇴직 등과 같은 도덕적 해이가 발생할 수 있으며 종신연금과 같은 경우 오래 살 수 있는 사람만이 연금에 가입하는 소위 장수리스크(longevity risk)의 역기능이 나타날 수 있다.

2 연금의 구분

연금은 연금을 받는 기간의 구분에 따라 미리 정한 기간 동안만 연금을 수령할 수 있는 확정기간연금(temporary annuity)과 연금수령자가 사망할 때까지 받을 수 있는 종신연금(life annuity)으로 분류할 수 있다. 여기서 종신연금은 환급금 지급여부에 따라 다시 순수 종신연금과 확정기간 보증부 종신연금으로 구분할 수 있다.

순수 종신연금은 연금수령자가 생존해 있는 기간 동안에는 정기적으로 연금이 지급되지만, 연금수령자가 사망하면 연금지급이 종료되고 환급금지급이 전혀 없는 연금을 말한다. 즉, 순수 종신연금은 평균적인 사망연령 이전에 사망한 자에게 평균적인 사망연령까지 지급할 연금을 이보다 더 오래 사는 사람에게 지급해주는 생존보험의 일종이라고 볼 수 있다. 이에 비해 확정기간 보증부 종신연금은 연금수령자가 미리 정한 기간 내에서 사망할 경우 미리 정한 기간에 받게 될 연금총액과 이미 지급받은 금액과의 차액을 유족 등 수익자에게 분할 또는 일시불로 환급하는 연금을 말한다.

그리고 연금은 연금기금 출연방법에 따라 일시납과 정기납으로, 연금지급개시 시점에 따라 연금가입 후 즉시 지급이 시작되는 즉시연금(immediate annuity)과 연금가입 후 일정기간이 지나고 난 후부터 연금이 지급되는 거치연금(deferred annuity) 등으로 구분된다.

또한 연금은 운영주체에 따라 정부에서 노후의 최저생활을 보장하기 위해 운영하는 공적연금제도와, 기업에서 근로자의 표준적인 생활을 보장하기 위해 운영하는 기업연금제도, 개인스스로 노후생활안정을 위해 준비하는 개인연금제도로 구분할 수 있다. 이와 같은 세 가지의 연금제도를 통칭하여 '연금제도의 3층 구조'라고 하며, 이 중 기업연금 및 개인연금제도를 합해서 사적연금제도라고 한다.

3 퇴직연금

현재 우리나라에서 실시되고 있는 공적연금제도는 국민연금과 특수직역연금으로 구분되며, 특수직역연금은 공무원연금기금, 군인연금기금, 사립학교교원연금기금 등으로 구성되어 있다.[6]한편 사적연금으로는 종업원의 노후생활안정을 위

6) 공적연금제도에 대한 구체적인 내용은 CHAPTER 14 제3절 참조요망.

한 퇴직급여제도(퇴직금제도와 퇴직연금), 그리고 은행, 보험회사, 자산운용회사 등이 취급하는 개인연금이 있다. 이하에서는 사적연금으로 종업원의 노후생활안정을 위한 퇴직급여제도의 중심을 이루고 있는 퇴직연금에 대하여 알아본다.

1) 퇴직연금제도의 도입배경 및 특징

우리나라의 경우 최근까지 기업연금제도가 확립되지 못하여 기업이 종업원의 노후생활보장을 목적으로 퇴직 시 일시에 자금을 지급하는 퇴직금제도가 기업연금제도의 역할을 대신해 왔다. 그런데, 퇴직연금제도가 2005년 12월 1일 도입됨으로써 현행 퇴직금 제도를 '근로기준법'에서 분리하여 새로이 도입되는 '근로자퇴직금 급여 보장법'에 포괄하여 퇴직금과 퇴직연금(확정급여형 퇴직연금, 확정기여형 퇴직연금)을 퇴직급여제도로 총칭하고, 모든 사업장은 기존의 퇴직금제도 또는 퇴직연금제도 중 하나 이상의 퇴직급여제도를 설정·운영하도록 하고 있다. 그런데 2016년부터는 종업원 300명 이상의 사업장부터 퇴직연금제도를 의무적으로 시행하고 대상기업의 범위를 점차 늘려 2021년에는 모든 기업이 의무적으로 퇴직연금에 가입하도록 하였다.

〈표 10-6〉 퇴직연금 의무화 일정

기한	2016년	2017년	2018년	2019년	2020년
대상사업장	300인 이상	100~300인	30~100인	10~30인	10인 미만

현재 시행중인 퇴직연금제도는 기존의 퇴직금제도와는 여러 측면에서 구별된다. 첫째, 퇴직금제도는 기업이 급여를 책임진다는 점에서는 퇴직연금과 동일하지만 퇴직금제도의 대부분의 경우 연금형태로 급여지급이 불가능하기 때문에 퇴직연금과 구별된다.

둘째, 퇴직금제도는 대개의 경우 사내유보된 퇴직 충담금을 운전자금으로 전용하거나 장부상으로만 충당금을 적립함으로써 부도 시 퇴직금을 지급하지 못하나, 퇴직연금은 퇴직자산의 사외적립이 의무화되어 있어 부도 시에도 퇴직금이 확보되는 등 퇴직금지급의 안정성을 높여준다.

셋째, 퇴직금제도는 근로자들이 이직 시 연금이관이 불가능하나, 퇴직연금은 근로자들이 이직할 경우에도 연금의 이관이 가능할 뿐만 아니라 근로자가 퇴직하는 경우 일시금 대신 연금을 지급할 수 있다.

넷째, 퇴직연금제도는 기존의 퇴직금제도와는 달리 5인 미만 사업장(2016년 이후에는 10인 미만의 모든 기업)까지 포괄함에 따라 퇴직금을 수혜받는 근로자의 수를 확대시키고 있다

2) 퇴직연금의 형태

퇴직연금은 모든 사업장에 걸쳐 1년 이상 근무한 근로자를 대상으로 시행하게 되어 있는데, 퇴직 후 연금제도의 운영형태에 따라 확정급여형(DB : defined benefits)과 확정기여형(DC : defined contributions), 개인형 퇴직연금으로 구분된다.

(1) 확정급여형(DB : defined benefits)퇴직연금

확정급여형은 근로자가 받을 연금급여가 사전에 확정되고 사용자(회사)가 적립할 금액은 적립금운용결과에 따라 변경할 수 있는 연금이다. 즉, 근로자가 받을 급여는 일시금기준으로 현행 퇴직금과 같으며, 사용자는 급여지급을 위해서 예상급여액의 60% 이상을 사외의 금융기관에 운용한 후 근로자의 수급권 발생 시 지급하는 것이다. 따라서 사용자는 기금운용수익률 등이 변하는 경우 그에 따른 위험부담을 지게 된다. 수탁자는 사용자의 위탁에 따라 연금신탁을 운용하며 수탁자의 의무를 진다.

퇴직 후 연금급부의 제공은 연금신탁에 의해 이루어지며 운용성과에 따른 위험은 전적으로 사용자가 부담하게 된다. 사용자는 연금급부의 제공의무가 있으며 투자성과가 좋으면 연금신탁으로부터 자금을 인출하거나 더 이상의 기여를 하지 않을 수 있다. 급부의 지급은 대개 연금형태로 하지만 일시금도 가능하다. 이와 같은 확정급여형은 임금이 지속적으로 인상되는 연공서열형 임금체계를 가지고 있거나 경영이 안정적이어서 급여의 지급이 확실한 사업장에서 더욱 적합하다.

〈표 10-7〉 확정급여형과 확정기여형의 비교

	확정급여형(DB형)	확정기여형(DC형)
신탁 형태	– 종업원 전체 계정	– 근로자 개인별 계정
비용부담 주체	– 기업(사용자)	– 기업(사용자)
기업 부담금	– 산출기초율(자산운용율, 퇴직률 등) 변경시 변동	– 확정(근로자 연간 임금총액의 1/2 이상)
적립금 운용	– 기업(사용자)이 운용지시 – 운용수익이 기업에 귀속	– 근로자가 운용지시 – 운용손익이 근로자에게 귀속
퇴직급여형태 및 금액	– 연금(55세 이상, 가입기간 10년 이상) – 일시금 : 근속년수×30일분 평균임금 이상	– 연금(55세 이상, 가입기간 10년 이상) – 일시금 : 개인별 운용실적에 따라 변동
급여수준	– 퇴직금과 동일 – 연금은 일시금을 규약이 정하는 바에 따라 분할지급	– 적립금 운용결과에 따라 근로자별로 상이
적립방식	부분 사외적립	전액 사외적립
선호 대상	– 장기근로자 – 연공서열 임금체계를 가진 사업장	– 연봉제 근로자 – 체불위험이 높은 사업장의 근로자 – 직장이동이 빈번한 근로자
직장이동시 통산	– 어려움	– 쉬 움
근로자측면의 제도선택기준	– 임금상승률 > 투자수익률 인 경우, 유리	– 임금상승률 < 투자수익률 인 경우, 유리

(2) 확정기여형(DC : defined contributions)퇴직연금

확정기여형은 사용자의 부담금이 사전에 확정되고 근로자가 받을 퇴직급여는 적립금 운용실적에 따라 변경될 수 있는 연금이다. 즉 사용자가 연간 임금총액의 1/2 이상의 금액을 노사가 기업연금규약에서 선정한 금융기관의 근로자개인별 계좌에 적립하면 근로자는 금융기관이 선정·제시하는 운용방법을 선택하여 적립금을 운용하는 것이다. 사용자기여액의 100%가 적립되며 사용자는 일단 적립한 금액에 관여할 수 없다. 근로자 개인별 계좌가 있으므로 직장을 옮겨도 계속해서 통산할 수 있고 운용방법의 선택결과에 따라서 연금금액이 달라질 수 있다.

이와 같이 확정기여형에서는 근로자가 직접투자에 관한 의사를 결정하므로 스스로 투자위험을 하게 되며 연금급부는 투자성과에 따라 달라진다. 확정기여형의 경우 하나의 연금신탁을 설립하되 근로자별로 구별하여 관리하기 때문에 이직에 따른 연금제도의 이전이 용이하다는 장점이 있으나, 근로자별로 구별하여 관리해야 하므로 상당한 정보수집과 비용이 소요된다는 문제점이 있다.

(3) 개인형 퇴직연금(IRP : individual retirement Pension)

최근 직장이동이 빈번하여 평균근속기간이 5~6년에 불과하고, 비정규근로자의 증가, 퇴직금 중간정산제 및 연봉제의 확산 등으로 퇴직금이 소액생활자금으로 소진되는 사례가 많아, 이러한 문제점을 보완하기 위해 근로자가 퇴직 또는 직장을 옮길 때 받은 퇴직금을 세제혜택을 받으면서 자기명의 계좌에 적립하였다가 연금 등 노후자금으로 활용할 수 있는 개인퇴직계좌(IRA : individual retirement account)가 설치・운영되어 왔다. 2012년 7월 퇴직연금제도개혁으로 이와 같은 개인퇴직계좌(IRA)을 확대해 도입된 것이 개인형 퇴직연금(IRP : individual retirement pension)이다. 개인형 퇴직연금(IRP)은 근로자가 사업장을 바꿀 경우 또는 퇴직금 중간정산으로 일시금을 수령한 경우 과세이연 혜택을 받으면서 은퇴 시까지 계속 적립할 수 있도록 통산장치(portability)로서의 역할을 수행한다.

과거에는 퇴직연금 가입자가 중도 퇴직 시 기업이 근로자에게 직접 퇴직일시금을 지급하였지만, 2012년부터는 근로자의 개인형 퇴직연금(IRP)계좌로 퇴직일시금을 이전하도록 강제화되었다. 따라서 근로자는 금융기관의 개인형 퇴직연금(IRP)계좌에서 퇴직일시금을 인출할 수도 있고, 계속해서 운용해 55세 이후 연금으로 수령할 수도 있다.

개인형 퇴직연금(IRP)은 개인이 자유로이 가입할 수 있는 개인연금과도 유사하나, 개인연금은 가입자격의 제한이 없으며 '세법'상 일정한 소득공제한도가 적용되지만, 개인형 퇴직연금(IRP)은 퇴직금 일시금수령자가 가입할 수 있으며 적립금의 운용 및 급여지급방법 등에 있어서 확정기여형(DC형)과 같이 일정한 제한이 있다는 점에서 차이가 있다.

한편, 기업은 노사합의를 통해 퇴직연금을 도입할 수 있으며, 확정급여형(DB

형)과 확정기여형(DC형)중 하나를 도입할 수도 있고, 둘 다 도입해 근로자에게 선택권을 줄 수도 있다. 또한 상시근로자가 10인 미만인 사업장에 대해서는 근로자대표의 동의를 얻어 근로자 전원이 IRP 계좌를 개설한 경우에는 퇴직연금제도를 설정한 것으로 간주하는데, 이를 기업형IRP라고 한다.

4 개인연금

개인연금은 기본적으로 개인 스스로가 소득이 있는 기간 중에 저축하여 노후생활에 필요한 소득과 복지서비스를 확보하기 위한 제도인데, 우리나라의 경우 은행·보험회사·금융투자회사(증권회사)·우체국 등에서 판매하는 소득공제 상품인 연금저축과 생명보험회사가 판매하는 연금보험이 있다.

1) 연금저축

연금저축은 일정한 요건을 충족할 때 납입액에 대하여 세액공제를 받을 수 있는 상품이다. 세액공제를 받기 위해서는 적격 연금저축 상품에 가입한 후 5년 이상 납입하고, 55세 이후부터 연금을 수령해야 한다. 보험료의 납입은 연간 1,800만원까지 가능하지만, 세액공제는 퇴직연금 추가납입액과 합산하여 연간 400만원까지 납입액의 13.2%를 받을 수 있다.

반면에 연금유인효과를 제고시키기 위해 중도에 해지하거나 적립기간 만료 후에 일시금으로 수령할 경우에, 중과세를 하여 소득공제를 받았던 부분에 해당하는 불입액에 대해 기타소득으로 간주하여 16.5% 원천징수 후 종합과세한다. 그리고 연금수령단계에서는 3.3%~5.5%의 연금소득세가 부과된다.

연금저축의 가입은 18세 이상 가능하며, 은행, 보험회사, 우체국, 집합투자업자(자산운용회사), 농·수협중앙회 및 단위조합, 신용협동조합중앙회, 투자회사(mutual fund)가 취급하고 있다.

〈표 10-8〉 연금저축 취급기관별 주요 상품특징 비교

	신탁형		보험형	
	은행 (수협중앙회포함)	금융투자회사	생명보험회사 · 우체국 · 생명공제[1]	손해보험회사
납입방식	자유적립식	자유적립식	정액식	정액식
연금지급양식	확정기간형	확정기간형	확정기간형, 종신연금형,	확정기간형
상품형태	채권형, 주식형(주식 10% 이내)	국공채형, 채권형, 주식형, 혼합형	고정금리형 금리연동형	고정금리형 금리연동형
수익률 및 원금보장여부	실적배당 (원금보장)	실적배당(수익률에 따라 원금손실가능)	원리금 보장형	원리금보장형
예금자 보호	5천만원까지 보호	보호대상이 아님	생명보험회사 : 5천만원까지 보호 우체국 : 정부가 지급보장	5천만원까지 보호

주 : 1) 생명공제(수협중앙회회원조합, 신협중앙회)

2) 연금보험

현재 생명보험회사에서 판매하고 있는 연금보험은 계약자가 납입한 보험료를 적립하는 방식에 따라 일반연금보험과 투자형연금인 변액연금보험 및 자산연계형 연금보험으로 구분된다. 일반연금보험은 보험료를 확정금리 또는 변동금리로 불입하여 연금액을 지급하고, 변액연금보험은 보험료를 주식, 채권 등에 투자하여 그 실적을 연금액에 반영하여 지급하며, 자산연계형 연금보험은 보험료를 주가지수 등 특정지표 또는 자산에 연계하여 그 수익을 연금액에 반영하여 지급한다.

연금보험의 연금지급방법에는 종신연금형, 상속연금형, 확정연금형이 있다. 종신연금형은 연금개시 후 사망 시까지 매년 연금을 받는 방식으로 가입자가 일찍 사망하면 연금보증기간(10년 또는 20년)동안 유족에게 대신 지급된다. 상속연금형은 연금개시시점의 가입자 적립액에서 발생한 이자를 사망 시까지 연금으로 지급받는 방식으로 가입자가 사망 시에는 사망시점의 연금계약 적립액을 지정된 수익자 또는 상속인에게 지급한다. 확정연금형은 연금지급 개시 후 연금지급기간 동안 매년 연금을 받는 방식으로 가입자가 연금지급기간 중에 사망하면 잔여

연금지급기간 동안 미지급된 연금액을 지정된 수익자나 상속인에게 매년 연금지급일에 지급한다.

연금보험은 일반적으로 만 45세부터 80세까지를 연금지급 개시 가능시기로 정하고 있는데, 가입자는 본인의 은퇴시기, 자녀교육 등 라이프 사이클(life cycle)과 연금액 수준 등을 고려하여 정한다.

5 기타 연금

1) 주택연금

주택연금은 '역모기지론'이라고도 하는데, 고령자가 주택을 담보로 금융기관이 제공하는 노후생활자금을 매달 연금처럼 지급받는 대출을 말한다.

〈표 10-9〉 주택연금의 주요내용

	주요 내용
가입대상	– 주택보유자가 보증신청일 현재 만 60세 이상인 자(배우자 나이는 상관없음)
대상주택	– 9억원 이하인 주택으로 1세대 1주택보유 – 다주택보유자인 경우 : 보유주택 합산가격이 9억원 이하
지급방식	– 종신지급방식 : 인출한도 설정없이 월지급금을 종신토록 지급받는 방식 – 종신혼합방식 : 인출한도 설정 후 나머지 부분을 월지급금으로 종신토록 지급받는 방식 – 확정기간혼합방식 : 수시인출한도 설정 후 나머지 부분은 월지급금으로 일정 기간 동안만 지급
취급기관	– 9개 금융기관(국민, 신한, 우리, 하나, 농협, 대구, 광주, 부산은행)

이는 주택을 소유하고 있으나 특별한 소득원이 없는 고령자에게 노후에 필요한 생활자금을 제공해주는 상품으로, 주택연금의 주요 내용은 〈표 10-9〉와 같이 요약할 수 있다.

주택연금은 일종의 집을 담보로 대출을 받는 금융상품이기 때문에 주택가격과 대출잔액과의 정산문제가 중요한데, 이는 〈표 10-10〉과 같이 처리한다.

〈표 10-10〉 주택가격 및 대출 잔액에 따른 대출금 상환

상환시점	상환할 금액	비고
주택 가격 > 대출 잔액	대출 잔액	- 남은 부분은 채무자(상속인)에게 돌려줌
주택 가격 < 대출 잔액	주택 가격	- 부족한 부분은 채무자(상속인)에게 청구하지 않음

대출금 상환은 주택연금 계약종료 시 담보주택 처분가격 범위 내로 한정한다. 그리고 주택연금 대출이자비용에 대한 소득공제(200만원 한도)혜택이 있으며, 불가피한 경우 대출액의 50% 이내에서 대출금을 미리 받을 수 있다.

주택연금의 장점은 첫째, 〈표 10-10〉에서 보는 것처럼 연금수령액이 주택가격을 초과하더라도 수명을 다할 때까지 연금을 계속 지급받는다는 것이다. 또한 만약 부부 중 한 사람이 먼저 사망하더라도 남은 배우자가 사망할 때까지 약정된 연금을 100%지급받을 수 있기 때문에 다른 사적연금보다 우월한 상품이다. 둘째, 앞에서 언급한 것처럼 주택연금은 명칭은 연금이지만 실은 주택을 담보로 한 대출이기 때문에, 소득으로 간주하지 않아 소득세부담이 없다는 것이다. 또한 대출이자 200만원까지는 연금 소득공제를 받을 수 있다. 셋째, 주택가격 5억원까지는 재산세를 감면받을 수 있어 재산세부담을 줄일 수 있다.

2) 농지연금제도

농지연금제도는 농지자산을 유동화하여 고령농업인에게 노후 생활안정을 지원하기 위해 도입된 제도로서, 만65세 이상의 고령농업인은 소유한 농지를 담보로 노후생활자금을 매월 연금형식으로 지급받을 수 있다. 농지연금의 주요 내용은 〈표 10-11〉과 같이 요약할 수 있다.

〈표 10-11〉 농지연금의 주요내용

	주요 내용
가입조건	- 신청연도 말일 기준으로 농지소유자 본인이 만65세 이상 - 농지연금 신청일 기준으로부터 과거 5년 이상 영농경력이 있을 것
담보물	- 농지(전, 답, 과수원으로서 실제 영농에 이용 중인 농지)

담보물 평가	– 개별공시지가, 감정평가
지급방식	– 종신형 방식 : 가입자(배우자)가 사망 시까지 매월 일정한 금액을 지급받는 방식 – 기간형 방식 : 가입자가 선택한 기간 동안만 매월 일정한 금액을 지급받는 방식
취급기관	– 한국 농어촌공사

농지연금제도의 장점은 첫째, 주택연금과 같이 연금수령액이 담보농지가격을 초과하더라도 수명을 다할 때 까지 연금을 계속 지급받는다는 것이다. 둘째, 농지연금을 받던 농업인이 먼저 사망하더라도 남은 배우자가 사망할 때까지 약정된 농지연금을 받을 수 있다는 것이다. 셋째, 농지연금을 받으면서 담보농지를 직접 경작하거나 임대할 수 있어 연금이외의 추가소득을 얻을 수 있다는 것이다.

3) 노란우산공제제도

노란우산공제제도는 자영업자나 소기업, 소상공인들이 노령, 폐업 등에 따른 생계위험으로부터 생활안정을 기하고, 사업재기의 기회를 제공하기 위해 실시되고 있는 공적 공제제도의 하나이다.

공제회에 납입하는 금액에 대해서는 복리이자가 적용되며, 추후에 일시금이나 연금처럼 분할해서 지급받을 수 있다. 또한 납부금액에 대해서는 연간 300만원까지 소득공제혜택이 있다. 그리고 매월 납부한 부금이 적립되어 추후 지급되는 자금을 공제금이라고 하는데, 이러한 공제금은 법에 의해 압류가 금지되어 있어, 폐업의 경우에도 안전하게 보호받는다.

노란우산공제제도의 주요 내용은 〈표 10-12〉와 같이 요약할 수 있다.

〈표 10-12〉 노란우산공제제도의 주요내용

	주요 내용
가입조건	– 사업체가 소기업, 소상공업 범위에 포함되는 개인사업자 또는 법인의 대표 (비영리법인은 가입할 수 없음) 가입 : 은행, 우체국, 중소기업중앙회를 방문해 가입(인터넷 가입도 가능)
공제부금	– 월 5만원부터 100만원까지 월납 또는 분기납으로 납부

공제금지급 청구조건	– 폐업이나 사망, 또는 법인대표가 질병 등으로 퇴임할 경우 – 만 60세 이상으로 10년 이상 부금을 납부한 가입자
공제금지급액	기본공제금+부가공제금(자산운용실적에 따라 금액이 달라짐)
공제금지급	– 일시금으로 지급되는 것이 원칙 – 노령의 사유로 지급하는 경우 : 다음 조건에 부합할 경우 분할지급 • 분할지급 조건 : 공제금 5,000만원 이상, 만 60세 이상일 경우 • 분할지급 기간 : 5년, 10년, 15년 • 분할지급 시기 : 매월 또는 분기

[머니+] "퇴직연금 직접관리가 대세"...증권사 'DC형' 고객 유치 팔 걷었다

최근 퇴직연금 운용방식의 트렌드가 확정급여형(DB)에서 확정기여형(DC)으로 옮겨가고 있다. 근로자와 기업 간 이해관계가 맞을 뿐 아니라 국가에서도 적극 권장하고 있는 추세다. 고용노동부에 따르면 2012년 DC형을 도입한 사업체 수는 퇴직연금제를 운용하는 전체 기업 중 33.4%였다. 지난 2015년에는 57%까지 늘어난 반면, DB형은 49.7%에서 29%로까지 줄었다.

지난해 퇴직연금 적립금 규모는 총 147조원. 이 중 23.3%에 해당하는 34조2,000억원이 DC형으로 전년(28조4,000억원 · 22.5%)보다 늘었다. DB형은 99조6,000억원으로 전년 동기(86억3,000억원)보다 13조원 가량 줄었다.

퇴직연금 시장이 늘어나고 있지만, 시장의 절반 이상을 은행과 보험이 차지하고 있다. 증권들이 운용하는 비중은 약 24조원으로 7분의 1 수준밖에 되지 않는다. 국민연금 등을 포함한 연금 시장 규모는 1,000조원을 훌쩍 넘기고 있지만, 증권사들이 차지하는 비중은 크게 늘지 않고 있다. 퇴직연금 특성 상 보수적인 투자를 하다 보니 은행, 보험사들과 차별성이 없기 때문이다. 증권사들의 평균 퇴직연금 수익률은 1%대에 불과하다.

하지만 브로커리지 시장 축소로 증권사들은 또 다른 수익원을 위해 연금 시장을 공략하고 있다. 특히 저금리 · 저성장 사회에서 퇴직연금 시장이 DC형에 집중될 것으로 예상, 증권사들은 자체적으로 조직개편, 상품확충 등 자금 유치에 나설 준비를 하고 있다.

국가에서도 퇴직연금 가입자들에게 DC형 전환을 권유하지만, 막상 개인투자자들이 DC형을 관리하기란 쉽지 않다. 시장 상황에 민첩하게 대응하기도 어려울 뿐 더러 성향에 따라 상품을 고르는 것 까지 선택해야 할 것들이 많기 때문이다. 이를 인지한 국내 증권사들은 다양한 랩 상품이나 서비스들을 제공하며 고객들에게 맞춤 서비스를 제공하며 다가서고 있다. 금융당국도 제도 개선을 통해 증권사들의 활동영역을 넓혀주고 있는 상황이다. 금융위원회는 지난해 연금상품의 다양화를 위해 연금저축계좌의 범위에 랩어카운트를 포함시키고 퇴직연금을 랩어카운트로 운용하는 상품이 출시될 수 있도록 법령 개정에 나섰다. 개인연금계좌를 도입해 한 계좌만으로도 연금신탁, 연금펀드, 연금보험, 연금랩과 퇴직연금계좌(IRP) 등 연금상품을 모두 관리할 수 있게끔 했다. 또 퇴직연금의 위험자산 투자한도를 기존에 40%에서 70%로 확대하며 보다 적극적인 자산 관리가 가능하도록 했다.

증권사들은 연령대별 포트폴리오를 변화하는 상품이나 자문 서비스를 고객들에게 제공 중이다. 퇴직연금 사업자 최초로 연금랩을 출시했던 미래에셋대우는 퇴직연금랩 서비스를 통해 투자자 나이에 따라 투자 유형이 자동으로 변경되는 라이프 사이클 서비스를 제공하고 있다. 특히 미래에셋대우의 글로벌자산배분 퇴직연금랩은 퇴직연금에 랩어카운트와 글로벌 자산배분까지 접목해 상품선택은 물론 사후관리까지 해주고 있다. 2010년 출시 이후 6,000억원 가량 판매됐으으며, 증권업계 최초로 확정기여형 DC운용관리 적립금이 1조원을 넘기기도 했다.

삼성증권은 '연금펀드 토탈케어서비스'를 하고 있다. 투자자들에게 연금펀드에 대한 성과와 시장전망을 매달 메일이나 문자로 알려주며 교체상품에 대한 리밸런싱까지 가능하도록 안내하고 있다. HMC투자증권도 라이프 사이클에 맞춰 연금계좌 모델포트폴리오(MP)를 제공한다. 투자자별 성향에 따라 수익추구형, 위험중립형, 안정추구형 등 세 가지로 나눠 MP를 추천한다.

서울경제신문 2017년 6월 18일

중요 개념 및 용어

보험	대수의 법칙	수지상등의 원칙
급부반대급부 균등의 원칙	실손보상의 원칙	보험자(보험회사)
보험계약자	피보험자	보험수익자
피보험이익	보험의 목적	보험의 가액
인보험	사 보험	공영보험
정액보험	개별보험	재보험
생명보험	손해보험	신용생명보험
사망보험	종신보험	연생보험
계약자배당	연금보험	생존보험
생사혼합보험	보장성보험	저축성보험
변액보험	유니버셜보험	유사보험
재산보험	화재보험	해상보험
자동차보험	보증보험	신용보험
장기손해보험	재보험	특종보험
책임보험	제3보험	상해보험
질병보험	실손의료보험	CI보험
사회보험	국민연금	국민건강보험
고용보험	산업재해보상보험	퇴직연금
확정급여형(DB)퇴직연금	확정기여형(DC)퇴직연금	개인형 퇴직연금(IRP)
개인연금	연금저축	연금보험
주택연금	농지연금	노란우산공제제도

연습문제

1 보험의 기본원리에 대하여 설명하라.

2 생명보험과 손해보험의 차이점에 대하여 설명하라.

3 생명보험에 속하는 사망보험을 정기보험과 종신보험으로 구분하여 설명하라.

4 변액보험과 유니버설보험의 특징에 대하여 설명하라.

5 자동차보험에 대하여 설명하라.

6 실손의료보험의 개념 및 구조에 대하여 설명하라.

7 국민연금의 가입대상 및 가입유형에 대하여 설명하라.

8 퇴직연금을 확정급여형(DB)와 확정기여형(DC)으로 구분하여 비교·설명하라.

9 연금저축보험에 대하여 설명하라.

10 주택연금에 대하여 설명하라.

3

부동산설계 · 노후설계 · 상속설계

11 부동산설계(1)

학습목표

1. 부동산설계의 의의와 목표를 이해할 수 있다.
2. 부동산의 개념과 분류에 대하여 이해할 수 있다.
3. 부동산의 특성과 권리에 대하여 이해할 수 있다.
4. 주요 부동산관련 용어에 대하여 이해하고 활용할 수 있다.
5. '주택임대차보호법', '상가건물임대차보호법' 등 부동산관련 법률에 대하여 이해하고 활용할 수 있다.

들. 어. 가. 기

도시외곽에 살고있는 송투자와 구소비 부부는 요사이 학군이 좋다고하는 지역에 이사를 가야할 지 망설이고있다. 특히 부동산 가격의 거품이 빠지고 있는 상황에서 이사하려고 하는 지역에 구매하여 이사를 하여야 할지? 전세로 살아야 할지? 아니면 도시외곽 그대로 살아야 할 지 생각이 많다. 구소비씨는 '우리나라 국민들이 과거에 부동산 잘 사놔서 돈 벌었던 부모들의 세대를 생각해서, 지금은 좀 자금이 부족하지만 학군이 좋다고 하는 지역의 아파트에 대출을 받아 매입해 이사하는 것이 좋다'고 생각하고 있다. 대출로 고생을 하더라도 장기적으로 부동산 가격은 오를 것이니 매입하여 이사가자는 주장이다. 이자내는 고생은 잠깐이고, 결국은 집값은 상승할 것이므로 아파트 투자를 통해 이자 비용은 충분히 만회할 수 있다는 논리이다. 더 나아가서 과거 우리나라의 경우 부동산경기의 굴곡에도 불구하고 알뜰하게 소액 투자용 부동산을 사뒀다가 부동산 임대수익으로 노후수입으로 사용하고 있는 부모님의 삶을 떠올리면서 강력히 주장하고 있다. 실제로 우리나라 부자들은 거의 토지 및 아파트 등 실물자산을 많이 보유한 덕택에 부동산 자산가치 상승으로 투자수익이나 임대소득으로 노후를 풍요롭게 보내기 때문이다.

그러나 송투자씨 생각은 다르다. 잃어버린 20년을 경험한 일본의 경우에서 보여준 바와 같이 부동산 가격 상승은 한계가 있다고 생각하고 있다. '부동산으로 돈 벌던 시절은 아주 옛날이야기야. 우리나라 경제 상황이 저성장과 저출산, 노령인구 증가, 저금리와 저소득, 고실업으로 우리 소득수준이 향상되지도 않은 상황에서 앞으로 부동산 가격 상승은 무리야.' 물론 핵가족 가속화와 1인 가구 급증 현상으로 소형주택에 대한 수요증가는 필연적으로 늘어나게 될 것이지만, 가격이 오르더라도 소형주택에 한정될 것이라는 것이다. 더욱이 노후를 준비한다고 하더라도 소형부동산에 국한 되는 것이어서 전세로 살면서 때를 봐가며 장기적으로 매입하는 것이 좋다는 주장이다.

특히 부동산 경기도 예전처럼 부동산이 무분별하게 상승세를 탈 것이라고 기대하기가 어렵다는 것이다. 이 때문에 노후를 위한 투자목적의 경우도 수익형 부동산이나 알짜 부동산만 일부 상승할 것이므로 주택을 매입해서 미래를 준비하는 것이 현실적인 투자 전략이 아니다라는 것이다. 더욱이 개인대출이 급증하는 상황에서 부동산 투자는 적절한 시점이 아니며, 부동산 매입을 위해 대출을 하는 것은 위험한 부동산 재무설계라는 주장이다. 더 나아가서 장기적으로 노후를 준비해야 하는 입장이므로 무리하게 빚을 내어 학군이 좋은 지역에 무리해서 이사하는 것보다는 설령 이사를 가더라도, 되도록 환금성이 좋으면서 위치는 도심과 역세권 일대 소형 아파트로 이사하는 것이 장기적으로 안전한 방법이라는 것이다.

두 사람의 의견이 팽팽하다. 결국 기다리면 집값이 상승할 것이라고 믿는 송투자와 집을 사려면 대출을 받아야 하는데, 대출이자 내기가 어려운 가정 형편에서 만일 부동산 가격이 오르지 않으면 가정경제 영향을 미칠 것이므로 매입을 미루어야 한다는 구소비와는 생각이 다르다. 두사람 간의 생각이 달라 이사하는 문제로 송투자와 구소비 부부는 고민에 빠져 있다.

이러한 상황에서 송투자와 구소비씨의 지인이며, 오랜 동안 재무설계 상담을 해준 김재무씨 생각이 갑자기 떠올랐다. 재무설계사이며, 오랜 친구인 안재무를 찾아가 의논하기로 했다. 이사가려면 어떤 대안이 있는지? 기존 아파트를 팔고 좋은 학군의 아파트를 사야하는지? 만일 사려면 대출은 어디서 받아야 하는지? 또 하나의 대안은 이사 가더라도 전세로 가는 것이 적절한 것인지 생각할 것이 많았다. 이에 대해 김재무는 경험이 많으므로 전문가적 의견을 듣는 것이 우선이라고 잠정 결정하니 생각이 정리되는 것 같았다.

특히 당장 이사를 가지 않더라도 장기적으로는 부동산설계에 관한 정보를 얻고 결정한다면 실수를 미연에 방지할 것이라고 믿기 때문이다.

CHAPTER

11 부동산설계(1)

제1절 부동산설계의 이해

1 부동산설계의 의의

우리나라에서 부동산은 가장 중요한 부의 축적수단으로서 오랜 기간 동안 자리 잡아 왔다. 최근에도 부동산이 총자산의 60~70%의 비중을 차지하고 있어, 전 세계에서 부동산 비중이 제일 높은 실정이다.

부동산 투자 역시 주식이나 채권처럼 위험자산의 투자라는 관점에서 설계되어야 한다. 그럼에도 불구하고 아파트나 집과 같은 부동산이 가계투자자산의 대부분을 차지하고 있는 것이 우리의 실정이다. 이와 같이 부동산 자산도 위험자산이므로 이제는 주식, 채권을 비롯한 금융자산과 더불어 자산배분의 한 축으로 관리되어야 한다. 즉, 부동산은 단순한 주거 대상으로서 아니라 가계투자자산 중 일부이므로 가계 총 자산 포트폴리오 중의 하나로 관리되어야 한다는 것이다.

이와 같은 관점에서 볼 때, 부동산설계는 부동산의 가치를 과학적으로 분석하여 개인의 총 자산 중 투자 자산의 하나로서 자산배분한 것으로, 취득, 소유, 양도, 증여, 상속에 따른 세금 등을 모두 포함하는 재무설계전략이라고 말할 수 있다. 또한 부동산설계는 단순히 부동산을 매입하여 거주하는 범위를 넘어서 개인 재무설계의 한 분야로서 재산의 증식을 도모하는 재무적 목표와 안락한 거주와 편안한 생활을 위한 비재무적 목표 등 두 가지 목표를 달성하기 위한 일련의 과정이라고도 할 수 있다. 이와 같이 부동산설계는 거래 및 소유와 관련된 법적제도와 경제적 측면을 포함한 포괄적인 설계를 의미한다.

2 부동산설계의 목표

부동산설계의 목표는 크게 재무적 목표와 비재무적 목표로 나눌 수 있다. 재무적으로는 임대료 등 임대수익, 매매차익에서 생기는 자본이익과 조세감면에서 오는 이득 등 재무적 이득을 들 수 있으며, 비재무적으로는 주거나 레저 등 정신적 만족감으로 얻는 소득 등 비재무적인 이득을 들 수 있다.

〈표 11-1〉 부동산설계의 목표

재무적 목표	비재무적 목표
시세차익 목적 임대수익 목적 절세 목적	거주 목적 증여 목적 상속 목적

1) 재무적 목표

재무적 목표은 크게 투자를 통해 시세차익을 겨냥한 시세차익목적과, 임대사업을 통하여 매달 임대료를 받을 목적으로 하는 임대수익 목적, 세금을 줄일 목적으로 하는 절세 목적으로 구분할 수 있다.

(1) 시세차익 목적

부동산 소유는 과거 우리나라 가구의 시세차익목적 투자대상 1순위로 꼽혔었다. 이는 상가나 빌딩, 논과 밭 등의 보유와 이에 따른 임대료 상승으로 비교적 안정적인 수익을 보장받을 수 있었던 점과 부동산 자산의 가치 상승으로 인한 투자수익성이 물가상승률을 초과하여 여타 금융상품에 비해 더 높은 수익률을 창출하였기 때문이다.

(2) 임대수익 목적

최근 저 금리시대의 도래로 시중금리보다 더 높은 임대수익률을 얻기 위해 부동산에 투자하는 경우가 이에 해당된다. 임대수익 목적의 부동산설계는 대부분

상가 또는 오피스텔 등 수익형 부동산투자를 통해 임대수익을 추구하는데 있다. 임대수익의 주요 요소로는 권리금. 시설. 독점적 상권, 교통, 교육여건 등을 들 수 있는데, 임대수익목적의 수익형 부동산관리는 임대 부동산 수선 관리비 등 세입자 관리가 손 쉬워야 하며 월세비중이 높아야 위험부담이 낮다.

(3) 절세 목적

부동산 과세방법은 부동산 표준시가에 의해 과세하는 경향이 있으므로 금융상품에 비해 증여세 또는 상속세를 절세하는 효과도 있다.

조세감면으로 발생하는 절세효과는 비과세요건이나 토지거래허가, 자경농지에 대한 양도세 면제 등에서 비롯된다. 특히 1가구 1주택이거나 특례조항의 경우 부동산 양도소득세가 비과세 되는 점을 겨냥하여 절세 수단으로 이용할 수 있고, 부동산을 사업용으로 쓰는 경우에는 감가상각비를 통해 필요경비를 처리할 수 있다. 이와 같이 종합소득세, 양도소득세, 증여상속세의 절세 목적을 부동산설계를 통해 이룰 수 있다.

2) 비재무적 목표

부동산은 투자 목적이외에 비재무적인 목적으로 설계되는 경우가 있다. 은퇴 후 여유로운 생활을 위해서 거주목적이나 전원주택에 투자하여 은퇴 후 삶의 꿈을 이루기 위한 부동산설계가 이에 해당된다. 특히 은퇴 후 취미생활, 가치관의 실현을 위해서, 또는 오랫 동안 간직해온 꿈을 이루기 위한 투자로 비재무적인 목표에 초점을 둔 부동산설계를 시행하기도 한다.

3 부동산의 분류

부동산의 분류방법은 부동산 대상, 용도에 따라 다음과 같이 구분할 수 있다.

(1) 부동산을 이용하는 대상에 따라 장기 자산증식 목적으로 매매시장, 임대를 목적으로 하는 임대차시장으로 구분할 수 있다.

(2) 부동산이 이용되는 용도에 따라 거주목적으로 하는 주거용 시장과 상업용

빌딩으로 임대를 목적으로 하는 상업용 시장, 공업용 시장으로 분류할 수 있다.

(3) 취득방법에 따라 일반매매, 경매, 공매 등으로 구분된다.

(4) 부동산경기 사이클에 따라 부동산에 대한 수요와 공급이 불균형상태를 이루는데, 부동산시장의 상승기, 하강기에 따라 매수자 주도시장, 매도자 주도시장으로 구분할 수 있다.

(5) 투자주체의 상태에 따라 실수요자용, 투자용, 금융투자원천 등으로 분류하기 한다.

제2절 부동산의 기본적인 이해

1 부동산의 개념

부동산(不動産)은 토지에 정착 또는 고정되어 쉽게 이동할 수 없는(不動) 물건(産)을 의미한다. 그런데 부동산과 관련한 현상에는 자연환경, 지리, 경제, 법률, 건축기술 등 다양한 환경요인이 직·간접적으로 영향을 미친다. 따라서 부동산의 다양한 현상을 분석하고 규명하기 위해서는 부동산의 속성을 복합적으로 이해할 필요가 있다.

일반적으로 부동산의 개념은 물리적·경제적·법률적 측면에서 규정되고 있어, 부동산과 관련된 일을 하거나 거래할 때는 이에 대한 종합적인 이해가 요구된다.

1) 물리적(기술적) 개념의 부동산

물리적(기술적) 측면의 부동산은 공간, 위치, 지형, 지세, 환경 등의 자연적 조건과 측량, 설계, 시공 등의 인공적 조건의 두 가지 측면에서 부동산을 이해하는 경우에 사용되는 개념이다.

2) 경제적 개념의 부동산

경제적 측면의 부동산은 생산, 분배, 교환, 소비 및 투자 등 경제행위와 관련된 관점에서 부동산을 이해하는 경우에 사용되는 개념이다.

경제적 개념측면에서 부동산은 자산, 자본, 생산요소, 소비재, 상품 등 다양한 의미를 내포하고 있다. 예를 들면 ① 자산으로서의 부동산은 거래가 용이하지 않는 비유동성 자산의 관점에서 부동산을 보는 개념이고, ② 자본으로서의 부동산은 미래의 부가가치를 창출하는 대상으로 부동산을 보는 개념이며, ③ 생산요소로서의 부동산은 노동, 자본, 경영 등과 더불어 미래의 상품생산을 위한 주요 요소로서 부동산을 보는 관점이다. ④ 그리고 상품으로서의 부동산은 시장에서 거래되는대상으로 부동산을 보는 개념이다.

3) 법률적 개념의 부동산

(1) 협의의 부동산

협의의 부동산은 '토지 및 그 정착물'을 의미한다(민법 제99조 제1항).

① 토지소유권의 범위 : 민법 제212조에서는 '토지의 소유권은 정당한 이익이 있는 범위 내에서 토지의 상하에 미친다'라고 규정하고 있다. 이는 토지를 공간개념으로 파악한 것으로 그 범위를 수평・지하・공중으로 확대하고 있음을 의미하는데, '토지소유권'은 공중 또는 지하공간에 대하여 무한히 미치는 것이 아니라 사회 통념 또는 용도에 따라 그 범위가 결정된다.

② 정착물의 범위 : 정착물은 토지에 고정적으로 부착되어 이동하기 어려운 물건을 말하는데, 이는 토지와의 독립성 여부에 따라 다음과 같이 두 가지로 구분된다.

하나는 토지와 독립된 정착물로서, 이에는 토지로부터 독립하여 거래・등기할 수 있는 주택, 아파트, 빌딩 등이 이에 해당된다.

또 다른 하나는 토지에 부합된 정착물로서, 이에는 축대, 도로, 교량, 제방, 도랑, 돌담 등의 공작물과 독립성이 없는 수목 등이 해당된다. 따라서 토지에 정착되어 있으면서 매년 경작을 요하지 않는 나무, 자연식생, 다년생 식물 등도 부합된 정착물로 간주된다.

(2) 광의의 부동산

광의 부동산은 협의의 부동산에 준부동산을 합친 개념이다. 준부동산은 의제부동산(擬制不動産)이라고도 하는데, 사회통념상 동산과 같이 규율할 필요가 있는 특정의 동산이나 동산과 일체로 된 부동산 집단을 의미한다. 대표적인 예로서는 공장재산 전체를 하나의 부동산으로 보는 공장재단, 광업재단, 자동차, 항공기, 중기, 선박 그리고 입목 등을 들 수 있다. '민법'에서는 준부동산에 대하여 특별법에 따라 소유의 이전, 전세권, 저당권 등의 재산권 설립에 대해 등기 또는 등록을 하도록 하고 있다.

이와 같이 부동산을 넓은 의미로 해석한다면 토지와 정착물뿐만 아니라 준부동산도 포함되므로 광의의 부동산에는 비정착물도 포함된다.

〈표 11-2〉 부동산과 동산의 차이점

구 분	부 동 산	동 산
개 념	협의의 부동산 : 토지+정착물 광의의 부동산 : 협의의 부동산+준부동산	점유의 개념
공시방법	등 기	점 유
권리변동의 효력	물권행위 + 등기	물권행위 + 인도
공신력	부인	인정(선의 취득)
무주물 귀속	국유	선점자
제한물권의 범위	담보물권 중 저당권, 유치권 가능 용익물권 모두 가능	담보물권 중 유치권, 질권 가능 용익물권 모두 불가능
환매기간	5년 이하	3년 이하
강제집행절차	강제집행, 강제관리	압 류
취득시효	미등기상태로 20년 점유 등기상태로 10년 점유	소유의사로 10년 점유 선의 · 무과실로 5년 점유

2 부동산의 분류

1) 토지의 분류

(1) '지적법'상의 지목에 의한 분류

토지는 분류기준에 따라 다양한 종류로 분류할 수 있는데, 지적법의 규정에 의하여 28개의 지목을 기준으로 분류하는 것이 일반적이다(지적법시행령 제 6조). 지목은 토지의 주된 사용목적 또는 용도에 따라 토지의 종류를 구분·표시하는 법률상의 명칭으로, 전, 답, 과수원, 목장용지, 임야 등이 이에 해당된다.

〈표 11-3〉 '지적법'에 의한 주요 지목 분류의 예

지 목	내 용
전	물을 상시적으로 이용하지 아니하고 곡물·원예작물(과수류를 제외한다)·약초·뽕나무·닥나무·묘목·관상수 등의 식물을 주로 재배하는 토지와 식용을 위하여 죽순을 재배하는 토지는 "전"으로 한다.
답	물을 상시적으로 직접 이용하여 벼·연·미나리·왕골 등의 식물을 주로 재배하는 토지는 "답"으로 한다.
과수원	사과·배·밤·호두·귤나무 등 과수류를 집단적으로 재배하는 토지와 이에 접속된 저장고 등 부속시설물의 부지(다만, 주거용 건축물의 부지는 "대"로 한다)
목장용지	다음 각목의 토지는 "목장용지"로 한다(다만, 주거용 건축물의 부지는 "대"로 한다). 가. 축산업 및 낙농업을 하기 위하여 초지를 조성한 토지 나. '축산법'제2조제1호의 규정에 의한 가축을 사육하는 축사 등의 부지 다. 가목 및 나목의 토지와 접속된 부속시설물의 부지
임 야	산림 및 원야(原野)를 이루고 있는 수림지·죽림지·암석지·자갈 땅·모래 땅·습지·황무지 등의 토지는 "임야"로 한다.
대	다음 각목의 토지는 "대"로 한다. 가. 영구적 건축물 중 주거·사무실·점포와 박물관·극장·미술관 등 문화 시설과 이에 접속된 정원 및 부속시설물의 부지 나. '국토의 계획 및 이용에 관한 법률' 등 관계법령에 의한 택지조성공사가 준공된 토지
공장용지	다음 각목의 토지는 "공장용지"로 한다. 가. 제조업을 하고 있는 공장시설물의 부지 나. '공업배치 및 공장설립에 관한 법률' 등 관계법령에 의한 공장부지조성공사가 준공된 토지 다. 가목 및 나목의 토지와 같은 구역 안에 있는 의료시설 등 부속시설물의 부지

잡종지	다음 각목의 토지는 "잡종지"로 한다. 다만, 원상회복을 조건으로 돌을 캐는 곳 또는 흙을 파내는 곳으로 허가된 토지를 제외한다. 가. 갈대밭, 실외에 물건을 쌓아두는 곳, 돌을 캐내는 곳, 흙을 파내는 곳, 야외시장, 비행장, 공동우물 나. 영구적 건축물 중 변전소, 송신소, 수신소, 송유시설, 도축장, 자동차운전 학원, 쓰레기 및 오물처리장 등의 부지 다. 다른 지목에 속하지 아니하는 토지

(2) 토지이용계획에 의한 분류

국토는 이용계획('국토의 계획 및 이용에 관한 법률')에 따라 4개의 용도지역(도시지역, 관리지역, 농림지역, 자연환경보전지역 등)으로 구분된다.

〈표 11-4〉 용도지역의 분류

용도지역	지 정 목 적
도시지역	인구와 산업이 밀집되어 있거나 밀집이 예상되어 그 지역에 대하여 개발・정비・관리・보전 등이 필요한 지역
관리지역	도시지역의 인구와 산업을 수용하기 위하여 도시지역에 준하여 체계적으로 관리하거나 농림업의 진흥, 자연환경 또는 산림의 보전을 위하여 농림지역 또는 자연환경보전지역에 준하여 관리할 필요가 있는 지역
농림지역	도시지역에 속하지 아니하는 '농지법'에 따른 농업진흥지역 또는 '산지관리법'에 따른 보전산지 등으로 농림업을 진흥시키고 산림을 보전하기 위하여 필요한 지역
자연환경보전지역	자연환경・수자원・해안・생태계・상수원 및 문화재의 보전과 수산자원의 보호・육성 등을 위하여 필요한 지역

이 중 도시지역은 주거지역(전용주거지역, 일반주거지역, 준주거지역), 상업지역(중심상업지역, 일반상업지역, 근린상업지역, 유통상업지역), 공업지역(전용공업지역, 일반공업지역, 준공업지역), 녹색지역(보전녹색지역, 생산녹색지역, 자연녹색지역) 등으로, 관리지역은 계획관리지역, 생산관리지역, 보전관리지역으로 세분된다.

(3) 지상의 상태에 의한 분류

실무상 지상물의 유무, 주변 환경 또는 용도에 따라 분류한 것으로 실무에서 주로 사용되고 있는 분류방법이다.

〈표 11-5〉 지상의 상태에 의한 분류의 예

구 분	내 용
나지	건물 등 지상물이 없는 토지
부지	일정한 용도에 제공되는 토지의 통칭으로, 정착물의 바닥 부분 토지와 이에 기여하는 범위의 정착물 주변 토지를 포함
대지	건축물이 있거나 설치될 토지로 보통 택지와 동일하게 사용됨
맹지	도로와 접하지 아니한 토지
유휴지	바람직하지 못하게 놀리는 토지
필지	하나의 지번이 붙는 토지의 등록단위, 토지거래의 최소 단위

자료 : 한국 FPSB, 『부동산경제』, 한국 FPSB, 2015년

2) 건물의 분류

(1) '건축법'상 건축물의 분류

'건축법'상 건축물의 분류에 의하면, 주거업무, 근린생활, 교육 및 복지, 영업 자동차관련, 산업 등으로 분류된다.

(2) 건축구조 및 재료에 의한 분류

건축구조 및 재료에 의한 분류에 의하면, 철골조, 철근콘크리트조, 목조 등으로 분류된다.

(3) '주택법'상 주택의 분류

'주택법'상 주택의 분류에 의하면, 단독주택(단독주택, 다중주택, 다가구 주택)과 공동주택(아파트, 연립주택, 다세대주택, 기숙사)으로 분류된다.

〈표 11-6〉 단독주택과 공동주택의 주요특징

구 분	주택명	층수	세대수	연면적	기타
단독주택	다중주택	3층 이하		300m^2 이하	독립된 주거의 형태를 갖추지 아니함
	다가구주택	주택부분이 3개층 이하	19세대 이하	660m^2 이하	3개층 이하의 주택(분양불가)
공동주택	아파트	주택부분이 5개층 이상	무관	무관	20세대이상일 경우 사업승인 대상임
	연립주택	4개층 이하	무관	각 동의 바닥면적이 660m^2 초과	연립주택과 다세대주택은 대부분 조건이 동일하나 연면적 차이에 따라 구분됨
	다세대주택	4개층 이하	무관	각 동의 바닥면적이 660m^2 이하	

자료 : 박합수, 『비금융자산(부동산)투자설계』, 한국 금융연수원 출판사업부, 2016년

3 부동산의 특성

1) 토지의 특성

토지는 자연적 특성과 인문적 특성 등 2가지 특성을 지니고 있다.

(1) 자연적 특성

① 부동성

토지나 건물은 지리적으로 위치를 변경하거나 인위적으로 이동할 수 없는데 이를 부동산의 부동성이라고 말한다. 이와 같은 특성에 연유하여 부동산시장은 지역적으로 국지화 내지는 세분화된다. 즉, 어느 지역의 부동산수요가 급증하더라도 다른 재화처럼 부동산을 이동할 수가 없으므로, 부동산시장은 지역적으로 국한되어 가격의 급등락에 영향을 받는 국지적인 특징을 보인다.

② 영속성

토지는 소멸되지 않는 특성을 지니고 있으므로 감가상각을 할 필요가 없다. 이와 같은 특성에 연유하여 토지는 오래 동안 가치보존 수단으로 이용되고 있

다. 또한 영속성이란 특성은 토지에서 발생하는 소유이익과 토지를 이용하여 얻는 이용이익이 분리되어 임대차시장을 형성하는 요인이 되고 있다.

③ 부증성

토지는 다른 일반 재화들처럼 생산요소를 투입하여 물리적인 절대량을 증가시킬 수 없다. 이와 같은 부증성에 기인하여 토지의 가격변화에 대하여 토지의 공급은 비탄력적이다. 따라서 토지부족에 연유한 지가상승문제가 발생한다.

④ 개별성

토지는 각 토지마다 특성을 지니고 있으므로 토지의 위치, 지형에 따라 토지 고유의 개별성이 존재한다. 또한 동일한 특성을 가지고 있는 토지가 존재하지 않으므로 물리적으로 대체가능성이 불가능하다는 특성이 있다. 이와 같이 토지는 개별성을 지니고 있어 가격이 개별적으로 형성되고 비대체적이므로 부동산간의 비교가 어렵다.

⑤ 연결성

토지는 연속적으로 연결되어 인접되어 있다. 이와 같은 특성에 연유하여 개개의 부동산은 차별적인 가치를 지니고 있고, 또한 각각의 토지의 인접지에 상호 영향을 미쳐 외부효과 및 공간적 부조화 등의 문제를 야기 시키기도 한다.

(2) 인문적 특성

① 용도의 다용도성

토지는 다양한 용도로 사용될 수 있으므로 가장 효율적으로 이용할 수 있는 최유효 이용의 원칙에 입각해 적재적소에 활용할 수 있다.

② 병합·분할의 가능성

토지이용은 한정된 부동산 자원을 효과적으로 이용하기 위해 인위적으로 분할되기도 하고, 합병될 수도 있다. 토지의 편익성을 증대하기 위해 분할, 합병이 가능하며 이를 통해 토지의 경제가치가 증대되기도 한다.

③ 이용 가변성

사회적·경제적·행정적인 정책 변화나 용도 변경에 따라 부동산 가치는 변화할 수가 있다. 예를 들어 농경지 용도로 사용되었던 토지가 공장용지로 전환되어 사용된다면 토지는 훨씬 높은 수익성과 생산성을 창출할 수 있다. 한편, 개발계획을 발표하거나, 그린벨트로 개발을 제한하는 제재조치나 부동산 투기억제를 위한 각종 조세정책 등은 토지 이용의 제약요인이 된다. 이와 같은 제반 정책적 조치는 부동산의 가격 및 이용에 영향을 미치며, 또한 토지의 이용방법에도 가변성을 초래하기도 한다.

④ 공공성과 장기성

토지 투자는 장기간에 걸쳐 수익이 발생하므로 회임기간이 길어 회수 기간이 장기적이다. 또한 토지는 한정된 자원이므로 민간의 권익에 침해가 없는 한, 지역사회 발전에 우선해야 하는 사회성과 공공성의 특성을 지니고 있다.

2) 건물의 특성

건물은 토지와 달리 물리적으로 절대량을 증가시킬 수 있는 특성을 지니고 있는 축조물이다. 건물은 토지와는 달리 비영속성, 생산가능성, 동질성 등의 특성을 지니고 있다.

(1) 비영속성

건물은 토지의 특성과는 달리 인위적으로 축조된 것이므로 재생산이 가능한 내구소비재이다. 또한 내용연수의 특성을 지닌 부동산이므로 감가상각의 대상이 된다.

(2) 생산가능성

건물은 신축, 증축, 개축 등에 의하여 그 규모나 양을 증가시킬 수 있으므로 생산 또는 재생산이 가능하다. 이는 토지의 부증성과 대비할 수 있는 특성이나, 건물도 건물의 수요가 있다고 해서 시장에서 즉각적으로 공급될 수 없기 때문에 가격변화에 대해 공급이 비탄력적이다.

(3) 동질성

건물은 다량 생산이 가능하기 때문에 아파트와 같이 동일한 구조나 동일한 규격의 건물을 다량 생산할 수 있다. 따라서 건물은 토지와는 달리 대체가능성의 특성이 있어, 토지의 개별성과 대비된다.

(4) 이동가능성과 종속성

건물은 토지위에 부착되어 토지에 종속되어 있으나, 건축공법의 발달로 이동가능한 건물의 생산이 가능해지고 이동가능한 건물의 생산이 실용화된다면 건물은 이동가능성의 특성을 지니게 된다. 이와 같은 관점에서 볼 때, 건물은 토지의 종속되어 있는 부속물로서 종속성의 특성을 지니고 있다는 견해는 소수의견이라고 말할 수 있다.

4 부동산의 권리

1) 부동산의 권리

부동산의 권리는 소유하고 있는 공간상의 범위의 권리와 부동산을 소유하고 있다는 내용으로서의 물권과 채권으로 이루어져 있다. 그런데 소유권이전 등의 부동산의 권리는 등기를 통해 일정한 효력이 발생한다.

(1) 공간상의 범위의 권리

앞에 언급한 부동산의 특성에서 살펴본 바와 같이 공간은 부동산의 소유권이 미치는 범위로서, 소유권자가 그 권리를 가지고 있다. 일반적으로 토지 소유권의 범위는 토지 경계면을 기준으로 상, 하 범위를 포함하고 있으므로 지표권, 공중권, 지하권 등이 이에 해당한다.

(2) 부동산 물권

채권이 특정한 행위를 대상으로 특정인에게 일정한 행위를 요구할 수 있는 권리를 의미하는데 반해, 물권은 특정물권을 직접 지배하여 이익을 얻는 배타적인 권리를 의미한다. 따라서 물권은 채권과 비교해, 특정의 상대방이 없고 모든 이에게 주장할 수 있는 재산권이라는 특징을 지니고 있다.

물권은 크게 점유권과 본권으로 구분되고, 본권은 다시 소유권과 제한물건으로 구분되며, 제한물건은 용익권과 담보권으로 구분된다.

① 점유권, 본권

점유권은 물권에 대한 사실상 지배할 수 있는 권리의 유무에 관계없이 현재 사실상 지배하고 있는 그 상태를 보호하기 위한 권리를 의미하고, 본권은 물권에 대한 사실상 지배와는 상관없이 물건을 지배할 수 있는 권리를 의미한다.

② 소유권, 제한물권

소유권은 물건을 전면적으로 지배할 수 있는 권리인데 반해, 제한물권은 물건을 일정부분으로 구분하여 사용가치나 교환가치 등으로 지배할 수 있는 권리를 의미한다.

③ 용익권, 담보권

용익권은 타인의 토지 또는 건물을 일정한 목적을 위하여 사용, 수익할 수 있도록 하는 물건의 사용가치만을 지배하는 개념으로서 이에는 전세권, 지역권, 지상권 등이 포함된다.

담보권은 채권의 담보를 위하여 물건의 교환가치만을 지배하는 개념으로서 이에는 저당권, 유치권, 질권 등이 포함된다.

〈표 11-7〉 용익권, 담보권의 구성

구 분	세부분류	내 용
용익권	전세권	임대차계약에서 전세금을 지급하고 타인의 부동산을 자기의 수익 등을 목적으로 이용하거나 수익할 수 있는 권리
	지역권	타인의 토지를 자기소유 토지에 대한 이익을 이용하기 위한 것을 내용으로 하는 권리
	지상권	타인의 토지에서 건물이나 건물외의 공장물 혹은 수목을 소유하기 위해 그 토지를 사용할 수 있는 권리

담보권	저당권	채권자가 채무자 또는 제3자의 채무의 채무를 담보로 제공받은 부동산에 대하여 소유권을 인도받지 않고 장래 채무자 또는 제3자 채무에 대하여 채무변제가 이루어지지 않았을 경우, 그 담보로 제공받은 목적대상 부동산으로부터 자기채권을 우선 변제받을 수 있는 권리
	유치권	타인의 물건을 점유한 자가 그 물건으로 인해 생긴 채무를 변제받을 때까지 그 물건을 유치할 수 있는 권리
	질권	채권자가 채권의 담보로서 채무자 혹은 제3자로부터 받은 담보물건으로, 부동산에는 설정할 수 없음.

제3절 주요 부동산관련 용어

1 부동산 공부

부동산 관련 자료 중에서 국가에서 유지되고 관리되는 자료를 공적장부 또는 공부라고 하는데, 주요 부동산 공부로는 등기사항증명서(등기부등본), 토지 및 임대대장, 지적 및 임야도, 건축물대장, 토지이용계획 확인서 등을 들 수 있다.

1) 등기사항증명서(등기부등본)

부동산에 관한 소유권 등의 권리관계가 발생하거나 변경되었을 경우에는 등기가 되어야 만 그 효력이 발생하게 된다. 이를 부동산 공시의 원칙이라고 하는데,[1] 등기사항증명서(등기부등본)는 부동산의 권리에 관한 사항을 확인할 수 있는 공부로, 이해관계인이 아니더라도 누구나 열람 및 발급이 가능하다. 등기사항증명서(등기부등본)는 표제부, 갑구, 을구로 구성되어 있다.

1) 다만, 현행 국내 부동산등기부는 그 공신력을 인정하지 않는다는 점에 유의해야 한다(박합수, 『비금융자산(부동산)투자설계』, 한국 금융연수원 출판사업부, 2016년, p. 43).

〈표 11-8〉 등기사항증명서(등기부등본)의 구성

구 분	기재 내용
표제부	부동산의 외관을 나타내는 부분(표시번호, 접수, 소재지번 · 지목 · 면적, 등기원인 및 기타 사항)
갑구	소유권에 관한 사항(변동 및 변경사항, 압류, 가압류, 경매신청, 가등기, 가처분, 환매등기 등의 사항)
을구	소유권이외의 권리에 관한 사항((지상권, 지역권, 전세권, 저당권, 임차권)

등기부의 각 구에는 등기한 순서대로 순위번호가 부여된다. 동일구 내에서는 부여된 순위번호에 따라, 타구 상호간에는 접수일자 및 접수번호에 의해, 각각 권리의 순서가 결정된다.

2) 건축물대장

건축물의 물리적 현황과 소유자에 관한 사항을 등록한 장부로, 건축물의 신축 · 증축 · 개축 · 재축 · 이전 · 대수선 · 용도변경, 소유권 및 변동사항 등이 기재되어 있다. 건축물대장은 총괄표제부, 일반건축물, 집합표제부, 집합전유부 등 총 4부로 구성되어 있다.

〈표 11-9〉 건축물대장의 구성

구 분	동일대지내 2동이상의 건축물 존재시 동별 현황의 표시	건축물 각동의 층별 구조/용도/면적율 표시	건축물 각 동의 층별 특정부분을 세분화(소유권인정 : 전유/공유)
일반	총괄표제부	일반건축물	–
집합	총괄표제부	표제부	전유부

자료 : 박합수, 『비금융자산(부동산)투자설계』, 한국 금융연수원 출판사업부, 2016년

건축물대장은 다음과 같이 활용된다. ① 건축물대장에 기재된 건폐율/용적률 정보를 통해 해당 건물에 대한 추가적인 활용가치를 파악할 수 있고, ② 건축물 대장의 층별 용도 및 면적정보를 통하여 건물의 효율적인 활용방법을 모색할 수 있으며, ③ 현장답사를 통해 건축물대장 상의 현황과 실제사용현황을 비교하여

위반여부를 파악할 수 있다.

3) 토지 및 임야대장

토지 지적공부의 일종으로 해당토지의 소재지, 면적, 지목, 개별공시지가, 토지등급 등 토지에 대한 물리적 현황과 소유자에 관한 사항 등이 기재되어 있다. 토지대장과 임야대장은 '산'의 기재여부에 따라 구분된다.

토지대장은 ① 토지의 변동사유의 확인, ② 토지의 합필·분할의 정보확인 등에 활용된다.

4) 토지이용계획 확인서

해당 토지의 용도지역 및 행위제한에 관한 내용이 기재되어 있다. 토지이용계획확인서를 통해 해당 토지의 고유한 성격과 관련된 기본적 정보를 확인할 수 있다. 즉, 지번, 용도지역, 용도지구, 도시계획시설(도로저축 여부, 기타), 도시계획사업(구획정리, 조성사업, 재개발), 도시계획구역(개발제한구역 등) 등에 관한 사항을 알 수 있다.

5) 개별공시지가확인서

국토교통부장관은 매년 전국 토지 중에서 대표성이 높은 표준지를 선정하여 단위면적(m^2)당 적정가격인 표준지공시지가를 결정하는데, 이를 근간으로 각 시장·군수·구청장이 개별토지의 단위면적(m^2)당 적정가격인 개별공시지가를 결정한 내용이 기재된 공적장부이다.

개별공시지가확인서를 통해 필지별 개별공시지가의 변동내역을 확인할 수 있다. 한편, 개별공시지가는 매년 1월 1일 가격을 기준으로 동년 5월 31일에 공시하는데, 이후 기간부터 적용되는 과세의 기준(기준시가 또는 시가표준액)은 해당 연도의 공시지가를 활용하여 가격을 산정한다.

6) 부동산종합증명서

부동산과 관련하여 개별법에 의하여 관리해왔던 18종의 부동산관련 증명서를 하나의 정보관리체계로 통합하여 하나의 증명서만으로도 부동산과 관련된 모든 공적장부를 발급받을 수 있게 통합화·간소한 것이다.

2 법정지상권

법정지상권은 토지와 건물이 동일 소유자에게 속한 상태에서, 토지 또는 건물의 일방에만 제한물권(전세권이나 저당권)이 설정되어 있다가 어떠한 사정으로 토지와 건물의 소유가 달리된 경우에, 건물소유자를 위하여 별도의 설정계약없이 법률로 인정하는 지상권을 말한다.

법정지상권이 성립되기 위해서는 다음과 같은 요건이 모두 충족되어야 한다.

① 저당권을 설정할 당시에 토지와 건물이 동일소유자의 것이어야 한다.

② 토지와 건물 어느 한 쪽에 저당권이 설정되어야 한다.

③ 저당권의 실행에 따라 경매됨으로써 소유자가 달라져야 한다.

법정지상권은 법률상 당연히 성립되는 지상권이므로 등기없이 성립하는 물권이다. 따라서 법정지상권을 통하여 토지소유자는 지료를 받을 수 있는 권리가 생기고, 법정지상권자는 지상건물의 유지와 사용에 필요한 범위를 벗어나지 않는 한, 그 토지를 자유롭게 사용할 수 있다. 다만, 지상물소유자는 토지사용의 대가로 토지소유자에게 지료를 지급해야 한다.[2)]

3 지역권

지역권은 일정한 목적을 위하여 남의 토지를 자기 토지의 편익에 이용하는 것을 내용으로 하는 부동산용익물권을 의미한다. 지역권의 예로서는 자기토지의 편익을 위하여 남의 토지를 통행하는 경우, 남의 토지로부터 물을 끌어오는 경

2) 박합수, 『비금융자산(부동산)투자설계』, 한국 금융연수원 출판사업부, 2016년, p. 71

우 등을 들 수 있다. 이와 같이 지역권은 타인의 토지를 자기토지의 편익에 이용하여 사용가치를 증대시키는 권리라는 점에서 반드시 두 개의 토지를 전제로 한다.[3)]

지역권은 일반적으로 계약에 의하여 설정되나, 관습상의 지역권 또는 시효에 의하여 취득하는 지역권도 있다. 지역권의 설정을 등기하면 승역지(지역권에 있어서 두 개의 토지 중 편익을 제공하는 토지)의 소유자가 바뀌어도 지역권을 주장할 수 있다. 또한 지역권은 지상권자도 취득할 수 있다.

4 필지, 획지, 대지, 건축 관련면적

1) 필지

하나의 지번[4)]이 붙는 '측량・수로조사 및 지적에 관한 법률'상의 등록단위를 말한다. '등기법'상의 단위로서 토지소유자의 권리를 구분하기 위한 표시 및 법적 개념으로 활용된다.

2) 획지

인위적, 자연적, 행정적 조건에 의해 다른 토지와 구별되는 가격수준이 비슷한 일단의 토지를 말한다. 앞에서 언급한 필지가 법률상의 단위개념인데 반해, 획지는 이용을 상정하여 구획되는 경제적・부동산학적 단위개념이다.[5)]

3) 대지

'측량・수로조사 및 지적에 관한 법률'에 의거하여 각 필지로 나눈 토지를 말한다. 다만 , 대통령령으로 정하는 토지는 둘 이상의 필지를 하나의 대지로 하거

---

3) 편익을 얻는 토지를 요역지(要役地), 편익을 제공하는 토지를 '승역지(承役地)라고 한다(박합수, 『비금융자산(부동산)투자설계』, 한국 금융연수원 출판사업부, 2016년, p. 72).

4) 필지에 부여하여 공부에 등록된 번호.

5) 박합수, 『비금융자산(부동산)투자설계』, 한국 금융연수원 출판사업부, 2016년, p. 24.

나 하나 이상의 필지의 일부를 하나의 대지로 할 수 있다.

4) 건축관련 면적

건축관련 면적에는 대지면적, 건축면적, 연면적 등이 있다.

(1) 대지면적

건축물의 각 층 또는 그 일부로서 벽, 기둥, 그 밖에 이와 비슷한 구획의 중심선으로 둘러싸인 부분의 수평투영면적을 의미한다. 대지면적은 일반적으로 발코니(폭 1.5m이하), 배관통로, 공기통로 등 서비스면적을 제외한 면적을 말한다.

(2) 건축면적

건축물외벽의 중심선으로 둘러싸인 부분의 수평투영면적을 의미한다.

(3) 연면적

하나의 건축물 각 층의 바닥면적 합계를 의미한다. 다만, 용적률을 산정할 경우에는 지하층 면적, 지상층의 주차용(해당 건축물의 부속용도인 경우)으로 쓰는 면적 및 일부 건축물에 설치하는 피난안전구역면적, 경사지붕 아래에 설치하는 대피공간의 면적 등은 제외된다.[6)]

5 건폐율과 용적률

1) 건폐율

건폐율은 대지면적에 대한 건축면적의 비율을 의미한다. 건폐율은 대지 내에 최소한의 공지를 확보할 목적으로 건축물의 과밀화 방지 및 일조, 채광, 통풍 등의 위생적인 환경조성과 재해 시 연소의 차단이나 소화, 피난 등에 필요한 공간

---

6) 박합수, 『비금융자산(부동산)투자설계』, 한국 금융연수원 출판사업부, 2016년, p. 26.

확보를 의해 특정비율로 규제하는데 활용된다.

$$건폐율 = \frac{건축면적}{대지면적} \times 100(\%)$$

건폐율의 적용기준은 기본적으로 '국토의 계획 및 이용에 관한 법률'에서 정하고, 세부분류지역은 시행령에서 정한다. 이를 토대로 시·도지사는 각 시·도 조례를 통해 해당 건폐율기준을 강화 또는 완화하여 시행한다.

2) 용적률

용적률은 대지면적에 대한 건축물의 연면적 비율을 의미한다. 용적률은 효율적인 도시·군 계획을 수립하기 위한 일환으로 주로 건축물의 높이 및 층 규모를 규제하기 위한 수단으로 사용된다.

$$용적률 = \frac{건축물의(용적률 산정용)연면적}{대지면적} \times 100(\%)$$

용적률의 적용기준은 기본적으로 '국토의 계획 및 이용에 관한 법률'에서 정하고, 세부분류지역은 시행령에서 정한다. 이를 토대로 시·도지사는 각 시·도 조례를 통해 해당 용적률기준을 강화 또는 완화하여 시행한다.

6 공동주택 등에서의 면적

1) 전용면적(주거전용면적)

전용면적은 현관문을 들어섰을 때 있는 순수한 자기소유의 공간을 의미한다. 주거전용면적이라고도 하는데, 등기부등본 상 전유면적도 같은 의미이고 아파트 청약 시 청약가능 평형을 산정하는 기준이 된다.

2) 공급면적

공급면적은 전용면적에 주거공용면적을 더한 면적을 의미한다. 즉 공급면적은 자신이 순수하게 사용하는 생활공간인 전용면적에 같은 공동주택에 거주하는 다른 세대와 공동으로 사용하는 복도, 엘리베이터, 계단 등에서 자신의 지분에 해당하는 면적을 더한 면적을 말한다.

3) 계약면적(분양면적)

계약면적(분양면적)은 전용면적과 주거공용면적, 기타 공용면적(관리사무소, 노인정, 놀이터, 기타 아파트 관리에 필요한 면적 등)을 합계한 면적을 말한다.

4) 총면적

총면적은 계약면적(전용면적+주거공용면적+기타 공용면적)에 서비스 면적(발코니 등) 지상층에 있는 공용면적을 의미한다.

5) 기타 공용면적

기타 공용면적은 주거공용면적을 제외한 단지 내 세대원 전체가 사용하는 지하주차장, 관리사무소, 노인정 등 그 밖의 공용면적을 말한다.

7 공시가격

1) 공시지가

(1) 표준공시지가

표준공시지가는 '부동산 가격공시 및 감정평가에 관한 법률'에 의거하여 국토교통부장관이 공시한 표준지의 단위면적 당 가격을 의미한다.[7] 표준공시지가는 ① 토지시장의 지가정보를 제공하고, ② 일반적인 토지거래의 지표가 될 뿐만 아니라, ③ 개별적으로 토지를 감정평가하는 데에 기준이 된다.

(2) 개별공시지가

개별공시지가는 시장·군수·구청장이 매년 공시하는 개별토지의 단위면적당 가격을 의미한다.[8] 개별공시지가는 개별부담금의 부과 및 그 밖의 다른 법령이 정하는 목적을 위한 지가산정에 활용된다.

2) 주택공시가격

(1) 표준주택가격공시

국토교통부장관은 용도지역, 건물구조 등이 일반적으로 유사하다고 인정되는 일단의 단독주택(아파트, 다세대연립제외)중에서 선정한 표준주택에 대하여 매년 공시기준일(1월1일 기준)현재의 적정가격을 공시하는데, 이를 표준주택가격공시라고 한다. 표준주택가격공시는 국가나 지방자치단체가 업무와 관련하여 개별주택가격을 산정하는 경우에 기준이 된다.

(2) 개별주택가격공시

시장·군수·구청장은 국토교통부장관이 선정한 표준주택가격을 기준으로 당해 관할구역 내 단독주택가격을 평가하여 결정한 개별단독주택가격을 공시하는데, 이를 개별주택가격공시라고 한다.[9]개별주택가격은 종합부동산세·양도세·상속세 및 증여세 과표 등 국세 관련 과세, 재산세·취득세·등록세 등 지방세 과세 등의 기준이 되고, 재건축부담금, 청약가점제 무주택자 분류 등 여러 가지의 기준으로 활용된다.

---

7) 표준공시지가와 관련된 정보는 국토교통부가 운영하고 있는 부동산공시가격 알리미 홈페이지를 이용하여 열람할 수 있다.

8) 개별공시지가는 각 시·도가 운영하고 있는 한국토지정보시스템에 접속하거나, 각 시·군·구청 홈페이지에서 열람할 수 있다.

9) 개별주택공시가격은 각 시·도가 운영하고 있는 한국토지정보시스템에 접속하거나, 각 시·군·구청 홈페이지에서 열람할 수 있다.

3) 기준시가

기준시가는 국세청장이 양도세 혹은 상속세, 증여세를 부과할 경우에 기준이 되는 가격으로 사용하기 위하여 고시한 가격을 의미한다. 2006년부터 양도소득세 실거래가 과세제도가 전면 시행되어 양도소득세 과세방법이 기준시가원칙에서 실지거래가액 과세원칙으로 전환되었으나, 취득당시의 실지거래가액을 인정 또는 확인할 수 없는 경우 등에 한하여 기준시가에 의하여 평가를 행한다.

8 LTV와 DTI

1) LTV(loan to value)

LTV는 담보인정비율이라고 하는데, 담보대출의 가치인정비율을 의미한다. 일반적으로 LTV는 담보대출 시행 시 담보가치에 대한 안정성을 담보하기 위한 규제수단으로 활용되고 있다.

2) DTI(debt to income)

DTI는 총부채상환비율이라고 하는데, 이는 총소득에서 부채의 연간 원리금 상환액이 차지하는 비율을 의미한다. DTI는 대출자가 대출 시 원리금상환액이 소득에 비해 과도해지는 것을 막기 위한 규제수단으로 활용되고 있다.

제4절 부동산관련 법률

생활 속에서 자주 접하는 부동산관련 주요 법률로는 '주택임대차보호법', '상가건물임대차보호법', '공인중개사의 업무 및 부동산 거래신고에 관한 법률(이하에서는 '부동산 거래신고에 관한 법률'이라고 칭함)등을 들 수 있는데, 이하에서는 '주택임대차보호법', '상가건물임대차보호법'에 대하여 알아보고자 한다.[10]

1 '주택임대차보호법'

1) 적용범위

'주택임대차보호법'은 주거용 건물의 임대차에 관하여 '민법'에 대한 특례를 규정함으로써 국민주거생활의 안정을 보장함을 목적으로 주거용건물(이하 '주택'이라 함)의 전부 또는 일부의 임대차에 관하여 이를 적용한다.[11]

〈표 11-10〉 '주택임대차보호법'의 적용범위

구 분	내 용
판단기준	–공부상의 표시만을 기준으로 하는 것이 아니라 실지용도에 따라 판단 –주된 용도가 주거용 또는 비주거용인지 여부 –전용주택의 경우 일정면적 이상 주거용으로 사용할 것 –유일한 주거수단인지 여부 –주거용인지 여부는 임대차계약 체결 시점기준으로 판단
적용대상	–등기, 미등기, 무허가건물, 불법건축물 여부 불문 –가건물(비닐하우스 제외) –상가, 공장 등을 주거용으로 용도 변경한 건물

자료 : 박합수, 『비금융자산(부동산)투자설계』, 한국 금융연수원 출판사업부, 2016년, p. 72.

2) 대항요건

(1) 임대차의 효력발생일(대항력)

임대차는 그 등기가 없는 경우에도 임차인이 주택의 인도와 전입신고를 마친 때에는 그 익일(다음날)부터 제3자에 대한 효력, 즉 대항력이 발생한다.

10) 이하의 내용은 박합수, 『비금융자산(부동산)투자설계』, 한국 금융연수원 출판사업부, 2016년, pp. 72~80 참조 내지는 인용.

11) 임차주택의 일부가 주거외의 목적으로 사용되고 있는 경우에도 이 법을 적용한다.

(2) 대항력 있는 임차인

대항력이 발생한 경우, 저당권, 전세권 등이 전혀 설정되지 않은 주택을 임차한 경우에는 해당 주택이 경매 처분되더라도 임차인은 낙찰자에 대하 자신이 임차권(대항력)이 있음을 주장할 수 있다. 또한 낙찰자가 임차보증금을 반환할 때까지 해당 주택에 거주할 수 있다.

(3) 임차인의 계약해지

임차의 목적물이 지상권, 지역권, 전세권, 질권 또는 유치권의 목적이 된 경우, 임차인이 이를 알지 못하는 때에는 이로 인하여 계약의 목적을 달성할 수 없는 경우에 한하여 임차인은 계약을 해지할 수 있다. 기타의 경우에는 손해배상만을 청구할 수 있다. 이와 같은 권리는 임차인이 그 사실을 안 날부터 1년 내에 행사하여야 한다.

(4) 임대차 대항력관련 유의사항

① 잔금지급 즉시 해당 동 주민센터에 주민등록전입신고를 마친다.
② 동시에 임대차계약서 상에 확정일자를 받는다.
③ 주민등록신고는 가족전원이 아니더라도 일부만하여도 된다.
④ 임차인의 지위가 높을수록(선순위일수록)임차인이 유리하다.

3) 우선변제권

우선변제권은 임차대상이 되는 부동산에 대하여 임차인이 임대차계약이후 설정된 후순위 담보권자나 기타 채권자보다 우선하여 보증금변제를 받을 수 있는 권리를 의미한다.

(1) 성립조건

우선변제권은 임차인이 대항력(주택인도 및 전입신고)을 갖추고 임대차계약서 상 확정일자를 부여받은 경우에 성립된다. 여기서 '확정일자'는 문서에 기재된 날짜에 부여된 도장을 찍는 날에 해당문서가 작성되어 존재한다는 것을 공인된 기관에서 확정받는 것을 말하는 데, 전입신고를 수행하는 주민자치센터 또는 법원등기소, 공증 합동법률사무소 등에서 받을 수 있다.

(2) 우선변제권이 있는 임차인

대항력을 갖춘 임차인이 임대차계약서 상에 확정일자를 받아두면 그 날짜를 기준으로 하여 해당 부동산에 대하여 뒤에 설정된 후순위 담보권자나 기타 채권자보다 우선하여 보증금을 변제받을 수 있다. 따라서 임차주택이 경매처분될 경우에도 임차보증금을 보호받기위해서는 주택을 인도받는 날 주민등록전입과 동시에 확정일자까지 받아 두어야한다.

그런데, 앞에서 언급한 세 가지요건을 동시에 갖추어야 할 필요는 없다. 즉, 시기를 달리하여 갖추어도 된다. 다만, 세 가지 요건 중 가장 늦은 요건이 충족된 시점을 기준으로 우선변제권이 발생한다.

4) 최우선변제권

최우선변제권은 임차보증금이 지역별로 정한 기준 이하인 임차인(소액임차인)이 경매개시결정등기 이전까지 주택의 인도와 전입신고로 대항력을 갖춘 경우, 그

〈표 11-11〉 최우선변제권 소액보증금의 적용범위

기준일	지역구분	소액보증금범위	최우선변제금액
2014년 이후	• 서울특별시	9,500만원 이하	3,200만원
	• 인천(일부지역제외), • 과밀억제권역	8,000만원 이하	2,700만원
	• 광역시(인천, 군지역제외), • 안산시, 용인시, 김포시, 광주시	6,000만원 이하	2,000만원
	• 그밖의 지역	4,000만원 이하	1,500만원

*과밀억제권역
서울특별시, 인천광역시(강화군, 옹진군, 서구 일부지역, 인천경제자유구역 및 남동국가산단제외), 의정부시, 구리시, 남양주시(호평동, 금곡동, 일패동, 이패동,삼패동, 가운동, 수석동, 지금동, 도농동에 한함), 하남시, 고양시, 수원시, 성남시, 안양시, 부천시, 광명시, 과천시, 의왕시, 군포시, 시흥시(반월특수지역제외)

자료 : 박합수, 『비금융자산(부동산)투자설계』, 한국 금융연수원 출판사업부, 2016년, p. 74.

보증금 중 일정액을 최우선적으로 변제받을 수 있는 권리를 말한다. 그런데, 최우선적으로 보호되는 소액임차보증금액의 합계액은 경매낙찰대금의 1/2을 초과할 수 없다.

5) 임대차기간과 계약의 갱신

기간의 정함이 없거나 기간을 2년 미만으로 정한 임대차계약은 그 기간을 2년으로 본다. 다만, 2년미만으로 계약을 체결할 경우 임차인은 그 기간을 주장할 수 있으나, 임대인은 주장할 수 없다. 그리고 임대차가 종료한 후 임차인은 보증금을 반환할 때까지 임대차관계가 존속하는 것으로 본다.

임대인이 임대차기간 만료 전 6월부터 1월까지 기간에 임차인에 대하여 갱신거절의 통지 또는 조건을 변경한다는 뜻의 통지를 하지 않은 경우에는 계약기간이 만료된 때에 전 임대차와 동일한 조건으로 다시 임대차한 것으로 본다. 이 경우 임대차의 존속기간은 2년으로 본다. 다만, 2기의 차임액에 달하도록 차임을 연체하거나 기타 임차인으로서 의무를 현저히 위반한 임차인에 대하여는 이를 적용하지 아니한다.

임차인이 임대차기간 만료 전 1월까지 계약갱신 거절의 통지를 하지 아니한 때에는 그 기간이 만료된 때에 전 임대차와 동일한 조건으로 재 임대차한 것으로 본다. 이 경우 임대차의 존속기간은 2년으로 본다.

묵시의 갱신이 진행된 경우 임차인은 언제든지 임대인에게 계약해지의 통고를 할 수 있다. 해지통고는 임대인이 그 통고를 받은 날로부터 3월이 경과하면 효력이 발생한다.

약정한 차임 또는 보증금이 임차주택에 관한 조세·공과금 기타 부담의 증감이나 경제사정의 변동으로 인하여 상당하지 않게 된 때에 당사자는 장래에 대하여 그 증감을 청구할 수 있다. 그러나 증액의 경우에는 약정한 차임 등의 5%를 초과하지 못한다. 또한 임대차계약 또는 약정한 차임 등의 증액이 있은 후 1년 이내에는 다시 증액을 청구하지 못한다.

2 '상가건물임대차보호법'

'상가건물임대차보호법'은 상가건물임대차의 공정한 거래질서를 확립하고 영세 상인들이 안정적으로 생업에 종사할 수 있도록 임대료의 과도한 인상을 방지하고 세입자의 권리를 보장하기 위해 제정된 법률이다.

1) 적용범위

상가건물(사업자등록의 대상이 되는 건물을 말한다)의 임대차(임대차 목적물의 주된 부분을 영업용으로 사용하는 경우를 포함한다)에 대하여 적용한다. 다만, 대통령령으로 정하는 보증금액을 초과하는 임대차에 대하여는 그러하지 아니하다.

보증금액을 정할 때에는 해당 지역의 경제 여건 및 임대차 목적물의 규모 등을 고려하여 지역별로 구분하여 규정하되, 보증금 외에 차임이 있는 경우에는 그 차임액에 '은행법'에 따른 은행의 대출금리 등을 고려하여 대통령령으로 정하는 비율을 곱하여 환산한 금액을 포함하여야 한다.

〈표 11-12〉 지역별 상가건물임대차 보호대상 환산보증금

지역(적용일 : 2014.1.1.이후)	환산보증금
서울특별시	4억원
수도권 중 과밀억제권역(서울시 제외)	3억원
광역시(과밀억제권역에 포함된 지역과 군지역은 제외), 안산시, 용인시, 김포시, 광주시	2억4,000만원
그 외지역	1억8,000만원

자료 : 박합수, 『비금융자산(부동산)투자설계』, 한국 금융연수원 출판사업부, 2016년, p. 76.

2) 대항력

임대차는 그 등기가 없는 경우에도 임차인이 건물의 인도와 사업자등록을 신청하면 그 다음 날부터 제3자에 대하여 효력이 생긴다. 이 경우 임차건물의 양수인(그 밖에 임대할 권리를 승계한 자를 포함한다)은 임대인의 지위를 승계한 것으로 본다.

3) 우선변제권

상가건물을 임차한 임차인은 대항력을 갖추고 관할 세무서에 임대차계약서 상 확정일자를 부여 받으면, 후순위 담보권자나 그 밖의 채권자보다 우선하여 변제받을 수 있는 우선변제권을 갖을 수 있다.

4) 최우선변제권

'상가건물임대차보호법'상 최우선변제권이 있는 소액임차인이 되려면 대항력을 갖추고 지역별로 소액임차보증금이하일 경우 보증금 중 일정액을 최우선적으로 변제받을 수 있다. 다만, 최우선적으로 보호되는 소액임차 보증금액의 합계액이 임차상가에 대한 경매대금의 1/2를 초과할 수는 없다.

〈표 11-13〉 최우선변제권 소액보증금의 적용범위

지역(적용일 : 2014.1.1.이후)	소액보증금	최우선변제금
서울특별시	6,500만원 이하	2,200만원 이하
수도권 중 과밀억제권역(서울시 제외)	5,500만원 이하	1,900만원 이하
광역시(과밀억제권역에 포함된 지역과 군지역은 제외), 안산시, 용인시, 김포시, 광주시	3,800만원 이하	1,300만원 이하
그 외 지역	3,000만원 이하	1,000만원 이하

자료 : 박합수, 『비금융자산(부동산)투자설계』, 한국 금융연수원 출판사업부, 2016년, p. 77.

5) 임대차기간과 계약의 갱신

기간을 정하지 아니하거나 기간을 1년 미만으로 정한 임대차는 그 기간을 1년으로 본다. 다만, 임차인은 1년 미만으로 정한 기간이 유효함을 주장할 수 있다. 그리고 임대차가 종료한 경우에도 임차인이 보증금을 돌려받을 때까지는 임대차 관계는 존속하는 것으로 본다.

임대인은 임차인이 임대차기간이 만료되기 6개월 전부터 1개월 전까지 사이에 계약갱신을 요구할 경우 정당한 사유(3기 이상 차임의 위반, 현저한 의무위반 등) 없이 거절하지 못 한다. 임차인의 계약갱신요구권은 최초의 임대차기간을 포함한 전체 임대차기간이 5년을 초과하지 아니하는 범위에서만 행사할 수 있다. 그리고 갱신되는 임대차는 전 임대차와 동일한 조건으로 다시 계약된 것으로 본다. 다만, 차임과 보증금은 증감할 수 있다.

보증금액을 초과하는 임대차의 계약갱신의 경우에는 당사자는 상가건물에 관한 조세, 공과금, 주변 상가건물의 차임 및 보증금, 그 밖의 부담이나 경제사정의 변동 등을 고려하여 차임과 보증금의 증감을 청구할 수 있다. 그런데 증액의 경우에는 약정한 차임등의 9%를 초과하지 못한다. 또한 임대차계약 또는 약정한 차임 등의 증액이 있은 후 1년 이내에는 다시 증액을 청구하지 못한다.

하반기 달라지는 부동산제도

구 분	내 용	시행시기
거래질서	지역주택조합 조합원 모집 신고제 도입 및 공개모집 의무화	6월
	실거래가 허위신고 제보하면 최대 1,000만원 포상금 지급	6월
	분양권 전매금지, 강남4구에서 서울 전역으로 확대	6월
투자 · 실수요	조정대상지역 LTV · DTI 10% 포인트씩 하향조정, 잔금대출 DTI 적용	7월
	집주인이 사는 다가구주택도 민간임대 등록 가능	7월
	조정대상지역 내 재건축조합원 주택 공급 수 제한	9~10월
	재건축 초과이익환수제 유예 종료 가능	12월
거래편익	부동산 전자계약 전국 확대 실시	8월
건물안전	공인중개사 건물 내진 성능 여부 설명 의무화	7월
	내진설계 의무 대상, 연면적 200m^2 이상 건축물로 확대	하반기
	아파트 하자보수 미루면 지자체장이 시정명령	10월

자료 : 부동산 114

'6 · 19 부동산 대책'으로 조정대상지역(서울 25개 자치구 전역, 경기 과천 · 성남 · 광명, 세종, 부산 해운대 · 연제 · 기장 등)의 집단대출 한도가 줄어든다. 올 하반기 아파트시장에 나서는 사람이라면 이 점을 명심하고 자금 마련 계획을 세워야 한다. 당장 다음주부터 조정대상지역의 주택담보대출비율(LTV)과 총부채상환비율(DTI) 규제 비율이 10%포인트씩 하향된다. LTV는 70%에서 60%로, DTI는 60%에서 50%로 낮아져 이전보다 대출 자금이 줄어들게 된다. 집단대출은 시행일(7월 3일)부터 입주자 모집을 공고하는 분양단지에 적용된다. 단, 앞서 입주자 모집 공고를 하고 계약까지 한 아파트라도 시행일 이후 분양권이 전매된 경우도 LTV · DTI 규제가 똑같이 적용된다.

분양아파트 잔금대출에도 새로 DTI를 50%로 적용한다. 또 올해 1월 1일 이후 입주자 모집 공고가 나온 아파트를 분양받아 입주 시점이 되면 잔금대출의 경우 일정 기간 원리금을 함께 갚아야 한다.

오는 7월부터는 다가구주택 집주인이 그 집에 실제로 살면서 세입자를 들여도 민간임대사업자로 등록할 수 있다. 세입자는 '연 임대료 상승률 5% 이하 · 의무 임대 단기 4년 보장' 등을 법적으로 보호받고 집주인도 재산세와 양도소득세 등 임대사업자로서 세금 일부를 면제받는다.

강남 재건축에 투자하려는 이들은 올해 말 재건축 초과이익환수제 유예가 종료될 가능성도 염두에 둬야 한다. 오는 12월 31일까지 관리처분인가를 신청하지 못한 재건축 단지는 2018년부터 초과이익환수제가 적용될 수 있다. 재건축 사업을 통한 초과이익이 조합원 1인당 평균 3000만원을 넘으면 초과이익의 최대 50%까지 부담금을 내야 한다. 초과이익은 준공시점 집값과 재건축조합설립추진위원회 설립시점 집값, 인근 일반 시세 상승분과 개발비용을 종합적으로 고려해 산정된다. 또 6 · 19대책으로 재건축 조합원 한 명이 소유할 수 있는 주택은 조정대상지역의 경우 원칙적으로 1주택이다. 다만 전용면적 60㎡ 이하 주택을 택할 경우 예외적으로 2주택이 허용된다. '도시 및 주거환경정비법'을 개정해 올 하반기(9~10월)에 시행될 예정이라 법 시행일 이후 사업시행인가를 신청하는 조합부터 적용된다.

매일경제신문 2017년 6월 28일

중요 개념 및 용어

부동산설계	부동산의 개념	협의의 부동산
광의의 부동산	준부동산	지목
점유권	본권	소유권
제한물건	용익권	전세권
지역권	지상권	담보권
저당권	유치권	질권
부동산공부	등기사항증명서(등기부등본)	건축물대장
토지 및 임대대장	토지이용계획확인서	개별공시지가확인서
법정지상권	지역권	지상권
필지	획지	대지
건폐율	용적율	전용면적
공시지가	기준시가	LTV(loan to value)
DTI(debt to income)	주택임대차보호법	상가건물임대차보호법
대항요건	우선변제권	최우선변제권

연습문제

1 부동산설계의 목표에 대하여 설명하라.

2 법률적 개념의 부동산을 협의의 부동산과 광의의 부동산으로 구분하여 설명하라

3 토지의 특성을 자연적 특성과 인문적 특성으로 구분하여 설명하라.

4 건물의 특성에 대하여 설명하라

5 담보권에 속하는 전세권, 지역권, 지상권에 대하여 설명하라

6 법적 지상권과 지역권에 대하여 설명하라.

7 공시지가와 기준시가에 대하여 설명하라.

8 LTV(loan to value)와 DTI(debt to income)에 대하여 설명하라.

9 '주택임대차보호법'에 의한 우선변제권의 성립조건에 대하여 설명하라.

10. '상가건물임대차보호법'에 의한 대항력과 우선변제권의 성립요건에 대하여 설명하라.

12 부동산설계(2)

학습목표

1. 부동산시장의 기본적인 사항에 대하여 이해하고 설명할 수 있다
2. 부동산시장을 분석할 수 있다.
3. 부동산정책에 대하여 이해하고 활용할 수 있다.
4. 부동산투자에 대하여 이해하고 활용할 수 있다.
5. 부동산유형별 투자전략에 대하여 이해하고 활용할 수 있다.

들. 어. 가. 기

최근에 오랜 기간 은행에서 일하고 곧 은퇴할 후배가 은퇴 후 노후관리를 어떻게 할까 고민하다가 찾아왔다. "역시 부동산이 제일 안전하지 않나요? 은퇴 후 월세라도 200만 원 정도 안정적으로 받고 살면 그리 걱정할 게 없을 것 같아요. 내 친구 김 부장도 최근에 퇴직했는데 조그마한 상가 2개를 갖고 있는데 매달 현금이 들어오니 맘이 편하다고 하네요." 라고 말하면서 상가를 매입할 의사를 밝혔다.

늘 그렇듯이 은퇴자의 경우 두 가지 부분에 관심이 있다. '부동산 임대수입이 매월 꼬박 꼬박 안정적인 수익을 가져다 줄 수 있는가?'이고, 또 하나는 '부동산 매입자금의 부족 시 쉽게 대출을 받을 수 있는가'의 여부이다. 대부분의 시니어들은 안정적인 임대소득을 가져다 줄 상가에 관심을 갖고 있다. 이 중에서 특히 역세권 상가는 은퇴자에게는 인기가 높다. 역세권 상가는 대표적인 수익형 부동산이기 때문에 안정적인 임대 수익을 보장받을 수 있으며 향후 시세차익을 볼 수 있다는 두 마리 토끼를 잡을 수가 있다고 판단해서 시장에 뛰어든다.

상가 2건에 투자하게 되었는데, 한 지역은 국제도시 개발예정지역이어서 향후 성장성이 높은 상권이 개발될 것으로 전망되어 맘이 놓였다는 것이다. 또 다른 투자지역은 서울시내 도심 재개발지역 상가이므로 동남아 관광객들의 발길이 연일 이어지는 주요상권이기 때문에 좋다는 것으로 세놓는 데는 문제가 없다고 생각한 지역이다.

개괄적으로 생각해보면 아주 잘된 결정인 것처럼 보인다. 그러나 우선 제일 먼저 생각할 일은 은퇴자의 입장에서 투자위험을 줄이는 방안이 우선되어야 한다. 미래 가격상승보다 부동산 임대수익의 현금흐름을 파악하여 결정하는 것이 제일 중요하다. 기대치 못지않게 다양한 투자위험이 내재해 있다는 것을 간과하는 경우가 많다. 우선 상가임대가 쉽게 나가지 않는다면 어떻게 할 것인가, 또는 '내가 관리비를 내면서 얼마나 버틸 수 있는가?'를 생각해 보아야 한다. 기대치 보다 적은 임대료가 들어온다면 어떻게 할 것인가? 또한 일단 초기에 투자금액이 많이 나가지 않기 때문에 완공 후 내가 보유하고 있는 자산을 어떠한 방법으로 매각하고 잔금을 지불할 수 있는지를 검토해 보아야 한다. 잔금을 지급할 수 없다면 어떠한 방법으로 대출을 받으며 이에 따라 이자지급 방안이 어떻게 해결할지 생각해 봐야 한다.

대부분의 경우는 긍정적인 부분만 생각하고 최악의 경우를 생각하지 못해 손해를 보는 경우가 많다. 이후에 이 친구는 심각한 문제에 봉착했는데, 처음에는 예상하지도 못한 위험에 부딪힌 것이었다. 우선 하나는 상가가 다 지어졌지만 상권이 형성되지 않은 상태가 지속되어 임대가 나가지 않아 몇 달째 공치다가 한 임차인이 들어와 장사를 시작했었다. 그러나 임차인이 장사가 뜻대로 되지 않아 1년 만에 가게를 닫고 또 다른 임차인을 기다렸지만 예상 임대가격보다 반값 싸게 주어도 들어오려는 사람이 없었다. 그래서 할 수 없이 몇 달 간 놀려둘 수밖에 없는 상황으로 치달았다. 문제는 다른 곳에서 발생되었다. 은행에서 돈을 빌려 차입한 금액의 이자를 제때 낼 수 없었다. 은행은 불량고객으로 간주하고 고율의 이자를 요청했고, 이마저 자금을 융통해낼 수 없는 지경에 다 달았다. 은행의 요구로 급기야 강제 경매 처분해야 하는 지경에 와 있어, 보유상가를 완공 후 2년도 안되어서 날려야 하는 입장이 된 것이다.

또 하나는 시내 중심상가는 완공도 되기 전에 분쟁이 발생된 것이다. 조합원간 분쟁, 옆 건물주와의 분쟁, 여러 가지 법적인 분쟁으로 상가의 완공기간이 더 길어져 예상비용이 더 들어가게 된 것이다. 건축비용도 덩달아 올라갔고 예상 추가비용도 더 오르니 분양가도 더 오르게 됐다. 기간은 지연되고, 못 낸 이자는 더 올라가게 됐다. 분양가격도 오르니 건축이 완료된 이후에도 임대료를 더 올려 받아야 하는 문제가 생겨 임대가 쉽게 나가지 않는 상황이 지속되어 갔다.

이제 문득 지난 결정들에 후회하는 마음이 들었지만 돌이킬 수 없는 일이 되어 버렸다.

CHAPTER

12 부동산설계(2)

제1절 부동산시장의 이해

1 부동산시장의 이해

1) 부동산시장의 특성

부동산시장은 부동산만이 갖는 자연적 특성으로 인해 지역에 따라 차별화가 심화되는 지역성, 불완전성의 특징이 있다. 또한 부동산의 법적, 정책적 규제 등으로 부동산시장은 불완전경쟁시장이라는 특징이 있다.

(1) 지역중심의 지역성 시장

부동산시장은 지역에 따라 별개의 부동산 가격이 형성되어 지리적 차별화가 큰 시장이다. 즉, 유사한 지역에 위치한 부동산끼리 유사한 가격이 형성되는 지역중심적 시장이라고 볼 수 있다. 부동산의 국지성의 특성으로 지역별, 부분시장별로 불균형적인 가격을 형성한다. 왜냐하면 위치의 고정성으로 인해 다른 지역의 시장과 연계관계가 적기 때문이다. 따라서 부동산간 비교분석이 쉽지 않고, 지역적으로만 통용되고, 그 지역에 한정된 불완전한 시장형태의 특징을 지니고 있다.

(2) 거래의 비공개성

부동산가격이 천차만별로 다양하게 형성되므로 부동산시장내의 정보수집이 필요하고, 많은 정보탐색비용이 소요된다.

(3) 부동산가격의 비표준화

부동산가격은 각기 그 가치가 다르므로 가격산정이 어렵고, 교환형태도 다르다. 또한 아파트, 연립주택 등의 표준화된 건물에도 토지와 결합된 상태에서의 새로운 상품이므로 동일 표준가격으로 가격이 형성될 수 없다.

(4) 수요 공급 조절의 곤란성

토지의 부증성으로 인해 공급이 비탄력적이므로 부동산에 대한 수요증가로 가격이 상승하더라도 공급을 늘리기가 어렵다. 따라서 부동산시장은 수요와 공급의 조절이 쉽지 않아 단기적으로 가격의 왜곡이 발생할 가능성이 높다.

(5) 다양한 기관이 참여

부동산은 유동성, 환금성이 부족한 상품으로 부동산공급에는 계획수립, 부지확보, 건축 활동으로 상당한 시간이 소요될 뿐만 아니라, 상당한 자금이 필요하다. 따라서 원활한 자금의 조달을 위해 금융기관, 건설업자, 중개기관 등이 부동산시장에 참여한다.

(6) 가격왜곡 현상

부동산가격의 안정화는 정부의 최우선 순위 정책이므로 가격이 급등락하지 않도록 행정조치뿐 아니라 정부정책이 동원된다. 이러한 요인으로 인하여 자율경쟁에 의한 시장 조절기능이 저하되어 가격왜곡 현상이 나타난다.

2) 우리나라의 부동산시장

(1) 우리나라 부동산시장의 전망

100세 시대의 우리나라 부동산시장은 저출산·고령화 현상으로 장·단기적으로 구조적 변화가 예상된다. 특히 저출산·고령화의 진행속도에 있어서 세계적으로 심각한 수준이어서, 우리나라와 발전궤적이 유사하게 앞서 나간 일본의 저출산·고령화로 인한 인구구조의 변화 현상과 그로 인한 부동산시장의 구조적 변화의 경험은 향후 우리나라 부동산시장의 방향을 예측하는데 시사하는 바가 크다[1].

첫째, 저출산·고령화로 인하여 부동산시장은 단기보다는 장기적으로 영향을 받을 것이다.

둘째, 인구구조가 변하고 전체인구가 감소하더라도 거시경제변수에 의해 당장 부동산시장의 붕괴가능성은 낮다.

셋째, 일본의 지방개발과 신개발 정책은 내수 진작을 겨냥한 부동산정책이었으나 성공적이지 못하였으므로 도시외곽의 신도시나 지방의 도심외곽에 위치한 도시개발사업 같은 부동산정책들은 엄격한 사업성 재검토가 필요하다.

(2) 일본 부동산시장의 사례 경험

고령사회를 겪고 있는 일본 부동산의 구조적 변화는 다음과 같다.[2]

① 장기간 진행된 저출산·고령화 현상은 인구분포와 부동산 분포에 따라 지역간 뿐만 아니라 지역 내의 차별화 현상이 심화되었다. 대도시와 지방지역 간에서는 지방 쇠퇴가 심각하였으며, 도심과 교외간 지역내에서는 대도시 교외부의 쇠퇴가 심각하였다.

② 대도시의 경우도 특히 도심에서 30km 이상 떨어진 교외지역은 인구구조의 고령화가 상대적으로 급속히 진행되어 전반적인 부동산 가격의 하락이 눈에 띄었다. 반면에 특히 대규모 신개발이나 용도변경이 가능한 지역인 도심의 일정지역에서는 소비자기호에 맞추어 설계된 소형 아파트나 맨션이 호응도가 좋았다.

③ 요약하면 일본 부동산의 경우는 지역에 따라 부동산가격의 차별화 현상이 심화되었는데, 도시 역세권부동산은 영향을 적게 받았으며 교외지역은 영향을 많이 받았으며, 소형 아파트는 호응도가 좋았다는 것이다.

---

1) 조주현, "고령화 사회를 겪고 있는 일본부동산의 구조적 변화", 『부동산연구』 21권 2호, 한국부동산연구원, 2011년.

2) 조주현, "고령화 사회를 겪고 있는 일본부동산의 구조적 변화", 『부동산연구』 21권 2호, 한국부동산연구원, 2011년.

3 부동산경기변동

1) 부동산경기

시장경제체제 하에서 경제상황 변화로 인해 산업활동 등 거시경제활동이 규칙적이고 반복적으로 변화하는 현상을 경기변동이라고 한다. 부동산경기도 일반경제와 마찬가지로 성장과 쇠퇴 등 경기순환 사이클을 갖고 규칙적인 사이클을 보이면서 확장국면과 수축국면이 반복되어 나타난다.

일반적으로 부동산경기라 하면 크게 두 가지로 구분할 수 있다. 부동산경기는 주거용 부동산건축경기를 의미하며 말하는데, 이를 '협의의 부동산경기'이라도 한다. 한편, '광의의 부동산경기'는 상업용 및 공업용 부동산의 건축경기, 토지경기를 포함한 부동산경기를 말한다.

2) 부동산경기의 특징

부동산경기는 각 부동산의 유형에 따라 개별적으로 이루어지는 경향이 있으며, 또한 부동산경기는 도시에 따라, 지역여건의 특수환경에 따라 달리 변동하고 있다. 같은 도시라하더라도 그 도시 내의 특수상황에 따라 지역적으로 변동되고 있다.

부동산경기는 주로 주거 목적으로 이용되는 주택경기를 말하는데, 일반경기에 비해 변동주기가 길게 나타나며, 일반국민이 주거목적으로 참여하는 시장이므로 일반경기변화에 민감하게 반응하지 않는다. 따라서 부동산사이클이 침체기에는 깊은 늪에 빠져 가격낙폭이 심하고 저점이 깊고, 상승기에는 과열의 정도가 높아 정점이 높다.

경기변동의 주기와 진폭도 일반경기와 다르게 나타난다. 부동산경기는 경제순환과 직접적인 영향을 갖고 밀접하게 움직이고 있으나, 일반경제순환과 시차를 두고 움직인다. 경제상황이 좋아지면 후행 파생효과로 나타난다. 이는 거시경제상황이 좋아지면, 개인들의 소득효과가 증대되어 부동산의 수요가 증가함에 따라 시차를 두고 부동산경기순환이 일어나기 때문이다. 이러한 부동산시장의 특성으로 인하여 부동산경기는 후행하거나 일반경기와 다른 형태로 나타난다.

또한 일반 경기변동과는 달리 부동산거래의 특징으로 인해 지역별로, 유형별로 세분화되어 각기 다른 양상을 보여준다. 일반적인 경기는 경제상황변화로 인해 국민소득 및 산업활동 등 거시경제활동이 전체적으로 규칙적이고 반복적으로 변화한다. 그러나 부동산경기는 부동산의 특성인 부동성과 용도의 다양성으로 인하여 국지적으로 세분화되어 움직이므로 지역에 따라 각기 다른 양상을 보인다.

3) 부동산경기 측정지표

부동산경기변동의 활발성 정도를 측정하는 지표로는 건축허가 착공량, 부동산 거래량 등이 있다.

측정지표 중 건축허가 착공량은 현재의 경제활동수준을 나타내는 동행지표이고, 건축허가 면적이나 건설수주 동향, 분양실적은 미래의 경제활동의 수준을 예측하는 선행지표이며, 건축완공량은 과거의 경제상황을 나타내는 후행 지표이다.

4) 부동산경기변동국면

부동산경기의 순환국면은, 부동산시장 고유의 안정기를 합하여 전부 5개 국면으로 설명하기도 한다. 4개 국면 또는 5개 국면의 부동산경기순환국면을 1주기라고 한다.

(1) 회복기

경기가 저점을 통과하여 회복하는 국면으로 지역적, 개별적으로 부동산이 회복되기 시작한다. 고객 수의 감소세가 둔화되고 고객의 출입이 약간씩 늘어나게 되면서 부동산거래 심리가 서서히 회복되고 투자심리가 호전된다. 부동산거래는 아직 활발하지는 않으나, 경기의 계속적인 침체상태에서 벗어나 소폭이나마 거래될 기미가 서서히 나타난다. 일반경제상황도 저점을 통과하는 시점과 맞물려 움직이므로 대부분 경제상황도 서서히 회복되는 시점이다. 또한 공실률의 증가세가 둔화되어 감소할 기미가 나타나고 건축허가신청건수가 서서히 증가한다.

(2) 호황기

부동산거래가 활발하게 진행되는 국면으로 부동산가격이 지속적으로 상승하는 국면이다. 이때는 부동산거래가 활기를 띠며 건축허가신청이 크게 증가한다. 매도자는 가격상승의 기대로 매도를 미루려 하기 때문에 매도자 중심시장이 지속된다. 따라서 매물 확보가 어려우며 공실률도 급감하여 임대료와 가격이 상승한다.

(3) 후퇴기

부동산가격의 정점도달로 부동산공급이 수요를 초과하기 시작하여 거래는 감소한다. 부동산가격은 하락하기 시작하여 공실률이 서서히 증가하며, 부동산거래건수가 점차 줄어들고 매수세도 둔화된다. 부동산거래에 있어 매수자 중심으로 변화하며 건축허가신청건수가 서서히 줄어든다. 부동산 분위기가 고조되었을 때 정점을 지나 후퇴기에 접어들기 때문에 임대료의 가격상승세에서 하향세로 돌아서고, 매수자 중심시장으로 전환되나, 아직 부동산의 투자 심리가 사라지지 않은 상태이다.

〈표 12-1〉 부동산경기변동국면 식별법

구 분	회복기	상향기	후퇴기	하향기
일반 경제 경기	회복기	확장기	후퇴기	수축기
부동산가격	하락중단, 상승기미	본격상승, 정점도달	상승중단 하락기미	본격 하락
부동산투자	투자심리 생성	투자활동 전개	신중한 국지적 투자	투자심리 위축
부동산공급	공급계획 수립	공급증가	과잉공급	공급감소
부동산수요	수요심리 생성	수요확대	선별적 실수요	수요위축
건축활동	증가 기미	본격 증가	정점 도달	감소세 반전

자료 : 허용회 · 이재국 · 부서만, 『자산운용-부동산』, 한국금융연수원, 2008년.

(4) 불황기

부동산투자심리가 위축되고 부동산거래가 저조하게 되는 시기이다. 후퇴국면이 지속되는 기간으로 기간은 짧다. 불황기의 모습은 지역에 따라서 부동산과열 정도가 다르게 나타는데, 과열지역의 경우는 깊은 불황을 맞게 되며 안정된 지역조건을 갖춘 지역은 상대적으로 불황의 도가 얕다. 거래침체로 매수자 중심시장으로 심화된다. 건축허가신청건수가 크게 줄어들고 분양이나 임대부진으로 개발사업자나 주택공급자는 자금난 등 심각한 재정적 어려움을 겪게 되고, 부동산가격은 더욱 하락하게 된다. 또한 공실률이 크게 증가하고 임대료나 가격이 하락한다.

(5) 안정기

일반경기에서 안정기라는 국면은 없으나 부동산시장에서만 존재하는 국면이다. 이러한 시점에서는 위치가 좋고 수요가 많은 역세권부동산이나 위치가 좋은 소형 평수의 아파트와 같이 수요자 중심의 부동산은 불황에 강하다. 부동산 고유의 지역적 특성을 보여주는 시기이다. 경기후퇴 영향을 적게 받으며 안정적인 가격세를 보이거나 가벼운 상승세를 보인다. 이 시기에는 일반부동산과는 달리 안정적으로 경기가 유지되거나 변동하는 국면으로 때로는 가벼운 상승을 지속하는 시장이다.

제2절 부동산시장분석

1 부동산경제

부동산경제학은 거시 및 미시 경제학적 방법론을 사용하여 경제현상 및 경제변수 들이 부동산시장 및 부동산가치에 어떻게 영향을 미치는가를 분석하는 분야를 의미한다. 부동산경제학에서 주로 분석하는 것은 미시적인 측면과 거시적인 측면에서 부동산시장이나 부동산 가치변동에 영향을 주는 요인이 무엇인가 밝혀내는 것이다.

거시적인 측면에서는 주요 거시경제변수와 제반 경제정책이 부동산시장에 어떻게 영향을 미치고 이들 변동요인이 부동산산업에 어떻게 영향을 미치는가를 분석하는 것이고, 미시적인 측면에서는 지역적 수요요인과 공급요인이 무엇이며, 지역부동산가격에 어떻게 영향을 미치는가를 분석하는 것이다. 미시적 측면에서는 보다 세부적으로 부동산의 가치를 분석하고 사업성을 분석하는데, 실무분야에서의 부동산경제학은 미시적인 측면에 초점을 둔 분석을 행함으로써 부동산의 사업성, 부동산투자의 타당성 및 미래 부동산가치의 예측 등에 활용되고 있다.

2 부동산시장분석

부동산시장을 분석하는 방법은 크게 시장에 초점을 둔 분석과 개별의사결정에 초점을 둔 분석으로 분류할 수 있다.

1) 시장에 초점을 둔 분석

① 지역경제분석 : 인구, 고용, 소득 등 전체시장의 모든 부동산에 대한 수요를 주로 분석한다.
② 시장분석 : 전체시장에서 특정유형의 부동산형태에 대한 수요와 공급을 주로 분석한다.
③ 시장성분석 : 입지의 최유효이용과 부동산의 경쟁력을 주로 분석한다.

2) 개별의사결정에 초점을 둔 분석

① 타당성분석 : 부동산관련 특정프로젝트의 성공가능성에 대한 타당성을 주로 평가·분석한다.
② 투자분석 : 특정부동산의 투자가치를 평가·분석하는 것으로, 재원조달전략

분석을 더불어 행하는 경우가 많다.

3 부동산시장의 영향요인 분석

부동산시장은 거시적 요인과 미시적인 요인에 의해서 영향을 받는다. 부동산시장에 영향을 미치는 거시적 요인으로는 경기동향, 소득 및 소비수준, 금리, 물가수준 및 통화량, 금융·재정정책, 인구구조의 변화 등을, 미시적인 요인으로는 부동산정책과 관련된 행정적 조치, 각종 부동산거래에 대한 규제 및 완화조치, 부동산세제, 구매력 등을 들 수 있다.

1) 경기동향

경기동향은 부동산시장에 커다란 영향을 미치는 요인 중의 하나이다. 일반적으로 경기가 호황이면 소득이 증가하고 도시로의 인구유입증가에 따른 신도시개발 등에 기인하여 건설 및 부동산 관련분야가 활기를 띤다. 반면에 경기가 불황이면 투자가 위축되고, 보수적인 자금운용 경향이 팽배해짐에 따라 부동산시장은 침체된다. 그러나 이러한 경기동향은 국지적이고 일시적인 주택공급부족지역까지는 영향을 미치지 않아, 일부지역에서는 경기가 침체되고 있는 상황에도 불구하고 부동산가격이 상승하는 경우도 있다.

2) 금리

금리 또한 부동산시장에 크게 영향을 주는 경제변수이다. 만약 금리가 상승하면, 이에 따라 예금금리도 높아져 금융부문이 시중의 유동성을 흡수하게 되어, 상대적으로 부동산시장은 투자수요가 위축되어 부동산가격이 하락한다. 또한 대출금리도 높아짐에 따라 자금조달비용이 증가해 부동산관련 사업에 대한 기대치 저하로 부동산시장이 침체될 소지가 많다.

반면에 금리가 하락하면, 예금 등 금융상품의 수익률저하로 투자의 대체처로서 부동산시장이 부각되어 부동산시장에 자금이 유입된다. 또한 대출금리도 낮아짐에 따라 부동산수요자의 대출금 상환여력이 향상되어 부동산거래가 활발히 이루어진다.

3) 인플레이션

일반적으로 인플레이션이 발생하면 화폐가치가 떨어지기 때문에 가치하락을 보전하는 수단으로 실물투자의 일환으로 부동산투자가 활발히 일어난다. 이와 같은 관점에서 볼 때, 부동산투자의 목적은 인플레이션의 헤지(hedge)에 있다고도 말할 수 있다.

4) 인구구조의 변화

부동산의 수요층인 인구구조의 변화도 부동산가격결정에 영향을 미친다. 특히 우리나라의 경우, 인구의 구조변화가 부동산가격에 상당한 영향을 미친 것을 확인할 수 있다.

먼저, 베이비 1차 붐(1955-63년생)세대 약 720만명이 결혼할 무렵인 1970년대와 80년대에 중동특수, 월남전쟁특수와 맞물려 소형 아파트를 중심으로 부동산가격이 크게 올랐던 사실을 통하여 알 수 있다.

한편, 2차 베이붐 세대(1967-74년생) 약 960만명이 결혼 등으로 아파트 수요가 증가했던 2000년대에 베이비 붐 1차자들이 소유하고 있던 소형 아파트를 매수하고, 베이비 붐 1차 세대들이 중대형 아파트로 교체하게 됨에 따라 중대형 아파트 가격을 중심으로 상승하였다.

그러나 노령화시기로 접어드는 2015년에는 중대형 아파트를 중심으로 수요 감소로 부동산가격은 하락세를 보이고 있는 반면, 1인 가족증가 세태를 반영하여 소형 부동산을 중심으로 매기가 나타나는 현상을 보이고 있다. 이러한 인구변화와 부동산가격의 상관관계는 고령화시대를 우리보다 미리 경험한 잃어버린 20년의 일본의 부동산가격 하락추세에서도 쉽게 읽을 수 있다.

5) 부동산정책

우리나라의 경우 정부의 개입으로 상징되는 부동산정책이 부동산시장에 상당한 영향을 미치고 있다. 대표적인 부동산정책으로 대출규제정책을 들 수 있는데,

정부는 대출규모, 대출대상, 금리, 소득공제 등을 조절하는 방식으로 대출규제정책을 시행하고 있다. 대출은 부동산시장에 자금이 유입되는 데 결정적인 역할을 하기 때문에 대출규제정책의 여하에 따라 시장의 유동성이 좌우된다. 특히 부동산가격 상승기에 시행하는 대출규제정책은 가격하락기에 사용하는 부양책보다 커다란 영향을 미치고 있다.

6) 구매력

부동산시장에서의 구매력은 부동산수요자의 소득 대비 부동산을 매입할 수 있는 여력을 말한다. 주택시장의 대표적인 구매력지표인 PIR(Price to Income Rate)은 주택가격을 연간소득으로 나누어 측정한다.[3] 따라서 구매력은 소득이 일정한데 주택가격이 하락하면 구매력이 회복되고, 주택가격이 일정한데 소득이 감소하면 구매력이 위축되는 등 부동산수요자의 소득과 주택가격의 변화에 따라 구매력이 변동된다.

7) 수요와 공급

모든 재화나 서비스의 가격이 수요와 공급에 의해서 결정되듯이, 부동산가격도 궁극적으로는 부동산시장에서의 수요와 공급에 의해서 결정된다. 따라서 부동산시장에 영향을 미치는 가장 중요한 요인은 부동산수요의 변화요인과 부동산공급의 변화요인이라고 할 수 있다.

(1) 부동산수요의 변화요인

사회적인 측면으로는 인구구조의 변화, 가족문화의 변화로 인한 핵가족화 및 1인 가족 수 증가, 교육 및 복지수준 등이 있다. 거시적 측면으로는 소득수준의 변화, 이자율의 변화, 소비수준의 변화추세, 물가수준 및 통화량, 금융 재정정책, 기술혁신 및 산업구조, 경제성장과 국제수지 등이 있다. 미시적인 측면에서

---

3) 일반적으로 경제학에서 말하는 구매력지수(Purchasing Power Party : PPP)는 물가와 환율이 같다고 가정할 때, 상품을 구매할 수 있는 능력을 나타낸 지표이다.

는 부동산정책과 관련된 행정적 조치, 각종 부동산거래에 대한 규제와 완화, 부동산세제 등이 있다.

인구수가 증가하고, 1인 가족이 증가하거나, 산업시설이 증가한다면 부동산의 수요가 증가하게 되며, 규제완화, 세금감면, 금융지원 등도 수요증가요인으로 작용한다. 반면에 각종 부동산 거래에 규제나, 부동산세제 강화, 부동산을 대체할 투자상품이 증가하면 부동산수요가 감소할 것이다.

(2) 부동산공급에 영향을 주는 요인

부동산공급에 영향을 주는 요인으로는 정부정책, 금융정책 등을 들 수 있다. 정부정책으로는 공공주택의 공급규모, 신도시창출 등이 있으며, 금융정책으로는 대출금리의 완화, 공공임대사업자에 대한 금융지원, 주택임대 관리업의 활성화, 양도소득세 감면, 생애 최초 주택구입 장려, 전월세 소득공제, 장기 주택대출 소득공제 등이 있다.

(3) 부동산가격의 결정

부동산가격도 다른 재화나 서비스의 가격결정원리와 같이 수요와 공급이 만나는 점에서 결정된다. 그러나 부동산의 수요와 공급은 일반재화와 다른 특성을 지니고 있다.

부동산은 공급탄력성이 제한적이어서 수요증가에 의해 쉽게 공급을 증가시킬 수 없다. 즉, 부동산이 지니고 있는 특성인 부증성으로 인하여 부동산수요가 증가한다고 하더라도 손쉽게 공급을 늘릴 수 없다는 것이다. 아파트의 수요가 증가되더라도 쉽게 새로운 아파트를 공급할 수 없기 때문이다. 토지의 경우에도 토지가 한정되어 있어 수요가 증가하더라도 물리적인 절대량을 늘릴 수 없다. 따라서 정부는 부동산정책에 의하여 부동산공급을 권장하거나 수요진작정책으로 부동산가격 안정화를 꾀하려고 한다. 예를 들어 입주물량이 증가하면 일정기간 동안 공급물량의 폭주로 인해 역전세난이나 매매가격하락으로 이어져 주택가격에 직접적으로 영향을 미친다. 이때 정부는 수요진작을 위해 각종 부동산거래에 대한 규제완화, 부동산세제의 인하 등 수요진작책을 통하여 부동산가격이 급락하는 것을 막으려고 한다. 이와 같이 부동산가격은 정부의 다양한 정책에 의해 급등락의 속도가 둔화된다.

부동산은 국지적 특성을 지니고 있다. 따라서 부동산시장 전체의 수요와 공급보다는 대상부동산이 입지한 국지적인 시장의 수요와 공급을 분석해야 한다.

제3절 부동산정책

부동산정책은 정부가 부동산활동을 유도하기 위해 목표를 세우고 이를 달성하기 위한 대책을 계획하여 실현하는 행위를 의미한다. 이와 같은 부동산정책은 부동산문제를 해결 내지는 개선하기 위해서 뿐만 아니라, 부동산과 인간과의 관계를 개선하기 위해서도 필요하다. 대표적인 부동산정책의 수단으로는 주택정책, 토지정책, 조세 및 금융정책 등을 들 수 있다.

1 주택정책

주택정책은 최근에 들어 비중이 더욱 커지고 있는 부동산정책의 하나로서, 주로 주택공급, 주택가격, 주거환경의 개선 등의 측면에 중점을 두고 시행되고 있다.

1) 주택공급

주택공급은 주택정책의 근본으로, 필요한 곳에 적시에 안정적으로 공급되어야 한다. 즉, 저소득층 주거안정을 위해서뿐만 아니라, 민간이 수요하기를 원하는 적정량을 확보할 수 있도록 공급되어야 한다. 주택보급률은 100%가 적정수준이라고 말할 수 있지만, 현실적으로는 이사 등에 대비한 예비주택 마련, 주택노후화의 대비, 새 주택 등의 품질선호도 등을 고려한 여유분이 필요하다. 주택공급은 부동산의 국지성에 기인해 지역간 대체가 어려우므로 특정지역 내에서의 수요공급차원에서 이루어져야 한다.

2) 주택가격 대책

정부는 주택가격이 상승할 경우 대출규제와 세금중과세 등의 투기억제조치를 실시하고, 주택가격이 하락할 경우에는 대출규제완화, 세금감면 등 부양책을 실시하여 주택가격이 적정선을 유지하도록 하고 있다.

3) 주거환경의 개선

최근 주택정책 중에서 주거환경개선의 중요도가 점차 증가하고 있다. 사회가 발전해감에 따라 주택정책이 양적인 주택공급과 가격의 적정성을 해결함과 아울러 질적인 향상도 중요시되고 있기 때문이다. 이에 따라 최근 정부는 주거환경에 적합한 입지, 쾌적한 주거환경조성, 내부설계와 적절한 시공, 지속적인 시설관리 등을 통한 기능유지 등 주택환경 개선정책을 강화하고 있다.

2 토지정책

토지는 부동산활동의 기본이 되는 재화로, 토지활동을 규제하는 정책은 부동산의 근간을 좌우하게 할 정도로 다양하게 영향을 미친다.

1) 토지관리체계 구축

정부는 원활한 토지활동을 지원하기 위해 토지의 개발, 거래, 이용계획, 과세 등이 제대로 원활하게 실행될 수 있도록 합리적인 토지관리체계를 구축하고, 이와 관련한 법률을 규정하고 있다.

2) 토지이용계획 및 공공용지의 확보

정부는 토지의 개발과 보전, 체계적인 관리를 위해 토지이용에 대한 계획수립, 실행, 사후관리 등에 힘쓰고 있다. 이를 위해 공공용지를 확보하고 광역계획, 지역계획, 국지계획 등 타 계획과의 상호보완성을 고려하여 토지이용계획을 수립하고 있다.

3) 토지소유권의 규제

부동산활동은 소유권을 기반으로 이루어지므로 정부는 사용권, 수익권, 처분권 등의 소유권을 제한함으로써 소유권을 규제하고 있다. 개발이나 보전, 변환, 특정시설의 설치 및 이전, 거래, 가격, 소득 등에 대한 규제가 이에 해당된다.

3 조세 및 금융정책

1) 조세정책

정부는 취득단계, 보유단계, 양도단계에서 취득세. 보유세, 양도소득세 등을 각각 부과하거나, 면허세나 각종 부담금을 정책목적에 따라 활용함으로써 부동산경기를 조절한다.

2) 금융정책

부동산과 관련하여 금융은 사업자금의 역할을 하거나, 매입자금 등 구매력을 보충하는 역할도 하며, 대출을 통하여 레버리지효과도 창출한다. 또한 금리의 변화는 부동산시장 투자와 가격에 지대한 영향을 미친다.

(1) 금리정책

일반적으로 저금리는 부동산가격을 상승시키고, 고금리는 부동산가격을 하락시키는 효과가 있다. 이와 같이 정부는 금리를 부동산가격 조절목적으로 직접 사용하지는 않지만, 경제상황에 따른 경기조절용으로 금리를 활용할 경우 부동산시장에 커다란 영향을 미친다.

(2) 대출정책

대출의 한도와 금액, 대출자격을 규제하는 대출정책은 부동산시장에서 즉시 시행되므로 파급효과가 크다. 대출정책으로는 ① 중앙은행에서 금융기관별 대출총량을 제한하는 방법, ② LTV(loan to value), DTI(debt to income)등 대출수요자 개인에 대한 담보비율제한과 소득을 기준으로 상환여력을 평가하여 대출한도를 조절하는 방법 등이 주로 활용된다. 또한 ③ 대출대상을 제한하여 특정계층과 소득기준이하의 수요자만 이용이 가능하도록 규제하기도 하고, 경우에 따라서는 부동산시장을 활성화시키기 위하여 ④ 대출규모와 대상을 확대하거나, 소득공제 등의 혜택을 주는 정책을 활용하기도 한다.

4 우리나라의 부동산정책

1) 부동산정책의 유형

우리나라의 부동산정책은 시장의 과열을 막기 위한 가격안정정책과 침체된 시장을 회복시키기 위한 적극적인 경기활성화정책으로 구분할 수 있다. 가격안정화대책에는 거래규모규제, 조세강화, 금융규제 등을 통한 수요억제정책, 분양을 통한 신규공급 및 임대주택공급의 확대, 재건축 등 공급측면의 각종 규제강화 및 분양가 상한제, 분양가 자율화 및 건설사 지원제도, 등기관리 및 중개업의 투기단속 및 세무조사 등이 있다.

한편 경기활성화대책에는 투기억제를 위한 각종 규제완화, 자금 및 세제지원을 통한 수요진작, 공급규제완화를 통한 공급확대 등이 있다.[4)]

이 외에도 부동산정책에는 서민주거 안정대책, 부동산시장 선전화대책이 있다.

전세자금 및 서민주택 구입자금 지원, 저가주택 혹은 임대주택 공급확대 등은 서민주거 안정대책에 해당되고, 부동산실명제, 실거래가 등기, 과표현실화 등은 부동산시장 선진화대책에 해당된다(〈표 12-2〉참조).

---

4) 김대용, '우리나라 부동산정책변화에 대한 검토 및 시사점-역대 정부별 주택정책을 중심으로', 『주택금융월보106호(2013년 5월호)』, 2013년, p. 7.

〈표 12-2〉 유형별 부동산정책과 주요 정책수단

정책구분			정책수단: 토지	정책수단: 주택
가격안정(투기억제)대책	수요억제	거래규제	• 검인계약서제	• 주택거래신고제/투기과열지구/투기지역
			• 토지거래허가제 및 토지거래신고제	• 청약저축제도/청약자격제한 및 우선공급 대상지정/분양권 전매제한
			• 농지취득자격증명제, 임야매매증명제	
		조세강화	• 양도소득세 • 종합토지세	• 부동산관련세의 과표 현실화(취득세, 등록세, 양도세 등) • 종합부동산세, 재산세 강화
		금융규제		• 주택담보 인정비율(LTV), • 총부채상환비율(DTI)규제
	공급확대	공급확대		• 신규 분양 및 임대주택 공급
		공급규제		• 재건축관련 규제강화(심의, 평가, 용적률 등) • 수도권 과밀억제 군역 내 소형 주택건설 의무화
	부동산 공개념제도		• 택지소유상한제 • 토지초과이득세	• 개발이익 환수제 • 채권입찰제 및 가격제한
	등기관리		• 부동산실명제 • 부동산등기의무제	• 실거래가 신고 의무제
	기 타		• 분양가 상한제도입 • 투기단속, 투기 관련자 제재	• 부동산중개업 • 세무조사 및 자금출처조사
경기활성화	수요진작	거래활성화		• 주택거래신고제 폐지 • 청약자격 완화 • 분양권 전매제한 완화
		금융지원		• 구입자금 및 전세자금 지원 • 금리인하, LTV 및 DTI규제 완화
		조세감면		• 취득세, 등록세, 종부세, 재산세 감면/면제

<table>
<tr><td rowspan="3">대책</td><td rowspan="2">공급확대</td><td>공급규제완화</td><td>• 토지이용 규제의 완화</td><td>• 재건축, 다가구주택 등에 대한 주택건설 규제완화</td></tr>
<tr><td>신규개발계획</td><td>• 개발계획</td><td>• 신도시 개발계획</td></tr>
<tr><td colspan="2">기타</td><td></td><td>• 분양가 상한제 폐지
• 건설사 자금 및 신용보증 지원 등</td></tr>
<tr><td rowspan="2">서민주거안정</td><td colspan="2">주택자금지원</td><td></td><td>• 전세자금 지원금 확대 및 금리인하</td></tr>
<tr><td colspan="2">임대주택활성화</td><td></td><td>• 임대주택 건설용지 확대
• 임대주택 건설지원</td></tr>
</table>

자료 : 김대용, '우리나라 부동산정책변화에 대한 검토 및 시사점-역대 정부별 주택정책을 중심으로', 『주택금융월보106호(2013년 5월호)』, 2013년, p. 7.

제4절 부동산투자

1 부동산에 저당잡힌 100세 시대

부동산설계의 목적은 재무적 목적과 비재무적인 목표가 있는데, 시세차익을 겨냥한 재무적 목표뿐만 아니라 안락한 거주 공간을 제공하는 삶의 터전을 제공해 주는 비재무적 목표도 포함한다. 더욱이 100세 시대의 부동산설계의 재무적 목적에는 생활비에 보탬이 되도록 지속적으로 매달 일정한 자금을 가져다 줄 고정 임대수입을 제공하여 현금흐름을 창출할 수 있다면 금상첨화이다.

현재 한국의 가구당 자산 중 부동산비중은 다른 나라에 비해 매우 높다. 한국의 한세대를 풍미했던 한국의 베이비 붐 시대의 50~60대들은 부동산 상승기에 살아왔기 때문에 부동산에 대한 믿음이 매우 크다. 수십 년간 부동산가격이 오르는 것 만 보면서 살아왔기 때문이다. 통계청이 발표한 '2013년 가계금융조사

결과'에 따르면, 우리나라 60세 이상 가구의 전체자산 중 부동산 등 실물자산이 차지하는 비율이 83%에 달한다고 한다.

그러나 부동산침체 경기상황에서도 50~60대들은 아직 부동산이 가장 유망한 투자대상이라는 생각을 갖고 있는 것도 현실이다. 아직도 많은 사람들이 부동산 경기침체와 관계없이 장단기의 가장 매력적인 투자처라고 생각하고 있다. 100세 시대를 대비하여 단기적으로는 주식이나 펀드 등을 선호하지만, 장기투자로는 부동산을 선호하고 있다고 한다.

부동산을 선호하는 이유는 부동산가격상승으로 다른 투자수단보다 더 높은 수익률을 추구할 수 있었다는 과거의 경험 때문이다. 주식이나 채권의 수익률이 부동산투자수익률보다 하회하였고, 또한부동산거래 또한 활발하여 거래 유동성에 문제가 적었다. 이와 같이 부동산의 투자수익률이 여타 상품보다 높았기 때문에 항상 투자 1순위였다. 따라서 인구구조의 변화기와 경제성장기를 경험한 베이비 붐시대의 투자자들은 부동산에 대한 기대치가 남다르다.

최근 경기침체에도 불구하고 소액투자용 부동산을 매입하여 노후를 부동산 임대수익에 의존하려는 경향이 있다. 향후 부동산가격상승을 기대하고 일정 임대소득을 얻어 100세 시대의 노후를 풍요롭게 보내려고 하는 것이다. 부동산 투자를 통한 자산가치상승이나 임대소득에 대한 기대치가 아직도 높기 때문이다. 이 순간 100세 시대의 노후는 부동산에 저당잡힐 수 있다

2 부동산투자의 위험

100세 시대의 부동산투자의 위험은 어디에 있는지 살펴보자.

금융자산이나 실물자산투자 시 기본적으로 고려해야 속성은 유동성, 안전성과 수익성이다. 부동산은 속성상 유동성이 낮을 뿐만 아니라 위험성이 높은 자산이다. 이와 같이 부동산은 주식과 마찬가지로 위험자산이기 때문에, 부동산투자는 투자에 따른 기대수익이 있으면 이에 따른 위험이 뒤따른다. 부동산투자의 위험은 분산투자를 통하여 감소시킬 수 없는 위험으로, 부동산시장경기, 인플레이션 등 부동산시장과 관련된 제반환경요인에 의하여 영향을 받는다.

부동산투자는 부동산 투자 환경의 변화로 인한 법적·재무적 위험을 비롯한

다양한 위험에 직면하게 되는데, 부동산투자에 따른 주요 위험을 정리하면 다음과 같다.

1) 유동성위험

유동성위험은 부동산거래가 원활하지 않아서 현금화가 어렵거나, 부동산 매입시 자금조달의 부조화(mis-match)로 발생하는 위험을 의미한다. 즉 부동산을 현금화하고자 할 때 매매거래가 용이하지 않거나 또는 매수를 하려고 할 때 부동산의 희소성으로 발생하는 위험을 말한다.

2) 부채규모 증가 및 이자율 위험

최근 부동산 매입을 위한 가구당 부채규모의 증가추세로 매수여력이 한계에 와있다. 또한 부동산의 투자 수익률은 레버리지 효과(leverage effect)를 통해 이자율의 변동에 민감하게 움직이는 경향이 있다. 이와 같이 부동산은 대출을 통하여 매입하기 때문에 부동산가격은 이자율의 변화에 민감하게 반응한다.

3) 자산가격변동성의 위험

부동산투자는 시장상황변동과 경기변동으로 인해 가격의 변동성위험에 노출되어 있다. 최근에는 인구구조의 변화에 따라 고령화와 1인 가구의 증가로 부동산수요가 감소하여 부동산경기가 위축되고 있고, 이에 따라 부동산의 가격 변동성도 점차 커지고 있다.

4) 기타

부동산투자는 법적 및 세금위험, 행정위험 등 다양한 위험에 노출되어 있다.

양당사간 거래에 따른 법적 소송위험과 부동산관련 법률개정, 세법개정에 따른 법적위험과 조세정책변화에 따른 위험이 이에 해당된다. 부동산관련 세법변경이나, 임대료규제 등으로 부동산가격은 변동된다.

3 100세 시대의 부동산투자의 기본원칙

부동산투자의 최우선은 현금흐름과 안전성에 초점을 맞추어야 한다. 최근과 같이 인구구조의 변화로 수요층이 감소하고 저성장하는 시기에는 부동산침체 가능성이 높으므로 가치상승보다는 안전성에 초점을 두어 현금흐름이 좋은 수익형 부동산에 역점을 두는 것이 안전하다. 본격적인 노후생활을 시작하는 100세 시대에는 위험자산의 비중을 줄이고 안전자산에 비중을 늘려야 한다.

1) 가계자산은 안전성에 역점

여유자금이 있다고 해서 새롭게 부동산으로 무리하게 부동산비중을 늘리거나, 잘못된 투자로 인해 안전성을 훼손한다면 이를 회복할 수 있는 시간적 여유가 없다. 부동산자산의 비중을 미국, 일본에서처럼 전체자산의 50% 미만으로 줄여서 자산구성의 균형감각을 가질 필요가 있다.

2) 자산가치 증대 기대보다 현금흐름 중심

100세 시대에 대비해 장기적으로 장수리크스를 고려한다면, 가치상승을 겨냥한 투자보다는 노후까지 안정적으로 현금흐름이 창출되는 부동산운용방안이 100세 시대의 부동산투자전략이다.

100세 시대의 부동산투자는 우량지역의 우량 부동산자산으로 압축하여 장기적으로 투자하는 것이 좋다. 선진국에서도 중산층이 살고 있는 거주목적의 우량 거주지역은 가격등락이 심하지 않다.

일본의 사례를 통하여 살펴보았듯이 상대적으로 인구와 수요가 줄어드는 지방도시나 외곽의 비인기지역은 가격변동성이 더욱 커질 가능성이 농후한 경향이 있으므로 중산층 거주지역이나 중산층 선호지역을 중심에 초점을 두어야 한다. 100세시대의 부동산투자전략은 자본이득을 추구하기보다는 노후까지 안정적으로 운용하여, 장차 소득원이 사라지는 은퇴시기 이후에 규칙적으로 현금흐름수입을 확보하는 것이 더 중요하다.

3) 임대수입이 보장되는 수익형 중심 부동산으로 운용

만약 부동산에서 나오는 임대수입으로 100세 시대의 삶을 영유하고자 한다면, 수익형 부동산에 투자하여 임대수입이 노후생활비의 20%가 되도록 하는 것이 좋다. 설사 임대수입이 줄어들더라도 노후생활에 지나치게 영향받지 않도록 운영하여 안정적인 삶을 영위하도록 하는 것이 중요하다.

4) 기타

100세 시대에는 현금흐름에 초점을 두고 역세권 수익형 부동산의 급매나 경매를 활용해 부동산에 투자하거나, 만약 단독주택만 보유하고 있다면 기존주택을 십분 활용해 부분개조나 개축을 통해 임대용 주택화하면 현금창출이 가능한 수익성 부동산으로 전환할 수 있다. 개조는 주택의 가치를 높이는 최적의 리모델링 방법으로, 원룸으로 바꾸거나 다가구주택을 다세대주택으로 전환하는 방법이다. 이 방법은 임대수요층이 두터운 곳이어야만 사업성이 있다. 임대수익이 높은 상품으로 전환되어 월세비중이 높아 위험부담이 낮다.

제5절 부동산유형별 투자전략

부동산설계의 목적은 가치상승으로 인한 재산증식이나 임대소득의 취득 등에 있다. 본 절에서는 부동산설계의 목표를 실천하기 위한 투자대상을 크게 아파트, 재건축, 재개발 아파트, 상가, 오피스텔, 부동산금융상품으로 구분하고, 각 투자대상에 투자할 때 검토해야 할 사항과 투자전략을 살펴보고자 한다.

일반적으로 부동산의 투자대상은 주거용 부동산, 업무용 부동산으로 분류된다.

〈표 12-3〉 부동산 투자대상의 분류

수익발생	투자주체	투자분류	투자대상	취득방법	투자주체
매매시장	실수요자용	주거용	단독주택, 아파트, 유사 공동주택, 분양권, 재건축, 재개발	일반매매 경매 공매	실수요자용 투자용
임대차 시장	투자용	상업용 임대용	아파트상가, 전문테마상가, 오피스텔, 도시형 생활주택, 업무용 빌딩		
		공업용	공장시설, 토지, 공장부지		
금융상품별 투자상품	투자원천별 구분	부동산펀드, 부동산투자신탁(REITs), 자산유동화증권(ABS), 주택저당증권(MBS) 등			

부동산투자는 저성장과 더불어 저금리현상이 지속됨에 따라 부동산으로 노후를 준비하려는 사람이 증가되어 수익형 부동산의 관심이 지속될 것으로 예상된다. 최근 1~2인가구가 2035년에는 68.3%로 가구당 인구 구조가 변화할 것을 추산하고 있다. 예금금리가 3% 내외인 상황에서 60세에 은퇴하여 100세까지 살아야 한다고 가정할 경우, 40년간을 별다른 소득이 없이 살아야 한다면 임대소득이 소득공백기간에 좋은 투자대상이 될 수도 있다. 이에 따라 수익형 부동산의 임대소득에 대해 관심이 부동산경기와 무관하게 지속적으로 증가하고 있다

향후에는 환경, 에너지, 네트워크 등 새로운 기술도입으로 부동산도 기술의 융합이 이루어질 것이다. 이에 따라 차별적인 소비자요구를 충족시키고 소비자의 관심을 반영한 차별화된 부동산에 대한 투자가 눈에 띄게 증가할 것이다.

1 아파트투자전략

아파트는 가장 손쉬운 투자 대상의 하나이다. 그러나 과거 가격상승을 유인했던 서울강남 아파트도 최근 부진을 면치 못하고 있다. 따라서 주택담보대출의 부실가능성과 신규 수요부진 등으로 부동산투자설계를 할 때부터 장기적인 안목으로 투자하는 것이 필요하다. 장기적으로 보면 살기 좋은 아파트가 결국 가격도 올라 재산증식의 계기도 마련해준다.

아파트 선택 시 감안해야 할 부분은 부동산위치이다. 지하철역에서 멀지 않고, 주거환경과 교육환경이 좋은 지역이 성장가능성도 높은 지역이다. 주거용

부동산은 부동산 투자에 경험이 많지 않은 사람도 접근이 쉽다. 우리보다 먼저 저성장·저금리시대를 경험한 일본의 경우도 인구구조의 변화로 1~2인 가구 증가에 따라 소형 아파트 선호현상이 눈에 띄게 증가한 것처럼 우리의 경우도 가구당 거주자수가 감소하여 면적이 적은 소형 아파트의 수요가 증가될 것으로 예상된다.

아파트에 투자할 때 고려해야 할 사항을 살펴보면 다음과 같다.

첫째, 대단위 가구단지인지 살펴보아야한다. 전체 세대수가 500세대 이상의 가구 수가 많은 아파트단지가 좋고, 인근지역의 랜드 마크로서 위치라면 더욱 좋다. 또한 학군이 좋거나 교육환경이 좋으면 입지도 좋아진다. 대단지 일수록 효율적인 아파트관리가 가능하기 때문이다.

둘째, 생활 편의시설주변에 생활하기 편하도록 아파트단지 내의 부대시설 및 편의시설이 갖추어져 있고, 아파트단지 주변에 학교, 은행, 우체국, 동사무소, 치안센터 등 공공시설과 대형할인마트 등 편의시설이 있으면 더욱 좋다.

셋째, 주변 환경아파트단지 근교에 산, 호수 등 공원이 위치하고 있어 쾌적한 환경이 있어야 주거환경으로 적합하고 조망권이 있으면 더욱 더 좋다.

넷째, 교통환경이 좋아야한다. 편안한 주거활동을 하기 위해서는 대중교통수단의 접근성과 도로 및 주차장시설이 잘 갖추어져 있어야 한다.

다섯째, 효율적인 관리운영체계가 되어있어야 관리비가 적게 든다. 아파트의 노후화로 지나치게 많은 보수유지비 발생은 관리비 증대요인이 되므로 관리비비용도 적절한지 살펴보아야 한다. 또한 관리시스템이 주민중심적으로 관리되어 있는지도 살펴보아야 하고, 향후 분쟁의 요소가 있는지도 살펴본다.

이와 같은 고려사항을 전제로 바림직한 아파트투자전략을 정리하면 다음과 같다.

첫째, 투자목적을 분명히 해야 한다. 과거처럼 그저 매입하기 하면 오르던 시대는 지나갔기 때문이다.

둘째, 아파트투자는 매입시기가 중요하다. 특히 아파트도 국지적 성향이 강하기 때문에 투자하고자 하는 지역의 수급상황을 면밀히 검토하고 시기를 선택해야 한다.

셋째, 아파트 규모별로는 임대수익에 대한 선호로 소형 아파트에 투자하는 것이 바람직하다. 특히 최근 소형 아파트는 취득세인하 등에 기인하여 투자대상으로 관심이 고조되고 있음을 고려해야 할 것이다.

넷째, 정기적인 월세수입을 목적으로 한다면 주택임대사업에 관심을 기울일 필요가 있다. 주택임대사업을 하면 세제혜택을 받을 수 있는데, 취득세, 재산세, 종합부동산세, 양도소득세과세 특례 등의 혜택 폭이 어느 정도인지를 파악하고 투자여부를 결정해야 한다. 왜냐하면 세제혜택을 받기 위해서는 의무적으로 임대기간을 채워야하기 때문이다.

2 재건축투자전략

재건축은 노후화된 기존의 아파트를 철거하고 그곳에 새로운 고층아파트를 건축하는 것을 말한다. 재건축을 하면 가격이 상승하던 부동산상승기는 종료되었기 때문에, 재건축으로 수익을 얻고자한다면 재건축으로 얻을 수 있는 이점이 무엇인지 꼼꼼히 따져봐야 한다. 재건축시 여러 가지 장애요인이 많고 기간도 많이 소요될 뿐만 아니라, 재건축 공표 후 재건축 시행까지의 과정에서 극복해야할 장애요소도 많기 때문이다. 특히 공표부터 착공가능한 기간, 착공 후 완공되는 기간, 토지지분에 추가발생 예상비용 등 재건축으로 소요되는 시간은 수익률에 지대한 영향을 미친다.

재건축아파트에 투자할 때 고려해야 할 사항을 살펴보면 다음과 같다.

첫째, 미래의 재건축 수요창출과 투자수익률을 고려해야 한다. 먼저 첨단기술과 접목한 새로운 추세(trend)의 아파트신축을 통한 수요창출이 가능한 지역인지 살펴보아야 한다. 그리고 재건축대상 아파트의 토지지분에 대한 가격뿐만 아니라, 재건축대상 아파트의 단지규모와 세대수 및 대지지분을 비교·검토하여, 투자수익률의 변화추이를 점검하고 결정하여야 한다.

둘째, 토지지분의 추가발생 예상비용과 수익성을 고려해야 한다. 재건축의 경우 재건축대상 아파트단지의 총 토지면적을 살펴보고 추가 건축비용과 여타 지역 건설업체의 금액과 기술력을 비교하여 경제성이 있는지 판단하여야 한다. 또한 재건축 예상 대지 위에 재건축대상 가구 수가 얼마나 되며, 가장 높은 층이 몇 층인지를 살펴보면서 경제성여부를 점검해보아야 한다.

셋째, 아파트의 사용승인일자를 점검하여 착공 가능한 기간과 착공 후 완공되는 기간을 검토하는 등, 재건축대상 아파트의 사업추진속도를 살펴보아야 한다.

넷째, 사업주체의 위기대응능력이 있는지 살펴보아야 한다. 추진장애로 문제가 생길 경우에 대체방안이 적절히 있는지 여부를 판단하기 위해 사업주체의 위기 대응능력이 있는지 살펴보아야 한다.

이와 같은 고려사항을 전제로 재건축아파트투자전략을 정리하면 다음과 같다.

첫째, 투자기간을 고려해야 한다. 만약 재건축 후 입주까지 10년이 걸리면 투자대상으로는 여러 문제가 있으므로, 5~6년 안에 입주가능한 재건축아파트에 투자하는 것이 바람직하다.

둘째, 가급적이면 저밀도 아파트에 투자하는 것이 좋다. 왜냐하면 저밀도아파트는 대지지분이 넓고 조합원이 적어 사업추진속도가 상대적으로 빠르기 때문이다.

셋째, 예상 추가분담금을 포함한 조합원 분양가와 주변시세를 철저히 비교한 후 투자하는 것이 바람직하다.

넷째, 중층아파트의 경우, 소형평형의무비율방식과 1 : 1재건축방식을 비교하여 사업성이 양호한 것을 선택해야 한다.

다섯째, 주변을 대표할 수 있는 랜드 마크(land mark)단지에 투자해야 한다. 향후 랜드 마트 단지의 아파트가 그 지역에서 가격 등을 선도해나갈 가능성이 높기 때문이다.

3 재개발투자전략

재개발사업은 '도시 및 주거환경 정비법'에 의거하여 노후 또는 불량 건축물을 철거한 후, 그 철거한 대지에 새로운 주택을 건설하는 사업을 의미한다. 즉 철거한 대지위에 새로운 주택을 짓기 위해 조합을 결성하고 시공사를 선정하여 건설회사와 공동사업의 주체가 되어 건설하는 사업을 말한다.

재개발아파트에 투자할 때 고려해야 할 사항을 살펴보면 다음과 같다.

첫째, 재개발 진행절차에 대하여 이해해야 한다. 재개발 진행절차는 이해관계인이 많아 의견 조절하는 과정이 간단하지 않다. 우선 기본계획 설정하여 재개발구역을 광범위하게 지정하고, 이어서 정비구역을 지정하여 위 기본계획의 범위 내에서 재개발할 구역을 정확하게 확정한다. 이후에 재개발추진위원회인 조합을 설립하여 주민을 대표할 임원들을 선출하고, 조합이 설립되면 공사담당 시공사를 선정하게 된다. 이때 시공사는 수주를 하기 위해 출혈경쟁도 마다하지 않거나 공사비이외에도 각종 조건을 제시하여 무리를 빚기도 한다. 이때 어떻게 사업을 할 것인가에 관한 계획서를 작성하게 된다. 건축심의인가와 사업시행인가를 받은 후에 조합원에게 고시하여 분양받을 조합원에게 예상 추정부담금을 고지하여 추정부담금을 재 확정한다. 이어서 신청 분양평수를 확정하고 동호수를 정하면 사업이 완료된다. 공사를 위해 이주와 철거과정, 철거완료 후에는 착공이 시작되는 등 아파트가 준공되어 입주하는 과정이 장기간 소요된다.

이와 같이 재개발사업은 다수의 주택, 토지소유자, 임차인 등 이해관계인이 많아 의견조율 수렴이 어렵고 장기간 소요된다. 또한 지가 및 건물의 감정평가시 이해상충으로 돌발상황이 발생하기도 한다. 재개발사업의 성공 여부는 이해관계인과 의견조율을 잘 할 수 있는 능력과 장애요인을 성공적으로 해결할 수 있는 능력에 있음을 인식하고, 이에 대해 잘 살펴보아야 한다.

둘째, 재개발의 위험요소에 대하여 이해해야 한다. 재개발의 위험요소는 구역해제·조합취소 등 법률적 문제와 부동산경기하락, 미분양발생 등의 시장 위험을 말한다. 이러한 외부환경변화로 인하여 재개발사업이 와해되는 경우가 흔하다. 이외에도 시공자의 자금조달 한계성과 우발적인 공사비 증가로 사업이 위험에 처하는 경우도 많다. 따라서 재개발사업을 성공적으로 마무리하기 위해서는 시공자의 평판이 매우 중요하다. 더욱이 추가 부담금증가로 사업주체인 조합원간의 갈등이 심하여 분쟁이 심화되는 경우가 많아 지연되는 경우도 허다하다.

사업주체(조합)위험에는 집행부와 조합원간의 갈등발생, 토지 등 소유자의 동의서 지연, 추가 부담금증가 및 현금 청산자증가 등이 있다. 추진하고 있는 장애요소의 성공적인 해결방안과 재개발구역의 사업추진속도는 물론, 사업추진초기에 해당하는 지역의 경우에는 주민들의 동의상황도 잘 살펴보아야 한다.

셋째, 사업성공 가능성을 잘 검토해야 한다. 사전에 주택수급전망에 기초하여 분양시기의 결정이 적절한지 살펴보아야 한다. 또한 시공사의 평판과 조합내부의 운영에 대한 평판이 성공가능성의 핵심요인이라고 할 수 있으므로, 이를 잘 검토해보아야 한다.

넷째, 투자수익률에 영향을 주는 다음과 같은 요소를 잘 살펴보아야 한다.

① 재개발조합원의 수와 재개발사업 성공과는 밀접한 관계가 있다. 지분 쪼개

기가 많아 대지지분이 많은 경우에는 소유자인 조합원의 수가 많아 사업수익성이 좋지 않다. 또한 조합원 지분의 예상 감정가액을 참고하여 적성성여부를 분석하여 판단한다.

② 단지규모와 조합원 및 세입자의 비율을 비교하여 조합원비율이 적다면 사업성이 높아 수익률이 상승할 수 있다.

③ 사업 추진속도와 재개발 후 환경의 변화를 살펴봐야 한다. 이주비의 책정금액 및 승계여부를 살펴보고, 그 외 추가부담금, 학군, 교통요건, 주변환경 및 전망 등을 살펴보아야 한다.

이와 같은 고려사항을 전제로 재개발투자전략을 정리하면 다음과 같다.

첫째, 사업추진이 원활한 지역을 우선적으로 검토해야 한다.

둘째, 같은 지역 내에서도 가급적 공시지가가 높은 물건을 선택해야 한다.

셋째, 다세대, 연립주택 등에 대한 투자는 유의해야 한다. 종전에는 입주권을 얻는 차원에서 소액투자가 의미가 있었으나, 시장이 침체되면 소형지분이 가장 큰 하락세를 보이기 때문이다.

넷째, 조합원이 많은 곳은 주의해야 한다. 왜나 하면 조합원이 많으면 일반분양 이 작아져 수익성확보가 어렵기 때문이다.

다섯째, 철저히 도심을 중심으로 이루어져야 한다.

여섯째, 주거환경이 획기적으로 개선되는 지역을 선택해야 한다.

4 상가투자전략

우리나라의 자영업자 비율이 OECD 회원국가의 2배 가까이 높다고 한다. 어떤 업종이 잘된다고 하면 경쟁점포가 급격히 증가되어 경쟁이 치열해지므로 상가투자는 보수적인 접근이 필요하다. 상가는 일반상가, 아파트단지 내 상가, 테마 상가, 지분형 상가로 구분할 수 있다. 어떤 유형의 상가에 투자하느냐에 따라 투자 위험요인에 차이가 많다. 시세차익과 임대수익을 동시에 달성할 수 있으면 아주 좋은 수익형 부동산이다. 그러나 상가는 기본적으로 수익률에 초점을 두는 것이 최우선순위이다. 수익률이 좋아야 향후 시세차익도 기대할 수 있기 때문이다. 위치에 따라 상가의 가치는 매우 다르며 향후 가격상승이나 프리미엄에도 막대한 영향을 미친다. 일반적으로 지하철역에서 가까운 근린상가가 수익형 부동산으로 적절하다. 상가투자전략의 주요 포인트는 다음과 같다.

첫째, 유동인구의 동선을 잘 파악해야 한다. 상가의 위치가 역세권, 사무실 밀집지구 등과 같이 유동인구가 많은 지역이 상권이 활성화될 가능성이 높다. 사람들의 동선을 확인하여 동선이 머무를 수 있는 곳에 위치한 상가를 선택하여야 한다. 둘째, 상권의 활성화여부를 잘 파악해야 한다. 상가의 가장 중요한 부분은 수익률에 근거하여 투자결정이 이루어지는데 상권의 활성화여부가 가장 중요하다. 인근 상업지구와 연계되어 상권이 함께 이루어진다면 좋을 것이다. 상권이 적절히 형성이 되지 않은 경우는 향후 공실가능성이 높으므로 전문가의 통찰력과 조언이 필요하다.

셋째, 권리금이 적정하게 형성되어 있는지를 파악해야 한다. 상가권리금은 임차인의 정당한 영업권을 일부 인정하는 것으로서 영업권의 대가이다. 그러나 권리금은 늘 분쟁의 소지가 많은 요소로서 권리금이 높이 형성되어 있으면 임대료 지급에 부담요인이 될 수 있다. 권리금과 임대료의 상관관계를 확인하여야 한다.

넷째, 환금성이 높은지 낮은지 여부를 고려해야 한다. 상가는 환금성이 중요하다. 임차인이 임대료를 내지 않거나 비어있는 기간이 증가하게 되면 애물단지로 전락할 수도 있다. 투자금액에 대한 임대수익의 보장이 어려워 처분이 필요할 경우에는 환금성 여부가 중요하다.

5 오피스텔투자전략

오피스텔은 사무실(office)과 호텔(hotel)의 합성어인데, 업무와 주거를 함께 할 수 있는 건축물로서 각광을 받고 있다. 오피스텔은 공실률이 적고 관리비용이 적어, 수익률이 높은 수익형 부동산이다. 오피스텔이나 원룸 주택은 공급과잉 지역이 많으므로 공급이 과다한 지역을 피해 선별적 접근이 필요하다. 오피스텔과 경쟁상품인 다세대 주택, 소형 아파트, 원룸이나 고시원 등의 공급여건도 잘 살펴 봐야한다.

오피스텔은 원칙적으로 업무를 하는 공간으로, 한 동의 건물에 층별, 호수별로 분할하여 분양이 가능하다는 장점이 있다. 임대수입이 보장되고 공실률이 적은 장점이 있고, 업무용으로 사용하면 '세법'상 주택으로 보지 않는 장점이 있으므로 주택수와 관계없이 임대소득이 발생한다. 또한 사업자등록을 할 경우에는 부가가치세를 환급받을 수 있다. 그러나 주거용으로 사용하면 '세법'상 주택으로 간주하여 양도소득세가 부과되며, 환급받은 부가가치세의 일정금액이 과세된다.

오피스텔투자전략의 주요 포인트는 다음과 같다.

첫째, 지역적으로 오피스텔로서 기능을 다 할 수 있는 지역이거나 역세권에 위치에 있는지 판단해야 하며 교통의 편의성과 접근성도 매우 중요하다. 또한 분양면적 대비 전용용적 비율이 적절한지 검토하여야 한다.

둘째, 지역적으로 오피스텔 공급물량이 과다여부를 판단하는 자료로서 활용되는 공실률 비율이 적절한지를 확인한다. 대부분의 오피스텔의 공실률은 거의 없는 편이나, 오피스텔의 공급물량이 많은 경우에는 공실률에 직접적인 영향을 미친다.

셋째, 투자금액에 대한 임대수익과 향후 처분 시 환금성이 용이한지 여부를 고려하여야 한다.

넷째, 기존 오피스텔과 비교하여 빌딩 내 관리 운영이 효율적인지 여부를 점검해야 한다. 특히 주차시설, 안전관리, 방법시스템, 외부인 통제시스템 등이 잘 갖추어져 있는지 여부를 확인하여야 한다.

다섯째, 운영체계 및 관련 부대시설을 확인하여야 한다. 운영방법을 검토하고 관리시스템이 정비되어 있는지 판단한다. 건물관리운영이 원활한지 여부를 검토하고, 지나치게 오래 된 노후건물인 경우에는 내부 인테리어 공사 또는 보수 공수가 지속적으로 발생할 수 있는 점을 감안하여야 한다.

여섯째, 오피스텔은 주거용으로도 사용할 수 있으므로 경쟁대상이 될 수 있는 같은 지역의 소형아파트의 시세와 임대조건 등을 비교하여, 소형 아파트보다 임대조건이 우월하여야 경쟁력이 있고 수익성이 있다.

일곱째, 전용면적 비율이 저조하기 때문에 같은 지역의 소형 아파트와 비교하여 경쟁력이 있는지 확인하기 위해, 분양면적이 적절한지 여부를 살펴보아야 한다.

여덟째, 주거용 오피스텔에 투자하는 경우에는 그 지역에 주거용 사무실이 많은지를 확인하여야 한다.

6 부동산관련 금융상품투자

최근 증권화현상 등으로 인하여 다양한 부동산관련 금융상품이 출시되고 있다. 일반적으로 실물부동산 투자의 경우 행정적인 번거로움이 많고 어느 정도의 자금이 필요한데 비해, 부동산관련 금융상품은 소규모 자금으로도 투자할 수 있어 다양한 부동산 관련 금융상품이 선호되고 있다. 또한 개인의 경우 투자의 편의성 및 환금성 등에 기인하여 실물부동산에 직접투자하기 보다는, 전문적인 지식을 갖고 있는 부동산전문가에 의해 운용되는 부동산관련 금융상품을 통한 간접투자로 투자행태가 변하고 있다.

이외에도 부동산거래에 수반되는 취득세, 양도소득세 등의 거래비용과 금융상품보다 부동산에 불리하게 적용되는 세금제도 등에 기인하여 향후에는 부동산관련 금융상품이 주요 관심사로 자리를 잡을 것이다.[5]

발 묶인 아파트 대신… 부동산 투자 발길 "오피스텔 · 상가로"

정부의 6 · 19 부동산 대책 발표 이후 부산 부동산시장에서도 '풍선 효과' 조짐이 나타나고 있다. 부동산 투자 수요가 이번 정부 대책의 규제에서 제외된 상업용 부동산으로 옮아가고 있는 것으로 분석된다.

국토교통부가 '주택시장의 안정적 관리를 위한 선별적 맞춤형 대응 방안'을 발표한 후 부산은 부동산 청약조정지역에 기존의 해운대 · 남 · 연제 · 동래 · 수영구 외에 부산진구와 기장군이 추가됐다. 이들 지역은 다음 달 3일부터 주택담보대출비율(LTV) · 총부채상환비율(DTI)이 10%포인트씩 내려간다. 특히 투기 조짐을 보인 기장군 일광신도시의 공공택지는 차기 분양분부터 분양권 전매가 소유권이전등기 때까지 금지됐다.

6 · 19 부동산 대책 '풍선 효과' 조짐

청약 · 전매 제한 없는 상업용 이동

정부의 부동산 규제가 강화되자 투자 수요가 규제 대상에서 빠진 주거용 오피스텔과 상가 등으로 조금씩 옮아가는 모습을 보이고 있다. 특히, 오피스텔의 경우 조정대상지역에서 분양하더라도 청약통장이 필요 없고, 분양권 전매도 제한받지 않아 전매차익을 노린 투자자들이 몰

---

5) 주요 부동산 금융상품에 속하는 부동산펀드와 리츠(REITs : 부동산투자회사)에 대한 구체적인 내용은 Chapter 9 펀드투자 제2절 펀드의 형태 참조요망.

리고 있다. 주거용 오피스텔의 경우 임대를 놓을 경우 연 수익률이 5~6% 정도로 은행 이자보다 높아 투자용으로 적합하다는 것이다.

실제 지난 16일 해운대구 반여동에서 분양에 나선 우성스마트시티 · 뷰는 견본 주택을 오픈한 지 일주일도 안 돼 468세대 중 70% 이상 팔려 나갔다. ㈜우성종합건설 관계자는 "강화되고 있는 정부의 부동산 규제를 피하려는 투자 수요가 2센텀시티 건설 붐을 노리고 몰려든 것으로 보고 있다"면서 "예상 밖으로 반응이 뜨거워 조기 완판을 예상한다"고 말했다.

상가 매매도 조금씩 기지개를 켜고 있다. 특히, 중 · 대형 아파트 단지를 낀 아파트 상가들은 투자 문의가 집중적으로 몰리고 있다. 753세대 규모의 부산 해운대구 재송동 인근 신축 상가 건물은 아파트 입주 시작 전임에도 벌써 공실이 급격히 줄기 시작했다. 인근 부동산 중개소 관계자는 "불과 얼마 전까지 공실이 많았지만, 최근 상가 구매 문의와 거래가 부쩍 늘었다"고 말했다.

부동산 업계는 저금리 기조가 지속되고 있는 상황에서 규제만으로 투자 수요를 막기에는 한계가 있다고 지적하고 있다. 솔렉스 마케팅 김혜신 지사장은 "목돈을 투자할 만한 곳이 부동산뿐인데 일부 지역을 규제한다고 열기가 잡힐지 의문"이라며 "6 · 19대책의 규제 사각지대인 오피스텔 · 꼬마빌딩 등 수익형 부동산, 기존 아파트 분양권 시장의 로 돈이 몰릴 수 있다"고 전망했다.

한편 6 · 19 대책이 가시화되면서 아파트의 가격 상승세는 다소 주춤하고 있다. 6월 둘째 주 전국 주간 아파트 가격 동향을 조사한 결과, 부산의 매매 가격은 6월 첫째 주보다 0.10% 올라, 첫째 주 상승률(0.12%)보다 0.02% 줄었다. 지난달 22일 조사 이후 4주 연속으로 상승 폭이 줄어들고 있다.

부산일보 2017년 6월 22일

중요 개념 및 용어

부동산시장	부동산경기	협의의 부동산경기
광의의 부동산경기	부동산경제	PIR(Priice to Income Rate)
부동산정책	주택정책	토지정책
조세정책	금융정책	부동산투자
아파트투자전략	재건축투자전략	재개발투자전략
상가투자전략	오피스텔투자전략	부동산관련 금융상품투자

연습문제

1 부동산시장의 특성에 대하여 설명하라.

2 일본 부동산시장의 사례에 비추어 향후 우리나라의 부동산시장을 전망해보라.

3 부동산의 경기변동국면을 크게 다섯 가지로 구분하여 각 국면별 특징에 대하여 설명하라.

4 부동산시장분석을 크게 두 가지로 구분하여 설명하라.

5 부동산시장에 인구구조의 변화가 어떠한 영향을 미치는 지를 우리나리의 사례를 들어 설명하라.

6 부동산정책과 관련하여 대출정책에 대하여 설명하라.

7 100세 시대의 부동산투자의 기본원칙에 대하여 설명하라.

8 바람직한 아파트투자전략에 대하여 설명하라.

9 재건축아파트투자전략에 대하여 설명하라.

10 상가투자 시 고려해야 할 주요사항에 대하여 설명하라.

13 세금설계

학습목표

1. 세금설계에 대하여 이해하고 활용할 수 있다.
2. 세금의 기본적인 사항에 대하여 이해하고 활용할 수 있다.
3. 종합소득세에 대하여 이해하고 활용할 수 있다.
4. 양도소득세에 대하여 이해하고 활용할 수 있다,
5. 취득세 및 재산세, 종합부동산에 대하여 이해하고 활용할 수 있다.

들. 어. 가. 기

우리는 일상생활을 하면서 알게 모르게 많은 세금을 내고 있다. 사업을 해서 돈을 벌었으면 소득세를 내야하고, 번 돈을 가지고 부동산이나 자동차를 사면 취득세를 내야하며, 집이나 자동차 등을 가지고 있으면 재산세·종합부동산세·자동차세 등을 내야 한다. 뿐만 아니라 부동산을 팔면 양도소득세를 내야하고, 자식에게 증여를 하면 증여세를, 부모가 사망하여 재산을 물려받으면 상속세를 내야 한다.

위와 같은 세금은 그래도 알고 내는 세금이지만 우리가 알지도 못하는 사이에 내는 세금도 한 두 가지가 아니다. 물건을 사거나 음식을 먹으면 그 값에 부가가치세가 포함되어 있고, 고급가구 등을 사면 개별소비세가, 술값에는 주세가, 담배 값에는 담배소비세가 포함되어 있다. 어디 그뿐인가? 계약서를 작성하면 인지세, 면허를 가지고 있으면 면허세를 내야하는 등등... 차라리 골치 안 아프게 잊어버리고 지내는 것이 속 편할지 모른다.

그러나 우리의 일상생활 속에서 세금문제는 피할 수가 없다. 소득과 재산이 있거나 거래가 이루어지는 곳에는 항상 세금이 따라 다니기 때문이다. 그러므로 우리는 세금에 대하여 무관심하거나 피하려고 하지 말고, 내가 내야하는 세금에는 어떤 것이 있으며 나는 그 세금을 적정하게 내고 우리가 내는 세금에는 어떤 것이 있는지 관심을 갖는 것이 필요하다. 그래야 우리가 세금과 관련된 어떤 의사 결정을 하더라도 후회하는 일이 없을 것이다.

CHAPTER

13 세금설계

제1절 세금설계의 이해

1 세금설계의 의의

세금설계는 투자설계, 부동산설계, 노후설계, 상속설계 등의 개인재무설계의 목표를 보다 효율적으로 달성하는데 도움을 주는 일환으로 수립되는 설계라고 말할 수 있다. 보다 구체적으로 말하면, 세금설계는 향후 또는 현재 발생하는 재산과 소득에 대한 순 현금흐름과 세후이익률을 합리적으로 예상하고, 타 개인재무설계의 과정에서 나타나는 세무적 문제에 대한 적법한 대응방안과 절세방안을 수립하여 타 개인 재무설계의 목표를 보다 효율적으로 달성하는데 도움을 주는 과정이라고 할 수 있다.

따라서 세금설계는 개인 재무설계를 수립하는데 다음과 같은 역할을 수행한다.

첫째, 세금설계는 개인 재무설계의 각 분야를 유기적으로 연결하는 역할을 한다.

둘째, 세금설계는 개인 재무설계의 각 분야의 세후 현금흐름, 세후 투자이익을 정확하게 예측하고 판단하는 역할을 수행한다.

셋째, 세금설계는 절세전략수립을 통해 개인 재무설계의 목표를 효율적으로 달성시키는 역할을 수행한다.

2 세금의 의의 및 특징

세금은 국가나 지방자치단체가 재정수요의 충족, 공공경비 조달 등을 목적으로 개별적인 반대급부 없이 국민들로부터 강제적으로 징수하는 것이다. 이에 비해 요금은 개인적인 필요에 따라 특정한 재화나 용역을 사용하고 그 대가로 내는 것을 말한다. 흔히들 전기나 수돗물 등을 사용하고 내는 대가를 전기세, 수도세라고 하고 있는데 이는 국가나 지방자치단체가 재정수입을 목적으로 부과하는 것이 아니므로, 세금이 아니며 전기요금, 수도요금 이라고 해야 정확한 표현이다. 이와 같은 의미를 지닌 세금은 다음과 같은 특징을 지니고 있다.

첫째, 세금은 직접적인 대가없이 부과된다. 이는 세금의 가장 큰 특징으로 어떤 사람이 세금을 납부하더라도 직접적인 대가는 없다는 것이다. 예를 들어 고속도로를 이용할 때에 세금을 얼마나 많이 냈느냐에 따라 이용조건이 달라지지 않는다. 세금을 납부하지 않은 사람도 차별 없이 이용할 수 있다.

둘째, 세금은 과세의 절차와 형식이 법률에 의해 규정되어 있다. 세금은 법에서 정해진 바에 따라 부과되는데, 이를 '조세법률주의'라고 한다. 그런데 세금의 납부는 납세의무자의 재산에서 내야하므로 납세자의 재산권침해를 최소화하여야 한다. 따라서 세금은 납세자의 재산권 침해의 최소화를 전제하에 재정된 조세법률주의에 입각하여 부과된다.

셋째, 세금은 조세공평성에 입각하여 부과된다, 일반적으로 소득이나 재산이 많은 사람이 적은 사람보다 세금을 많이 낸다. 이는 세금이 고소득층이나 많은 재산을 가진 사람이 세금을 보다 많이 내도록 부과하고, 국가로부터의 혜택은 공평하게 부여받게 하는 소득재분배 역할을 수행하는 것을 의미한다. 즉 세금은 부가가치세나 취득세처럼 수평적 조세공평성에 입각하여 부과되는 경우도 있으나, 대개의 경우 수직적 조세공평성에 입각하여 부과된다는 것이다.

3 절세, 탈세, 조세회피

앞에서 설명한 바와 같이 세금은 중앙정부나 지방자치단체가 그 재정수요를 충당하기 위하여 개별적인 보상 없이 국민으로부터 강제적으로 징수하는 것이다. 따라서 세금을 징수당하는 국민의 입장에서 보면 가능한 한 세금을 적게 내거나 좀 더 줄여서 내고 싶은 것이 모든 사람들의 솔직한 심정일 것이다. 그렇다고 무조건 적게 낼 수는 없는 노릇이다. 왜냐하면 국민으로서 마땅히 지켜야 할 법을 위반하게 될 수도 있기 때문이다.

절세와 탈세는 모두 납세자가 자기의 세금부담을 줄이고자 하는 목적에서 행해진다는 점에서는 같다고 할 수 있다. 그러나 그 방법이 '세법'이 허용하는 범위 내에 있을 때는 '절세'라고 할 수 있으나, 사기, 기타 부정한 방법으로 세금부담을 줄이는 것은 '탈세'로서 조세범 처벌법에 의하여 처벌을 받게 된다.

1) 절세(Tax Saving)

절세는 '세법'이 인정하는 범위 내에서 합법적·합리적으로 세금을 줄이는 행위를 말한다.

절세에 특별한 비결이 있는 것은 아니며, '세법'을 충분히 이해하고 법 테두리 안에서 세금을 줄일 수 있는 가장 유리한 방법을 찾는 것이 절세의 지름길이다.

사업과 관련된 세금을 절세하려면,

① 평소 증빙자료를 철저히 수집하고 장부정리를 꼼꼼하게 하여 안내도 될 세금은 최대한 내지 않도록 하고,

② '세법'에서 인정하고 있는 각종 소득공제·세액공제·준비금·충당금 등의 조세지원 제도를 충분히 활용하며,

③ '세법'이 정하고 있는 각종 의무사항을 성실히 이행함으로써 매입세액 불공제나 가산세 등의 불이익 처분을 받지 않도록 하여야 한다.

2) 탈세(Tax Evasion)

탈세는 고의로 사실을 왜곡하는 등의 불법적인 방법을 동원해서 세금부담을 줄이려는 행위를 말한다. 탈세의 유형은 여러 가지 있으나 그 중 대표적인 것을 살펴보면 다음과 같다.

① 수입금액 누락

② 실물거래가 없는데도 비용을 지출한 것으로 처리하는 가공경비 계상

③ 실제보다 비용을 부풀려 처리하는 비용의 과대계상

④ 허위계약서 작성

⑤ 명의위장

⑥ 공문서 위조 등이 있다.

탈세행위는 국가재정을 축내는 행위이기도 하지만, 더욱더 중요한 것은 탈세

로 축낸 세금은 결국 다른 사람이 부담해야하기 때문에 성실한 납세자가 피해를 볼 수도 있다는 점이다.

3) 조세회피(Tax Avoidance)

조세회피는 세법이 예상하는 거래형식을 따르지 아니하고 우회행위 등 이상한 거래형식을 취하여 통상의 거래형식을 취한 경우와 동일한 효과를 거두면서 세금부담을 줄이는 것을 말한다. 조세회피는 사회적 비난의 대상은 될 수 있으나, '세법'상 처벌대상이 되지는 아니한다.

'상속세 및 증여세법'이 개정되기 전의 전환사채를 이용하여 사실상 주식을 증여하는 행위 또는 비상장주식을 증여한 후에 상장하여 시세차익을 얻게 하는 행위 등이 조세회피에 해당된다.

절세가 합법적인 세금절약 행위라고 한다면 조세회피 행위는 합법적인 탈세라고 할 수 있다.

4 세금설계와 관련된 세금

개인 재무설계의 일환으로 세금설계를 원활히 수행하기 위해서는 다음과 같은 세법지식이 필요하다.

1) 소득관련 세금

직장에 취직하여 급여를 받게 되면 근로소득세를 내야하는데, 근로자는 근로소득세를 보다 적게 내기 위해 종합소득공제를 활용하게 된다. 이때 종합소득공제를 받으면서 향후 발생하는 개인 재무설계를 대비할 수 있는 상품을 가입할 경우가 있는데, 이를 위해서는 종합소득공제에 대한 '소득세법'의 지식과 관련 상품에 대한 지식이 필요하다.

한편 개인사업체를 운영하는 사업자는 사업소득에 대한 소득세와 부가가치세를 부담하므로 소득세와 부가치세에 대한 '세법'지식이 필요하다. 이와 더불어 사업자는 법인세와 부가가치세에 대한 '세법'지식뿐만 아니라, 근로소득 · 배당소득에 대한 소득세, 주식에 대한 양도소득세를 부담하므로 이에 대한 '세법'지식도 필요하다.

2) 투자관련 세금

금융상품 등에 투자 시 세후 수익률이 얼마인가를 기준으로 상품을 선택해야 올바른 판단을 할 수 있고, 실현투자이익률을 평가할 때에도 세후 투자이익률로 평가해야 하므로 금융상품 등에 대한 '세법'지식을 잘 파악하고 있어야 한다.

3) 보험관련 세금

보험상품은 소득세·법인세·상속세 및 증여세의 절세뿐만 아니라, 상속세 재원으로도 활용할 수 있기 때문에, 보험상품과 관련한 '세법'지식을 잘 이해하고 있어야 한다.

4) 연금관련 세금

고령화시대가 도래함에 따라 연금의 역할이 중요해지고 있다. 그런데 연금의 경우, 가입방식과 수령방식에 따라 과세되는 세금의 차이가 발생한다. 따라서 노후생활을 대비하여 연금에 대한 '세법'지식을 잘 알아야 한다.

5) 상속 및 증여 관련 세금

상속 및 증여세를 절세할 수 있다면 보다 많은 재산을 자녀에게 물려주거나 사회에 기부할 수 있으므로 상속세 및 증여세와 관련한 '세법'지식이 필요하다.[1)]

---

1) 상속세 및 증여세에 대해서는 Chapter 15에서 구체적으로 알아본다.

제2절 세금의 기본적인 이해

1 세금의 유형

세금은 분류하는 기준에 따라 다음과 같이 여러 가지 유형으로 구분할 수 있다.

1) 부과주체에 따른 분류

세금은 부과하는 주체가 국가인가 지방자치단체인가에 따라 국세와 지방세로 구분된다.

국세는 국가가 부과하는 세금으로서 내국세와 관세로 구분된다. 지방세는 지방자치단체가 부과하는 세금으로 특별시세와 광역시세, 도세, 구세, 시·군세(광역시세에 군세포함)로 구분된다.

2) 세율구조에 따른 구분

일반적으로 세금은 과세표준에 세율을 곱하여 계산되는데, 세율구조의 종류와 이에 해당되는 세금의 종류를 구분해보면 다음과 같다.

① 정액세 : 동일한 금액이 부과되는 세금으로 면허세, 주민세(균등분)등이 이에 해당된다.

② 정률세 : 과세표준에 단일세율을 적용하는 조세로 부가가치세, 취득세 등이 이에 해당 된다.

③ 누진세 : 과세표준의 일정기간이 증가함에 따라 세율이 증가하는 조세로 소득세, 법인 세, 상속세, 증여세 등이 이에 해당된다.

3) 과세대상의 내용에 따른 구분

과세대상은 다양한데, 주요 과세대상의 내용과 이에 해당되는 세금을 구분해 보면 다음과 같다.

① 소득 : 소득세, 양도소득세, 법인세, 지방소득세 등

② 부가가치·소비·거래 : 부가가치세, 개별소비세, 관세, 증권거래세, 담배소비세, 취득세, 지방교육세, 농어촌특별세 등

③ 재산의 보유 : 재산세, 종합부동산, 농어촌특별세, 지방교육세, 자동차세, 주민세(재산 분) 등

④ 기타 : 면허세, 주민세(균등분), 지방소득세(종업원분) 등

4) 세금부과의 독립성 유무에 따른 구분

세금은 과세요건을 독립적으로 갖춘 경우에 과세되는 세금인 독립세(본세)와 독립세의 일정비율에 해당하는 세금이 과세되는 부가세(딸린 세금)로 구분할 수 있다.

① 독립세 : 일정하게 차별화된 과세요건에 따라 부과되는 세금으로 소득세, 양도소득세, 법인세, 취득세, 재산세, 종합부동산세 등이 이에 해당된다.

② 부가세 : 다른 세금에 부과되는 세금으로 다른 세금의 세액을 과세표준으로 한다. 이에 해당하는 세목으로는 소득세 등에 부가되는 지방소득세(소득분), 취득세와 재산세에 부가되는 지방교육세, 취득세와 종합부동산에 부가되는 농어촌특별세가 있다.

5) 세금의 부담자와 납세의무자의 동일성 여부에 따른 구분

세금을 실질적으로 부담하는 사람(담세자)와 세금을 납부하는 사람(납세의무자)이 일치하는가의 여부에 따라 직접세와 간접세로 구분된다.

① 직접세 : 담세자와 납세의무자가 일치한 경우로, 소득세, 취득세, 재산세, 상속세, 증여세 등 대부분의 세금이 이에 해당된다.

② 간접세 : 담세자와 납세의무자가 일치하지 않고 납세의무가 담세자에게로 세금이 전가되는 경우로 부가가치세, 주세, 개별소비세 등이 이에 해당된다.

〈그림 13-1〉 세금설계의 체계

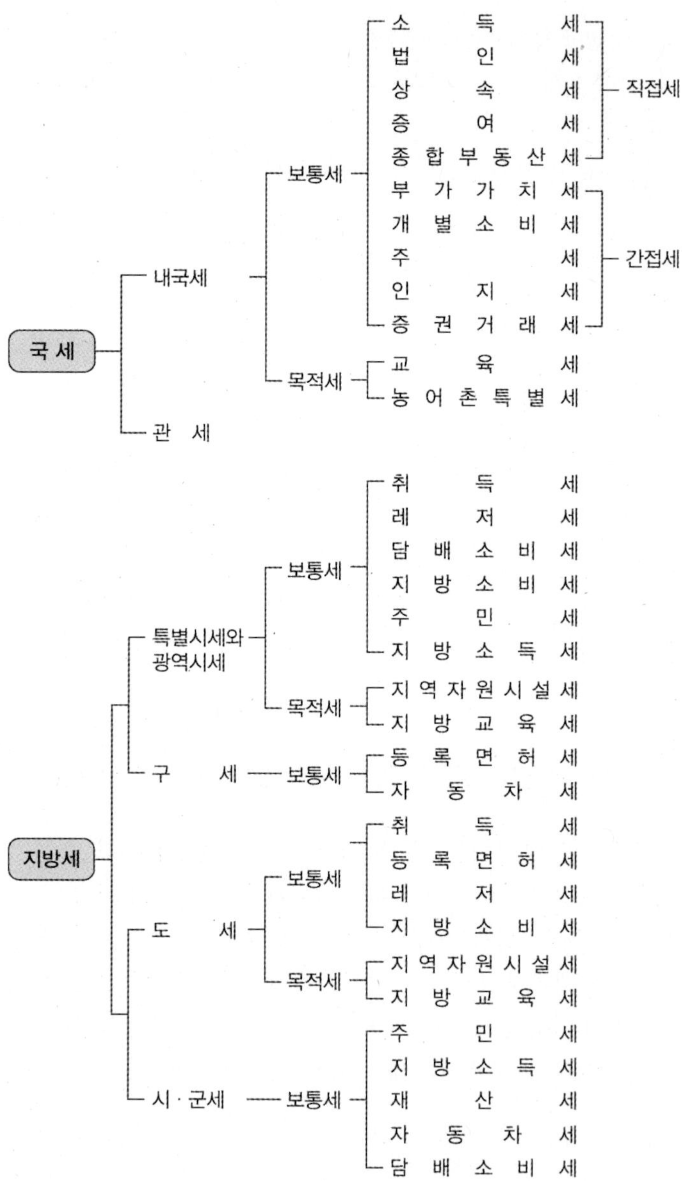

2 우리나라 세금의 체계

국세는 중앙정부에서 부과·징수하는 세금으로 내국세와 관세로 구분된다. 내국세는 우리나라의 영토 안에서 사람이나 물품에 대하여 부과하는 세금으로 국세청에서 담당하고 있으며, 관세는 외국으로부터 물품을 수입할 때 부과하는 세금으로 관세청에서 담당하고 있다.

지방세는 지역의 공공서비스를 제공하는데 필요한 재원으로 쓰기 위하여 지방자치단체별로 각각 과세하는 세금으로, 도세(서울특별시, 도, 광역시)와 시·군세로 구분된다.

또한 국세와 지방세와 관계없이 세금을 징수하는 목적에 따라 보통세와 목적세로 구분된다. 보통세는 국방·치안·도로건설 등 일반적인 국가운영에 필요한 경비를 조달하기 위하여 내는 세금이며, 목적세는 교육환경 개선 등 특정한 목적의 경비를 조달하기 위하여 내는 세금이다.

우리나라 세금의 체계는 앞의 〈그림 13-1〉과 같다.

3 세금의 과세체계

1) 납세의무의 성립

세금을 부과하기 위해서는 '세법'에서 규정한 과세요건을 모두 충족해야 하는데, 과세요건은 납세의무를 성립시키기 위한 법률적 요건을 말한다. 과세요건에는 납세의무자, 과세대상(과세물건), 과세표준, 세율로 구성되어 있다.

납세의무자는 세금을 납부할 의무가 있는 자를 말한다.

과세대상(과세물건)은 '세법'에서 과세의 대상으로 정하고 있는 소득, 수익, 계산, 행위 또는 거래를 말한다.

과세표준은 '세법'에 따라 직접적으로 세액산출의 기초가 되는 과세물건(과세대상)의 수량 또는 가액을 말한다.

세율은 세액을 산출할 때 과세표준에 곱하는 비율을 말한다.

2) 납세의무의 확정 및 신고

(1) 납세의무의 확정

납세의무의 성립으로 존재하는 추상적인 납세의무를 구체적인 납세의무로 전환하는 절차가 필요한데 이를 '납세의무의 확정'이라고 한다. 납세의무의 확정은 납세성립일 이후 납세의무를 확정하기 위해 일정기간 동안 납세의무자 또는 과세관청이 확정하여야 하는데, 납세의무의 성립과 동시에 납세가 자동으로 확정되는 세금도 있다.

① 신고납세제도 : 납세의무자가 과세표준과 세액을 신고하여 과세표준 및 세액이 확정되는 제도로, 이에 해당하는 세금으로는 소득세, 법인세, 부가치세, 취득세 등이 있다.

② 부과과세제도 : 과세관청이 과세표준과 세액을 확정하는 제도로, 이 경우 납세의무자의 세금신고는 단지 과세관청이 세금의 결정(부과처분)을 할 때 필요한 근거자료를 제공하는 협력의무에 지나지 않는다. 이에 해당하는 대표적인 세금으로는 상속세, 증여세 등이 있다.

③ 자동확정방식 : 납세의무의 성립과 동시에 납세가 자동으로 확정되는 방식으로, 이에 해당하는 세금으로는 인지세, 원천징수하는 소득세 등이 있다.

(2) 세금의 신고 및 고지

세금납부방법에는 납세의무자가 자신신고를 하여 납부서에 의해 세금을 납부하는 경우가 있고, 중앙정부나 지방자치단체가 세금을 얼마를 납부하라고 고지하는 납세고지서에 의해 세금을 납부하는 경우가 있다.

국세는 대부분이 자진신고를 하는 경우인데 반해, 지방세는 대부분 세금을 고지를 하는 경우이다. 한편 인지세, 원천징수하는 소득세 등과 같이 납세의무가 성립할 때 별도의 확정 절차 없이 세금을 내는 경우도 있다.

법정신고 기한 내에 신고하여야 할 세금을 자진신고하지 않거나 과소 신고하거나 납부하지 않은 경우에는 신고불성실가산세, 납부불성실가산세 등 불이익을 감수해야 한다. 또한 과세관청에서 고지된 세금을 내지 않으면 가산금을 추가로 내야 한다.

3) 신고내용의 정정

과세표준 법정신고 기한 내에 신고한 세금의 내용에 오류가 발생한 경우에는 그 신고내용을 납세의무자가 정정할 수 있는데, 이에는 수정신고와 경정청구가 있다.

납세의무자가 법정신고기한내에 신고한 과세표준금액이 실제보다 적거나 환급신청한 금액이 실제보다 많은 경우에는 수정신고를 하여 제대로 된 신고로 정정할 수 있다. 한편 납세의무자가 법정신고 기한 내에 신고한 과세표준금액이 실제보다 많거나 환급신청한 금액이 실제보다 작은 경우에는 경정청구할 수 있다. 그리고 납세의무자가 법정신고 기한 내에 신고하지 않은 경우에는 수정신고나 경정청구를 할 수 없으나, 과세관청으로부터 결정(부과처분)을 받기 전까지 기한 후 신고를 할 수 있다.

4) 납세의무의 소멸

납세의무는 납세의무자가 세금을 납부함으로써 소멸된다. 세금의 납부이외에도 충당, 부과의 취소, 국세부과 제척기간의 만료 및 국세징구권 소멸시효의 완성 등으로 소멸된다.

(1) 납부

납세자가 세금을 납입하면 납세의무는 소멸된다.

(2) 충당

납세자가 환급받을 세액과 납부할 세액을 서로 상계시키는 경우와 체납처분절차를 진행하여 매각대금으로 체납액을 보전하면 납세의무가 소멸된다.

(3) 부과의 취소

확정된 납세의무의 내용에 흠결이나 하자가 있는 경우, 이를 이유로 당초 부과처분을 취소하는 경우에는 납세의무가 소멸된다.

(4) 국세부과 제척기간의 만료

국가가 국세를 부과할 수 있는 법정기간을 국세부과 제척기간이라고 하는데, 국세부과 제척기간이 지나면 국세부과권과 납세의무가 소멸된다.

(5) 국세징수권의 소멸시효 완성

국세징수권을 행사할 수 있는 때로부터 5년(5억 원 이상의 국세는 10년간)간 행사하지 않으면 소멸시효가 완성된다. 소멸시효가 완성되면 납세의무도 소멸된다.

5) 추징세액 구제절차

납세의무자는 과세관청이 부과·결정한 고지내용에 이의가 있으면 불복청구를 할 수 있다. 추징세액에 대해 '국세기본법'에 의한 불복청구를 하지 않으면 법원에 행정소송을 할 수 없으므로 반드시 과세관청에 불복청구를 우선적으로 하여야 하는데, 이러한 불복청구가 받아들이지 않으면 법원에 행정소송을 하여 구제여부를 판결할 수 있다.

'국세기본법'에 의한 구제절차에는 관할 세무서장(경우에 따라 지방 국세청장)에 신청하는 이의신청, 국세청장에 청구하는 심사청구, 조세심판원장에 청구하는 심판청구, 감사원장에 청구하는 심사청구 등이 있다.

제3절 종합소득세의 이해

1 소득세의 이해

1) 소득세의 의의 및 특징

소득세는 개인의 소득에 대하여 부과하는 국세이다. 소득세는 개인소득세와 법인소득세로 분류할 수 있는데, 우리나라에서는 실정법상 개인소득세는 소득세, 법인소득세는 법인세라고 부르고 있다. 소득세는 다음과 같은 특징을 지니고 있다. 첫째, 소득세는 개인의 한 과세기간 중에 발생하는 모든 소득을 종합하여 누진세율을 적용하여 과세한다.

둘째, 이와 같이 종합소득은 종합과세하는 것이 원칙이나, 정책적 목적에 의해 일정소득에 대해서는 원천징수세액만을 부담하게 하는 분리과세방식을 적용시키고 있다.

셋째, 소득세는 과세기간동안 발생한 소득을 합산하여 과세한다. 원칙적으로 소득세는 1년 단위로 부과된다.

넷째, 소득세부과 시에는 소득공제제도를 적용한다. 즉, 소득세는 소득금액에서 일정한 금액을 공제한 과세표준에 대해 과세한다.

다섯째, 소득세는 납세의무자가 본인이 내야 할 세금을 결정하는 신고납부제도를 적용하고 있다.

2) 납세의무자

납세의무자는 '세법'에 의하여 세금을 납부할 의무를 지는 자를 말하는데, '소득세법'의 소득이 있는 개인은 거주자와 비거주자를 막론하고 소득세의 납세의무가 있다. 따라서 소득세의 납세의무자는 원칙적으로 자연인인 개인에 한정한다. 다만, '국세기본법'에 따른 법인 아닌 단체 중 법인으로 보는 단체 외의 법인 아닌 단체는 거주자 또는 비거주자로 보아 소득세를 과세한다. 또한 '조세특례제한법'의 동업자에게는 배분받은 소득 및 분배받은 자신의 시가 중 분배일의 지분가액을 초과하여 발생하는 소득에 대하여 과세한다.

납세의무자가 '세법'상 거주자[2]이냐 비거주자[3]이냐에 따라 납세의무가 달라진다. 거주자에 대해서는 원칙적으로 모든 소득을 종합하여 과세한다. 다만, 해당 과세기간 종료일 10년 전부터 국내에 주소 또는 거소[4]를 둔 기간의 합계가 5년

2) '소득법'에 의하면 거주자는 주소를 두거나 1년 이상 거소를 둔 개인 또는 법인으로 보지 않는 단체로 규정하고 있다.

3) '소득법'에 의하면 비거주자는 거주자가 아닌 자로 규정하고 있다.

4) 거소는 주거지이외의 장소 중 상당기간에 걸쳐 거주하는 장소로서, 주소와 같이 밀접한 일반적 생활관계가 형성되지 아니한 장소를 의미한다.

이하인 외국인 거주자에게는 과세대상 소득 중 국외에서 발생한 소득의 경우 국내에서 지급되거나 국내로 송금된 소득에 대해서만 과세한다. 한편, 비거주자는 국내사업장 또는 부동산소득의 유무에 따라 종합과세하거나 분리과세한다(〈표 13-1〉 참조).

〈표 13-1〉 거주자와 비거주자의 납세

	거주자	비거주자
과세소득범위	국내외 모든 소득 (거주지국 과세원칙, 속인주의) 다만, 외국인 단기거주자 특례	국내 원천소득 (원천지국 과세원칙, 속지주의)
소득공제	'소득세법'의 모든 소득공제적용	본인에 대한 인적공제만 적용
과세방법	원칙적으로 모든 소득종합과세	- 국내사업장 또는 부동산소득이 있는 경우 : 종합과세 또는 분리과세 - 그 밖의 경우 : 원천징수로 납세의무종결

3) 소득의 구분

현행 '소득세법'에서는 소득을 크게 ① 종합소득, ② 퇴직소득, ③ 양도소득 등 크게 3가지로 분류하여 과세하고 있다.

① 종합소득 : 해당연도에 발생하는 이자소득, 배당소득, 사업소득, 근로소득, 연금소득 및 기타소득을 합한 것을 말한다.

② 퇴직소득 : 퇴직으로 발생하는 소득과 '국민연금법' 또는 '공무원연금법' 등에 의하여 지급받는 일시금(부가금, 수당 등 연금이 아닌 형태로 일시에 지급받는 것을 포함)을 말한다.

③ 양도소득 : 자산의 양도로 인하여 발생한 소득을 말한다.

이와 같이 소득을 분류하여 과세하는 것은 일반적으로 소득세의 세율이 누진세율구조로 되어있어 납세의무를 유리하게하기 위해서이다. 왜냐하면, 개인의 소득을 3가지로 구분하여 과세표준을 구한 후, 여기에 누진세율을 곱하여 각각의 세액를 구하는 것이 모든 소득을 합산하여 세액을 계산하는 것보다 세액이 적어서 납세의무자에게 유리하기 때문이다.

4) 과세대상

현행 '소득세법'에서는 소득을 원천별로 구분하여 제한적으로 열거하고, 원칙적으로 계속·반복적으로 발생하는 것만을 과세대상으로 보는, 기본적으로 열거주의(소득원천설)를 채택하고 있다. 따라서 개인사업자가 부동산이외의 사업용 자산을 양도하고 얻은 소득 등은 '소득세법'에 열거되어 있지 않으므로 소득세가 과세되지 않는다.

그러나 이자·배당·사업·근로·연금소득에 대해서는 법령에 열거하지 아니한 경우에도 유사한 소득은 동일하게 과세할 수 있는 유형별 포괄과세주의를 도입하고 있다.

5) 과세방법

소득세의 과세방법에는 모든 소득을 종합하여 과세하는 종합과세와 소득이 발생하는 원천에 따라 소득을 종류별로 구분하여 과세하는 분리과세가 있다.

① 종합과세 : 일정기간 내에 각 개인에게 귀속된 모든 소득을 종합하여 이를 과세표준으로 하여 소득세를 과세하는 방법이다.

② 분리과세 : 소득을 그 발생의 원천별로 구분하여 종류별 소득금액을 각각 과세표준으로 하여 각각 다른 세율을 적용하여 과세하는 방법이다.

〈표 13-2〉 소득종류별 과세방법 및 적용기준

과세방법	소득종류	적용기준
종합과세	이자·배당소득	합산소득이 2,000만원을 초과해야 종합과세
	근로·사업소득	무조건 종합과세
	연금소득	- 공적연금소득(무조건 종합과세) - 사적연금소득(1,200만원을 초과해야 종합과세)
	기타소득	300만원을 초과해야 종합과세(기타소득금액)
분리과세	양도소득	양도차익에 대하여 별도과세
	퇴직소득	퇴직소득에 대하여 별도과세

〈표 13-2〉에서 보는 것처럼 2,000만원을 초과하지 않는 이자·배당소득(금융소득)이나 사적연금 총 연금액 1,200만원 및 기타소득 300만원을 초과하지 않는 소득 등에 대해서는 당초 이자나 소득을 지급하는 기관에서 원천징수(분리과세)한다.

또한 양도소득이나 퇴직소득은 소득이 발생할 때마다 법정신고 납부기한까지 신고 및 각각의 세금을 계산하여 납부한다.

2 종합소득세의 산출

종합소득 중 종합과세되는 종합소득은 각각의 소득금액을 합산하여 종합소득금액을 계산한 후 〈표 13-3〉과 같이 종합소득세 납부할 세액을 구한다.

〈표 13-3〉 종합소득세의 과세흐름도

	구 분	내 용
	종합소득금액	개인별 이자소득, 배당소득, 사업소득, 근로소득, 연금소득 및 기타소득을 합산하여 계산
(-)	종합소득공제	인적공제, 특별소득공제, 주택담보노후연금이자비용공제, '조세특례제한법'상의 소득공제 등
=	종합소득과제표준	
×	종합소득세 세율	6~38%의 초과누진세율을 적용
=	산출세액	
(-)	세액감면·세액공제	기장세액공제, 배당세액공제 등
=	결정세액	
(+)	가산세	신고불성실가산세, 납부불성실가산세 등
(-)	기납부세액	중간예납세액, 원천징수세액 등
=	납부(환급)할 세액	

1) 종합소득금액

6가지의 종합소득 중 종합과세되는 소득에서 각각 '소득법'에서 정한 필요경비를 차감하여 계산한 각각의 소득금액을 합하여 종합소득금액을 구한다.

〈표 13-4〉 소득금액의 산출

소득의 종류	소 득	필요경비	소득금액
근로소득	총수입금액(총급여액)	근로소득공제	근로소득금액
사업소득 (부동산임대업포함)	총수입금액	필요경비	사업소득금액
이자소득	총수입금액	–	이자소득금액
배당소득	총수입금액+Gross–up금액[1]	–	배당소득금액
연금소득	총수입금액(총연금액)	연금소득공제	연금소득금액
기타소득	총수입금액	필요경비	기타소득금액

주 : 1) Gross–up금액은 법인의 주주가 배당을 지급받을 경우 이중과세가 발생하는 것을 조정하기 위하여 배당소득금액 계산시 배당소득에 Gross–up가산율(11%)을 곱한 금액을 말한다.

2) 종합소득공제

종합소득공제는 인적공제, 특별공제, 연금보험료공제, 주택담보노후연금이자비용공제, 기타 '조세특례제한법'상의 소득공제 등으로 구성되어 있다.

(1) 인적공제

인적공제에는 기본공제, 추가공제, 다자녀추가공제가 있다.

① 기본공제

기본공제는 종합소득이 있는 거주자에 대해 본인, 배우자 및 생계를 같이하는 부양가족 1인당 150만원씩 공제된다. 배우자공제 및 부양가족공제는 연간 소득금액이 100만원 이하이면서 다음의 요건을 충족시켜야 한다.

〈표 13-5〉 기본공제

구 분	공제대상자	공제요건	
		나이요건	소득금액 요건
본인공제	본인	–	–

배우자공제	배우자	–	연 100만원 이하
부양가족공제	직계비속, 동거입양자	20세 이하	연 100만원 이하
	직계존속	60세 이상	연 100만원 이하
	형제자매	20세 이하, 60세 이상	연 100만원 이하
	'국민기초생활보장법'에 따른 수급권자	–	연 100만원 이하
	위탁아동	18세 미만	연 100만원 이하

주 : 장애인은 나이요건을 충족하지 않아도 됨

② 추가공제

기본공제대상자가 〈표 13-6〉과 같은 요건에 해당되는 경우에는 소득공제를 추가로 공제한다.

〈표 13-6〉 추가공제

구분	요건	공제액
경로우대자 공제	• 기본공제 대상자 중 만 70세 이상인 자	1인당 100만원
장애인 공제	• 기본공제 대상자 중 장애인	1인당 200만원
부녀자 공제	• 다음 중 하나에 해당하는 경우(종합소득금액 3,000만원 이하) –배우자가 없는 여성(미혼, 사별, 이혼 등의 사유불문)으로서 부양가족이 있는 세대주 –배우자(소득 유무 불문)가 있는 여성인 경우	연 50만원
한부모 공제	• 배우자가 없는 사람이 기본공제 대상인 직계비속 또는 입양자가 있는 경우	연 100만원

주 : 부녀자 공제와 한부모 공제가 모두 해당하는 경우에는 한부모 공제를 적용

③ 다자녀추가공제

근로소득자(일용근로자 제외) 또는 사업소득자는 기본공제대상자에 해당하는 자녀가 2인 이상이 있는 경우에는 〈표 13-7〉과 같이 근로소득금액 또는 사업소득금액에서 기본공제이외에 추가로 공제를 받을 수 있다.

〈표 13-7〉 다자녀 추가공제

요건	공제액
• 기본공제대상 자녀가 2인이 경우	100만원
• 기본공제대상 자녀가 3인 이상인 경우	100만원 + 2인 초과인원의 1인당 200만원

(2) 특별공제

특별공제는 근로소득자의 경우에만 적용된다. 근로자는 〈표 13-8〉과 같이 특별공제항목에서 공제받는 금액과 표준공제(100만원)중 큰 금액을 선택하여 소득공제를 받을 수 있다.

〈표 13-8〉 특별공제

종류	대상조건	공제대상액	한도액
보험료공제	• 국민건강보험료 • 고용보험료 • 일반보장성보험료 • 장애인전용 보장성보험료	납입보험료 납입보험료 납입보험료	전액 100만원 100만원
의료비공제	• 본인 • 장애인 • 65세 이상자 • 기타 의료비	의료비지출액 총급여액 3% 초과분	전액 700만원
교육비공제	• 본인(대학원 포함) • 배우자 • 직계비속 • 형제자매 • 장애인(기본공제대상자)재활특수 교육비	교육비지출액 교육비지출액 교육비지출액	전액 300만원(900만원) 전액
주택자금공제	㉠ 주택마련저축공제 ㉡ 주택임차자금차입금소득공제 ㉢ 장기주택저당차입금 이자상환액공제	불입액 40% 상환액(월세액)40% 이지상환액	㉠+㉡ : 300만원 ㉠+㉡+㉢ : 1,000만원(1,500만원)
기부금공제	• 법정기부금 • 지정기부금	기부금액 기부금액	소득금액 소득금액 10~30%

종합소득금액 중 근로소득금액이 없는 자는 기부금공제 와 표준공제(연 60만원)을 적용받는다. 다만, 일정한 요건을 갖춘 '세법'상의 성실자영사업자는 한시적으로 의료비공제, 교육비공제를 적용받을 수 있다.

(3) 연금보험료 공제

종합소득금액이 있는 자는 공적 연금관련 법에 따른 연금보험료(기여금 또는 개인부담금)를 납부한 경우 해당 과세기간에 납입한 연금보험료를 종합소득금액에서 공제받을 수 있다.

〈표 13-9〉 연금보험료 공제

종류	공제대상	공제액
• 국민연금보험료 등의 공제	공적연금보험료	전액
• 퇴직연금소득공제	근로자가 부담한 퇴직연금 부담금	연금저축소득공제액과 합하여 연 400만원을 한도로 함.

(4) 주택담보노후연금 이자비용공제

연금소득자는 일정한 요건을 충족한 법정 주택담보노후연금을 지급받는 경우에는 그 지급받은 연도에 발생한 이자상당액을 연 200만원 한도로 연금소득금액에서 공제를 받을 수 있다.

(5) '조세특례제한법'상의 소득공제

'조세특례제한법'에서는 조세정책 목적 상 연금·저축납입액 등을 소득공제하여 주는데, 이를 요약하면 〈표 13-10〉과 같다.

그런데 '조세특례제한법'상의 소득공제 중 신용카드 등 사용금액 소득공제와 우리사주조합 출연금 소득공제는 근로소득이 있는 경우에만 적용받을 수 있다.

〈표 13-10〉 '조세특례제한법'상의 소득공제

종 류	공제대상액	한도액
개인연금저축 소득공제	저축납입액의 40%	72만원
연금저축 소득공제	연간 저축납입액	(근로자가 부담한 퇴직연금부담금과 합하여)400만원

중소기업창업투자조합 출자 등 소득공제	출자 또는 투자금액	min[출자(투자)금액×10%, 종합소득액×30%]
신용카드 등 사용금액 소득공제	총급여액의 20%(25%)를 초과하는 금액의 20%	min[300만원, 총급여액×20%]
소기업・소상공인 공제부금 소득공제	연간 납입액	300만원
우리사주조합 출연금 소득공제	출연금액	400만원

3) 종합소득과세표준의 계산

종합소득과세표준=종합소득금액−종합소득공제액

4) 종합소득산출세액의 계산

종합소득산출세액=종합소득과세×종합소득세 세율
종합소득세 세율은 6~42%의 초과누진세율을 적용받는다.

〈표 13-11〉 종합소득세 세율

과세표준	세 율
1,200만원 이하	6%
1,200만원 초과 4,600만원 이하	15%
4,600만원 초과 8,800만원 이하	24%
8,800만원 초과 1억 5,000만원 이하	35%
1억 5,000만원 초과 3억원 이하	38%
3억원 초과 5억원 이하	40%
5억원 초과	42%

5) 납부(환급)할 세액의 계산

납부(환급)할 세액=종합소득결정세액+가산세−기납부세액

- 종합소득결정세액=종합소득산출세액−세액감면・세액공제금액
- 기납부세액=원천징수세액+중간예납세액+수시부과세액 등

종합소득산출세액에서 세액감면 · 세액공제금액을 차감하여 종합소득결정세액을 계산한 후, 종합소득결정세액에 가산세를 더하고 기납부세액을 공제하여 납부(환급)할 세액을 계산한다.

3 종합소득세 신고 및 납부

1) 종합소득세 신고방법

(1) 확정신고 및 납부

종합소득이 있는 자는 다음 해 5월 1일부터 5월 31일까지 주소지 관할 세무서에 확정신고를 하여야 하고, 이와 더불어 확정신고기간에 종합소득세와 지방소득세를 납부하여야 한다. 다만, 분리과세로 종결되는 종합소득만 있는 경우에는 확정신고를 할 필요가 없다.

(2) 예정(중간예납세액)신고 및 납부

분리과세로 종결되지 않는 사업소득이 직전연도에 있는 경우에는 관할세무서에서 고지한 납부고지서를 발부받아, 직전연도 종합소득세로 납부하였거나 납부하여야 할 세액의 1/2를, 당해 연도 11월 1일부터 11월 15일까지의 기간 내에 납부하여야 한다.

만약, 직전연도에 비해 납부할 세액이 일정금액이하인 경우에는 납세의무자가 1월 1일에서 6월 30일까지의 소득금액을 계산하여, 11월 1일부터 11월 15일까지의 기간 내에 관할세무서에서 고지한 납세고지서금액과 다르게 신고하여 세금을 납부할 수 있다.

(3) 분납

자진납부할 세액 또는 중간예납세액이 1,000만원을 초과하는 경우에는 다음과 같이 납부할 세액의 일부를 납부기한이 지난 후 2개월 이내에 분할 납부할 수 있다.

① 납부할 세액이 2,000만원 이하인 경우에는 1,000만원을 초과하는 금액
② 납부할 세액이 2,000만원을 초과하는 경우에는 50/100이하의 금액

2) 종합소득세 신고 불이행 시의 불이익

종합소득세를 무신고 또는 과소신고하거나, 미납부 또는 일부만 납부하거나 제반 '세법'규정에 위반하는 경우에는 가산세가 부과된다. 가산세로는 신고불성실가산세와 납부불성실가산세가 있고, 이외에도 무기장가산세 등이 있다.

이와 같은 가산세의 규정은 각 세법마다 다르고, 종합소득금액의 종류에 따라 다르다. 국세의 경우, '국세기본법'에서 신고불성실가산세와 납부성실가산세를 규정하여 모든 국세에 동일하게 적용하고 있다. '국세기본법' 상의 신고불성실가산세와 납부성실가산세는 다음과 같다.

① 무신고가산세 : 산출세액의 20%(부정행위로 법정신고기한까지 세법에 따른 국세의 과세표준신고를 하지 않은 경우 40%)
② 과소신고가산세 : 산출세액의 10%(부정행위로 인한 과소신고납세액 등의 40%)
③ 납부불성실가산세 : 지연납부일 1일당 0.03%

4 금융소득 종합과세

1) 금융소득 종합과세의 의의

종전에는 금융회사 등에서 이자를 지급할 때 세금을 원천징수하면 그 이자소득에 대해 세금문제가 모두 종결되므로, 이자를 받는 사람입장에서는 세금에 대하여 신경을 쓸 필요가 없었다. 그런데 2001년부터는 일정금액 이상의 금융소득(이자소득과 배당소득)은 다른 종합소득(사업소득, 근로소득, 기타소득)과 합산하여 소득세를 과세하도록 하였는데, 이를 '금융소득 종합과세'라고 한다.

이자소득과 배당소득으로 구성된 금융소득이 연간 2,000만원을 초과하는 경우 전체 금융소득이 종합과세된다. 다만, 2,000만원까지는 원천징수세율 14%를 적용하여 산출세액을 계산하므로 기준금액(2,000만원) 이하의 금융소득은 실질적으로 분리과세 되는 것과 동일하다. 여기서 종합과세대상 기준이 되는 2,000만

원은 예금 원금이 아니라 이자를 말하므로, 금리가 연 4%라고 한다면 5억원 이상의 예금이 있어야 종합과세대상자가 된다. 따라서 종합과세대상자가 그렇게 많지는 않다.

많은 국민들이 금융소득 종합과세가 실시되면 세금부담이 늘어나지 않을까 궁금해 하고 있는데, 금융소득과 다른 소득이 많은 일부 고소득층의 경우는 세금부담이 늘어나지만, 1년간의 이자소득이 2,000만원 이하인 대부분의 국민들은 오히려 세금부담이 줄어든다. 이는 종합과세를 실시하면서 원천징수 세율을 대폭 낮추었기 때문이다.[5)]

2) 금융소득 종합과세의 주요내용

금융소득 종합과세의 주요내용을 정리하면 다음과 같다.

〈표 13-12〉 금융소득 종합과세의 주요 내용

구분	내용47
과세방법	• 금융소득(이자소득과 배당소득)이 2,000만원을 초과하는 경우에만 다른 종합소득과 합산하여 종합과세(2,000만원까지는 14%의 원천징수율로 분리과세)한다.
Gross-up제도	• 종합과세되는 배당소득에 대해서는 이중과세를 방지하기 위하여 Gross-up을 하고, 이 Gross-up금액을 배당세액공제한다. ＊ 배당소득금액=배당소득+배당소득×11%(Gross-up) ＊ 배당세액공제=배당소득 ×11%
채권이자	• 중도양도가 가능한 채권에 대해서는 보유기간별로 이자소득을 계산하여 과세한다.
장기채권의 이자	• 10년 이상, 보유 3년 이상의 장기채권의 이자에 대해서는 30% 분리과세 또는 종합과세 중에서 선택이 가능하다.
비과세저축과 분리과세저축	• 비과세저축과 분리과세저축은 금융소득 종합과세 기준금액을 따질 때에 제외된다.
원천징수한 세액	• 원천징수한 세액은 종합과세 시 이미 납부세액을 공제해준다.
부부의 금융소득	• 2002년부터 부부의 금융소득은 합산하지 않고 별도로 계산한다.

자료 : 남시환 · 이규환, 『세무설계(2016)』, 한국금융연수원, 2016년, pp. 46~47.

5) 원천징수율의 변화 : 20% → 15%(2001년부터) → 14%(2015년부터)

3) 금융종합과세에서 제외되는 금융소득

다음에 해당하는 금융소득은 종합과세에서 제외되는 금융소득으로, 종합과세 금융소득을 계산할 때 제외한다. 따라서 종합과세에서 제외되는 금융소득은 금융소득이 2천만원을 초과하는지 여부를 판단할 때에도 포함하지 않는다.

(1) 비과세되는 금융소득

〈소득세법〉

- '신탁법'에 의한 공익신탁의 이익
- 10년 이상 저축성보험의 보험차익
  - 월적립식 보험이 아닌 경우 인별 2억원 이하
  - 납입기간이 5년 이상인 월적립식 보험(기본보험료 균등 등 일정요건충족 필요)
  - 일정조건을 충족하는 종신형 연금보험

〈조세특례제한법〉

- 노인·장애인 등의 생계형저축의 이자·배당(2014년 12월 31일까지 가입분)
- 농협 등의 조합에 대한 예탁금(1명당 3천만원 이하)의 이자 및 출자금(1명당 1,000만원 이하)의 배당(2015년 12월 31일까지 수령분)
- 우리사주조합원이 1년 이상 보유한 자사주의 배당
  - 자사주 액면가액의 개인별 합계액이 1천 8백만원 이하인 경우
- 영농조합법인의 배당(2015년 12월 31일까지 수령분)
  - 농업소득에서 발생한 배당과 농업소득 이외의 배당으로 과세연도별 1,200만원 이하
- 영어조합법인의 배당(2015년 12월 31일까지 수령분)
  - 과세연도별 1,200만원 이하
- 농업회사법인의 배당(2015년 12월 31일까지 수령분)
  - 농업소득에서 발생한 배당
- 재형저축의 이자·배당(2015년 12월 31일까지 가입분)

(2) 분리과세되는 금융소득

〈소득세법〉

- 개인별 연간 금융소득이 2,000만원 이하인 경우(14%)
- 10년 이상 장기채권으로 분리과세를 신청한 이자와 할인액(30%)
  - 10년 이내 전환・교환・중도상환 조건이 없는 것
  - 2013년 1월 1일 이후 발행되는 채권의 경우 그 장기채권을 3년 이상 계속하여 보유한 거주자가 장기채권을 매입한 날부터 3년이 지난 후에 발생하는 이자와 할인액
- 금융회사를 통하지 않은 비실명금융자산의 이자・배당소득(38%)
- 직장공제회 초과반환금(기본세율)
- 부동산 경매를 위해 법원에 납부한 보증금 및 경락대금에서 발생하는 이자(14%)
- 개인으로 보는 법인격 없는 단체의 이자・배당소득(14%)
  - 수익을 구성원에게 배분하지 않는 단체로서 단체명을 표기한 경우

〈조세특례제한법〉

- 상환기간 7년 이상인 사회기반시설채권의 이자(14%)
  - 2014년 12월 31일 발행분까지
- 세금우대 종합저축의 이자・배당(9%)
  - 2014년 12월 31일까지 가입하는 경우
- 영농조합법인의 배당(5%)
  - 2015년 12월 31일까지 지급받는 배당소득으로 농업소득 이외 배당소득으로 1,200만원 초과분
- 영어조합법인의 배당(5%)
  - 2015년 12월 31일까지 지급받는 배당소득으로 과세연도별로 1,200만원을 초과하는 배당소득
- 선박투자회사의 배당(5% 또는 14%)
  - 2015년 12월 31일까지 지급받는 배당소득으로 선박투자회사별 액면가액 5천만원 이하 9%, 5천만원 초과 2억원 이하 14%

- 임대주택 부동산집합투자기구 등의 배당(5% 또는 14%)
  - 2014년 12월 31일까지 지급받는 배당소득으로 부동산집합투자기구 등별도 액면가액 3억원 이하 5%, 3억원 초과 14%
- 해외자원개발투자회사 등의 배당(5% 또는 14%)
  - 2014년 12월 31일까지 지급받는 것으로 투자회사별 액면가액 3억원 이하 5%, 3억원 초과 14%
- 고위험 고수익 투자신탁 등에 대한 과세특례
  - 2014년 12월 31일까지 고위험·고수익 투자신탁에 가입하는 경우로 1인당 투자금액이 5천만원 이하인 경우 14% 분리과세

〈금융실명거래 및 비밀보장에 관한 법률〉

- 비실명금융자산으로서 금융회사를 통해 지급되는 이자·배당(90%)

제4절 양도소득세의 이해

1 양도소득세의 기본적인 이해

1) 양도소득세의 개념

양도소득세는 '소득세법'에서 열거한 부동산 또는 부동산에 관한 권리와 같은 양도자산의 처분으로 발생하는 양도차익에 대하여 과세하는 세금을 의미한다.

2) 과세대상

소득세법'상에서 열거한 토지, 건물과 부동산에 관한 권리 및 기타 자산이 과세대상이다.

〈표 13-13〉 양도소득세 주요 과세대상

양도대상	
토지, 건물 (건물에 부속된 시설물과 구축물을 포함)	
부동산에 관한 권리	부동산을 취득할 수 있는 권리
	지상권
	전세권과 등기된 부동산임차권
기타자산	사업용 고정자산 (①및②의 자산을 말함)과 함께 양도하는 영업권
	이용권·회원권 등 시설물 이용권
	주식 등의 주권 또는 출자증권을 발행한 법인의 주주의 구성, 부동산의 보유현황 또는 사업의 종류 등을 감안하여 대통령령으로 정하는 자산(특정주식 및 부동산과다법인의 주식)

주요 과세대상으로는 토지, 건물(건물에 부속된 시설물과 구축물을 포함)과 부동산에 관한 권리(부동산을 취득할 수 있는 권리, 지상권, 전세권과 등기된 부동산임차권)와 기타 자산과 함께 양도하는 영업권(이용권·회원권 등 시설물이용권, 주식 등의 주권 또는 출자증권을 발행한 법인의 주주의 구성, 부동산의 보유현황 또는 사업의 종류 등을 감안하여 대통령령으로 정하는 자산)을 들 수 있다(〈표 13-13〉 참조).

3) 양도시기

양도시기는 원칙적으로 대금청산일 기준(실제로 대금을 받은 날)이며 대금청산일이 불분명한 경우는 등기부·등록부 또는 명부 등에 기재된 등기접수일 또는 명의개서일이다.

대금청산 전 소유권이전등기(등록 및 명의개서 포함)의 경우는 등기부·등록부 또는 명부 등에 기재된 등기접수일이다. 그 외 특수한 경우는 다르게 나타날 수 있다. 자가 건설 건축물은 사용검사필증 교부일, 사용승인일, 사실상의 사용일 중 빠른 일자이며 상속 및 증여는 상속게시일과 증여일은 등기·등록자산의 경우에는 증여에 대한 등기·등기접수일이 있다.

2 양도소득세의 계산

양도소득세는 다음과 같은 계산 흐름방법에 의해 계산한다.

〈표 13-14〉 양도소득세 계산 흐름표

양도세 계산 흐름표		
	구 분	비 고
	양도가액	실지거래가액(원칙)
(−)	취득가액	실지거래가액(원칙)
(−)	기타필요경비	실제발생비용(원칙)
=	양도차익	
(−)	장기보유특별공제	10~30%, 24~80%
=	양도소득금액	
(−)	양도소득기본공제	부동산관련 자산별, 주식별로 각각 2,500,000원
=	과세표준	
x	양도소득세 세율	세율구조 다양
=	산출세액	
(−)	감면세액 및 세액공제	
(+)	가산세	신고불성실가산세 및 납부불성실 가산세
=	자진납부할 세액	

주 : 1) 양도소득세의 부가세로 지방소득세가 양도소득세의 10% 과세된다.
2) '조세특례제한법'상 공제 및 감면세액이 있을 시에는 일반적으로 농어촌특별세가 부과되며, 세액공제 및 감면세액은 중복적용배체 및 한도가 있는 경우에 있음을 유의하여야 한다.

1) 양도차익의 계산

양도차익의 계산은 양도차익=양도가액−취득가액−기타필요경비로 하고 양방 실가를 원칙으로 한다. 그러나 예외의 경우에는 일방 실가로 한다.

〈표 13-15〉 양도차익 계산

+, -	구분	내 용
	양도차익 계산방법	=양도가액-취득가액-기타필요경비 - 원칙 : 양방실가(자본적 지출액, 양도비용 감안) - 예외 : 일방실가 (취득시 기준시가×필요경비계산공제율(3%, 1% 등)취득가액을 정함)
	양도가액	양도 시 실지거래가액
(-)	취득가액	취득 시 실지거래가액
(-)	필요경비	취득세 등 취득 시 부대비용, 자본적 지출액, 농지전용비용, 양도비용 등
=	양도차익	

기타필요경비는 다음과 같이 경비로 계산하여 양도소득세 대상에서 제외된다.

양방실가의 경우는 자본적 지출액과 양도비용을 공제하고 일방실가의 경우에는 취득시 기준시가×필요경비계산공제율(3%, 1% 등)로 계산한다.

2) 양도소득금액 및 과세표준금액의 계산

양도소득과세표준은 양도소득금액에서 기본공제금액을 제한 것이며(양도소득과세표준=양도소득금액-기본공제금액), 양도소득금액은 양도차익에서 장기보유특별공제액을 뺀 금액(양도소득금액=양도차익-장기보유특별공제액)이다. 장기보유특별공제는 보유기간의 3년 이상인 토지·건물에 해당한다. 그러나 중과세율 적용 대상의 양도자산 및 미등기 양도자산 제외된다.

양도소득금액 기본 공제는 부동산관련자산과 일반주식 별로 각각 250만원 씩 공제되며 자진납부할 세액은 아래와 같은 방식으로 계산된다.

〈표 13-16〉 양도세 세금계산 방법 및 공제액

장기 보유 특별공제	• 보유기간 3년 이상인 토지, 건물로 중과세율 대상이 아니며 미등기상태가 아니어야 함
양도 소득 기본 공제 금액	• 부동산관련자산과 일반주식 별로 각각 250만원 씩 공제됨
자진납부할 세액	• 자진납부할 세액=과세표준×양도소득세 세율 - 세액공제 및 감면세액

3 양도소득세의 신고 · 납부

1) 양도소득세의 신고·납부 기한

부동산 등 양도소득세가 과세되는 자산을 양도한 경우에는 양도일이 속하는 달의 말일(일반주식은 양도일이 속하는 분기의 말일)로부터 2월 이내)에 주소지 관할 세무서에 양도소득세 예정신고를 하고 세액을 납부하여야 한다. 또한 양도소득이 있는 거주자는 그 양도소득 과세표준을 양도한 연도의 다음연도 5월 1일부터 5월 31일까지 주소지 관할세무서에 신고(확정신고)하고 세액을 자진납부해야 한다.

그러나 양도소득세 예정신고를 한 자는 확정신고를 하지 않아도 된다.

〈표 13-17〉 양도소득세 신고 · 납부기한

구 분	예정신고기한 및 확정신고기간
예정신고 및 납부기한	• 양도일이 속하는 달의 말일(일반주식은 양도 일이 속하는 분기의 말일)로부터 2개월 이내
확정신고 및 납부기간	• 양도일의 다음 연도 5월 1일부터 5월 31일까지

주 : 1) 동일한 과세기간(일반적으로 매년 1월부터 12월 31일) 내에 기본세율(4단계 초과누진세율)을 적용받는 양도소득은 합산하여 신고하여야 한다.
2) 양도소득세 관할세무서는 원칙적으로 양도자의 주소지 관할세무서이다.

2) 양도소득세의 분할납부 및 물납

납부할 세액이 1,000만원을 초과하는 경우 납부할 세액의 일부를 납부기한 경과 후 2개월 이내에 나누어 낼 수 있다.

〈표 13-18〉 양도세 분납한도액

납부할 세액	분납할 수 있는 세액의 한도액
2천만원 이하	납부할 세액 - 1천만원
2천만원 초과	납부할 세액의 1/2

한편, 공공사업용으로 당해 공공사업의 시행자에게 토지 등이 양도되거나 '토지수용법', 기타법률에 의하여 수용됨으로써 발생하는 소득에 대한 양도소득세를 금전으로 납부하기 곤란한 경우에는 당해 토지 등의 대금으로 교부받은 공공용지 보상채권으로 납부할 수 있다. 다만, 이와 같은 양도소득세의 물납은 공공사업의 시행자에게 양도하거나 수용되어 발생한 양도차익에 대한 양도소득세액을 한도로, 토지 등을 양도한 납세액이 1,000만원을 초과하는 경우에 한한다.

양도소득세를 물납하고자하는 자는 양도소득세 예정신고기한 또는 확정신고기한 10일전 까지 납세지 관할세무서에 신청하여야 한다.

3 양도소득세의 비과세

양도세를 비과세한다는 것은 양도소득세 과세요건을 갖춘 자산을 양도했더라도 조세정책상 등의 목적에 의거하여 양도소득세를 과세하지 않는 것을 의미한다. 다음과 같은 소득의 경우 양도세를 비과세한다.

- 파산선고에 의한 처분으로 발생하는 소득
- 농지의 교환 또는 분합으로 발생하는 소득
- 1세대 1주택과 이에 부수되는 토지의 양도로 발생하는 소득

1) 파산선고에 의한 처분

법원의 파산선고에 의하여 자산을 처분함으로써 발생한 양도소득에 대해서는 양도소득세를 과세하지 않는다.

2) 농지의 교환 또는 분합

농지를 교환하거나 분합함으로써 발생하는 소득에 대해서는 양도소득세를 과세하지 않는다.[6] 그런데 농지의 교환 또는 분합이라고 해서 모두 비과세되는 것

6) 농지의 교환은 자기의 농지와 타인의 농지를 서로 바꾸는 것을, 분합은 자기토지의 일부

이 아니고, 다음에 각 호의 경우에 해당하는 경우로서 교환 또는 분합하는 양쪽 토지가액의 차액이 4분의 1이하이어야 한다.

① 국가 또는 지방자치단체가 시행하는 사업으로 인하여 교환·분합하는 농지
② 국가 또는 지방자치단체가 소유하는 토지와 교환 또는 분합하는 농지
③ 경작상 필요에 의하여 교환하는 농지
④ '농어촌정비법'·'농지법'·'농업기반공사 및 농지관리기금' 또는 '농업협동조법'에 의하여 교환 또는 분할하는 농지

3) 1세대 1주택의 양도

1세대 1주택의 양도소득세에 대한 비과세 요건은 다음과 같다.

① 양도일 현재 1세대가 1주택만을 보유할 것
② 주택의 취득일로부터 2년 이상 보유할 것
③ 미등기 주택 또는 고가주택(양도가액이 9억원 초과)이 아닐 것
④ 주택부수 토지면적이 도시지역 내의 경우에는 건물이 정착된 면적의 5배, 도시지역 밖의 경우에는 10배를 넘지 않을 것
⑤ 일정요건에 해당하는 조합원입주권을 소유하지 않을 것
⑥ 허위계약서를 작성하지 않을 것(2011년 7월 1일 양도·취득분부터)

제5절 취득세 및 재산세, 종합부동산세의 이해

1 취득세

1) 취득세의 개념 및 과세대상

취득세는 지방자치단체에서 부과하는 세금으로 부동산을 취득하는 단계에서

를 타인에게 주고 타인소유의 토지의 일부를 자기가 차지하는 것을 각각 의미한다.

내야 하는데, '지방세법'에서는 매매, 교환, 상속, 증여, 기부, 현물출자 등이 그 대상이 된다. '지방세법' 상의 취득으로 간주하는 것을 유형 별로 보면 유형취득, 무상승계 취득, 원시취득, 간주 취득이 있다.

'지방세법'의 개정으로 2011년 1월 1일 이후부터는 종전의 취득세와 등록세를 취득세로 통합하여 과세하도록 개정되었다. 이에 따라 취득세의 세율은 종전의 취득세 세율과 등록세 세율을 합한 세율로 변경되었고, 취득세에 대한 부가세로서 농어촌특별세와 지방교육세가 과세되고 있다.

2) 취득세 납세의무자

취득세는 부동산 취득시 납세해야한다. 이외에도 차량, 골프회원권, 콘도회원권, 종합 체육회원권 등 취득에 대하여 지방자치단체에서 부과한다. 관계 법령에 따라 등기등록 등을 이행하지 아니한 경우라도 사실상 취득한 때는 취득한 것으로 보고 당해 취득물건의 소유자 또는 양수인은 취득자로 보기 때문에 취득세를 내야 한다.

3) 취득시기

지방세법에서는 유형취득, 무상승계취득, 원시취득, 간주취득의 유형 별로 취득 시기를 구분하여 규정하고 있다.

〈표 13-19〉 양도세 분납한도액

구분		취득시기
유상취득	사실상 입증거래	사실 상 잔금지급일과 등기 또는 등록일 중 빠른 날
	미 입증거래	계약 상의 잔금지급일과 등기 또는 등록일 중 빠른 날
	연부취득	사실상 연부금 지급일과 등기 또는 등록일 중 빠른 날
건물신축		사용승인서교부일, 임시사용승인일, 사실 상 사용일 중 빠른 일자
상속		상속개시일
증여		증여계약일과 등기접수일 중 빠른 날

4) 취득세의 비과세

부동산 취득세는 다음과 같이 몇 가지 규정에 맞는다면 면제받을 수 있다.

① 공익사업을 위한 토지 등의 취득 및 보상에 의하여 수용 등이 된 경우 1년 이내에 대체취득한 부동산 중 일정요건을 갖춘 경우

② 도시 개발사업이나 도시 재개발사업에 의한 환지 또는 관리 처분계획에 의하여 취득한 갖춘 토지 및 건축물

③ 신탁(신탁법에 의한 신탁으로서 신탁등기가 병행하는 것에 한함)으로 인한 신탁재산의 취득(신탁재산의 취득 중 주택조합 등과 조합원과의 부동산 취득 및 주택조합 등의 비조합용 부동산 취득은 제외)으로 인정한 경우

5) 취득세 과세방법

취득세의 과세 표준은 신고가액 기준과 실거래액 기준으로 구분하는데, 취득 당시의 가액으로 하며, 취득당시 취득자가 신고한 가액에 의해 과세한다. 신고가격의 표시 없을 경우에는 기준시가 표준으로 과세한다.

(1) 취득세 계산방법

취득세를 계산 하는 방법은 간단하다. 취득세 과세표준에 취득세율을 곱한 것으로 계산되는데, 취득세의 산정의 핵심은 취득세의 과세 표준가에 달려 있다. 공식은 다음과 같다.

취득세=과세표준×취득세 세율.

(2) 취득세 과세표준

취득세의 과세표준은 부동산의 매매(분양)·건물 신축시는 실거래가액로 과세되고, 상속·증여 시에는 '지방세법'상 시가표준액로 과세된다. 취득세 과세표준 산정시 적용되는 시가표준액은 토지는 개별공시 지가이고, 단독주택은 개별주택가격이며, 아파트와 같은 공동주택은 공동주택가격이다.

상기 이외의 건축물의 건물시가표준액 계산은 다음과 같다.

건물시가표준액={(건물신축가격기준액×구조지수×용도지수×위치지수×
경과 연수 잔가율)}×건물연면적(m2)×(가감산특례)

(3) 취득세율

취득하는 부동산의 종류와 면적, 취득의 방법에 따라 세율의 적용에 차이가 있다. 예를 들어 주택은 취득세율 및 관련세율의 합이 1.1~3.5%인데 반해, 주택의 토지 및 건물 등은 4.6%이다(〈표 13-20〉 참조).

〈표 13-20〉 과세표준 및 세율

구 분		취득세	농어촌 특별세	지방교육세	합계 세율
6억 이하 주택	$85m^2$ 이하	1%	비과세	0.1%	1.1%
	$85m^2$ 초과	1%	0.2%	0.1%	1.3%
6억 초과 9억 이하 주택	$85m^2$ 이하	2%	비과세	0.2%	2.2%
	$85m^2$ 초과	2%	0.2%	0.2%	2.4%
9억 초과 주택	$85m^2$ 이하	3%	비과세	0.3%	3.3%
	$85m^2$ 이상	3%	0.2%	0.3%	3.5%
주택의 매매(토지, 건물 등)		4%	0.2%	0.4%	4.6%
원시 취득, 상속(농지 외)		2.8%	0.2%	0.16%	3.18%
무상취득(증여)		3.5%	0.2%	0.3%	4.00%

6) 취득세의 신고·납부

(1) 신고 및 납부기간

취득세 신고기한은 그 취득한 날부터 60일[상속으로 인한 경우는 상속개시일부터, 실종으로 인한 경우는 실종선고일부터 각각 6개월(납세자가 외국에 주소를 둔 경우에는 각각 9개월)] 이내에 신고하고 납부해야 한다.

(2) 추가세액의 신고・납부

취득세 과세물건을 취득한 후 5년 이내에 당해 과세물건이 별장, 골프장, 고급주택, 과밀억제 권역 내에서 공장 신・증설 등 '지방세법' 상 중과세 대상에 해당하는 경우에는 중과세율을 적용하여 산출한 세액에서 이미 납부한 세액(가산세는 제외)을 공제한 금액을 그 사유발생일 등의 날로부터 30일 이내에 신고・납부하여야 한다.

(3) 기한 후 신고

취득일로부터 60일 이내에 취득세를 신고하지 아니한 자는 그 신고기한 만료일로부터 1개월이 경고하지 아니한 경우로서 취득세를 부과・고지받기 전에는 기한후 신고를 할 수 있다. 취득세를 1개월 내에 기한 후 신고・납부한 경우에는 신고불성실가산세의 50%를 경감한다.

2 재산세

부동산 보유와 관련되어 부과해야 하는 세금은 2가지로 재산세와 종합부동산세가 있다. 재산세는 지방세이며 종합부동산세는 국세로 이원화 되어 있다. 지방자치 단체는 시, 군, 구는 관할 구역내에 1차로 재산세를 부과하고 국가는 2차로 전국적으로 부동산을 합산하여 누진세율로 종합부동산세를 부과한다. 종합부동산세는 이미 1차 과세한 재산세 금액을 공제한 후 차액에 대해 부과된다.

1) 재산세의 납세의무자

'지방세법'상 납세의무자는 재산 보유사실이 있는 자로서 재산범위는 토지, 건축물 등으로 정한다. 재산세부과 대상자는 사실상의 소유자, 공부상의 소유자, 주된 상속자로 구분한다. 재산세 과세대상은 주택(부속토지 포함)과 토지이다. 이외에는 건축물, 선박, 항공기 등이 있다.

2) 재산세의 계산 – 과세 표준, 세율 및 세 부담 상한, 감면 –

매년 6월 1일(종합부동산세도 동일) 과세되는데, 재산세의 과세 표준 및 세율, 세 부담상한은 다음과 같다. 또한 재산세 감면은 '지방세법'에 의한 감면, 조세제한법상의 감면, 시・군・구 감면조례에 의한 감면 등이 있다.

〈표 13-21〉 재산세 과세표준, 세율 및 상한액

과세표준	시가표준액×공정시장가격비율(주택 : 60%, 토지 및 건축물 : 70%)	
세율	최저 0.07%～최고 4%	
세부담 상한	주택	공시가격 3억원 이하 : 105%
		공시가격 3억원 초과 6억원 이하 : 115%
		공시가격 6억원 초과 : 130%
	주택 외	150%

3) 재산세의 부가세 및 병과세 및 재산세의 납부기한

재산세의 부가세 및 병과세 및 재산세의 납부기한은 다음과 같다.

〈표 13-22〉 재산세의 부가세 및 병과세 및 재산세의 납부기한

재산세의 부가세 및 병과세	재산세의 납부기한
부가세 : 지방교육세(재산세의 20%) 병과세 : 지역자원시설세	토지 : 매년 9월 16일부터 9월 30일까지
	건축물 : 매년 7월 16일부터 7월 31일까지
	주택 : 산출세액의 2분의 1은 매년 7월 16일부터 7월 31일까지, 나머지 2분의 1은 9월 16일부터 9월 30일까지

3 종합부동산세

1) 종합부동산세의 개요

종합부동산세는 주택・토지 등을 많이 보유하고 있는 고액 부동산소유자들에게 부동산보유에 대해 조세형평성을 제고하고, 부동산가격을 안정시키기 위해

도입된 국세다. 주택의 경우 한 세대가 보유한 모든 주택의 가격이 총 9억원을 초과할 경우, 9억원 초과분에 대해서만 내는 세금이다. 초과분 액수에 연도별 종부세 과표적용률 세율이 적용돼 부과된다. 이때 종부세 대상이 되는 9억원 초과분에 해당되는 재산세는 종부세 계산 때 차감된다.

과세기준일(매년 6월 1일) 현재 종합부동산세 과세대상인 부동산에 대한 재산세의 납세의무자로서 인별(법인별, 개인별)로 과세대상별 전국 소유의 부동산을 합산한 금액이 과세대상별 과세기준금액을 초과하는 자는 종합부동산세를 납부할 의무가 있다.

2) 과세대상 및 납세의무자

종합부동산세의 납세의무 여부는 과세대상 부동산별로 판단한다. 과세기준일 현재 종합부동산세 과세대상인 부동산에 대한 재산세의 납세의무자로서 인별(법인별, 개인별)로 과세대상별 전국 소유의 부동산을 합산한 금액이 과세대상별 과세기준금액을 초과하는 자는 종합부동산세를 납부할 의무가 있다.

〈표 13-23〉 종합부동산 과세대상

내용	과세대상	비고
종합부동산세 과세대상	주택(부속토지 포함)	
	토지	– 종합합산과세대상 – 별도합산과세대상

3) 종합부동산세의 과세표준 및 세율

종합부동산세의 과세표준은 3가지 과세대상별로 다르다. 주택에 대한 종합부동산세 과세표준, 종합합산과세대상토지에 대한 종합부동산 과세표준, 별도합산과세대상토지에 대한 종합부동산세 과세표준 등 3가지가 있는데, 종합부동산세 세율은 과세대상별 과세표준 구간 및 세율이 상이하다. 과세표준별 과세대상별 세율부담을 보면 종합합산과세대상이 가장 높다. 종합부동산 세율의 구간은 0.5~2.0%이다.

4) 세액 산출 및 세액 공제

세액 산출 산식은 다음과 같다.

〈표 13-24〉 종합부동산세 세액 과세표준 및 세액 산출 산식

주택에 대한 종합부동산세 과세표준	=(법인별, 개인별 종합부동산세법상 공시가격의 합계 - 6억원)× 공정시장가액비율(80%) 1세대 1주택(단독 소유)의 경우는 9억원
종합합산과세대상토지에 대한 종합부동산 과세표준	=(법인별, 개인별 종합부동산세법상 공시가격의 합계 - 5억원)× 공정시장가액비율(80%)
별도합산과세대상토지에 대한 종합부동산세 과세표준	=(법인별, 개인별 종합부동산세법상 공시가격의 합계 - 80억원)× 공정시장가액비율(70%, 2010년 : 75%, 그 이후 : 80%)

부동산세율은 과세 표준구간 및 세율이 상이하다. 과세액은 종합부동산세 과세대상별 과세표준에 종합부동산세세율을 곱하여 계산되는데, 여기에서 3가지 부문 공제된다.

종합부동산세 계산 시 각 과세대상별로 공통적으로 적용되는 세액공제로는 재산세액공제가 있으며, 1세대 1주택자(단독소유자)에게만 추가로 적용되는 노령자세액공제와 장기보유세액공제가 있다. 노령자세액공제와 장기보유세액공제는 중복 적용될 수 없다.

〈표 13-25〉 종부세 관련 세액공제 및 상한액 관련 내용요약

세액공제	상한액	종합부동산세 납기	납부방법	부가세
재산세로 부과된 세액 (과세표준금액 초과분 상당액)	150%	12월 1일 ~ 12월 15일 (신고납부방식도 가능)	물납 : 납부할 세액 1천만원 초과 및 일정한 요건 충족시	농어촌특별세 (종합부동산세 20%)
연로자세액공제 (1세대 1주택(단독소유)의 경우)			분납 : 납부할 세액 1천만원 초과 2개월 이내	
5년 이상 장기보유자 세액공제 (1세대 1주택(단독소유)의 경우)				
세부담 상한 초과액				

5) 세부담상한제 및 납부 방법

급격한 종합부동산세의 증가를 방지하기 위해 각 과세대상별 직전년도의 각 과세대상별 당해 재산에 대한 재산세액상당액과 종합부동산세액 상당액의 합계액의 150%까지를 세부담 상한으로 규정하고 있다.

6) 종합부동산세 납기, 납부방법 및 부가세의 부과징수

종합부동산세 납기는 12월 1일~12월 15일(신고납부방식도 가능)이며, 납부방법은 일시납이 원칙이나, 납부할 세액 1천만원 초과 및 일정한 요건 충족 시는 물납이 가능하고, 납부할 세액 1천만원 초과 2개월 이내에 분납도 가능하다. 또한 부가세로 농어촌특별세(종합부동산세 20%)가 부과된다.

금융소득종합과세 어떻게 대응할까

원천징수란 은행예금이나 채권투자 시 이자소득과 주식에서 발생하는 배당소득에 대해 금융기관이 소득을 지급할 때 일정한 세금을 먼저 공제하는 것을 말한다. 세율은 특수한 경우를 제외하고는 통상 15.4%(주민세포함)를 적용한다.

종합소득세란 1년 동안의 금융소득이 일정금액을 초과할 경우 다른 소득금액과 합산하여 과세하는 것으로 납세자 본인이 직접 관할 세무서에 신고 납부해야 한다.

기본적으로 소득세는 종합과세를 원칙으로 하고 있으나 특정한 소득은 종합과세에 합산하지 않고 분리과세 될 수 있다. 분리과세는 분류과세에 구별되는 개념으로 일용근로자의 급여액, 세금우대, 분리과세 상품 등이 그 대상이 된다.

분류과세란 종합과세와는 별도로 부동산/금융상품 매매 시 발생하는 양도소득, 퇴직으로 발생하는 퇴직소득 등이 해당된다. 분류과세를 하는 이유는 만일 오랜 시간에 걸쳐 형성된 퇴직소득과 양도소득이 과표기간이 1년간인 종합소득에 포함되게 된다면 세 부담이 커지기 때문에 소득지급 시 원천징수만으로 과세를 종결하기 위한 것이다.

소득종류별 과세방법을 살펴보면 2000만 원을 초과 하지 않는 이자,배당소득(금융소득)이나 공적연금을 제외한 사적연금으로 1200만원을 초과하지 않는 연금소득, 그리고 3백만을 초과하지 않는 기타소득에 대해서는 당초 이자나 소득을 지급하는 기관에서 원천징수 한다. 즉 분리과세 함으로 원천징수로 과세가 종결이 된다.

대부분의 금융소득은 원천징수로 세금 납부가 끝나기 때문에 납세자들은 별도의 세금신고를 하지 않아도 된다. 하지만 금융소득이 2천만원을 초과하는 경우에는 원천징수로 끝나지 않는다. 납세자는 그 다음해 5월에 다른 종합소득(근로소득, 사업소득 등)과 합산해 종합소득세를 신고해야 한다.

종합소득세 계산 시 총 수입금액은 매년 1월 1일부터 12월 31일까지 발생한 이자, 배당, 사업(부동산 임대소득포함), 근로, 연금, 기타소득(비과세, 분리과세로 납세의무가 종결되는 소득 제외)이며 필요경비를 제하되 이자소득과 배당소득은 필요경비가 없다. 여기에 종합소득공제로 인적공제(기본공제, 추가공제), 연금보험료 공제와 주택담보 노후연금이자비용공제, 특별소득공제(국민건강 보험료 등, 주택자금소득공제), 조세특례제한법상 소득공제(신용카드 등 사용금액)를 활용할 수 있다. 근로소득이 없는 자의 경우에는 소득공제와 세액공제의 범위를 축소하여 적용한다. 이렇게 산출된 과세표준에 종합소득세율을 적용하여 세액을 산출하는데 과표가 커질수록 세금을 많이 부담하기에 절세전략이 필요한 부분이다.

한 가지 기억할 것은 금융소득 종합과세 기준금액이 되는 2000만 원 판정 시비과세, 분리과세, 이중과세의 조정차원의 Gross-Up 금액이 제외되나 종합소득금액에는 배당소득 Gross-Up금액을 합산하여 계산 한다는 것이다.

금융소득만 있는 경우 2000만 원을 초과한다고 해서 무조건 세금부담이 늘어나는 것은 아니다. 이자, 배당소득이 7200만 원까지는 추가적인 세금 부담이 없다.

하지만 금융소득이 2000만 원을 넘게 되면 근로소득등과 합산해 최고세율까지 적용받을 수 있다는 점과 건강보험료 등 세금외적인 비용증가 그리고 세무조사가능성 증가 등으로 추가적인 세금부담과 관계없이 신경 써야 할 부분이 많아지게 된다.

이에 대한 대비책으로는 절세형 금융상품의 투자, 소득실현시기의 분산, 금융자산의 명의분산 등이 있다. 우선 절세형 금융상품의 경우 비과세 및 분리과세 상품에서 발생하는 금융소득은 종합과세 기준금액인 2000만 원에 포함되지 않기 때문에 유리한데, 주의할 점은 각 상품마다 요건, 금액, 기한 등의 제한사항이 있는 경우가 많기 때문에 가입대상이 되는지 우선 확인하는 것이 필요하다.

채권이나 예금 등의 이자는 실제로 이자를 받을 때 수입으로 계상한다. 3년 정기예금에 가입하고 이자도 만기에 받는 것이라면, 3년째에 한꺼번에 이자소득이 발생한 것으로 본다. 한편 금융소득종합과세는 매년 1월 1일부터 12월 31일까지의 개인별 금융소득(이자소득, 배당소득)을 합산하여 2000만 원 초과 여부를 따지기 때문에 특정연도에 금융소득이 집중되는 것을 피하는 것이 필수적이다. 월지급식 ELS가입과 가족명의로 금융자산을 분산해 세 부담을 줄이는 것을 고려할 수 있다.

배우자, 자녀 등 직계가족에게 증여해 명의를 분산하는 전략은 사전증여를 통해 금융소득을 절세할 수 있고 상속세도 줄일 수 있어 이미 고액 자산가들이 많이 사용하는 절세방편이다. 가족명의로 예금, 펀드 등을 개설하고 관리는 본인이 하는 차명계좌로 활용하는 것도 한 가지 방법인데, 차명계좌는 말 그대로 이름만 빌렸을 뿐이지 실제로는 본인의 계좌로 간주하기 때문에 추후 차명계좌임이 밝혀지면 덜 냈던 소득세 및 가산세까지 추징당할 수 있다. 그러므로 종합과세를 회피하기 위한 목적이라면 명의분산 후 증여신고도 병행하여 근거를 남겨야 한다. 참고로 증여재산 공제한도는 10년간 배우자 6억 원, 자녀 5000만 원(미성년자 2000만 원)이므로 한도 내에서 활용을 하는 것이 유용하다.

마지막으로 가입한 펀드에서 향후에도 지속적으로 과세이익이 발생하고 본인의 금융소득이 2000만 원을 초과할 것으로 예상될 경우 세금 정산을 통해 소득을 확정하는 소위 펀드 소득정산을 통한 적극적 과세시기 선택을 고려해 볼 수 있다.

소득정산은 특별히 정해진 시기는 없으며 금융소득 귀속년도가 집중되어 금융소득 기준금액인 2000만 원을 상회하거나 상회할 가능성이 있는 경우 활용할 것을 추천한다. 단, 뮤추얼펀드, 환매금지형 펀드는 소득정산이 불가하다는 것은 기억해야 한다.

국제신문 2017년 5월 17일

중요 개념 및 용어

세금설계	세금	절세
탈세	조세회피	국세
지방세	정액세	정률세
누진세	독립세	부과세
직접세	간접세	납세의무자
과세대상	과세표준	세율
납세의무의 확정	신고납세제도	부과과세제도
자동확정방식	소득세	거주자
종합소득	퇴직소득	양도소득
열거주의(소득원천설)	유형별 포괄과세주의	종합과세
분리과세	종합소득금액	종합소득공제
종합소득과세표준	종합소득세세율	인적공제
특별공제	확정신고	예정신고
무신고가산세	과소신고가산세	납부불성실가산세
금융소득종합과세	Groess-up제도	양도소득세
취득세	재산세	종합부동산세

연습
문제

1 과세요건에 대하여 개략적으로 설명하라.

2 납세의무의 확정과 관련한 세 가지 방식에 대하여 설명하라.

3 납세의무는 어떻게 소멸되는지를 구체적으로 설명하라.

4 소득세의 특징에 대하여 설명하라.

5 소득을 크게 3가지로 분류하여 개략적으로 설명하라.

6 종합과세와 분리과세에 대하여 설명하라.

7 종합소득세를 납부(환급)할 세액은 어떻게 산출하는지 그 흐름을 개략적으로 설명하라.

8 금융소득종합과세의 과세방법에 대하여 설명하라.

9 양도차익의 계산은 어떻게 하는지를 구체적으로 설명하라.

10 종합부동산세에 대하여 개략적으로 설명하라.

14 은퇴설계

학습목표

1. 100세 시대의 은퇴의 의미변화와 은퇴설계의 의의 및 필요성에 대하여 이해할 수 있다.
2. 은퇴설계의 프로세스에 대하여 이해하고, 활용할 수 있다.
3. 노후 대비방법인 '3층 보장제도'에 대하여 이해하고, 활용할 수 있다.

들. 어. 가. 기

은퇴를 보는 시각도 역시 많이 변하고 있다.

어제의 은퇴에 관한 시각은 일에서 그만두고 쉰다는 생각인데 반해, 오늘의 은퇴의 시각은 쉰다는 것이 아니라 또 다른 자아를 찾아간다는 의미이다. 나라별로 차이는 있지만 미국이나 영국 같이 사회보장제도가 잘 발달된 나라에서는 은퇴를 "일에서 해방되어 자주적인 삶을 누릴 수 있는 '자유'를 떠올리며 축하받을 일"이라고 생각한다. 그래서 은퇴시기를 맞이하게 되면, 전에 하지 못했던 일들을 찾는 기쁨으로 들 떠 있는 경우가 많다. 그러나 우리나라와 같이 사회보장제도가 충분히 잘 발달되지 않은 나라이거나 은퇴준비를 경험해오지 않은 세대에서는 은퇴를 반기지 않는다. 은퇴는 노년 빈곤층으로 내몰리는 시점이라고 생각하기 때문이다. 정년퇴임 후에도 새 일자리를 찾아야 하는 은퇴자가 증가하고 있는 것도 우리의 현실이다.

은퇴라는 것은 인생의 노년기로 접어드는 인생과정의 일부분으로 인생의 후반부를 차지하는 중요한 시기일 뿐 아니라, 생의 완수를 실현하는 가장 중요한 시기이다. 은퇴 후에도 소득의 흐름이 지속적으로 마련될 수 있다면, 100세 시대의 삶은 단순히 수명연장이 아니라, 새로운 자아를 찾아 떠나는 행복한 여정이다. 따라서 은퇴준비를 충분히 하였다면 은퇴 이후에도 은퇴 이전의 삶의 수준을 계속적으로 유지될 수 있을 것이다.

미국 시카고대학의 저명한 심리학 교수인 버니스 뉴가튼(Bernice Neugarten)은 예전에는 은퇴나이라고 여겨졌던 나이인 60대도 노년이라고 생각하지 않는다고 한다. 70대 중반쯤이 넘어가야 노년으로 구분한다고 한다. 이렇게 60대 이후 70대까지는 '액티브 시니어(Active Senior)'라고 부르기도 하고 '영 올드(Young Old)'로 부르기도 한다. 건강하고 신세대 사고를 갖고 있는 '젊은 고령자'라는 뜻이다. 나이만 조금 들었을 뿐, 생각도 아주 신세대 사고를 갖고 있는 사람으로 단지 인생의 정점을 조금 지난 것에 불과할 뿐이라는 것이다. 사회적으로도 활발하게 다양한 활동을 할 준비가 되어있는 연장자라는 뜻이다.

따라서 타인의 돌봄이 필요 없는 건강한 연장자이며, 자기만의 자아의 세계를 찾아 이전에 직장생활로 속박되었던 '자유'를 만끽하며 활동하는 '액티브 시니어(Active Senior)'이다. 대부분은 현역에서 물러났지만, 이제 70대, 80대의 은퇴자도 '액티브 시니어(Active Senior)'로서 현역에서 왕성하게 활동을 한 경험을 밑바탕으로 다양한 활동할 준비가 되어 있는 사람들이라고 할 수 있다.

언젠가 미국 LA에서 만난 미국 친구 말이 생각이 난다. "꽉 짜인 사회에서는 아침 일찍부터 열심히 일 해 봤자 겨우 집 융자비용 내고, 생활비로 쓰고 나면 몇 푼 저축하기도 아주 허겁지겁해요" 아무리 선진국이라도 생활의 고단함은 우리와 다를 바가 없는 가 보다. "그러나 노후 준비는 '나의 마지막 인생의 행복 준비'라고 생각해서 아무리 쪼들려도 일부는 무조건 따로 떼어놓고 연금에 들어 놓거나 은퇴준비를 꼬박 꼬박하고 있어요."라고 말한 것이 기억이 난다.

CHAPTER
14 은퇴설계

제1절 은퇴설계의 이해

1 100세 시대의 은퇴의 의미 변화

유엔은 '세계인구 고령화(world population Aging)'라는 보고서에서 2020년에는 평균수명이 80세 넘는 국가가 31개국으로 증가할 것이며 전 세계는 100세 시대에 살 것이라고 한다. 우리나라 통계청에서 발표한 '2011년 생명표'에 의하면 남성 77.6년, 여성 84.5년, 즉 평균 81.2년으로 우리나라는 이미 100세 시대에 살고 있다.

100세 시대의 도래에 따라 은퇴의 개념도 변하고 있다. 과거의 은퇴는 80세 사망에 맞게 짜여진 것이어서, 일반적으로 인생의 주기를 개괄적으로 3등분하여 초반 30년간 교육받고, 이후의 30년간은 취업하여 소득을 창출하고 은퇴를 준비하고, 이후에는 퇴직하여 20년간은 은퇴하여 인생을 마감한다고 생각하였다. 그런데, 최근에는 은퇴란 더 이상 일자리에서 물러나는 것이 아니며, 영어에서도 retire 란 말에서 잘 나타내주듯이 타이어를 다시 갈아 끼운다는 의미로 또 다른 삶의 시작을 의한다. 그래서 은퇴이전의 삶과 다른 형태의 삶을 영위하는 시기라고 한다. 은퇴이전의 삶이 가족을 위한 가족중심의 삶을 영위하고 꾸려나가기 위한 삶이였다면, 은퇴 이후의 삶은 본인을 위한, 본인이 꿈꾸었던 삶을 영위하는 기간이라고 볼 수 있다. 따라서 은퇴 이후의 삶은 자신만이 갖는, 자신만이 꿈꾸어 왔던 생각을 실천하는 기간이라고 볼 수도 있다.

은퇴에 관한 라이프 스타일도 변화하고 있다. 이전에 못다한 그것을 찾아 은퇴라는 시간을 사용하여 은퇴 후의 삶을 즐긴다고 생각하고 있다. 오랜 기간 커리어를 쌓은 전문직종에 종사하던 사람들은 파트 타임으로 프로젝트를 수행 해가면서, 나머지 시간은 은퇴 전에 누리지 못하였던 취미활동을 한다던지, 또는 여태까지의 삶이 사회에 혜택을 입었음에 고맙게 생각하면서 본인의 전문적인 지식을 필요로 하는 기관에 '재능기부'를 하면서 봉사활동에 전념하는 경우도 많다. 따라서 예전에 은퇴란 단순히 '일에서 물러나 그냥 쉬는 시기'라고 생각하던 과거에 생각하던 은퇴와는 다르다. 다양한 분야에 전업하여 재취업하거나, 새로운 분야에 창업하면서 새로운 삶을 영위하면서 새로운 여가 생활을 즐기는 것이 변화된 은퇴생활일 수 있다.

〈그림 14-1〉 자아를 실현하는 은퇴생활

노하우	취 미	열린 마음 봉사
• 풍부한 사회경험	• 여가	• 시니어 to 시니어 Biz
⇒ 지식–건강–경영–이미지 등 다양한 분야 컨설팅	⇒ 여가시간 활용해 자신의 취미살리고 노후를 즐겁게 보내길 원함	• 실버 중심 Biz ⇒ 독거노인 가정을 방문해 간호 • 노인 전문 사업
• 소기업 멘토링 사업화	• 취미생활을 사업화	• 중 · 장년층 대상 사업화

2 은퇴설계의 의의

100세 시대에 행복한 은퇴생활을 하기 위해서는 다양한 준비가 필요하다. 서양에서는 '5f'가 있어야 한다고 한다. '5f'라는 것은 돈(finance), 일(field), 재미(fun), 친구(friend), 건강(fitness)이 있어야 한다는 뜻이다. 〈그림 14-2〉 노후 준비 6대 필수조건에서 보는 바와 같이 우리도 자금(finance)문제가 필수 요건으로 자리 잡고 있어 새로운 100세 시대를 잘 살기 위해서는 은퇴자금(finance)관리가 무엇보다도 중요한 과제임을 알 수 있다.

은퇴 후의 삶은 진정한 행복한 삶의 시작이다. 따라서 은퇴설계는 은퇴 후에도 은퇴이전의 삶의 질을 계속적으로 이어나갈 수 있도록 유지하여 사회적으로나 경제적으로 단절이 되지 않도록 준비하는 것에 주안점을 두어야 한다. 생애주기설에 의하면 노후에도 일정수준의 소비수준을 유지하면서 삶을 이어가기를

〈그림 14-2〉 노후준비 6대 필수조건

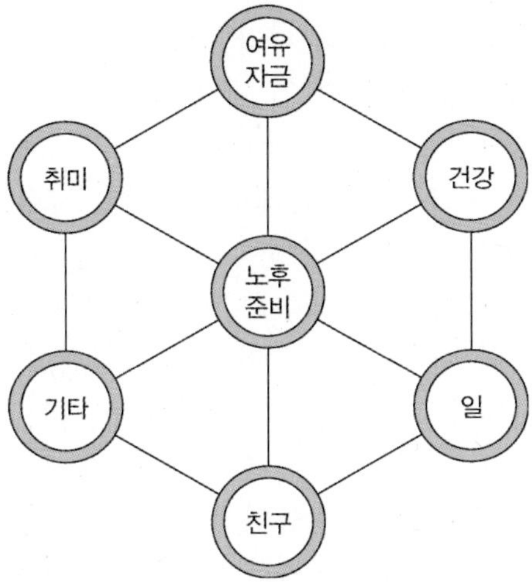

원하며, 지속적으로 생활의 질을 유지하기 위해 소비활동을 하고 싶어 한다는 것이다. 따라서 노후에도 계속적으로 생활의 질을 유지하고 은퇴 후에도 '액티브 시니어(Active Senior)'로서 지속적으로 사회활동에 기여할 뿐 아니라, 다양한 취미활동을 통하여 끊임없이 새로운 세계를 탐험하기 위해서는 은퇴준비가 필수 요건이다.

이와 같이 은퇴설계는 은퇴이후의 행복한 삶을 영위하기 위해 은퇴 자금관리 등 재무적인 요소와 주거, 가족관계, 사회활동, 취미, 여가 등의 비재무적인 요소를 균형있게 설계하는 것으로, 은퇴준비를 위한 은퇴 전 설계뿐만 아니라, 은퇴이후의 삶을 구체적으로 설계하는 것을 말한다.

3 은퇴설계의 필요성

첫째, 고령화가 급속히 진행되어 기대수명이 급속히 증가하고 있다는 것이다. 우리나라의 경우 2018년에는 총인구의 14%가 고령인구(만 65세이상)에 이르는 고령사회(aged society)가 되고, 그리고 8년 후인 2026년에는 총인구의 20%에 이르는 초고령사회(super aged society)로 진입할 전망이다. 이와 같이 기대수명의 급속한 증가로 100세 시대가 도래함에 따라 은퇴이후 40~50년에 가까운 시간을 보내지 않으면 안 되게 되어, 이러한 긴 시간을 보내기 위한 은퇴설계는 노후의 삶의 질을 결정하는 중요한 요소로 부각되고 있다.

둘째, 이러한 급속한 고령화의 진전에도 불구하고 사회적 측면에서의 노후준비정도는 매우 미흡하다는 것이다. 통계에 의하면 55세 이상 고령자들의 50%가 연금을 수령하고 있지만, 연금의 소득대체율이 턱없이 부족하다고 한다. 연금 수령 액수가 아주 미미해 소득대체율이 아주 낮기 때문이다. 행복한 노후생활은 국민연금과 퇴직연금, 그리고 그 부족분을 채워주는 개인연금, 개인적인 자금운용 등이 잘 어우러져 안정적인 현금소득을 유지할 수 있어야 가능한데, 현실은 그렇지 않다. 노후의 의료비, 요양비 등의 증가로 70세 이후의 삶의 유지비용이 전체 의료비에서 차지하는 비중이 급속히 증가하는 등 재정적인 어려움이 노후생활의 가장 큰 걸림돌로 작용하고 있다. 이러한 상황에서 은퇴설계는 필수적이라고 말할 수 있다.

셋째, 은퇴생활에 대한 개인의 인식이 변화하여야 한다는 것이다. 은퇴라는 것은 이제 가족부양의 짐을 더는 생활이며 은퇴는 일생에서 처음으로 자기만의 삶을 찾아가는 인생의 마지막 여정에서 얻은 자유로운 소풍이다. 은퇴는 30여년간의 인생 3막을 위해 또 다른 항해를 하는 것으로 경쟁과 경쟁 속에 살아온 나

〈그림 14-3〉 은퇴설계의 필요성

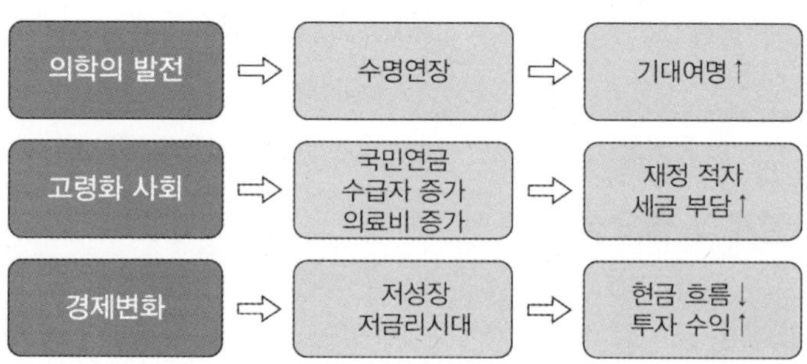

에서, 나 자신을 찾아, 진정한 자아로 돌아가는 인생의 여정에서 마지막 받는 소중한 보너스이기도 하다. 그러나 은퇴는 자기 스스로 준비하지 않으면 절대로 누릴 수 없는 행복이라는 점을 명심해야 한다.

제2절 은퇴설계의 프로세스

1 은퇴설계의 목표설정

1) 은퇴설계의 목표설정

은퇴 후의 노후 생활은 인생의 노년기로 접어드는 과정의 일부분으로 인생의 후반부를 차지하는 중요한 시기이다. 더욱이 100세 시대의 삶은 단순히 수명 연장이 아니라, 은퇴이전과 차별화된 삶의 행복을 누릴 수 있어야 하기 때문이다.

현재 생존하고 있는 60세의 남성은 평균적으로 약 30년, 60세 여성은 35년의 평균적인 은퇴생활을 즐길 수 있다고 한다. 기대여명은 의료기술의 발달로 인하여 10여 년 정도 더 연장되어 100세 시대를 맞이할 것으로 예상되는데, 이에 걸맞는 은퇴계획을 수립해야 안정적인 노후생활을 누릴 수 있다.

예를 들어, 30세인 사람이 60세에 은퇴할 것으로 보고 90세까지 생존한다면 노후생활비로 얼마를 준비해야 하는가? 또는 이를 산정하기 위해서는 만약에 현재가치로 월 200만원을 은퇴할 때 생활비로 쓰고자 한다면 은퇴 시 준비해야 하는 금액은 얼마나 될까?

상기의 예의 경우와 같이 은퇴 시 준비해야하는 자금을 산정하기 위해서는 물가상승률과, 투자수익률을 일정수준으로 가정하여야 소요자금을 산정할 수 있을 것이다. 그 소요금액을 30년간 준비해야 한다고 가정했을 때 월 얼마의 금액을 투자해야 된다는 계산이 나온다. 바로 노후생활비 200만원을 쓰기 위해서 30년간 월 일정금액을 준비해야 된다는 것이다.

은퇴설계의 30-30법칙은 수입의 30%를 개인연금에 은퇴 전 30년간 저축하거나 투자하여 편안한 노후를 보장받는다는 의미로 사용되는 법칙이다. 30-30법칙에 덧 붙여서 혹자는 은퇴의 설계의 30-30-30 법칙을 주장하기도 한다. 이는 은퇴설계는 특별히 근로소득이 없는 은퇴이후의 생활을 위해 필요한 자금과, 각종 의료보험과 같은 보장보험계획을, 은퇴전 30년 동안 수입액의 30%에 해당하는 금액을 은퇴 후 30년을 위해 미리미리 준비하여 계획을 수립해야만 행복한 노후생활이 된다는 법칙을 말한다. 은퇴설계 준비는 오랜 시간이 소요되므로 미리미리 준비해야 된다는 의미로 자주 이용된다. 또한 은퇴설계는 인생의 마지막 순간까지 행복하고 인간다운 삶을 보장하기 위한 계획이므로 은퇴 이후 행복한 삶을 위한 비재무적인 설계도 함께 준비해야 성공적인 은퇴설계가 된다.

2) 은퇴설계의 금액산정

은퇴설계를 체계적으로 수행하기 위해서는 첫 번째 단계로 은퇴설계 시 소요되는 금액목표를 수립하여야 하는 것이 최우선 과제이다. 노후생활에 소요될 은퇴금액 산정을 위해서 감안해야 하는 주요 요소는 ① 은퇴 후 본인 및 배우자의 여명 수명, ② 임종 전 장기 간병 등 본인의 여명기간의 생활비, ③ 배우자여명 수명기간, 배우자 단독생활에 대한 예상비용, ④ 예상 은퇴자금 축적소요기간에 대한 가정, ⑤ 목표금액 달성의 우선순위에 대한 가정, ⑥ 1차적으로 목표를 달성하지 못한 경우, 대체 은퇴자금 목표금액의 가정 등인데, 이들 요소가 구체화되어야 실천적인 은퇴목표금액이 설정될 수 있다.

(1) 은퇴설계의 기본목표를 수행하기 위한 은퇴자금의 목표금액 설정

은퇴설계의 목표는 개인에 따라 상이하지만 일반적으로 4가지 요소로 구분하여 은퇴자금의 목표금액를 설정하여야 한다.

기본 목표의 구성요소는 ① 최소한의 생계유지 비용을 기초비용으로 하고, ② 여유있는 생활을 유지하기 위한 금액산정이 추가 되어야 하며, ③ 좀 더 여유있게 생활을 하고 싶다면 취미활동을 위한 비용을 추가한다. ④ 마지막으로 질병에 대한 치료와 노후 간병서비스에 관한 의료비를 산정하여 추가하면 된다.

(2) 은퇴설계의 금액산정 시 감안해야 하는 주요 요소

은퇴설계의 금액산정의 핵심내용은 부부의 노후생활에 소요 되는 비용과 가장이 사망한 후 여성 배우자가 단독으로 생활할 때 소요되는 비용이다. 또한 임종 전 2~3년간의 장기 간병비용이 소요 되므로 이러한 요소 등을 감안하여 계획이 수립되어야 한다.

(3) 은퇴설계의 금액산정 시의 주요 변수에 대한 가정

은퇴설계의 금액산정 시, 투자기대수익률과 물가상승률 및 장수위험에 따른 추가 의료비용 및 요양비용에 대한 가정이 주요 변수로 작용한다. 비재무적인 요소로는 은퇴 이후 자녀의 독립 등으로 인한 가족관계의 변화에 따른 비용과 상속문제로 발생될 수도 있는 갈등비용 및 사회환경변화로 소요되는 필요 예상 비용도 목표금액 산정 시 감안되어야 한다. 물가상승률, 투자기대수익률, 세율, 소득원 등에 대한 가정이 현실적이고 합리적이 되어야 예상 은퇴자금이 구체적으로 책정될 수 있다.

2 자료의 수집과 분석

이 단계는 재무목표를 포함한 재무적, 비재무적 자료를 수집하고, 은퇴설계 자료요약표와 연간지출표를 작성하는 단계이다.

1) 재무적 자료와 비 재무적 자료

재무적 자료의 수집은 연간 연금 예상수입과 필요생활비의 추정, 은퇴 후 목표금액의 산정을 위해 자산, 부채, 소득 등 현재의 재원목록을 나열하고 이를 미래 은퇴 시 가격으로 평가하기 위해 필요하다.

비재무적 자료에는 은퇴의 시기 또는 나이, 은퇴 후에 거주할 주택의 소유여부, 은퇴 후 취업여부 및 위험허용도 등이 있다. 이와 같은 비재무적 자료는 은퇴 후 생활의 변화 또는 은퇴 후에 해외 여행이나 취미 생활을 추구하는 라이프 스타일 등을 이해하는데 뿐만 아니라, 향후 은퇴 후 소요비용을 추산하는데도 중요한 자료로서 활용된다.

2) 은퇴설계 자료요약표

은퇴설계 자료요약표는 은퇴설계 준비를 위해 반드시 필요한 자료를 요약한 것이다. 때로는 연간지출표를 사용하기도 하는데, 연간지출표는 요약표보다 더 상세한 자료로서 은퇴 직전의 생활비를 항목별로 정리한 것으로, 이와 같은 자료를 활용하면 은퇴 후의 필요예상생활비를 산출할 수 있다.

은퇴설계 자료요약표의 각 항목은 은퇴 후 필요한 연간수입 추정, 은퇴자산, 은퇴목표 금액산정을 위한 가정, 직장정보, 기타 고려사항 등 5가지로 구성된다.

① **(은퇴 후 필요한 연간수입 추정)** 은퇴 후 필요한 연간 소득대체율은 대략 60~70% 정도면 적당하다. 원칙대로라면 연간지출표를 만들어 산정하지만, 도시가계 평균소비형태를 추정하여 일반적으로 기본생활 200만원, 안정생활 300만원, 여유생활 400만원이 제시되기도 한다.

② **(은퇴가용자산)** 은퇴 후에 가용할 수 있는 자산을 산정하는 데에는 6가지의 구성요소가 필요하다. 투자자산, 연금계좌, 부동산, 기타자산, 미래저축 및 투자, 은퇴연금 등이 이에 해당되는데, 자산과 수입 중 은퇴 후 소득원으로 활용가능한 자산을 산정해야 한다. 비상예비자금은 제외하고, 부채나 세금을 공제한 순자산가치를 산출해야 한다.

③ **(가정항목)** 은퇴자산의 각 항목을 통해 자산가치를 파악했으면 몇 가지 가정을 통해 예상 미래은퇴자금을 조정할 수 있는데, 가정항목으로는 6가지가 있다. 물가상승률, 은퇴할 나이(또는 은퇴까지 남은기간), 은퇴기간, 소득세율, 은퇴자산에 대한 세후 투자수익률 등이 이에 해당된다. 예를 들어 미래 물가상승률에 대한 가정은 미래 추정하기가 어려울 수 있으므로 고객과 협의하여 가정을 하게 된다. 은퇴시점은 처한 입장에 따라 다르기 때문이다. 이 가정항목은 미래 발생될 부분에 대한 가정이므로 관련 통계자료나 은퇴시점을 기준을 정해서 가정하기도 한다.

④ **(직장정보 및 기타 고려사항)** 직장정보는 월 급여, 퇴직률, 승급률 등을 통해 예상수입을 산정하는데 좋은 정보자료이다. 기타 고려사항은 비상예비자금에

해당되는 것으로 반드시 준비해야 하는 금액이다.

3 은퇴예상금액의 계산

3단계는 은퇴예상금액을 산정하기 위해 은퇴일시금과 저축액을 계산하는 단계이다. 2단계에서 작성한 은퇴설계 자료요약표를 이용하여 고객이 원하는 재무목표를 달성하기 위한 추가적인 금액(저축액)이 얼마나 필요한지를 산정하기 위해서 은퇴일시금을 계산한다. 은퇴 후 필요로 하는 은퇴일시금 마련을 위한 금액(저축액)을 계산하여야 하는데 '워크시트 접근법'을 일반적으로 이용한다. 다른 방법으로 산출해도 상관없다.

이는 다음과 같이 세부적으로 6단계로 이루어진다.

① 은퇴시점 자산의 미래가치 계산
② 은퇴시점 자산의 순미래가치(총은퇴 자산)계산
③ 연간소득 부족분 계산
④ 은퇴시점 일시금(총은퇴 일시금)형태로 환산
⑤ 추가적으로 은퇴일시금 계산
⑥ 연간 저축액, 투자액 결정

워크시트 접근법에 의한 분석과정은 상기과정을 산식에 의해 계산하는 방법으로 산출해 낼 수 있다. 물가상승률, 물가상승률 조정수익률, 기간을 가정하여 대입하면 산식에 의해 은퇴 후 정기적인 지급액이나 또는 은퇴자금 마련을 위한 매달 저축액을 산출해 낼 수 있다.

1단계(**각 자산의 미래 가치 계산**) : 각 자산의 은퇴시점 가치로 은퇴 시 자산의 미래가치를 각 자산에 해당하는 예상수익률을 이용하여 은퇴하는 시점에서 각 자산의 미래 가치를 계산하는 것이다.

2단계(**세금공제 후 순자산 계산**) : 은퇴시점에서 자산 미래가치에서 세금, 비용을 공제한 순자산으로 은퇴시점에서 자산의 순 미래가치를 계산한다. 은퇴시점에서 재투자할 수 있는 세금공제 후 순자산을 계산한다.

〈그림 14-4〉 은퇴자금 계산단계

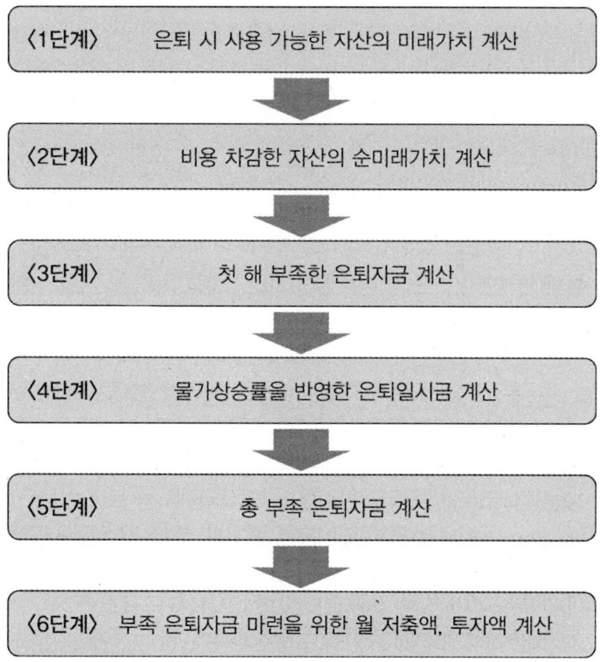

3단계(**소득의 부족분 계산**) : 은퇴 후 필요 연간 소득에서 공적 연금을 차감하여 부족액을 산정하는 것으로 은퇴 후 예상 소득 부족분이다.

4단계(**첫해 연금의 부족분을 계산**) : 상기 1년 부족분을 물가상승률을 감안하여 일시금으로 환산한 금액이다.

5단계(**은퇴일시금 부족자금**) : 총은퇴 일시금에서 은퇴 후 가지고 있을 총은퇴자산을 공제하여 추가적으로 필요한 은퇴일시금을 계산하여, 이후 연간 저축액을 계산하기 위한 것이다.

6단계(**부족자금 마련을 위해 필요자금 방안선택**) : 이 부족자금 마련을 위해 필요자금 선택하여 연간 저축액을 결정한다. 저축방법을 체증법으로 할 것인지, 정액법으로 할 것인지를 결정해서 월, 분기, 또는 연도별로 구분하여 저축하도록 한다.

4 은퇴설계안 작성

상기의 단계에서 노후대비를 위한 예상자금의 규모가 계산이 되는데, 우리나라의 경우 50대 1,000명을 대상으로 조사한 2014년 시니어 조사에 의하면, 노후대비에 필요한 자산규모의 평균은 약 4억 7,000만원이라고 한다. 은퇴 설계안 작성은 조사결과에 의해 은퇴설계에 대한 대안을 제시하는 단계이다.

은퇴 금액산정방법은 가정에 따라 은퇴 목표금액과 실행방법이 다를 수 있는데, 직종에 따라 전문직 종사자의 은퇴설계, 전업주부의 은퇴설계 또는 중소기업 CEO은퇴설계로 구분하여 직종의 특성에 맞게 은퇴설계를 하기도 한다. 또한 연령층에 따라 설계안을 구분하여 제시하기도 하는데, 이러한 은퇴설계안은 미래의 불확실성이 많기 때문에 상이한 가정이나 전제에 따라 은퇴대비에 필요한 자산 규모가 다르게 나타난다.

5 실행 포트폴리오

마지막단계로는 은퇴설계안을 실행하는 단계이다. 이 단계는 제안된 계획대로 투자를 실행하는 단계로, 시장의 불확실성, 경제적, 심리적인 변화로 중간에 투자계획이 중단되지 않도록 변호사, 세무사, 부동산중개인, 보험설계사 등 전문가의 조언으로 실행이 성공적으로 계속될 수 있도록 확신을 갖게 하는 것이 중요하다.

투자지침서를 작성하고 개인의 위험허용수준에 적합한 자산배분안을 수립한 후 투자 금융상품구성을 한다. 자산배분전략, 금융상품 수익률, 위험도 등을 평가하고 전체적으로 은퇴자금마련을 위한 투자안을 실시하는 단계이다.

은퇴준비를 위한 투자방안은 사람의 투자성향에 따라 다르게 나타날 수 있다. 투자수익률은 리스크 대비 상관관계(risk-reward trade off)를 갖고 변화하기 때문에 위험자산에 자산을 얼마나 배분하느냐에 따라 향후 수익이 다르게 나타난다. 리스크가 많은 주식이나 금융상품 비중이 높으면 높은 수익률이 나올 때도 있지만 때로는 원금훼손위험도 많다. 그러나 은행 정기예금이나 국·공채와 같은 안전자산에 비중을 높이면 수익률이 적게 나와 기대수익률이 만족스럽지 못하다. 은퇴준비는 자산배분을 어떻게 하느냐가 노후자금마련의 핵심이라고 할 수 있다. 장기 유망한 자산에 얼마나 배분하느냐에 따라 향후 수익이 다르게 나타나기 때문이다.

이러한 자산배분의 비율은 나이에 따라, 개개인의 투자성향, 위험허용도에 따라 다르게 나타 날 수 있다. 따라서 위험자산에 얼마나 배분하여야 하는가, 더 나아가서 위험자산 중 주식, 부동산 등 어느 자산에 어느 비율만큼 자산을 배분하는가 등의 위험자산 포트폴리오를 어떻게 구성하여 수익률을 향상시키는가가 은퇴설계의 핵심 요체이다.

위험에 각자가 느끼는 민감도(risk attitude)가 다르다. 더욱이 위험 자산의 비율이 정해지고 나면 최대의 수익을 낼 수 있는 자산(asset class)이 무엇이며 이 자산에 얼마나 배분하는 것 또한 주요 결정요인이다. 부동산은 얼마를 투자하며, 주식비중은 얼마나 하며, 펀드 투자금액은 얼마 투자할 것인가 등 배분비중이나 방법을 찾아내야 하는 것이 은퇴자금마련의 골자이다.

제3절 노후 대비방법

1 노후자금 마련 –'3+1'방법–

우리나라에서 노후를 위해 자금을 마련하는 방법으로는 '3+1'방법이 있다. 이것을 흔히들 '3층 보장제도'라고도 표현한다. 우선 노후를 위해서 우선적으로 3가지의 연금 제도를 이용하여 준비하고, 은퇴 후에는 이에 덧 부쳐서 1개의 주택연금 또는 토지연금 장치를 이용하면 충분히 노후를 준비할 수 있다. '3+1방법'의 3가지는 연금제도를 이용하는 방법으로, 3가지 연금을 우선적으로 잘 활용하면 노후가 보장된다는 의미에서 3층 보장제도라고도 한다.

노후를 위한 자금 마련 장치 중에 1층은 국가가 담당하는 공적연금인, 사회보장과 복지 차원에서 만들어진 '국민연금'이며, 2층은 기업의 퇴직금과 회사차원에서 보장해주는 '퇴직연금'을 통하여 마련하고, 그리고 3층은 개인이 저축을 통하여 준비하거나 개인연금을 통하여 마련한다. 이 중에서 1층은 국민연금과 특수직역 연금으로 공적연금이라고 볼 수 있는데, 이는 가장 기본적인 것으로 노후생활의 기초자금에 해당된다. 2층과 3층은 국민연금이 충분이 만족시켜줄 수 없는 것을 개인적으로 보완하는 것으로 사적연금에 속하는, 퇴직연금과 개인연금으로 나눌 수 있다. 여기에다 한 가지를 더 추가하면 은퇴 후에 충분한 노후준비가 되지 않은 경우에 보유하고 있는 주택을 활용하여 노후자금을 쓸 수 있는 것이 '주택연금' 또는 '농지연금' 이라고 할 수 있다.

이들의 관계는 비오는 날에 대비하여 외출할 때 비를 피하기 위해서 우선 필요한 것이 우산인 것처럼, 노후를 대비하여 우선적으로 국민연금에 가입하여 노후의 재정적인 어려움을 피하는 것이 최우선 과제라고 할 수 있다. 이어서 비올 때 비옷을 입고 비를 피하면 비를 잘 피할 수 있는 것처럼 노후를 대비하여, 비옷에 해당하는 것이 퇴직연금으로 두 번째 중요한 연금이다. 이어서 진흙탕을 지날 때 장화가 필요한 것처럼 장화에 해당하는 것이 개인연금이다. 이외에 예상치 못한 사고나 재해가 발생되는 상황이 발생되었을 때를 대비하여 주택연금이나 농지연금을 이용하면 노후를 충분히 준비할 수 있다.

비올 때 비를 피하고 안전하게 목적지에 가기 위해서는 우산, 우비, 장화가 필요하듯이 은퇴 후에 노년생활을 잘 헤쳐 나가기 위해서는 우산에 해당하는 국민연금과 우비에 해당하는 퇴직연금, 장화에 해당하는 개인연금을 준비한다면 노후생활의 기본을 준비한 셈이다.

소나기 오는 날에 우산이 없이 길을 지나면서 머리에 비를 맞지 않으려고 책이나 가방으로 머리에 쓰고 뛰어가 본 경험은 누구나 다 있을 것이다. 이때 우산, 우비, 장화를 준비하지 않고 뛰어가는 것은 아무리 빨리 달려도 비를 맞을 수밖에 없는 것처럼, 은퇴대비를 위해 국민연금, 퇴직연금, 개인연금 가입이 필수적이라고 할 수 있다.

이와 같이 '3층 보장제도'란 가장 아래인 1층에서 공적연금인 국민연금으로 국가가 기본적인 생활을 보장하고, 2층에서 기업의 퇴직연금으로 표준적인 생활을 보장하며, 3층인 개인연금으로 여유있는 생활을 위한 은퇴자금을 준비해 나가는 것이다. 풍요로운 노후를 보내기위해서는 3층 연금제도를 최대한 활용하여 은퇴자금 마련하여야 하며 이외에도 주택연금이나 농지연금 제도를 이용하여 활발한 노후를 준비하여 '3+1'방법을 실천해야 한다.

세 가지 연금은 사전에 적금이나 저축의 형태로 일정한 금액을 적립하는 형태로 노후에 대비하는 것이다. 이에 비해 주택연금이나 농지연금은 은퇴 이후에 60세가 넘어서 주택이나 농지를 담보로 맡기고 일정한 금액을 연금처럼 받는 형식이다. 이것은 은퇴 후에 준비해도 되는 것으로 은퇴이전에 준비할 필요는 없는 것으로 엄밀히 말해서 연금이라고 할 수는 없고, 주택이나 농지를 담보하고 매번 일정금액을 조달하는 형식이므로 담보부 자금조달을 정부가 보장하는 형식이라고 볼 수 있다.

2 국민연금

국민연금은 국가가 보험의 원리를 이용한 사회보험으로 가입자, 고용주, 및 국가가 일정의 보험료를 부담하고 이를 바탕으로 노후생활비를 지원하여 노후생활을 안정적으로 할 수 있도록 보장하는 사회보장 제도이다. 국민의 노령, 장애 또는 사망에 대하여 연금급여를 실시함으로써 국민의 생활안정과 복지증진에 이바지하는 노후를 대비하는 제도이다.

국민연금은 우리나라에서 시행되고 있는 대표적인 사회보장제도로서, 국민들이 노령, 장애, 사망 등으로 소득활동을 할 수 없을 때 기본적인 생활이 가능하도록 연금을 지급하는 제도이다. 이를 통해 빈곤을 해소하며 국민생활의 질을 향상시키기 위한 제도적 장치이다.

1) 국민연금의 필요성

통계청 조사에 따르면 경제적인 어려움이 노인들에게 가장 해결이 어려운 문제로 나타나고 있다. 예기치 않은 위험으로 소득이 상실되거나 중단된 때를 대비한 장기 소득보장책이 불충분하기 때문이다. 국민소득이 매년 증가하여도 어려움을 겪는 계층이 증가하고 있는 것은 고령화와 소득 양극화 현상에서 비롯된다.

국민연금은 사회보험으로 노후의 생활비를 지원해주는 제도이다. '19세 이상

가구주 대상 노후준비방법'에 대한 2013년 통계청 사회 조사 결과에 따르면, 예금・적금・저축성보험의 비중은 17.4%, 사적연금은 11.3%, 퇴직금은 4.6% 수준인 것으로 나타났다. 이와 같이 금융소득이나 퇴직금만으로는 노후생활이 어렵고 개인연금제도 또한 노후보장수단으로는 한계가 있기 때문에, 노후 빈곤문제라는 사회문제를 지원해 주는 방안으로 국민연금은 중요한 역할을 수행할 것으로 예상된다.

또한 현대사회는 도시화, 산업화로 인해 교통사고나 산업재해 등 각종사고의 위험이 크게 증가하고 있어 이러한 위험을 개인 또는 가족 스스로 해결하기에는 어려움이 많다. 국민연금은 이와 같은 어려움을 해결하는 데에도 일조한다.

2) 가입대상 및 가입유형

국민연금은 만 18세 이상 만 60세 미만의 국민이 가입대상이고, 최소 가입기간 10년을 채웠을 때 연금을 받을 수 있는 권리인 연금수급권이 발생된다. 국민연금의 가입 형태는 크게 '사업장'과 '가입자'로 나누어지며, 가입자는 사업장가입자, 지역가입자, 임의가입자, 임의계속가입자로 구분된다.[1)]

국내에 거주하는 외국인도 국민연금에 가입할 수 있다. 만 18세 이상 만 60세 미만의 외국인이 국민연금에 가입된 사업장에 근무하면 사업장 가입자가 되고, 이외의 외국인은 지역가입자가 된다. 다만, 체류자격별, 국가별 로 가입이 안 되는 경우가 있다.

3) 국민연금 보험료

국민연금 보험료는 연금급여를 지급하기 위한 재정마련을 목적으로 법률에 근거하여 납부되는 것으로서 국민연금의 주된 재원이다. 국민연금 보험료는 가입자의 기준소득월액에 연금보험료율을 곱해서 결정된다. 여기서 기준소득월액은 국민연금 보험료 및 급여산정을 위하여 가입자가 신고한 소득월액을 의미하는데, 최저금액과 최고금액의 범위가 정해져 있다. 예를 들어 2016년 6월까지는

---

1) 국민연금의 가입유형에 대한 구체적인 내용은 Chapter10 보험・연금상품 제4절 사회보험 1 국민연금 참조요망.

최저금액이 27만원이고 최고금액이 421만원이다. 기준소득월액에 적용하는 연금보험료율은 현재 9%인데, 사업장가입자는 회사와 본인이 절반씩 부담하고 지역가입자는 9%전액을 본인이 부담한다.[2)]

국민연금 보험료는 법에 근거하기 때문에 보험료를 납부기간 내에 납부하지 않으면 다른 공과금과 마찬가지로 연체금(국민연금 보험료의 3~9%)이 가산된다. 또한 일정기간 납부하지 않을 경우에는 국세체납처분의 예에 따라 납부의무자의 재산에 압류처분 등 강제징수를 통하여 국민연금 보험료로 충당하게 되므로 재산상의 불이익이 가해질 수도 있다.

4) 국민연금급여의 종류와 산정방법

국민연금에서 지급하는 급여에는 매월 지급하는 연금급여와 일시급여로 구분된다. 연금급여에는 노령연금, 장애연금, 유족연금이 있고, 일시급여에는 반환일시금급여와 사망일시금급여가 있다.[3)]

연금급여액은 기본연금액에 부양가족 연금액을 더한 것으로, 기본연금액은 균등부분(A값)과 소득비례부분(B값)의 급여로 구성된다. 급여산정방법은 다음과 같다.

$$\text{연급급여액} = \text{기본연금액} + \text{부양가족 연금액} \tag{14-1}$$

$$\text{기본연금액} = 1.5(A+B)(1+0.05n/12) \tag{14-2}$$

단, 1.5 : 비례상수로 2008년 기준으로 1.5이고, 매년 0.015씩 감소
A : 연급수급 직전 3개년도의 전가입자 기준소득월액의 평균액
B : 가입자 개인이 생애기간동안 실현한 기준소득월액의 평균액
1 : 가입기간 20년 시 적용
0.05 : 20년 초과 사업기간 1년당 가산율
n : 20년 초과 가입년수

---

2) 김동희, 류재광, 『보험 및 은퇴설계(2016년 개정판)』, 한국금융연수원, 2016년, p.185.
3) 국민연금급여의 종류에 대한 구체적인 내용은 Chapter10 보험・연금상품 제4절 사회보험 1 국민연금 참조요망.

식 (14-2)에서 보는 바와 같이 균등부분(A값)은 연금수급 직전 3년간의 가입자 평균소득월액의 평균액이고, 소득비례부분(B값)은 가입자 개인의 가입기간동안의 기준소득월액의 평균액이므로, 기본연금액은 연금수급 당시 평균소득월액과 본인의 가입기간과 가입기간 중의 소득에 의해 좌우됨을 알 수 있다. 그리고 1.5는 2008년의 소득대체율 50%를 적용한 것으로, 2009년부터 매년 소득대체율이 0.5%씩 감소하고 있어 비례상수 1.5도 매년 0.015씩 감소하여 2028년에는 소득대체율 목표치인 40%를 반영해 비례상수가 1.2가 된다.

한편 부양가족 연금액은 수급권자를 기준으로 배우자, 자녀 또는 부모로서 수급자가 생계를 책임지는 자에 대하여 지급하는 일종의 가족수당 성격의 부가급여인데, 금액은 그렇게 크지 않아 2016년 3월 기준으로 배우자가 여난 247,870원이고 19세 미만 자녀에 대해 1인당 연간 165,210원이 지급된다.[4]

5) 수급개시연령

과거 노령연금은 만60세부터 지급되었으나, 고령화에 따른 연금재정의 건전성을 유지하기 위해 수급개시연령이 단계적으로 높아지고 있다. 이에 따라 1952년생까지는 만 60세, 1953~59년생은 만 61세, 1957~60년생은 만 62세, 1961~64년생은 만 63세, 1965~68년생은 만 64세, 1969년생 이후 출생자는 만 65세부터 노령연금을 수령할 수 있다.

그리고 연금수급개시연령을 5년 한도로 늦출 수 있는데, 이를 연기연금제도라고 한다. 연기연금제도는 노령연금 수급자가 희망할 경우 1회에 한하여 최대 5년간 연금액의 전부 또는 일부의 지급을 연기할 수 있는데, 이 경우 지급연기를 신청한 금액에 대해 매 1년당 7.2%(월 0.6%)의 연금액을 추가로 더 지급한다. 이와 반대로 연금수급개시연령을 5년 한도로 더 빨리 수령할 수 도 있는데, 이를 조기노령연금제도라고 한다. 조기노령연금제도는 연금수급개시연령보다 최대 5년간 연금을 앞당겨 받을 수 있는데, 이 경우 5년 동안 연령별 감액률이 적용되어 적은 연금액을 받게 된다.

한편, 이혼한 배우자에게도 연금을 분할해서 지급할 수 있는데, 이를 분할연

4) 김동희, 류재광, 『보험 및 은퇴설계(2016년 개정판)』, 한국금융연수원, 2016년, p. 186.

금이라고 한다.

6) 국민연금 실버론

국민연금 실버론은 국만연금 수급자를 대상으로 하는 대출이다. 국민실버론의 개요는 〈표 14-1〉과 같다.

〈표 14-1〉 국민연금 실버론의 개요

구분	내 용
대상	• 만60세 이상의 국민연금 수급자
대출금액	• 연간 연금수령액의 2배 이내에서 실 소요비(최고 750만원 한도)
대출용도	• 의료비, 배우자 장제비, 전 • 월세자금, 재해복구비
이자율	• 5년 만기 국고채권 수익률
상환조건	• 5년간 원금균등상환 • 거치기간(1년 또는 2년)을 선택할 경우 최장 7년

자료 : 김동희, 류재광, 『보험 및 은퇴설계(2016년 개정판)』, 한국금융연수원, 2016년, p. 187.

7) 국민연금의 장점을 이용하여 노후자금을 잘 쓰는 방법

국민연금은 사망할 때까지 지급되므로 생존기간이 길수록 유리한 연금제도이다. 따라서 국민연금의 속성을 잘 이해하면 100세 시대의 노후생활의 주요 자산으로 활용할 수 있다. 국민연금의 장점을 최대한 이용할 수 있는 방법으로는 가입기간 늘리기와 임의가입제도 활용이 있다.

국민연금은 가입기간이 길수록 혜택이 커지므로 가능하면 빠른 시일에 가입하여 혜택을 보는 것이 좋다. 가능하면 연금기간을 최대한 늘려 40년을 달성할 수 있다면 더욱 좋다.

임의가입은 본인이 원하면 가입이 가능한 것으로 본인이 이에 해당하면 하루 빨리 가입하는 것이 좋다. 월 보험료는 최저 89,100원부터 331,200원까지 가능하다. 소득재배분 기능이 숨어 있기 때문에 보험료 대비 수익성이 좋은 구조이다. 따라서 적은 보험료를 낸 사람일수록 상대적으로 수익률이 높다. 이를 잘 활용하면 많은 장점을 추구할 수 있다.

8) 국민연금의 한계 및 문제점

첫째, 우리나라의 고령화 속도가 전 세계적으로 가장 빠르기 때문에, 국민연금이 빠르게 소진되어 2060년에 또는 그 이전에도 자금이 고갈될 수 있다는 우려가 있다. 이에 따라 향후 연금정책이 어떻게 바뀔지 모른다는 불안이 상존한다.

둘째, 조기사망대책은 민간보험에서는 가능하나, 국민연금은 가입 후 조기사망에 대한 대책이 없기 때문에 가입 후 10년이 되기도 전에 가입자가 사망하면 국민연금급여를 받을 대상이 되지 못한다.

셋째, 부부가 동시에 연금을 받고 있다가 한사람이 사망하면 배우자가 받던 자금의 20%를 받게 된다. 즉, 본인이 받던 연금에다가 배우자가 받던 연금의 20%를 더한 금액을 받게 된다. 유족연금은 유족이 당초 수급자가 받던 금액의 40~60% 받는다. 부부 중 한사람이 사망하면 수혜 총금액을 계산하여 본인 연금으로 받든지 또는 유족연금으로 받든지 이 중에 하나를 선택해야 하는 경우도 있다.

2 특수직역연금

1) 개요

일반국민을 대상으로 하는 국민연금 외에 공무원연금, 군인연금, 사학연금을 흔히 특수직역연금이라고 한다. 특정 직업을 가진 사람들을 위한 연금이라고 할 수 있다.

(1) 국민연금과의 차이점

특수직역연금은 국민의 생활안정을 위한 사회보험이라는 측면에서 국민연금과 동일하지만, 두 제도 사이에는 적용대상에서부터 보험지급률까지 많은 차이점이 존재한다.

국민연금과 특수직역연금간의 주요 차이점을 살펴보면 다음과 같다.

〈표 14-2〉 국민연금과 특수직역연금간의 주요 차이점

구분	국민연금	특수직역연금
보장위험의 범위	• 노령 · 장애 · 사망 등에 대한 보편적 연금보장	• 퇴직 · 사망 · 폐질에 대한 제한적 연금보장
제도의 역할	• 퇴직금, 산재보험 등 기존 공 · 사적 소득보장의 보완	• 종합적인 소득보장 (연금+산재+퇴직금 등)
보장목표	• 기본적인 생활 보장	• 퇴직 전 생활수준 보장

(2) 가입대상

공무원연금의 가입대상은 '국가공무원법' 및 '지방공무원법'에 의한 공무원(정규공무원) 및 기타 국가 또는 지방자치단체에 근무하는 직원인데, 제외 대상은 군인과 선거에 의하여 취임하는 공무원(대통령, 국회의원 등)이다.

또한 군인연금의 가입대상은 현재에는 직업군인으로서 군에 복무하는 장기 복무 하사로부터 장교까지이며, 그들에게 전역 후에 노후생계를 보장해 줌으로써 안정된 복무를 할 수 있게끔 해주는 것이다.

또한 사립학교교직원연금의 가입대상자는 초등학교부터 대학교에 이르는 모든 사립학교와 사립특수학교 그리고 이를 설치, 운영하는 학교경영기관에서 근무하는 정규 교직원이다. 또한 사립학교 정규 교직원과 교수요원 및 연구요원도 소속기관이 교육인적부의 지정을 받으면 그 대상이 될 수 있다.

2) 공무원연금

공무원연금은 공무원의 퇴직 또는 사망, 공무로 인한 부상, 질병, 폐질(廢疾)에 대하여 적절한 급여를 지급하고, 공무원 및 그 유족의 생활안정과 복지향상을 목적으로 하고 있다.

공무원연금 재원은 매월 보수액의 일정비율(기여율)을 국가 또는 지방자치단체에 납부하여 재정을 적립 방식으로 마련하고(이를 기여금이라고 한다), 급여부분의 부족분 전액은 국가가 부담하는 부과방식(pay as you go)이다. 공무원연금의 재

정악화로 인해 '공무원연금법'이 개정되면서 2016년부터는 개인이 부담하는 개인 기여율이 기준소득월액(매월 보수액)의 8%로 인상되었고, 이후 단계적으로 상향 조정되어 2020년 이후에는 9%의 기여금을 부담할 예정이다.

공무원연금의 급여는 공무원이 퇴직 또는 사망하거나 공무로 인한 부상・질병・장애 등의 사유가 발생하면 지급된다. 급여종류는 크게 단기급여와 장기급여로 구분되는데, 단기급여에는 공무상 요양비・재해부조금・사망조위금이 있고, 장기급여에는 퇴직급여(퇴직연금, 퇴직연금일시금, 퇴직일시금)를 비롯해 유족급여(유족연금, 유족연금부가금, 유족연금특별부가금, 유족연금일시금, 유족일시금), 재해보상급여(장해급여[장해연금, 장해보상금], 유족급여[유족연금, 유족보상금, 순직유족연금, 순직유족보상금]), 퇴직수당 등 총 15종의 급여가 있다. 이 중 대표적인 퇴직연금은 10년 이상 재직하고 퇴직할 때 수령할 수 있는 연금으로, 수령액은 재직기간과 평균 기준 소득월액을 기초로 결정된다.[5)]

퇴직연금 지급개시연령은 2015년의 공무원연금개혁을 계기로, 1996년 1월1일 이후 임용된 공무원은 2016년부터 2021년까지 60세 또는 정년퇴직한 달의 다음 달부터 지급되고, 2022년부터 2032년까지는 2~3년마다 1세씩 단계적으로 상향 조정되어 2033년부터는 65세부터 지급된다. 1995년 12월31이전 임용자는 종전 규정을 적용받는다.

3) 사립학교 교직원연금

사립학교 교직원연금(이하 '사학연금'이라고 한다)은 사립학교 교직원의 퇴직, 직무상 질병, 부상, 폐질에 관하여 적절한 급여제도를 확립하여 교직원 및 가족(유족포함)의 경제적 생활안정과 복리향상에 기여함을 목적으로 하는 연금이다.

사학연금의 부담금은 교직원 부담금과 법인 부담 및 국가 부담금으로 구성되어 있다. 2016년 기준으로 교원은 매월 기준소득월액의 8%를 직접 부담하고, 법인은 기준소득월액의 4.705%를, 국가가 3.295%를 부담하고 있다. 직원은 매월 기준소득월액의 8%를 본인이 부담하고, 법인이 개인부담금과 같은 금액을 부담하고 있다. 따라서 직원의 경우, 국가부담은 없다.

---

5) 10년 미만 재직하고 퇴직 시에는 퇴직일시금을 수령한다.

공무원 연금과 동일하게 재직기간이 10년 이상인 경우 퇴직 일시금과 퇴직연금 중 선택할 수 있다. 퇴직연금은 2009년 12월31일까지의 임용자는 60세부터, 2010년 이후 임용자는 65세부터 연금을 수령할 수 있다.

급여의 종류에는 단기급여와 장기급여가 있는데, 단기급여에는 재해보조금, 사망보조금, 직무상 요양비, 직무상 요양일시금 등이 있으며, 장기급여에는 퇴직급여, 장애급여, 유족급여가 있다.

4) 군인연금

군인연금은 군인의 퇴직, 사망, 요양 시 본인이나 그 가족의 생활안정과 복리향상에 기여하기 위한 연금이다.

군인연금의 재원은 군인 개인의 기여금과 국고 부담금으로 충당된다. 급여의 종류는 다른 직역연금과 유사하나, 연금수령기준이 나이가 아닌 복무기간인 점에서 차이가 있다. 퇴직연금은 복무기간이 10년 이상일 때 수령할 수 있으며, 10년 미만 복무하고 퇴역할 때에는 퇴직일시금을 받게 된다.

5) 특수직역연금의 주요이슈

(1) 연금재정의 고갈

연금의 부족한 금액을 국가가 부담하도록 규정함으로 국가가 공무원연금과 군인연금의 재정적자로 매년 막대한 금액을 보존하고 있는 것이 문제점으로 부각되고 있다.

2014년 기획재정부가 발표한 연금충당부채 규모를 보면, 공무원・군인의 연금충당부채는 전체 중앙정부 부채(1,117조 3,000억원)의 절반을 넘어 공무원・군인연금 때문에 국가가 재정적자에 허덕일 가능성이 농후해졌다.

이를 타개하기 위한 일환으로 특수직역연금의 보험률을 2배로 올리는 방안이 검토되었다. 특히 공무원연금은 2016년 이전 은퇴한 수급자에게 수령액의 3.0%에 해당하는 금액을 '재정안정화 기여금' 명목으로 부과하고, 기여금을 '급여의 14%'에서 20%로 40% 이상 인상하여 본인부담은 7%에서 10%로 인상하는 방안이 검토되기도 하였다. 앞으로도 연금재정의 고갈 문제는 특수직역연금의 가장 중요한 이슈로 부각될 전망이다.

(2) 재정 확보 문제

공무원연금공단에 따르면(2013년) 공무원연금의 1인당 월 평균수령액은 국민연금보다 약 2배 이상 많았으며, 연도별 월 평균수령액도 매년 증가 추세에 있다. 또한 공무원연금의 수급자 수도 매년 증가하고 있는 추세를 보이고 있어, 급격한 재정의 불균형이 초래되고 있다.

특수직역연금의 재정안정을 위해서는 연금수급연령을 높이거나 연금급여율을 조정할 수밖에 없다는 주장이 지속적으로 제기되고 있다. 이와 관련하여 공무원연금의 경우, 생애 평균소득 대비 연금공무원의 수령액의 비율을 뜻하는 연금급여율을 '30년 가입'기준으로 57%에서 37.5%로 하락시켜 재정의 안정성을 유지해야 한다는 개혁안이 검토되기도 하였다.

(3) 소득재분배 기능 미흡

사회보장제도의 중요한 기능 중의 하나가 소득재분배 기능인데, 특수직역연금은 소득재분배 기능이 거의 없다는 것이다. 특히 가입기간이 10년 미만인 단기재직자의 경우, 퇴직연금을 받을 수 없으므로 노후 소득을 지속적으로 보장할 수 없는 문제가 발생할 수 있다는 것이다.

3 퇴직연금

1) 퇴직연금의 개요

퇴직연금은 기업이 근로자의 노후소득보장과 생활안정을 위해 근로자재직기간 중 퇴직금 지급재원을 외부의 금융기관에 적립하고, 이를 기업 또는 근로자의 지시에 따라 운용하여 근로자 퇴직 시 연금 또는 일시금으로 지급하는 기업의 종업원 복지제도이다. Chapter 10 제5절에서 상세히 설명되어 있으므로 여기서는 각 상품간의 차이점을 비교·설명하고자 한다.

2) 과세체제

과세체제는 (E-E-T방식)으로 사용자 또는 근로자가 납입하는 부담금에 대해서는 비과세이며 연금자산의 운영과정에서 발생하는 수익에 대해서도 비과세이다. 그러나 연금 수령액에 대해서는 과세하는 과세체제이다. 따라서 과세체제는 입구세제는 비과세 형태이나 연금을 수령할 때만 과세되므로 연금가입자에게는 세금 이연효과를 볼 수 있다. 이 제도는 고령화와 평생 근무가 불가능하게 됨으로 독자적으로 퇴직금관리의 필요성이 점증되었기 때문에 마련된 제도이다.

3) 퇴직연금 제도의 종류

'퇴직금 중간정산제도'를 이용하여 퇴직하지 않은 상태에서 퇴직금을 지급하는 바람에 퇴직금이 노후의 자금으로서 역할을 하지 못했다. 이러한 문제점을 해결하기 위해 도입된 것이 퇴직연금인데, 퇴직연금은 퇴직 후 연금제도의 운영형태에 따라 확정급여형(DB : defined benefits)과 확정기여형(DC : defined contributions)으로 구분된다.[6)]

〈표 14-3〉 퇴직금제도, 확정급여형, 확정기여형, 개인형 퇴직연금의 비교

구분		퇴직금제도	확정급여형(DB)	확정기여형(DC)	개인형퇴직연금(IRP)	
					기업형 IRP	개인형 IRP
부담금 납입	사용자	임의 결정	연금계산식에 의해 산출된 부담금을 매년 1회 이상 정기적으로 납입	근로자별 연간 임금총액의 1/12 이상 납입	근로자별 연간 임금총액의 1/12 이상 납입	–
	근로자	추가납입 없음		추가납입 가능		
퇴직급여액		확정(근속연수×30일분의 평균임금)		변동(운용결과에 따라)		
예금보호		예금자보호법 미적용		예금자보호법 적용		
운용의 책임		–	사용자	근로자		

6) 구체적인 내용은 Chapter 10 제5절 참조.

<table>
<tr><td rowspan="2">지급
요건</td><td>연금</td><td rowspan="2">–</td><td colspan="4">55세 이상으로서 가입기간이 5년 이상
(연금지급기간은 15년 이상)</td></tr>
<tr><td>일시금</td><td colspan="4">연금수급요건 미충족시(퇴직연금이 성립하지 않을 때),
일시금 수급을 원할 경우</td></tr>
<tr><td colspan="2">중도인출 요건</td><td>중간정산 가능, 담보대출 가능</td><td>중도인출 불가, 담보대출 가능</td><td colspan="3">중도인출 가능, 담보대출, 가능</td></tr>
<tr><td colspan="2">유리한 경우</td><td colspan="2">도산위험이 없고, 정년보장 등 고용이 안정된 기업</td><td>연봉제 도입기업, 체불위험이 있는 기업, 직장이동이 빈번한 근로자</td><td>10인 미만의 영세 사업장</td><td>퇴직일시금 수령자</td></tr>
</table>

자료 : 장영광·정기만, 『생활속의 재태크와 자산관리』, 신영사, 2013년

(1) 확정급여형

확정급여형은 근로자가 받을 연금급여가 근로기간과 평균임금에 의해 사전에 확정되어 있는 퇴직연금이다.

(2) 확정기여형

확정기여형은 사용자의 부담금이 사전에 확정되고 근로자가 받을 퇴직급여는 적립금 운용실적에 따라 변경될 수 있는 연금이다.

(3) 개인형 퇴직연금

개인형 퇴직연금(Individual Retirement Pension)을 IRP라고도 부르는데, 이 제도는 확정기여형 퇴직연금이나 확정급여형 퇴직연금을 가입한 현직근로자에게 추가적으로 퇴직연금을 더 가입하게 할 수 있도록 한 제도이다.

이 제도는 2가지 IRP로 구분된다. 기업형 IRP는 상시 근로자 10인 미만 기업에서 회사 차원이 아닌 개인적으로 퇴직연금을 가입할 수 있도록 해주는 제도이고, 개인형 IRP는 근로자가 이직·전직할 때 받은 퇴직 일시금과 개인 불입금을 개인적으로 적립·운영관리하는 개인 퇴직연금 제도이다.

이 제도의 장점은 ① 400만원까지 소득공제의 혜택이 있으며, 연간 불입한도는 1800만원(개인연금을 합한 금액임)이다. 이는 퇴직금으로 IRP에 불입하든, 개인 자금으로 불입하든 관계없다. ② 개인연금은 소득공제를 받으려면 10년이 경과하여야 하지만, IRP는 그런 의무기한이 없으므로 은퇴기한이 얼마 남지 않은 직장인에게도 개인연금보다 유리하다.

(4) 개인연금

국민연금, 퇴직연금만으로 부족한 노후 소득보장을 위해 도입된 개인차원의 연금으로, 1994년에 도입되었으며 개인의사에 의해 결정하는 제도이다. 개인연금은 세제 적격연금과 세제 비적격 연금으로 나눈다.

세제 적격연금은 세액공제를 받을 수 있는 상품을 말하며, 세제 적격연금은 크게 연금신탁과 연금펀드, 연금저축보험이 있는데 은행과 증권사, 보험사에서 취급하고 있다. 세제 적격연금은 세액공제를 받을 수 있으며, 은행 및 보험의 경우는 확정연금으로 지급받게 된다는 공통점을 가지고 있다.

세제 비적격연금은 세액공제를 받을 수는 없지만 비과세 혜택을 받을 수 있는 상품이며, 연금보험과 변액연금이 이에 해당한다.

〈그림 14-5〉 개인연금의 분류

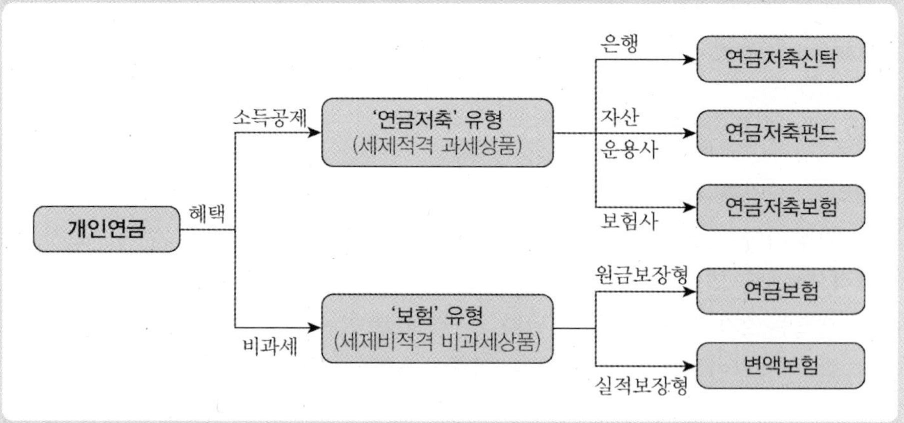

① 연금저축

연금저축은 기본적으로 개인스스로가 소득이 있는 기간 중에 저축하여 노후생활에 필요한 자금을 준비할 수 있도록 하는 사적 연금 제도이다. 연금저축은 분기 300만원 한도 내에서 불입할 수 있으며, 매년 저축불입액 300만원에 한하여 소득공제가 허용된다.

연금저축은 18세 이상이면 가입할 수 있는데, 종류는 다음과 같다.

은행의 연금저축신탁은 대부분 실적배당형 상품, 채권형과 주식형이며, 보험사의 연금저축보험은 확정금리형과 변동금리형이 있다. 한편, 자산운용사의 연금저축펀드는 주식형, 채권형, 혼합형 등이 있다.

② 보험연금

보험회사가 취급하는 생명보험상품의 하나로 종합소득 공제 세제혜택이 되지 않는 장기 저축성 보험상품이다. 납입기간 동안 소득공제의 혜택이 없으나, 10년 이상 계약을 유지하여 납입금을 연금형태로 수령하는 경우에는 차액에 대해 비과세되는 상품이다.

두 가지의 종류가 있는데 확정금리형은 확정수익률이 보장되는 상품이고, 연동금리형은 수익률이 은행의 정기예금금리, 보험개발원의 공시이율 등에 연동되는 상품이다. 보험회사 취급상품은 타 금융기관이 제공하는 상품에 비해 수익률은 약간 낮으나, 질병이나 재해 또는 사망 시 소정의 보험금이 지급되고 기타 사고에 따른 다양한 특약을 추가할 수 있다.

③ 변액연금보험과 변액유니버셜 보험

변액보험은 보험기능과 투자 상품기능을 합한 것으로 보험료의 일부를 펀드로 조정하여 투자 수익을 얻도록 만든 상품으로, 수익률 변동에 따라 보험금액이 변동된다. 변액보험은 장기간 유지를 했을 경우 혜택을 볼 수 있는 상품인데 비해, 변액 유니버셜 보험은 변액기능 이외에 출금과 적립금 납부가 자유로운 유니버셜 기능을 합한 상품이다.

④ 연금계약 이전제도

금융기관의 경쟁에 의하여 다양한 혜택이나 부가서비스를 받을 수 있도록 2001년 3월부터 실시해온 제도이다. 연금 계약기간 동안 개인의 세제상의 불이익 없이 금융기관을 옮겨 다닐 수 있도록 만든 제도이며, 계약을 이전하는 경우 계약 이전 수수료를 공제하여야 한다.

〈표 14-4〉 개인연금의 구분

구분	'연금저축' – 세제적격 상품			'보험' – 세제 비적격 상품	
상품명	연금저축신탁	연금저축펀드	연금저축보험	일반연금보험	변액연금보험
취급기관	은행	자산운용사	보험사	보험사	
가입나이	제한 없음(2013.1.1 부터)				
상품성격	실적배당형		원금보장형	원금보장형	실적배당형
소득공제	연 불입액의 100%, 400만원 한도			없음	
과세 여부	연금소득세 55~70세 : 5.5%, 71~80세 : 4.4% 81세부터 : 3.3%			10년 이상 유지시 비과세	
납입한도	연간 불입한도 : 1,800만원(퇴직연금 포함)			자유납입	
연금개시	55세 이후 15년 이상 연 단위로 매월(3개월, 6개월, 1년) 본인 선택			45세 이후 본인 선택	
연금지급 방식	확정형	확정형	확정형, 종신형, 상속형	확정형, 종신형, 상속형	
중도해지	연금수령 전 해약시 이자소득세 및 기타 소득세 22% 과세, 가입 후 5년 이내 해지 시 추가로 해지 가산세 2.2% 추정			이자소득세 전액 과세 (비과세 혜택 없음)	

자료 : 장영광 · 정기만, 『생활속의 재태크와 자산관리』, 신영사, 2013년

5070 액티브 시니어의 은퇴재무설계 가이드, 은퇴재무설계의 기본 방향

아직 우리나라에서는 5070 액티브 시니어를 위한 재무설계가 체계적으로 마련되어 있지 못한 상황이다. 5070 액티브 시니어의 속성을 충분히 감안한 재무설계 전략을 수립하고 구체적 방법을 모색해야 한다. 재무설계의 패러다임이 바뀐 새로운 길이므로 낯설고 어려운 것은 당연하다. 길이 잘 보이지 않을 때는 관점을 바꿔야 돌파구를 찾아낼 수 있다. 이 돌파구를 찾기 위해 자산관리, 소비관리, 가치관리라는 3가지 측면에서 5070 액티브 시니어들의 은퇴재무설계 전략에 대해 살펴보고자 한다.

◇ 자산관리

아무리 돈에 초연한 사람이라도 최소한의 돈은 필요하다. 5070 액티브 시니어들은 자신들이 추구하는 삶의 눈높이가 평균적인 시선보다 높은 만큼 돈의 역할 역시 크다. 그동안 모아놓은 돈이 꽤 있다고 안심하면 안 된다. 이 돈을 잘 관리하여 노후생활비를 안정적으로 조달하고, 예상치 못한 일이 벌어졌을 때에도 대응할 수 있어야 한다. 모아놓은 돈이 좀 부족하다 싶으면 돈을 더 잘 굴리는 방법을 고민해야 한다. 한마디로 자산관리를 잘해야 한다는 말인데, 은퇴재무설계에 대한 이해는 그 선결 과제다.

먼저 관점을 '자산에서 소득으로' 바꿀 필요가 있다. 2040 시절 재무설계의 핵심은 내집마련, 노후자금, 자녀교육비 등 목적자금을 설정하고, 그 목표를 달성하도록 목돈을 모으는 것이다. 즉 자산 중심의 재무설계다. 그러나 이미 은퇴했거나 은퇴를 목전에 두고 있는 5070세대의 재무설계는 노후생활비를 안정적으로 조달하는 현금흐름, 즉 소득창출에 초점을 둬야 한다. 연금을 활용하면 쉽게 현금흐름을 창출할 수 있지만, 모든 자산을 연금화해버리면 일시적으로 자금 수요가 증가하는 현상, 즉 유동성 문제에 직면할 수 있다. 생활비와 유동성을 함께 고려하는 포트폴리오가 중요하다.

둘째로는 '자산에서 소득으로'의 다른 측면이라 할 수 있는 '축적에서 인출로'의 패러다임 전환에 익숙해져야 한다. 자산에서 소득을 창출하는 방법에는 일시금 방식, 연금 방식, 프로그램 방식 등 다양한데 이들을 흔히 인출 방법이라 부른다. 각 방식은 소득흐름의 안정성과 유연성 등의 측면에서 장단점이 다르므로 각자가 처해 있는 상황을 감안해 특정 방식을 선택하거나 두 가지 이상의 방식을 결합해 사용할 수도 있다. 인출 방법의 구체적 형태는 월 지급식 상품 선택으로 나타나는데, 예금형・즉시연금형・수익배분형 등이 있다.

◇ 소비관리

5070세대는 축적해놓은 자산은 많은데 일을 통한 수입이 없거나 적다. 저축해놓은 돈에서 곶감 빼먹듯 생활비를 조달해야 한다. 합리적인 소비 계획을 수립하고 실천해 습관화하는 것이 중요한 이유다. 무조건 소비를 줄이자는 것이 아니다. 5070세대의 특성을 감안한 소비의 리스트럭처링이 필요하다는 이야기다.

양적 소비에서 질적 소비로, 가족 중심의 소비에서 나 중심의 소비로 소비의 중심축을 옮길 필요가 있다. 이른바 가치 중심의 소비다. 5070세대는 중년으로서 2040세대와는 삶의 중심축이 다르다. 2040세대의 삶의 중심축이 성장에 있다면 5070세대의 삶의 중심축은 의미에 있다. 가족의 성장과 사회적 지위 상승을 위한 소비에서 기부・자선・봉사 등 가치 있는 소비로 중심축을 옮길 필요가 있다. 이 과정에서 형성되고 강화된 사회적 관계망은 육체적・심리적 건강으로 이어지는 선순환 구조를 만들어낼 수 있다. 소위 말하는 재무적 요소와 비재무적 요소의 융합이 이뤄지는 것이다.

◇ 가치관리

'가치관리'는 일반적인 재무설계에서는 쉽게 간과되기도 하지만, 5070 액티브 시니어의 은퇴재무설계에서는 아주 중요한 부분을 차지한다. 누구나 자신과 가족의 화목, 건강, 행복을 바란다. 이것은 그저 주어지는 것이 아니다. 전략적 판단과 구체적 대응이 필요하다.

우선 가족의 파탄을 불러오는 재산상속을 둘러싼 분쟁이 생기지 않도록 해야 한다. 상속 및 증여에 세심한 주의를 기울여야 하는 이유다. 아직 젊은데 서두를 필요가 뭐가 있냐며 뒤로 미루면 안 된다. 판단력이 좋을 때 미리 계획을 세워둬야 한다. 시간에 쫓겨 서두르다 보면 실수할 가능성이 높아진다.

건강관리는 누구나 중요하게 생각한다. 문제는 꾸준한 실천과 그 가치다. 노후에는 의료비가 생활비의 상당 부분을 차지한다. 재무적 측면에서 건강관리를 아주 중요하게 보는 이유다. 일본의 노후파산 사례에서 보듯이 노후에 건강이 악화되면 재정적으로 아주 힘든 상황에 직면해 급기야 노후파산에 이르기도 한다. 노후의 의료빈민(medi-poor)은 정말 비참하다. 건강관리는 생활의 질을 높이면서 돈을 절약하는 일석이조의 방법이다. 또한 급격한 건강 악화에 따른 인생의 하드랜딩을 방지하고, 의미 있고 즐거운 삶을 영위하면서 서서히 인생을 마무리하는 인생의 소프트랜딩을 위한 전제조건이다.

손성동(한국연금연구소 대표), 브라보 마이라이프 2017년 3월6일

중요 개념 및 용어

은퇴설계	초고령화 사회	은퇴설계의 30-30법칙
은퇴설계의 30-30-30법칙	은퇴설계자료요약표	은퇴설계안
'3+1'방법	3층보장제도	국민연금
사업장가입자	지역가입자	임의가입자
임의계속가입자	노령연금	장애연금
유족연금	연금급여액	기본연금액
수급개시연령	국민연금실버론	특수직역연금
공무원연금	사학연금	군인연금
퇴직 연금	확정급여형 퇴직연금	확정기여형 퇴직연금
개인퇴직계좌	개인연금	세제 적격 연금
세제 비적격 연금	연금저축	보험연금

연습
문제

1 은퇴설계의의 의의 및 필요성에 대하여 설명하라.

2 은퇴설계의 '30-30-30 법칙'에 대하여 설명하라.

3 은퇴설계의 기본목표를 수행하기 위한 은퇴자금의 목표금액 설정에 대하여 설명하라.

4 은퇴설계 자료요약표의 의의 및 5가지의 구성에 대하여 설명하라.

5 은퇴자금의 계산단계에 대하여 설명하라.

6 은퇴대비방법과 관련하여 '3중 보장제도'에 대하여 설명하라.

7 국민연금의 가입대상과 가입유형에 대하여 설명하라.

8 특수직역연금의 보장위험의 범위를 국민연금과 비교하여 설명하라.

9 퇴직연금을 확정급여형과 확정기여형으로 구분하여 비교·설명하라.

10 개인연금을 세제 적격연금과 세제 비적격연금으로 구분하여 설명하라.

15 상속설계

학습목표

1. 상속설계의 의의 및 필요성, 프로세스에 대하여 이해할 수 있다.
2. 상속세에 대하여 이해하고 활용할 수 있다.
3. 증여세에 대해 이해하고 활용할 수 있다.

들. 어. 가. 기

최근 우리사회가 50~60대의 연령층이 증가하는 등 고령화가 진전되어 감에 따라, 재무설계의 중심축이 은퇴설계로 이동하고 있는데, 은퇴 후 20~30년이 지나면 본격적으로 재산상속을 고려해야만 한다. 따라서 재무설계의 가장 마지막은 상속설계로서, 이 단계에서는 합리적인 상속과 증여세의 절세전략이 요구되어진다.

기본적으로 상속 및 증여는 부의 세습을 막기 위해 세제보다 높은 세율이 적용될 뿐만 아니라 누진세가 적용되고 있기 때문에, 애써 모은 소중한 재산을 사랑하는 사람들에게 효과적으로 물려주기 위해서는 재산이전에 대한 기본적인 계획인 상속과 증여에 대한 설계가 필요하다. 상속설계를 세울 때에는 다음과 같은 사항이 고려되어야 한다.

첫째, 현재의 상황에서 상속세 과세대상이 되는 재산이 어떤 형태로, 어느 정도의 규모로 구성되어 있는지를 파악해야 한다. 왜냐하면 부동산・예금・주식 등의 형태에 따라 평가방법이 다를 뿐만 아니라, 다른 재산으로 바꾸어 보유하는 것이 유리한지 여부 등도 검토해야 하기 때문이다.

둘째, 피상속인의 연령 및 건강상태를 고려해야 한다. 예측하기 어렵고 또한 예측하기도 싫은 것이지만 피상속인이 언제 사망할 것인지를 알아야 그에 맞추어 상속설계를 세울 수 있기 때문이다.

셋째, 다양한 절세방안을 모색해야 한다. 현행의 법 테두리 안에서 상속세 부담을 가장 최소화 할 수 있는 방안을 모색하는 것이 중요하다. 선택 가능한 절세방안이 한 가지뿐인 경우는 많지 않으므로 여러 가지 방안을 검토해서 가장 절세효과가 큰 방안을 선택해야 할 것이다. 그러나 실제로 절세방안을 결정함에 있어서는 절세효과 못지않게 피상속인의 주관적 의지가 매우 중요하다. 예를 들어 회사의 주식을 2세에게 사전에 증여하고 증여세를 내는 것이 나중에 상속세를 내는 것보다 유리하더라도 피상속인이 경영권을 계속 가지고 있기를 원하는 경우에는 채택할 수 없기 때문이다.

넷째, 상황변화에 따른 상속설계의 수정을 해야 한다. 당초의 상속설계는 그 당시의 상황 하에서 수립된 것으로 시간이 지남에 따라 상속재산의 변동, 세법개정, 피상속인의 의중 변화 등 상황이 변하게 된다. 따라서 상황변화에 따라 상속설계도 수정하여야 한다.

다섯째, 납세자금에 대한 대책을 마련해야 한다. 상속세는 과세 미달자가 대부분이지만 과세되는 경우 수억, 수십억 등 고액 납세자가 많이 발생한다. 따라서 납세자금 대책을 마련해 놓지 않으면 상속재산을 처분해야 하거나 공매를 당하는 상황이 발생할 수도 있다. 자녀 명의로 보장성보험을 들어 놓는다든지, 사전증여 등으로 세금을 납부할 수 있는 능력을 키워 놓는다든지, 아니면 연부연납 또는 물납을 하도록 할 것인지 등 납세자금대책이 검토되어야 한다.

CHAPTER

15 상속설계

제1절 상속설계의 이해

1 상속설계의 의의

사람은 생을 살다가 언젠가는 마감한다. 자본주의의 삶을 살고 있는 현실에서는 생을 마감하여 재산이나 부채와 같은 재무적 산물을 남기고 떠난다. 이렇게 남기고 간 재산들은 그 배우자나 자녀들과 같은 후손들에게 되 물림된다. 이를 상속이라고 한다. 일반적으로 상속이라 하면 재산이 많은 사람을 떠올리게 되고, 재산이 얼마 되지 않는 일반인들에게는 해당이 없는 것처럼 치부된다. 상속으로 인한 가족 간의 분쟁은 상속재산의 크기와 관계없이 발생되곤 한다. 그렇기 때문에 상속은 누구든지 한번쯤은 생각해봐야 할 문제라고 볼 수 있다.

상속이 개시되기 전 생전에 좀 더 효율적으로 상속을 준비하기 위한 과정이 필요한데 이를 상속설계라고 한다. 상속이 사전에 준비되지 못하면 추후 상속인 사이에 불화의 원인이 되기도 하는데, 이와 같은 상속인들 간의 갈등을 미연에 방지하고 상속절차의 비밀유지 등과 같은 비재무적 목표를 달성하기 위해서는 상속설계가 필요하다. 또한 상속설계를 통해 상속세를 줄이고 상속자들을 위해 더 많은 자산을 보존할 수 있는 재무적 목표를 달성할 수 있다. 따라서 상속설계는 자녀 간 갈등예방 내지는 세대 간 부의 효율적인 이전 등을 행하기 위한 재산배분설계와, 상속세 재원마련을 포함한 상속세 절세를 위한 상속세설계의 재무적 목적 및 비재무적 목적을 실현하기 위한 설계안을, 장기에 걸쳐 수립하여 실행하는 과정이라고 말할 수 있다.

2 상속설계의 필요성

첫째, 자녀간의 갈등을 예방하는 데에 있다. 피상속인이 사전에 상속재산을 적절하게 배분하지 않은 상태에서 협의가 잘 이루어지지 않으면, 상속재산에 대한 협의분할 시 자녀 간에 다툼이 발생할 수 있다. 또한 피상속인이 특정 자녀에게만 전 재산 또는 많은 재산을 물려주거나 또는 특정 자녀에게 재산을 주지 않거나 할 경우, 자녀들 간에 갈등이 야기될 가능성이 크다. 이에 대비하여 자녀들이 재산을 계속적으로 유지 및 증대시킬 수 있도록 자녀의 특성에 따라 재산을 사전에 상속(증여)하거나 유언을 해야 한다. 따라서 피상속인이 사후에 발생하게 될지도 모를 자녀들 간의 갈등을 예방하기 위해 자녀의 특성에 맞는 효율적이고 형평성있는 재산분할 설계가 필요하다.

둘째, 세대 간의 부의 이전을 효율적으로 관리하는 데에 있다. 자녀들마다 능력, 직업, 재산, 소득, 결혼여부 등 각자의 특성이 있으므로, 자녀의 특성에 따라 재산을 배분(상속, 증여)하는 것이 자녀의 특성을 고려하지 않고 재산을 배분하는 것보다 자녀들이 배분받은 재산을 효율적으로 관리할 수 있다.

셋째, 상속세 절세전략을 수립하여 실행하는 데에 있다. 자녀들에게 보다 많은 재산을 물려주기 위해서는 장기에 걸쳐 사전증여 등 절세전략을 수립하여 실행해야 한다.

넷째, 상속세 재원대책을 확보하는 데에 있다. 아무리 많은 재산을 물려주더라도 상속세재원으로 활용할 수 있는 상속재산이 없고, 상속인도 특별히 상속세를 납부할 현금성 재산이 없는 경우에는 상속세를 자력으로 납부할 수 없는 문제에 빠지게 된다. 이러한 경우를 예방하기 위해 상속세 재원이 확보되어 있어야 한다.

3 상속설계의 프로세스

1) 1단계 : 재무적 및 비재무적 정보의 수집과 상속계획 목표수립

상속은 피상속인의 여생뿐만 아니라 상속인들의 생활에도 지대한 영향을 미칠 수 있기 때문에 피상속인의 상속을 통해 달성하고자 하는 목표와 가족들 간의 관계 등에 대한 정보를 최대한으로 확보할 필요가 있다. 특히 상속문제는 이해관계가 얽혀있고 가족관계와 밀접히 관련되어 있으므로 재무적인 내용만으로 해결할 수 없는 상황이 많다. 따라서 피상속인과의 심층적인 대화를 통해 상속을 통한 재무적 목표와 비재무적 목표를 결정한다.

일단 상속계획의 목표가 결정된 후에는 구체적이고 객관적인 자료를 수집해야 한다. 피상속인의 구술 이외에도 부동산 등기, 각종 신고서 등 객관적인 자료를 확보하는 것이 중요하다.

2) 2단계 : 재무상태의 분석과 평가

확보된 피상속인의 자산과 부채상태에 대한 정확한 평가가 필요하다. 상속인에게 은퇴 후 여생을 충분히 누릴 수 있는 소득과 재산을 고려한 후, 상속할 수 있는 재산은 있는지, 피상속인의 부채여부와 부채 해결가능성과 수단은 있는지, 그 상속재산의 형태와 가치는 어느 정도인지 등 구체적인 현재 재무 상태와 상속재산에 대한 평가가 이루어져야 한다.

재무상태에 대한 분석을 기초로 앞에서 설정한 상속계획의 목표달성가능성의 여부를 평가해야 한다. 만약 피상속인의 재무상태가 상속계획의 목표를 달성하지 못할 정도의 수준인 경우, 상속계획의 목표를 수정해야 한다.

3) 3단계 : 상속계획안의 수립과 평가

상속계획은 피상속인의 의지에 따라 상속인, 상속재산이나 상속사업의 확정, 상속재산의 분할계획, 상속재산의 이전에 따른 재무적·세무적 부담의 최소화 등이 결정되어야 한다. 우선 피상속인의 의지에 따라 상속인들을 확정하고 이들에게 상속할 재산의 내역을 확정한다. 그리고 상속인들 간의 재산분할의 비율과 상속재산의 형태 등을 결정해야 한다. 특히 상속증여에 따른 세금은 다른 세금에 비해 세율이 높고 법 적용이 엄격하기 때문에 사전증여 및 재산분배, 사후상속, 납세자금 마련 등을 상속절차에 따른 세금전략의 수립이 필수적이다.

상속계획은 피상속인의 의지를 반영하는 것이기 때문에 피상속인의 의지가 가장 중요한 결정요인이지만 가족들의 참여와 이해, 그리고 신뢰를 기반으로 할 때 상속의 효과적인 실행과 분쟁 예방이 가능하다.

4) 4단계 : 상속계획의 실행과 지속적인 평가

상속계획안을 실행하기 전에 이와 관련된 상속인들과 이해관계인들이 상속계획과 내용을 충분히 이해하도록 한다. 상속계획의 실행은 전문가의 조언이나 기술적인 집행과 더불어 가족들의 상호 간의 신뢰와 대화를 통해서만이 성공적으로 이루어질 수 있기 때문이다.

상속계획안 수립 후 실행에 따르는 상속재산의 파악, 재산의 사전분배, 절세전략, 유언서 작성 등의 과업을 실행한다. 상속계획의 안전한 실행은 상속개시 후에 이루어지기 때문에 상속계획은 상속개시 전에 얼마든지 수정이 가능하다. 또한 상속개시까지 장기간이 소요되는 경우 여러 가지 상황 및 여건이 변화될 수 있다.

상속설계에 영향을 미치는 여건변화는 첫째, 상속인의 변화, 둘째, 재산상태 및 건강상태의 변화, 셋째, 피상속인의 의지변화라고 할 수 있다. 우선, 결혼, 출산, 이혼 등으로 인해 가족관계가 변화할 수 있어, 이러할 경우 법정상속인은 변경될 수 있다. 또한 피상속인의 채권채무관계의 변화나 재산매매 등은 상속재산에 커다란 영향을 미치기 때문에 지속적으로 관리되어야 할 사항이다. 피상속인의 상속인에 대한 평가 및 태도가 변화할 수 있고, 사회 환원에 대한 의지가 생길 수 있는 등 언제든지 피상속인의 의지변화가 발생할 수 있다. 그리고 상속내용이 가족원들에게 인지된 이후 가족원들의 불만이나 갈등이 발생하는 경우도 있다.

제2절 상속세

1 상속관련 법률

상속세는 '민법' 중 상속에 관한 규정을 그대로 적용하고 있으므로 상속세를 정확하게 이해하기 위해서는 '민법'규정을 이해하는 것이 필요하다.

1) 용어의 정의

- 피상속인 : 사망한 사람 또는 실종선고 받은 사람을 말한다.
- 법정상속인 : 법률 상 순위에 의해 상속인이 될 수 있는 자로 배우자, 직계비속, 직계 존속, 형제자매, 4촌 이내의 방계혈족이 이에 해당된다.
- 상속인 : 상속개시일 당시에 법정상속인 중에서 '민법' 상 상속순위에 의해 실제로 상속을 받는 자를 말한다.
- 상속개시일 : 사망일 또는 실종 선고일을 말한다.

2) 상속순위

유언으로 상속인을 지정한 경우에는 유언상속이 우선하며, 유언이 없는 경우에는 민법에서 정한 순위에 따른다. 민법상 상속순위는 〈표 15-1〉과 같다.

〈표 15-1〉 '민법'상의 상속순위

우선순위	피상속인과의 관계	상속인 해당여부
1순위	직계비속과 배우자	항상 상속인이 된다
2순위	직계존속과 배우자	직계비속이 없는 경우에 상속인이 된다
3순위	형제자매	1, 2순위가 없는 경우 상속인이 된다
4순위	4촌 이내의 방계혈족	1, 2, 3순위가 없는 경우 상속인이 된다

법정상속인을 결정함에 있어서 같은 순위의 상속인이 여러 명인 때에는 촌수가 가장 가까운 상속인을 우선순위로 하며, 촌수가 같은 상속인이 여러 명인 때에는 공동상속인이 된다. 예를 들어 직계비속으로 자녀 2인과 손자·녀 2인이 있는 경우에는 자녀 2인이 공동상속인이 되고 손자·녀는 법정상속인이 되지 못한다. 한편, 상속순위를 결정할 때 태아는 이미 출생한 것으로 본다.

배우자는 1순위 직계비속과 같은 순위로 공동상속인이 되며, 직계비속이 없는 경우에는 2순위인 직계존속과 공동상속인이 된다. 직계비속과 직계존속이 모두 없는 경우에는 배우자가 단독 상속인이 된다.

3) 대습상속(代襲相續)

대습상속은 상속인이 될 직계비속 또는 형제자매가 사망하거나 결격된 자가 된 경우, 사망하거나 결격된 자의 직계비속이 있을 시에는 그 직계비속이 사망하거나 결격된 자의 순위에 갈음하여 상속인이 되는 것을 말한다. 이 때 사망하거나 결격된 자의 배우자도 함께 동 순위로 공동상속인이 되며, 직계비속이 없는 경우에는 단독 상속인이 된다.

4) 유증(遺贈)

유증은 유언에 의하여 유산의 전부 또는 일부를 무상으로 타인에게 주는 행위를 말하는데, 방법에 따라 포괄적 유증과 특정적 유증으로 구분된다. 포괄적 유증은 적극재산 또는 소극재산(부채)을 포괄하는 상속재산의 전부 또는 그 분수적 부분 내지 비율에 의한 유증(예 : "사실혼 관계의 배우자에게 상속재산의 1/2을 준다")을 말하고, 특정적 유증은 특정재산을 구체적으로 특정한 유증(예 : "사실혼 관계의 배우자에게 상속개시 당시 거주하던 아파트를 준다")을 말한다.

5) 상속분(相續分)

상속분은 상속인이 상속에 의하여 피상속인으로부터 승계받는 재산에 대한 지분을 말하는데, 정해지는 방법에 따라 지정상속분과 법정상속분으로 구분된다. 피상속인은 유언에 의하여 공동상속인의 상속분을 지정할 수 있는데 이를 '지정상속분' 이라고 한다. 유언으로 상속분을 지정하지 아니한 경우에는 '민법'에 규정된 방법에 따라 상속분이 정해지는데 이를 '법정상속분'이라고 한다.

법정상속분은 다음과 같이 적용된다.

① 같은 순위의 상속인이 여러 명인 때에는 상속분이 동일한 것으로 하며,
② 배우자의 상속분은 직계비속과 공동으로 상속하는 때에는 직계비속의 상속분에 5할을 가산하고,
③ 직계존속과 공동으로 상속하는 때에도 직계존속의 상속분에 5할을 가산한다.

〈표 15-2〉 법정상속분의 예시

구분	상속인	상속분	비율
자녀 및 배우자가 있는 경우	장남과 배우자만 있는 경우	장남 1 배우자 1.5	2/5 3/5
	장남, 장녀(미혼), 배우자만 있는 경우	장남 1 장녀 1 배우자 1.5	2/7 2/7 3/7
	장남, 장녀(출가), 차남, 차녀, 배우자가 있는 경우	장남 1 장녀 1 차남 1 차녀 1 배우자 1.5	2/11 2/11 2/11 2/11 3/11
자녀는 없고 배우자와 직계존속만 있는 경우	부모와 배우자만 있는 경우	부 1 모 1 배우자 1.5	2/7 2/7 3/7

4) 유류분(遺留分)제도

유언에 의하여 재산을 상속하는 경우 피상속인의 의사가 지나치게 감정에 치우치게 되면 여러 사람의 상속인 중 한 사람에게만 재산을 상속하거나, 타인에게 전 재산이 유증됨으로써 사회적으로 바람직하지 못한 상황이 발생할 수 있다. 그래서 '민법'에서는 각 상속인이 최소한도로 받을 수 있는 상속분을 법으로 정하고 있는데 이를 '유류분'이라고 한다.

상속권 있는 상속인의 유류분은 다음과 같다.

- 피상속인의 배우자 및 직계비속 : 법정상속분의 1/2
- 피상속인의 직계존속 및 형제자매 : 법정상속분의 1/3

5) 상속포기

상속이 개시되면 피상속인의 재산상의 모든 권리와 의무는 상속인의 의사와는 관계없이 법률상 모두 상속인이 물려받게 된다. 상속재산이 부채보다 많다면 별 문제가 없으나, 부채가 상속 재산보다 많은 경우에도 상속인의 의사를 무시하고 자산과 부채를 모두 상속인에게 승계시킨다면 이는 매우 가혹한 일이다. 왜냐하면 상속재산으로 피상속인의 채무를 전부 갚지 못하므로 상속인 자기의 고유재산으로 갚아야 하기 때문이다. 따라서 '민법'에서는 상속포기제도를 두어 상속인을 보호하고 있다.

상속을 포기하고자 하는 경우에는 상속개시가 있음을 안 날로부터 3개월 내에 가정법원에 상속포기 신고를 해야 한다. 그러나 이 기간은 이해관계인 또는 검사의 청구에 의하여 가정법원이 연장할 수 있다. 공동상속의 경우에도 각 상속인은 단독으로 상속을 포기할 수 있다. 상속을 포기하면 처음부터 상속인이 아니었던 것으로 된다. 즉, 피상속인의 재산상의 모든 권리와 의무는 상속을 포기한 자에게는 승계되지 아니한다.

6) 한정승인

상속재산으로 자산이 많은지 부채가 많은지 불분명한 때에는 상속으로 인하여 취득할 재산의 한도 내에서 피상속인의 채무를 변제할 것을 조건으로 상속을 승인할 수 있는데 이를 '한정승인'이라 한다. 따라서 한정승인을 하게 되면 상속재산보다 부채가 많다 하더라도 상속인 고유재산을 처분하면서까지 피상속인의 채무를 변제하지 않아도 된다.

상속인이 한정승인을 하고자 하는 경우에도 상속개시가 있음을 안 날로부터 3개월 이내에 상속재산의 목록을 첨부하여 상속개시지의 가정법원에 한정승인의 신고를 하여야 한다. 다만, 상속인에게 중대한 과실이 없이 상속채무가 상속재산을 초과하는 사실을 상속개시일로부터 3개월 이내에 알지 못한 경우에는 그 사실을 안 날로부터 3개월 이내에 한정승인을 할 수 있다.

상속포기나 한정승인은 직접적으로 상속세를 절세하는 방법은 아니나, 상속재산보다 부채가 많은 경우에는 상속포기나 한정승인 제도를 이용하면 상속인의 재산을 보호할 수 있다.

2 상속세

상속세는 유산을 취득한 상속인 또는 수유자에게 부과되는 세금이다.

1) 용어정의

- 상속 : 상속인 또는 수유자가 사망자(피상속인)의 재산(유증, 사인증여재산 등 포함)상의 권리·의무를 포괄적으로 승계하는 것
- 유증 : 유언에 의하여 유산을 무상으로 증여하는 행위
- 사인증여 : 생전에 당사자 합의에 의하여 증여계약을 체결하고 증여자가 사망한 경우에 그 효력이 발생하는 행위
- 수유자 : 유증 또는 사인증여로 사망자의 유산을 취득하는 자

2) 과세대상의 범위

상속세가 부과되는 상속재산의 범위는 〈표 15-3〉과 같이 거주자 여부에 따라 달라진다.

〈표 15-3〉 상속세와 증여세의 과세대상 범위

구분	상속세
거주자	국내외 소재한 모든 상속재산[1]
비거주자	국내 소재한 모든 상속재산

주 : 1) 상속재산 : 부동산, 현금·예금, 퇴직금, 보험금, 주식, 서화 등

상속재산에서 다음과 같은 금액은 공제된다.
- 피상속인의 채무, 공과금·조세, 장례비용
- 비과세(지정 문화재 등), 불산입재산(공익법인 출연재산 등)
- 기초공제, 배우자공제, 가업상속공제, 재해손실공제 등

3) 납세의무

납부의무자는 상속인 또는 수유자이다. 상속인 또는 수유자는 상속재산 중 각자가 받았거나 받을 재산의 점유비율에 따라 상속세 납부의무가 있다. 또한 각자가 받은 상속재산 한도 내에서 전체 상속세액에 대하여 연대하여 납부할 의무

도 있다.

4) 상속세의 신고납부

상속세 납부의무가 있는 상속인 또는 수유자는 상속개시일이 속하는 달의 말일로부터 6월(피상속인 또는 상속인이 외국에 주소를 둔 경우에는 9월)이내에 상속세의 과세가액 및 과세표준을 납세지 관할세무서에 신고하고 자진납부해야 한다.

5) 상속세의 납부방법

상속세의 납부방법에는 분납, 연부연납, 물납이 있다.

(1) 분납

납부할 세액이 1천만원을 초과하는 경우에는 세액의 일부를 납부기한이 지난 후 2개월 이내에 나누어 낼 수 있다. 나누어 낼 수 있는 금액은 다음과 같다.

- 납부할 세액이 2천만원 이하인 경우에는 1천만원을 초과하는 금액
- 납부할 세액이 2천만원을 초과하는 경우에는 납부할 세액의 50% 이하의 금액

연부연납 허가를 받은 경우에는 분납을 할 수 없다. 따라서 납부할 세액, 연부연납기간, 연부연납가산금 등을 비교하여 분납과 연부연납 중 유리한 방법을 선택하여 신청하는 것이 좋다.

(2) 연부연납

납부할 세액이 2천만원을 초과하는 경우 납부기한 내에 일부를 납부하고 나머지는 세무서에 담보를 제공하고 연부연납기간 내에 나누어 낼 수 있는데 이를, '연부연납'이라 한다.

연부연납 기간은 연부연납허가일로부터 일반적인 경우에는 5년 내로 하며, 상속재산 중 가업상속재산이 차지하는 비율이 50% 미만이면 허가 후 2년이 되는 날로부터 5년, 50% 이상이면 허가 후 3년이 되는 날로부터 12년 내로 한다. 즉, 일반적인 경우에는 신고기한(상속개시일의 말일부터 6개월) 내에 1/6을 납부하고 나

머지 5/6는 매년 1/6씩 5년간 납부할 수 있으며, 가업상속재산의 경우 나머지는 허가 후 2년이 되는 날로부터 매년 1/6씩 5년간, 상속재산 중 가업상속재산이 50% 이상인 경우에는 허가 후 3년이 되는 날로부터 매년 1/13씩 12년간 납부할 수 있다.

연부연납을 하려면 상속세를 신고할 때 또는 세금고지서상의 납부기한 내에 관할 세무서장에게 신청하여 허가를 받아야 한다. 또한 연부연납을 하는 때에는 연부연납세액 중 납부하지 아니한 금액에 대하여 일정한 이자를 부담하여야 한다.

(3) 물납

세금은 현금으로 납부하는 것이 원칙이나, 상속세는 고액인 경우가 많아 상속받은 재산 중 부동산과 유가증권(비상장주식 등은 제외하되 다른 상속재산이 없는 경우 등은 포함)의 가액이 전체 재산가액의 1/2을 초과하고 납부세액이 2천만원을 초과하는 경우에는 상속받은 부동산이나 유가증권으로도 세금을 납부할 수 있도록 하고 있다.

물납에 충당할 부동산 및 유가증권의 수납가액은 상속세를 과세할 때 평가한 가액으로 한다. 물납을 하고자 하는 경우에도 상속세 신고 시 또는 세금고지서상의 납부기한 내에 관할 세무서장에게 신청하여 허가를 받아야 한다.

3 상속세 계산

1) 상속세 과세흐름

상속세 과세흐름은 〈그림 15-1〉과 같다.

〈그림 15-1〉 상속세 과세흐름

총 상속 재산(본래 · 간주 상속재산)

(+) 추정 상속재산가액
(−) 비과세 · 상속과세가액 불산입재산
(−) 공과금 · 장례비 · 채무
(+) 상속개시전 증여재산액

⇓

상 속 세 과 세 가 액

(−) 상속공제
(−) 감정평가 수수료

⇓

상 속 세 과 세 표 준

×

상 속 세 율(10~50%)

⇓

산 출 세 액

(+) 세대생략상속분 할증과세
(−) 증여세액공제, 신고세액공제 등
(+) 신고 · 납부 불성실가산세 등

⇓

납 부 할 상 속 세 액

2) 과세대상 상속재산

(1) 본래의 상속재산

상속개시일 현재 피상속인이 소유하고 있는 경제적 가치가 있는 물건과 권리

(2) 간주상속재산

- 피상속인의 사망으로 지급받게 되는 보험금
- 피상속인이 신탁한 재산, 퇴직금・퇴직수당・공로금 등

(3) 추정상속재산

- 상속개시일전 1년(2년) 이내에 처분・인출한 재산가액 또는 금융기관 채무부담 금액이 2억원(5억원) 이상인 경우로서 그 처분가액 또는 채무부담액의 사용처가 입증되지 않는 사용처불분명 가액은 상속받은 것으로 추정하여 상속재산에 포함된다.

  * 계산식 : 사용처 불분명 금액−MIN(처분가액 또는 채무부담액×20%, 2억원)

(4) 사전에 증여한 재산

- 상속개시 전 10년 이내에 상속인에게 증여한 재산
- 상속개시 전 5년 이내에 상속인이 아닌 자에게 증여한 재산
- 상속개시 전에 증여한 증여세 과세특례 재산인 창업자금 등

3) 상속재산가액에서 차감하는 금액

아래 (1)~(8) 합계액과 (9) 상속공제 한도액 중 적은 금액을 상속공제액으로 공제한다.

(1) 기초공제 : 2억원

- 피상속인에 대한 공제임

(2) 배우자 상속공제

- 배우자 법정상속분 내에서 배우자가 실제로 상속받은 가액을 공제
- 최소 5억원은 공제되며, 30억원 한도임

(3) 기타 인적공제

- 자녀공제(1인당 3천만원), 미성년자공제(5백만원×20세가지의 연수)
- 연로자(60세)공제(1인당 3천만원), 장애자공제(5백만원×75세까지의 연수)

(4) 일괄공제 : 5억원

- 기초공제와 기타인적공제의 합계액과 일괄공제 중 선택가능
  단, 상속인이 배우자 단독인 경우에는 일괄공제가 적용되지 않는다.

(5) 금융재산 상속공제

- 순 금융재산가액(금융재산–금융부채)이 2천만원 이하이면 순 금융재산가액 전액 공제, 2천만원 이상 1억원 이하는 2천만원 공제, 1억원 초과는 순 금융재산가액의 20% 공제
- 한도는 2억원임

(6) 재해손실공제 : 재해손실액–보험보전액

(7) 동거주택 상속공제

- 무주택 상속인이 상속받은 주택으로서 10년 이상 피상속인과 동거한 1세대 1주택에 대하여 그 동거주택가액의 40%를 공제
- 한도는 5억원임

(8) 가업상속공제, 영농상속공제

- 가업상속공제 : 가업상속재산의 40%(피상속인의 가업영위기간이 10년 이상이면 60억원, 15년 이상이면 80억원, 20년 이상이면 100억원 한도)와 2억원(가업상속재산이 2억원에 미달 시 그 가액) 중 금액 공제
- 영농상속공제 : 2억원 한도 내에서 영농·양축·영어·영림상속 재산가액

(9) 상속공제 한도액

(상속세 과세가액)-(상속인이 아닌 자에게 유증·사인증여한 재산가액)-(상속포기로 후 순위의 상속인이 받은 재산가액)-(과세가액에 가산한 증여재산 과세표준)

4) 상속세 세율

상속세 세율은 〈표 15-4〉와 같다.

〈표 15-4〉 상속세·증여세 세율

과세표준	세율	누진공제
1억원 이하	10%	–
5억원 이하	20%	1천만원
10억원 이하	30%	6천만원
30억원 이하	40%	1억 6천만원
30억원 초과	50%	4억 6천만원

5) 과세표준의 계산방법

상속세 과세표준=상속세 과세가액–상속공제액–감정평가수수료

* 과세가액=총 상속재산가액–비과세–과세가액 불 산입–공과금–장례비용–채무+상속개시 전 증여재산가액

6) 산출세액의 계산방법

산출세액=(과세표준×세율)–누진공제액

〈예〉 상속재산가액이 10억원이고 상속공제 등 각종공제액이 6억원인 경우
10억원–6억원=4억원(과세표준), 4억원×20%–1천만원=7천만원(산출세액)
*세대를 건너 뛴 상속 시 30% 할증과세

〈예〉 할아버지가 손자에게 상속하는 경우에는 30%세금 추가부담.
단, 아버지가 생존해 있지 않는 경우에는 할증하지 않음

〈납부할 상속세가 없는 경우〉

- 피상속인의 자녀만 있고 상속재산이 5억원 이하일 때, 일괄공제 5억원이 공제되어 납부할 세금 없음
- 배우자와 자녀만 생존해 있고 상속재산가액이 10억원 이하일 때, 일괄공제 5억원과 배우자공제(최소 5억원)로 총10억원 공제

  다만, 사전 증여한 재산이 있거나 상속인 외의 자에게 유증·사인 증여한 재산이 있는 경우에는 상속세를 납부할 수도 있다. 왜냐하면 상속공제 종합한도액을 계산하기 때문이다.

제3절 증여세

1 증여세의 기본적인 이해

1) 증여세의 정의

증여세는 타인(증여자)으로부터 재산을 증여받은 경우 그 재산을 증여받은 자(수증자)에게 부과되는 세금이다. 예를 들어 자녀가 부모로부터 부동산, 주식, 예금 등을 무상으로 받는 경우 자녀에게 증여세 부과된다.

그런데 증여에 대해서 '세법'에서는 금전으로 환산할 수 있는 모든 물건과 권리를 무상 또는 아주 낮은 대가로 이전하는 행위 또는 기여에 의하여 타인의 재산 가치를 증가시키는 행위로 정의하고 있는데 반해, '민법'에서는 일방이 상대방에게 재산을 무상으로 이전한다는 의사표시를 하고 상대방이 이를 승낙함으로써 성립하는 계약으로 정의하고 있다.

2) 과세방식 및 과세체계의 주체, 과세대상의 범위

증여세는 상속재산 중 사전에 증여로 취득한 재산에 대하여 수증자별로 과세하는 유산취득세 과세방식을 준용하여 적용하고 있다. 이와 같이 증여세는 증여계약별(일정한 증여는 합산함)·수증자별로 과세하는 산취득세 과세방식을 적용하고 있기 때문에, 한꺼번에 재산을 합산하여 과세하는 유산세 과세방식인 상속세보다 세율구조면에서 유리하다.

상속세는 피상속인이 과세주체가 되어 피상속인의 상속재산 전부에 대하여 과세되는 반면에, 증여세는 수증자가 과세주체가 되어 수증자 입장에서 수증자별로 증여로 취득한 재산에 대하여 과세된다.

상속세와 마찬가지로, 수증자가 거주자인 경우에는 국내외 소재한 모든 증여재산이 과세대상이 되고, 수증자가 비거주자인 경우에는 국내 소재한 모든 증여재산이 과세대상이 된다.

3) 납세의무

증여세의 납부의무자는 증여에 의하여 재산을 취득하는 수증자 또는 비영리법인이다. 그런데 수증자의 주소나 거소가 불분명한 경우로서 조세채권 확보가 곤란한 경우 수증자가 비거주자이거나 명의신탁재산에 의한 증여세에 해당하면, 증여자와 수증자가 연대하여 증여세를 납부할 의무가 있다.

2 증여세 계산

1) 증여세

증여세 과세흐름은 〈그림 15-2〉와 같다.

〈그림 15-2〉 증여세 과세흐름

증 여 재 산 가 액

(–) 비과세·상속과세가액 불산입재산
(–) 채무부담액

⇓

증 여 세 과 세 가 액

(+) 10년 이내 증여재산가산액
(–) 증여재산 공제
(–) 감정평가 수수료

⇓

증 여 세 과 세 표 준

×

증 여 세 율(10~50%)

⇓

산 출 세 액

(+) 세대생략상속분 할증과세
(–) 기납부 증여세, 신고세액공제 등
(+) 신고·납부 불성실가산세 등

⇓

납 부 할 증 여 세 액

2) 증여세 계산의 세부내용

(1) 증여받은 재산의 반환 또는 재증여한 경우

재산을 증여받은 후 다시 당초 증여자에게 반환 또는 재증여하는 경우에는 그 반환 시기에 따라 과세여부가 달라진다.

〈표 15-5〉 반환 · 재증여 시기별 증여세 과세 여부

반환 또는 재증여시기	당초증여	반환 또는 재증여
증여세 신고기한[1] 이내 (단, 금전은 시기에 관계없음)	과세 안됨 (과세)	과세 안됨 (과세)
신고기한 경과 후 3월 이내 (증여일의 말일부터 6월 이내)	과 세	과세 안됨
신고기한 경과 후 3월 경과 (증여일의 말일부터 6월 경과)	과 세	과 세
반환 전에 이미 결정된 경우	과 세	과 세

주 : 1) 신고기한 : 증여받은 날이 속하는 달의 말일부터 3월 이내

(2) 비과세되는 증여재산

- 국가 · 지방자치단체로부터 증여받은 재산
- 정당이 증여받은 재산
- 사회통념상 인정되는 이재구호금품, 치료비, 생활비, 교육비 등으로 당해 용도에 직접 지출한 것 등

* 생활비 또는 교육비 명목으로 받은 재산을 예 · 적금하거나 주식, 부동산 매입자금 등으로 사용하는 경우에는 비과세되지 아니함

(3) 10년 이내 증여받은 재산의 합산과세

동일인(직계존속은 그 배우자 포함)으로부터 당해 증여일전 10년 이내에 증여받은 재산은 당해 증여분과 합산하여 신고해야 한다. 단, 증여받은 재산가액의 합계액이 1천만원 미만은 합산하지 않는다.

(4) 증여재산공제

거주자가 배우자, 직계존비속(계 · 부모 포함), 친족으로부터 증여받은 경우에는 〈표 15-6〉과 같은 금액을 공제한다. 이 증여재산공제액은 10년간 합산하여 공제할 수 있는 금액이므로 위 공제액을 초과할 경우에 그 초과하는 금액은 공제되지 않는다.

〈표 15-6〉 증여재산 공제

증여자	배우자	직계존속[1]	직계비속	기타친족[2]
공제한도액	6억원	5천만원 (수증자가 미성년인 경우 2천만원)	3천만원	5백만원

주 : 1) 증여일이 2013년 12월 31일 이전인 경우 3천만원(수증자가 미성년자인 경우 1천5백만원)
2) 외조부모와 외손자는 직계존비속, 시부모와 며느리는 기타친족임.

(5) 증여재산의 평가

증여일 현재의 시가로 평가한다. 그리고 증여일 전・후 6월(증여는 3월) 이내의 기간 중 당해 증여재산 또는 유사재산의 매매・감정・수용・경매・공매가액이 있는 경우 그 가액이 시가성이 있으면 시가에 포함된다. 다만, 시가산정이 어려운 경우에는 '세법'에서 정한 보충적인 평가방법으로 평가한다.

(6) 과세표준의 계산방법

증여세 과세표준=증여세 과세가액－증여재산공제액－감정평가수수료

* 과세가액=증여재산가액+동일인으로부터 증여받은 10년 이내 증여 재산가산액 －비과세－과세가액 불산입액－수증자가 인수한 채무액

(7) 산출세액의 계산방법

산출세액=(과세표준×세율)－누진공제액

〈예〉 자녀(성년)가 부모로부터 1억원을 증여받은 경우
1억원(증여재산)－3천만원(증여재산공제)=7천만원(과세표준)
7천만원×10%(세율)=7백만원(산출세액)
* 세대를 건너 뛴 증여 시 30% 할증 과세

〈예〉 할아버지가 손자에게 상속 또는 증여하는 경우 30%의 세금 추가부담
단, 아버지가 생존해 있지 않는 경우에는 할증하지 않음

현 세법선 증여보다 상속이 유리 … "세대간 원활한 부 이전 저해"

韓 상속·증여세 부담 주요국 비해 높아 … 상속·증여세제 개선 공청회
가업상속공제 적용기준 완화로 조세형평성에 문제 지적

현행 세법하에서 공제제도를 고려하면 증여세를 내는 것보다는 상속세를 내는 게 세 부담 측면에서 유리한 것으로 나타났다. 이러한 과세환경 하에서는 부모세대가 자녀에게 생전에 증여하지 않고 상속하려는 유인을 가지게 돼 부의 원활한 이전을 저해한다는 지적이 나온다.

우리나라의 상속세나 증여세 부담 수준은 주요 선진국에 비해 높지만, 가업상속공제제도를 너무 넓게 적용해 조세형평성 측면에서 문제가 있는 것으로 분석됐다.

강성훈 한국조세재정연구원 부연구위원은 29일 서울 삼성동 코엑스에서 열린 '상속·증여세제 개선방향 공청회'에서 우리나라와 주요국 간 상속·증여세 부담 등을 비교 분석한 결과를 발표했다.

일반적으로 상속세와 증여세는 무상으로 이루어진 자산이전에 대해 세금을 부과하는 것으로 상속세는 사망시점에, 증여세는 생전 증여시점에 각각 과세된다.

우리나라의 상속세와 증여세는 과세표준 구간 및 세율구조가 동일하다. 1억원 이하 10%, 1억 초과~5억원 이하 20%, 5억원 초과~10억원 이하 30%, 10억원 초과~30억원 이하 40%, 30억원 초과 50% 등 5개의 과세표준 구간을 가진다. 다만 상속세는 피상속인이 남긴 유산 총액을 과세대상으로 하는 유산세 방식을, 증여세는 각 수증자가 증여받은 재산을 과세대상으로 하는 유산취득세 방식을 취하고 있다.

유산세 방식은 상속인이 여러 명인 경우 각자 재산을 분할받기 전의 유산총액에 누진세율을 적용한다. 반면 유산취득세 방식은 각자가 받은 증여재산가액을 기준으로 해 각자 담세력에 맞게 과세하는 장점이 있다.

공제제도를 고려하지 않으면 부모 1명이 자녀 2명에게 동일한 자산을 이전한다고 하면 일반적으로 유산세 방식이 유산취득세 방식보다 세부담이 높다.

공제제도에서도 상속세와 증여세는 차이를 보인다. 상속세의 경우 일괄공제제도로 인해 일반적으로 최소 면세점이 5억원이고 배우자가 있는 경우에는 10억원이다. 반면 증여세는 일괄공제제도와 같은 기초공제(또는 기본공제)가 없어 상속공제가 증여공제보다 유리하게 설계돼 있다.

강 부연구위원은 "우리나라는 일괄공제, 배우자공제, 자녀공제 등을 고려할 때 상속세가 증여세보다 세부담 측면에서 유리하게 설계돼 있다"면서 "결과적으로 부모세대의 부가 자녀세대로 원활하게 이전되는 것을 저해한다"고 지적했다.

〈표 15-7〉 상속·증여세의 과세표준 구간 및 세율

과세표준	세율	누진공제엑
~ 1억원 이하	10%	–
1억원 초과 ~ 5억원 이하	20%	1,000만원
5억원 초과 ~ 10억원 이하	30%	9,000만원
10억원 초과 ~ 30억원 이하	40%	2억 4,000만원
30억원 초과 ~	50%	10억 4,000만원

자료 : 『상속세 및 증여세법』 제26조, 제56조.

상속세와 증여세의 신고세액공제 규모는 2015년 기준 1천515억원과 1천981억원으로, 전체 국내총생산(GDP) 대비 0.29%, 국세 수입 대비 1.56%로 나타났다.

미국, 일본, 프랑스, 독일 등 주요국과 비교하면 우리나라는 상속세에 대한 과세시작점은 중간 수준이다. 하지만 상속재산가액이 올라가면서 세부담이 증가하는 속도가 다른 주요국에 비해 빠른 편이었다. 상속세 부담 수준은 대체적으로 일본이 가장 높았고 우리나라가 그 다음이었다.상속보다 증여가 더 불리하게 설계된 현행 세법상 증여세 부담은 다른 주요국에 비해 높았다.

이러한 분석 결과를 토대로 강 부연구위원은 가능한 상속·증여세 개편 방향과 각각의 주장 근거에 대해 소개했다. 우선 상속·증여세 세부담 완화 및 과세수준 차이를 해소하기 위한 방안으로 증여공제 등을 확대하는 방안이 제시됐다. 그러나 공제수준을 확대하거나 증여에 대한 세부담을 완화할 경우 고액재산가에 대한 과세형평 문제가 제기될 수 있다는 지적이다. 현행 유산세 방식의 상속세와 유산취득세 방식의 증여세 과세체계를 유산취득세 방식으로 일원화해야 한다는 주장도 있다. 문제는 유산세 방식이 세무행정이나 집행 측면에서 용이한 데다 유산취득세 방식은 상속재산 분할이 지연되면 세액 확정이 늦어지는 단점도 있다.

강 부연구위원은 문재인 대통령의 공약으로 자진신고하면 내야 할 세금에서 7%를 깎아주는 상속·증여 신고세액 공제율을 낮추는 방안에 대해서는 "과세 인프라가 확충된 점 등을 감안할 때 축소해야 한다는 의견이 있지만 납세자의 자발적 신고에 대한 인센티브와 세부담 완화 역할이 있어 존치할 필요가 있다는 주장도 있다"고 소개했다.

강 부연구위원은 현재 매출액 3천억원 미만 중견기업까지 최대 500억원을 적용하고 있는 우리나라의 가업상속공제제도가 주요국에 비해 너무 광범위하게 적용되고 있다고 지적했다. 그는 "적용요건을 강화하거나 일본처럼 상속세 납부유예제도를 확대하는 것도 검토가 가능하다"면서 "반면 기업승계시 고용안정 등을 위해 가업상속공제를 유지하거나 실효성을 높여야 한다는 견해도 존재한다"고 전했다.

강 부연구위원은 마지막으로 "대기업 일감 몰아주기와 같은 편법 증여에 대해서는 과세 형평성 차원에서 과세를 강화하는 정책적 노력이 필요하고 최근 이슈가 된 공익법인에 대해서도 세제지원을 하되 투명성을 높이는 방안, 세부담 회피와 관련 없는 규제는 완화하는 방안 등에 대해 검토해야 한다"고 밝혔다.

연합뉴스 2017년 6월 29일

중요 개념 및 용어

상속설계	상속설계의 프로세스	피상속인
법정상속인	상속인	상속개시일
상속순위	대습상속	유증
포괄적 유증	특정적 유증	상속분
지정상속분	법정상속분	유류분제도
상속포기	한정승인	사인증여
수유자	상속재산	분납
연부납부	물납	증여세
유산취득세과세	납세의무	증여재산

연습문제

1 상속설계의 프로세스를 크게 4단계로 구분하여 설명하라.

2 상속설계에 영향을 미치는 여건변화에는 어떠한 것이 있는지를 설명하라.

3 민법상의 상속순위에 대하여 비교 · 설명하라.

4 법적상속분은 어떻게 적용되고 있는지를 설명하라.

5 유류분제도에 대하여 설명하라.

6 상속세의 납부방법(3가지)에 대하여 설명하라.

7 납부할 상속세가 없는 경우는 어떠한 경우인지를 설명하라.

8 증여세의 과세방식 및 과세체계의 주체, 과세대상의 범위에 대하여 설명하라.

9 비과세되는 증여세에는 어떠한 것이 있는지를 설명하라.

10 증여재산의 평가에 대하여 설명하라.

참고문헌

강병호・김석동, 『금융시장론(제14개정판)』, 박영사, 2014년
강창희, 『당당한 인생후반 30년을 결정하는 자산관리의 법칙』, 팜파스, 2007년
『정년 후의 80,000시간』, 미래에셋퇴직연금연구소, 2010년
강창희・윤지연, 『2030세대를 위한 투자와 금융이야기』, 미래에셋퇴직연금연구소, 2010년
교보생명 시니어파트너즈, 『대한민국 시니어 리포트』, 교보문고, 2014년
구자삼, 『유어스테이지 컬럼』, 2011년
국세청, 『2016 세금절약가이드 Ⅰ』, 국세청, 2016년
______, 『2016 세금절약가이드 Ⅱ』, 국세청, 2016년
김대용, '우리나라 부동산정책변화에 대한 검토 및 시사점-역대 정부별 주택정책을 중심으로', 『주택금융월보106호(2013년 5월호),』
김민규・고득성・최병희, 『금융자산 투자설계(1)(2016년 재전정판)』, 한국금융연수원 출판사업부, 2016년
김동희, 류재광, 『보험 및 은퇴설계』, 한국금융연수원 출판사업부, 2016년
김형규・정기만・신용재, 『재테크와 금융상품』, 율곡출판사, 2011년
금융투자교육원, 『증권투자상담사 Ⅰ』, 한국금융투자협회, 2011년
____________, 『증권투자상담사 Ⅲ』, 한국금융투자협회, 2011년
남시환・이규환, 『세무설계(2016)』, 한국금융연수원, 2016년,
니어재단엮음,『양극화 고령화 속의 한국-제2의 일본되나-』, 매일경제신문사, 2011년
미래에셋투자교육연구소, 『미래에셋과 함께하는 자산운용 성공전략』, 김&정, 2007년
박광수・양재영・주소현, 『개인재무설계(개정판)』, 경문사, 2011년
박기호・홍석국・강성모・김동엽, 『인생100세 시대가 열린다』, 전국투자자교육협의회, 2013년
박정일, 『주식보다 안전한 채권으로 부자되기』, 팜파스, 2007년.
박정태, 『大家에게 배우는 투자의 지혜』, 미래에셋투자교육연구소, 2007년
박합수, 『비금융자산(부동산)투자설계』, 한국 금융연수원 출판사업부, 2016년
보건복지부・금융위원회・금융감독원, 「실손의료보험제도 개선방안」, 2016년 12월 20일
송지영, 『금융시장의 이해와 활용』, 청목출판사, 2017년
송지영・구자삼, 『100세 시대의 재무설계와 자산관리』, 삼영사, 2015년
송지영・조기현, 『투자론』, 청목출판사, 2012년

서희열 · 노병석, 『소득세법(제27판)』, 세학사, 2017년
안능섭 · 이상건 · 최태희 · 황성룡, 『왜 자산관리를 해야 하나』, 전국투자자교육협의회, 2011년
어윤경 · 오정근, 『FP기본지식』, 한국금융연수원, 2008년
임계희, 『파이넨셜 플랜닝 개론』, (사)한국FPSB , 2009년
장영광, 『증권투자론』, 신영사, 2002년
장영광 · 정기만, 『생활속의 재테크와 자산관리』, 신영사, 2013년
전인수, 『새로쓰는 마케팅』, 학현사, 2012년
조주현, '고령사회를 겪고 있는 일본 부동산의 구조적 변화', 『부동산연구, 한국부동산연구원, 2011년
최윤식, 『2030 대담한 미래』, 지식 노마드, 2013년
최윤식 · 배동철, 『2020 부의 전쟁 in Asia』, 지식 노마드, 2010년
한국금융연수원, 『자산운용 I 금융상품(제2판)』, 한국금융연수원, 2013년
한국은행, 『2012년 금융생활 길라잡이』, 한국은행, 2012년
________, 『한국의 금융시장』, 한국은행, 2016년
한국정보화 진흥원, 『10대 기술전망』제5호, 한국정보화 진흥원, 2011년 6월
한국 FPSB, 『부동산경제』, 한국 FPSB, 2015년
한동균 · 한동균 · 박민수 · 김하서, 『부동산학개론』, 에스티엔북스, 2014년
허용회 · 이재국 · 부성만, 『자산운용 -부동산-』, 한국금융연수원, 2010년
허화 · 박종해, 『자본시장론』, 탑북스, 2010년

국제신문 2017년 5월 17일
매일경제신문 2017년 6월26일
매일경제신문 2017년 6월30일
브라보 마이라이프 2017년 3월6일
부산일보 2017년 6월22일
서울경제신문 2017년 6월 18일
연합뉴스 2017년 6월 29일
한경BUSINESS 제1107호 2017년 2월15일
한국경제신문 2016년 11월1일
한국일보 2017년 7월 1일
Chosun Biz 2017년 7월1일

Ball and Brown, P., "An Empirical Evaluation of Accounting Income Numbers," Journal of Accountin Research, Autumn 1968.

Fama ,E. F., "The Behavior of Stock Market Prices," Journal of Business, 38, January 1965.

Fama, E. F., "Efficient Capital Market : A Review of Theory and Empirical Work," Journal of Finance, 25, May 1970.

Fama ,E.F., Fisher, L., Jensen, M. C., Roll, R., "The Adjustment of Stock Prices to New Information," International Economic Review, Febrary 1969.

Gordon, M.J., The Investment, Financing and Valuation of the Corporation (Richard D. Irwin. Inc, 1962).

Jensen, M., "The Performance of Mutual Funds in the Period 1945~1964", Journal of Finance, May 1968.

Jones,C.P., Investments : Analysis and Management, 2nd ed., John Wiley & Sons, Inc. 1988.

Modigliani, F. and Miler, M.H., "Dividend Policy, Growth, and the Valuation of Shares," Journal of Business, Oct. 1961.

Porter, Michael E., "Industry Structure and Competitive Strategy : keys to Profitability," Financial Analysts Journal(July–Aug. 1980)

한글색인

ㄴ

ㄷ

ㄹ

ㅁ

ㅂ

ㅅ

ㅇ

ㅈ

영문색인

〈저자소개〉

송 지 영

- 성균관대학교 졸업(경제학사)
- 同志社(DOSHISHA)大學 대학원 졸업(상학석사)
- 同志社(DOSHISHA)大學 대학원 졸업(상학박사)
- 한국투자증권(구 동원증권)(주)근무
- 현재, 수원과학대학교 금융경영전공 교수

▌저서 및 주요논문

- 『아시아NIEs의金融・證券市場(일본어판)』(晃洋書房, 共著 1991).
- 『금융기관론(개정판)』(창민사, 2004)
- 『증권시장과 증권투자의 이해』(청목출판사, 2005년)
- 『금융제도와 금융기관의 이해』(청목출판사, 2008년)
- 『자본시장-금융투자와 금융투자업-』(청목출판사, 2009년)
- 『현대경제학원론(개정판)』(청목출판사, 2010년)
- 『금융시장과 금융상품의 이해』(청목출판사, 2010년)
- 『투자론』(공저, 청목출판사, 2012년)
- 『현대인을 위한 생활경제』(청목출판사, 2012년)
- 『글로벌 시대의 금융시스템-금융제도와 금융기관-』(형지사, 2012년)
- 『현대 금융시장론』(청목출판사, 2013년)
- 『현대 일본경제론』(청목출판사, 2013년)
- 『알기쉬운 재무관리』(공저, 형지사, 2013년)
- 『현대 금융제도론』(청목출판사, 2014년)
- 『현대 한국자본시장론』(청목출판사, 2014년)
- 『100세시대의 재무설계와 자산관리』(2인 공저, 삼영사, 2015년)
- 『경제학의 이해』(청목출판사, 2016년)
- 『금융시장의 이해와 활용』(청목출판사, 2017년)
- 『한국에 있어서의 경제발전과 금융제도발전과정의 상호관계에 관한 연구(일본어판)』(1999년)
- "한국에 있어서의 증권업재편성과 증권시장개혁에 대하여-일본과의 비교를 중심으로-(일본어판)"(1997년)
- "한국과 일본에 있어서의 금융위기와 금융의 구조개혁에 관한 일 고찰(일본어판)"(2001년)
- "시장중심시스템으로의 전환과 금융개혁의 과제-한국과 일본의 케이스를 중심으로-"(2002년)
- "고령화사회에 있어서의 금융서비스-일본의 예를 중심으로-"(2014년) 외 다수

구 자 삼

- 고려대학교 졸업(경영학 학사)
- 서울대학교 대학원 졸업(경영학 석사)
- Boston 대학 경영대학원 졸업(경영학 석사)
- 숭실대학교 대학원(경영학 박사)
- 대우증권 런던현지법인 사장, 국제 · 법인본부장
- HDC 자산운용 대표이사 사장
- 우송대학교 자산관리학과 초빙교수
- 수원과학대학교 국제경영과 교수
- 미얀마 Co-operative 대학 초빙교수 & 자문관 역임

▮ 저서 및 주요논문

- 『100세시대의 재무설계와 자산관리』(2인 공저, 삼영사, 2015년)
- "국내뮤추얼 펀드의 특성에 관한 고찰"(2007년).
- 『폐쇄형 뮤추얼펀드의 유동성제고 효과와 프리미엄 현상에 관한 실증연구』(2008년)
- "뮤추얼펀드 쇠락요인에 관한 고찰"(2012년)
- "평균회귀 현상과 투자전략에 관한 연구"(2013년)
- "미얀마 경제발전을 위한 과거 한국경제전략의 시사점"(2016년)
- "ASEAN의 economic corridor로서의 미얀마 투자"(2017년)

100세 시대의 자산관리를 위한 개인 재무설계의 이해

2017년 8월 18일 1판 1쇄 인쇄
2017년 8월 25일 1판 1쇄 발행

저 자 송 지 영 · 구 자 삼
발 행 인 고 성 익
조 판 플 러 스

05027
발행처 서울특별시 광진구 아차산로 335 삼영빌딩
도서출판 三 英 社
등 록 1972년 4월 27일 제2013-21호
전 화 737-1052 · 734-8979 FAX 739-2386

정가 32,000원

ISBN 978-89-445-0437-2-93320